超越对手

大项目售前售后的30种实战技巧

张志 萧秋水 宋利 著

管理需求 实施策划 用户考察 答标报价 有效沟通 寻找 解决方案 实施策划 解决方案 用户考察 答标报价

机械工业出版社
CHINA MACHINE PRESS

本书系统总结了管理软件项目运作从销售到实施阶段需要的 30 种技能，基本上按照项目发展时间进程，逐步介绍每种技能的运作技巧，涵盖了项目工作从售前到售后的方方面面。

其中售前技能 15 种，分别是：自我定位、寻找客户、销售策划、商务沟通、公司介绍、售前调研、解决方案、产品演示、技术交流、产品试用、公司考察、用户考察、高层拜访、答标报价、商务洽谈。

售后技能 15 种，分别是：项目管理、高层沟通、启动大会、调研分析、管理需求、实施策划、编制计划、团队培养、会议组织、工作备忘、用户培训、现场推广、项目验收、有效回款、资源调度。

本书侧重实战、案例丰富、文风平实，可供各行业项目经理及实施人员参考。

图书在版编目(CIP)数据

超越对手：大项目售前售后的 30 种实战技巧/张志，萧秋水，宋利著. —北京：机械工业出版社，2009.10（2024.1 重印）

ISBN 978-7-111-28626-4

Ⅰ. 超… Ⅱ. ①张…②萧…③宋… Ⅲ. 市场营销学 Ⅳ. F713.50

中国版本图书馆 CIP 数据核字(2009)第 189945 号

机械工业出版社(北京市百万庄大街22号 邮政编码100037)
策划编辑：吕德齐 责任编辑：王治东 版式设计：张世琴
封面设计：姚 毅 责任校对：闫玥红 责任印制：常天培
北京铭成印刷有限公司印刷
2024 年 1 月第 1 版第 14 次印刷
184mm×260mm·18 印张·411 千字
标准书号：ISBN 978-7-111-28626-4
定价：69.00 元

电话服务　　　　　　　　网络服务
客服电话：010-88361066　机 工 官 网：www.cmpbook.com
　　　　　010-88379833　机 工 官 博：weibo.com/cmp1952
　　　　　010-68326294　金 书 网：www.golden-book.com
封底无防伪标均为盗版　　 机工教育服务网：www.cmpedu.com

前　　言

1. 为什么写这本书

2007年初，《超越对手——软件项目经理不可不知的18种技能》发行后，得到读者的热烈反响，短短三个月内就加印了一次。直到2009年，还有读者告诉我们为自己公司员工团购了这本书。其间，有上千读者通过各种方式联系到笔者，感谢我们给他们提供了一本非常实用的书，但他们也期望，再扩充一些技能，提供更多的案例，从而对项目经理个人成长提供更多帮助。我们很感谢读者朋友们的鼓励和支持，我们也认为，确实成书太仓促了些，完全可以做到更好。

我们也一直在思考：这本书为什么能够获得读者的认同呢？有三个很重要的原因：

第一、面向中国式项目实战

谈到管理软件项目运作，从来不缺乏理论体系和方法论，但到某个具体问题在当前国情下到底如何解决最合理，却很少有书能够系统地展开讲述。在我国，最普遍、最实际的项目合作情况是企业规模不大，员工相对年轻，项目金额不大，实施难度不小。对于这类项目，如果直接套用国外成熟的项目实施体系，很容易水土不服。

国内做管理软件项目，游戏规则往往与国外不同：

1）过度承诺：都说诚信经营，但实际是"不拍胸脯马上死，拍了胸脯慢慢死"。

2）鞭打快牛：能力越大，责任越大，项目经理越能干，越要同时承担多个项目。

3）有责没权：项目经理要完全对结果负责，但不完全对绩效考核负责。

4）**能力不足：勉强敬业，绝不职业。规划项目时我们很容易假定项目中最重要的资源——人，是足够的、职业的和胜任的。但在实际项目中，人往往是能力不足、素质不够，甚至是能力不足的人数量也不够，而真正管用的人往往是不完全为项目组能直接调度、管控的资源。**

这些是由于我国的文化特色、在经济发展特定条件下的特定发展阶段所带来的一系列中国式问题。从我们的实践经验出发，我们知道要解决项目管理中的问题，仅靠简单复制国外的方法论是不行的。我们要写的，就是针对国内现阶段如何突破中国管理软件项目经理实际业务瓶颈的书。

第二、面向项目经理新手写心得

项目选型实施是一个复杂、漫长的过程，很多企业都感觉需要有业务技能高、沟通能力强、精通项目管理的复合型人才，可惜这种人才一是难得，二是未必忠诚。

目前，很多管理软件公司不得不任用大量年轻又没有多少行业经验的员工。他们往往缺乏实践经验，仅仅在公司内部仓促地培训后就必须投入到现场高难度的工作中去。在业务的压力下，新手们往往会把所有能找到的项目经理类书籍都看一遍。

☞ 不谈理论，只谈实战，我相信这样的书更有市场。

大家也会遇到和我们一样的困惑：很多书中的道理和套路能给你很大启发，但你准备按书上内容实施时，却很快发现未必具有可操作性。新手不需要概念，不需要策略，他们只想知道，如果遇到一件事情，我可以怎么做，不能怎么做，为什么要这样做？

我们也经历了从一个对项目实施一窍不通的新手，逐步成长为一名合格的售前顾问和项目经理的过程，所以一直认为新手更想学具体的技能，需要一些实实在在看了就能去用的工作指南。写本书的初衷就是要给所有做项目经理的新手写一本看了就有启发，立刻能去实践的工具书。

所以在书中直接针对管理软件从售前到售后过程中，每个人多少都会遇到的问题逐一展开对应的实用技能，这样对新手帮助会更大。

第三、充分利用互联网平台和读者互动

因为我们很喜欢互联网，现在也将自己的业务方向转移到网络整合传播领域，书出版后，我们一直通过畅享网、E-WORKS、ERP100、赛迪网等信息化门户和读者互动。过程中，我们回答解释读者的一些问题，认识了很多的好朋友，也算是成书后一个极大的意外收获。

在网络上很多朋友问我们为什么可以有这样的思考和经历，我们觉得这与我们对项目经理这个职业做了深入和系统的思考有很大关系。所以在本书里，我们补充了自己对整个项目经理从业环境的个人认识和判断。我们始终以为，了解整个行业生态，才能让自己更好地定位和发展。

还有很多朋友明确提出，书中谈项目实施的内容非常好，特别是对客户需求沟通和控制的内容引起很多共鸣，但关于售前如何有效策划项目的内容相对较少。他们很希望能把做售前的经验也加以系统分享，而不仅仅是关于项目实施。更多的朋友关心我们是如何找到客户，找到客户后如何沟通，如何判断一个项目的价值，选择合理售前策略，在说服客户后又如何进行商务报价和谈判，如何和聪明的竞争对手博弈……所以从 2007 年到 2008 年，我们一直利用业余时间积累素材，现在这些都变成书中新增的七种售前技能。

也有很多朋友关注如何协调资源响应众多项目，帮助团队成员成长，他们对项目管理经验很有兴趣，这些现在成为书中围绕项目管理和资源调度新增的五种技能。

希望读者从这本书中还能分享我们对项目销售和实施过程新的思考、新的领悟，让每位读者可以得到更系统的思考"如何做好管理软件销售和实施"这个命题，所以我们把自己对行业的个人认识也作为最后一章，和大家共同探讨。

2. 本书适合谁看

我们博客的很多读者都是有丰富经验的主管、资深的项目经理。他们告诉我，虽然书中总结的经验他们都知道，但是自己很少这么系统地去总结。所以他们需要有这样一本方便的工具书，可以让企业作为培养新人的入门培训教材。

还有很多朋友认为，书中的方法虽然是从管理软件行业总结出来的，但很多道理在他们行业中一样有效。不同行业就应该是他山之石，可以攻玉。

☞ 通过网络分享，通过网络成长，通过网络产生影响力，这是很多成功项目经理的职业成长之路。

最让我们奇怪的居然有搞行政的朋友收藏。我们问他，他说："其实如何做计划，如何写备忘录，如何开会，如何吃饭点菜这样的内容，哪个人在工作中不会遇到呢？虽然我不做管理软件，有的内容我确实用不上，但书中谈的技能，我觉得各行各业的职场人士都会遇到，买来读读，挺好，感觉离我们生活很接近。"

这些读者的反馈都大大出乎我们的意料，却又在情理之中。所以现在这本书的目标读者，应该是这样的几类人。

公司高管：如果你所在的公司是做管理软件的，我们在书中写到的项目游戏规则很多是相通的，对成长中的项目经理，对基层员工，这本书都值得你推荐给他们看看。

项目经理：不管你是甲方还是乙方，不管你是商务阶段的项目经理（为与实施项目经理更好区分,本书统一称为客户经理），还是实施阶段的项目经理，本书中的项目管理经验，也许能和你的职业经验共鸣。

职场新手：如果你是一位刚刚入行一到两年的朋友，正发愁如何完成看起来很简单，但在学校完全没有机会学的工作，那么你可以看一看本书，相信你至少会有一个思路去开始。

3. 如何阅读本书

我们在本书中系统总结了管理软件运作从销售到实施阶段需要的30种技能，基本上按照项目发展时间进度，逐步介绍每种技能的运作诀窍，自信已经涵盖了大项目工作从售前到售后的主要方面。

售前技能15种，分别是：自我定位、寻找客户、销售策划、商务沟通、公司介绍、售前调研、解决方案、产品演示、技术交流、产品试用、公司考察、用户考察、高层拜访、答标报价、商务洽谈。

售后技能15种，分别是：项目管理、高层沟通、启动大会、调研分析、管理需求、实施策划、编制计划、团队培养、会议组织、工作备忘、用户培训、现场推广、项目验收、有效回款、资源调度。

此外我们认为在目前我国管理软件的项目管理过程中，很多问题是系统缺陷造成的。单纯去突出某个方面谈方法没意义，解决问题最终出路也是系统工程。所以我们根据自身的项目经验，对管理软件的商业模式做了一个系统分析，也许可以帮助大家认清楚管理软件行业特点，对自己做好职业规划，做好项目综合判断会更有帮助，这些就是最后一章我们对管理软件行业的认识部分。

如果你只对售前或者实施感兴趣，可以直接看相关部分。不过我们认为，客户经理需要具备一些实施知识，而实施项目经理也要兼顾售前能力，而且很多时候，基于公司实际情况，分工未必很细，有可能项目经理把售前和实施工作都兼在一身。所以我们建议，只要觉得有用，不用刻意去区分售前、售后差异，可以一起看看。

顺便给所有的读者提两条阅读本书的建议。

第一是要有变通的思路。

不同的管理方法需要的成本是不同的，很难想象一个只有几万元金额的项目也需要进行一个非常正式的项目启动大会。这时，应该用更简便的方法去操作，达到同样

前言

的管理目标，这就是变通。

我们在书中会尽可能依据浅显的常识去分析项目每个阶段采取不同工作策略的真实目的和具体手段，并会认真探讨每种方法成立的边界条件。这种分析肯定不能完全覆盖实际工作中鲜活的项目实践，但我们希望大家掌握这种分析方法，可以举一反三，从而在自己的项目中将各种方法融会贯通。

但是无论如何变通，必须坚持一个根本信念：掌握各种技能不仅仅是为了自己工作方便或应付公司回款压力，必须通过我们的工作为项目成功实施争取时间和空间，进而让用户从项目中感觉到效益，最终和用户建立一种长期共生的关系。

第二是创造性的思路。

只要做大项目就会有困难和麻烦，老革命一样会遇到新问题。老板之所以选择我们去做项目经理，就是要我们不断挑战自己的极限，创造性地解决问题，把不可能变为可能。好的项目经理都不会抱怨项目资源不足。在项目中不断被打击和受折磨，你才会变得更坚强，想出别人想不出的方法，那么你才能真正走向可持续的成功。如果总是强调外部因素，总是能为你的项目失利或延期找到借口，你永远都不会成为一个好的项目经理。

如果遇到我们没有涉及的情况，请想一想，问题的本质是什么，你总可以找到更好的方法去解决。

当你阅读本书的时候，我们希望大家可以说：这是一本实战者写的书，这是一本可以用于实践的书！这，就是我们最开心的时刻！

我们会继续通过网络与读者互动，毕竟我们有限的经验更多来自 IT 行业，而且侧重管理软件项目实施这个行业。我们希望这些经验对其他行业做项目的朋友一样有启发、有帮助，但毕竟不同的行业有不同的特点，我们只能期望抛砖引玉，共同分享，让更多朋友拿出真知灼见来，帮助我们进一步提高和完善，因此，我们为本书开设一个专门的独立博客互动平台：http：//www.70man.com/

我们希望通过这本书，通过博客互动，可以认识更多的朋友，可以创造出更多有趣的合作，也许本书可以像软件一样，不断出升级版本，让书更实战、更实用、更可读。如果有兴趣和本书作者交流，可通过如下方式联系：

张志邮箱：zhangzhifs@gmail.com

萧秋水邮箱：qsxiao99@gmail.com

宋利邮箱：songliwh@gmail.com

☞ 真正的原因往往都隐藏在表面理由的背后。

投我以木桃,报之以琼瑶
——写在二次加印时

  我们的书《超越对手——大项目售前售后的30种实战技巧》出版后,很多读者对书中的思维导图很有兴趣,我们也乐于与读者分享为本书创作的各种思维导图,以及萧秋水特别整理的项目管理思维导图。

  如果您需要这些导图,请发邮件到张志邮箱:zhangzhifs@gmail.com。

  这是我们专门为购买本书的读者特设的服务,所以我们希望您发邮件时告知我们您购买的时间、渠道(是实体书店,还是当当、卓越、淘宝等网络书店),另请您在邮件中写出您任意挑选的书上某页某行的第 N 字(或者提供网购图片)。

  此外,欢迎您浏览我们在豆瓣特别整理的项目经理阅读参考书豆列:
http://book.douban.com/doulist/68841/

  这里面推荐的书籍,对您成为一位全面的项目经理,会很有帮助。

思维导图目录:

01、(基础)项目定义
02、(计划)工作分类结构(WBS)
03、(计划)项目风险评估
04、(计划)项目干系人满意定义
05、(计划)项目沟通路径
06、(计划)项目计划包含阶段
07、(计划)项目资源
08、(计划)项目组成员
09、(计划)项目组成员列表
10、(结项)培训
11、(结项)项目评审
12、(控制)项目报告
13、(控制)项目状态报告
14、(控制)项目状态报告列表
15、(全局)项目会议
16、(全局)项目主视图
17、(人力)项目组成员访谈表
18、90 天角色转换
19、软件公司技术管理
20、软件需求分析工作
21、项目工作交流
22、项目审核检查单
23、本书目录思维导图
24、管理软件从业人员知识修炼思维导图
25、大项目甲方需求思维导图
26、大项目销售分析思维导图

目　录

前　言
投我以木桃，报之以琼瑶——写在二次加印时

第 1 章　售前实战技能

1.1　自我定位 …………………………… 1
   1.1.1　选择好起点 …………………… 1
   1.1.2　先活下来才有机会 …………… 3
   1.1.3　从销售经理到项目导演 ……… 4
   1.1.4　选好搭档 ……………………… 7
   1.1.5　好心态才能做长线 …………… 8
   1.1.6　修炼气质提升魄力 …………… 9
   1.1.7　流程是条咬人的狗 …………… 11
1.2　寻找客户 …………………………… 13
   1.2.1　挖出目标客户 ………………… 13
   1.2.2　善于找到市场共性 …………… 15
   1.2.3　不打无准备的仗 ……………… 16
   1.2.4　做好商机评估 ………………… 18
   1.2.5　省钱才是硬道理 ……………… 19
1.3　销售策划 …………………………… 20
   1.3.1　先打一场情报战——
　　　　　了解项目背景 ………………… 21
   1.3.2　谁是老大——画出项目结构图 … 23
   1.3.3　看得见的需求只有 30%——
　　　　　分析客户需求 ………………… 24
   1.3.4　我是苹果他是梨——
　　　　　定位竞争对手 ………………… 26
   1.3.5　说服老板——申请公司资源 … 28
   1.3.6　不打无把握的仗——
　　　　　制订项目进入策略 …………… 29
   1.3.7　打造软实力——调度项目资源 … 31
1.4　商务沟通 …………………………… 32
   1.4.1　备好课、找对人、
　　　　　说对话、办对事 ……………… 32
   1.4.2　卖功能、卖利益和卖价值 …… 36

1.4.3　敢于和甲方博弈 ……………… 36
1.4.4　少犯错误，争取出彩 ………… 37
1.4.5　革命少不了请客吃饭 ………… 37
1.4.6　报价还是不报价 ……………… 39
1.5　公司介绍 …………………………… 40
   1.5.1　公司介绍的场合和时机 ……… 40
   1.5.2　要么说服，要么毁灭 ………… 42
   1.5.3　讲故事、讲特色、讲文化 …… 46
1.6　售前调研 …………………………… 47
   1.6.1　做好调研准备 ………………… 47
   1.6.2　记住是客户还不是用户 ……… 49
   1.6.3　售前调研讲策划 ……………… 51
1.7　解决方案 …………………………… 53
   1.7.1　人人都能写出好方案 ………… 54
   1.7.2　不良方案制造方法 …………… 55
   1.7.3　九招教你写出好方案 ………… 58
   1.7.4　谁说门面不重要 ……………… 59
1.8　产品演示 …………………………… 60
   1.8.1　成功演示的六个关键步骤 …… 62
   1.8.2　把成功的演示标准化 ………… 81
   1.8.3　演示高手的修炼篇 …………… 84
   1.8.4　细节是魔鬼 …………………… 102
1.9　技术交流 …………………………… 108
   1.9.1　把诚信放在第一位 …………… 109
   1.9.2　交流的心态 …………………… 110
   1.9.3　建立双向交流 ………………… 110
   1.9.4　以假设为导向进行交流 ……… 111
   1.9.5　重视交流的层次性 …………… 112
   1.9.6　永远不要攻击对手 …………… 113

1.9.7 "设计"正式交流 …………… 114	1.12.4 用户考察有技巧 …………… 134
1.9.8 重视非正式技术交流 ……… 115	1.13 高层拜访 …………………………… 136
1.9.9 常用回答问题技巧 ………… 115	1.13.1 要请老大出马吗 …………… 136
1.10 产品试用 …………………………… 118	1.13.2 为什么高层也不管用 …… 138
1.10.1 真金不怕火炼 ……………… 118	1.13.3 把高层也要当客户
1.10.2 试用就可以随便一些吗 … 120	一样分析 ……………………… 139
1.11 公司考察 …………………………… 121	1.14 答标报价 …………………………… 140
1.11.1 别犯同样的错误 …………… 121	1.14.1 常见的管理软件报价方式 … 141
1.11.2 公司考察主要接	1.14.2 常见的报价策略 …………… 144
待工作细节 …………………… 122	1.14.3 现场答标经验谈 …………… 146
1.12 用户考察 …………………………… 124	1.15 商务洽谈 …………………………… 147
1.12.1 典型用户要管理 …………… 124	1.15.1 二次谈判合理吗 …………… 147
1.12.2 客户考察看什么 …………… 129	1.15.2 利润和成本都是谈出来的 … 148
1.12.3 太老实，没效果 …………… 131	1.15.3 小心翻盘 …………………… 150

第2章 售后实战技能

2.1 中国式项目经理 …………………… 152	知道的三件事 ……………… 189
2.2 实施项目管理 ……………………… 154	2.6.3 如何处理变更 ……………… 192
2.2.1 项目管理管什么 …………… 154	2.7 实施策划 …………………………… 193
2.2.2 从技术转向管理 …………… 160	2.7.1 目的性强才是好方案 …… 193
2.2.3 谁是好项目经理 …………… 163	2.7.2 别把实施当售前 …………… 195
2.3 高层沟通 …………………………… 164	2.7.3 没有质量，没有价值 …… 196
2.3.1 一把手工程 ………………… 164	2.7.4 要和用户达成一致 ………… 197
2.3.2 为什么得不到高管支持 … 165	2.8 编制计划 …………………………… 198
2.3.3 汇报工作有方法 …………… 169	2.8.1 没沟通的计划是假计划 … 199
2.4 启动大会 …………………………… 169	2.8.2 计划要体现出对项目
2.4.1 非开不可 …………………… 170	实施工作的策划 …………… 200
2.4.2 启动大会讲时机 …………… 171	2.8.3 避免把行动当目标 ………… 201
2.4.3 启动大会的技巧 …………… 173	2.8.4 尊重计划，不轻易变更计划 … 202
2.5 调研分析 …………………………… 174	2.8.5 计划要保持一致性 ………… 203
2.5.1 实施调研的生命周期 …… 174	2.8.6 计划不要过于理想化 …… 204
2.5.2 这样调研要不得 …………… 175	2.9 团队培养 …………………………… 204
2.5.3 如何写调研日志 …………… 183	2.9.1 个人能力还是团队协同 … 204
2.5.4 良好的结构化调研顺序 … 183	2.9.2 不同项目需要不同的团队 … 206
2.5.5 如何写业务调研报告 …… 183	2.9.3 选好人，带好人 …………… 208
2.6 管理需求 …………………………… 184	2.9.4 实施项目经理的知识结构 …… 211
2.6.1 如何识别用户的需求 …… 185	2.9.5 实施项目经理应具备的
2.6.2 处理用户需求需要	业务技能 ……………………… 212

目 录

2.9.6 实施项目经理应具备的
核心素质 ………… 213
2.9.7 没经过培训的新人往往主动
把事情搞砸 ………… 213
2.9.8 实施顾问成长路线图 ……… 216
2.9.9 激励，让团队前进 ………… 216
2.10 会议组织 ………………………… 221
 2.10.1 会议是沟通的一种正式
方式而已 ………… 221
 2.10.2 项目过程中有哪些
必须的会议 ………… 222
 2.10.3 会议组织流程 ……………… 223
2.11 工作备忘 ………………………… 224
 2.11.1 备忘就是为了选择性不忘 … 225
 2.11.2 魔鬼在细节 ………………… 226
 2.11.3 要有积极的姿态 …………… 227
 2.11.4 前后备忘录注意呼应 ……… 227
 2.11.5 平时就做好日志 …………… 228
2.12 用户培训 ………………………… 228
 2.12.1 培训是实施的关键 ………… 228
 2.12.2 把用户培养成实施
内部替代者 ………… 230
 2.12.3 确保培训工作的质量 ……… 231
 2.12.4 做好培训的方方面面 ……… 233
 2.12.5 养成培训好习惯 …………… 234

2.12.6 总部培训须知 ……………… 235
2.13 现场推广 ………………………… 236
 2.13.1 推广也要讲天时地利人和 … 236
 2.13.2 项目怎么变成胡子工程了 … 236
 2.13.3 现场推广讲策略 …………… 242
 2.13.4 快速推广有技巧 …………… 243
2.14 项目验收 ………………………… 244
 2.14.1 没组织，没验收 …………… 244
 2.14.2 界定项目验收的条件 ……… 245
 2.14.3 验收要抓里程碑 …………… 245
 2.14.4 临时烧香来不及 …………… 246
 2.14.5 验收不是做汇报 …………… 248
 2.14.6 做项目就是做人 …………… 248
 2.14.7 快速验收的心得 …………… 248
2.15 有效回款 ………………………… 249
 2.15.1 回款条件，你清楚吗 ……… 250
 2.15.2 付款程序，打通了吗 ……… 250
2.16 资源调度 ………………………… 251
 2.16.1 想调度资源先了解项目 …… 252
 2.16.2 组建稳定的项目团队 ……… 253
 2.16.3 一个项目必须有多人参与 … 254
 2.16.4 资源要先集中再分散 ……… 255
2.17 永远保持和开发的
良好互动 ……………………… 255

第3章 产品和项目

3.1 卖产品还是卖项目 …………… 257
3.2 做产品还是做项目 …………… 260

附 录

附录A 管理软件从业人员的知识结构
体系（样例） …………… 263
附录B 编制解决方案常用素材或模板
清单 …………… 265
附录C 竞争对手对比表参
考比较项 …………… 266
附录D 项目方案评审检查清单 … 267

附录E 演示听众需求分析表 …… 269
附录F 演讲套路卡片模板 ……… 270
附录G 问题汇报结构模板 ……… 271
附录H ERP管理软件选型实力对比
分析表 …………… 272
附录I 项目管理博客推荐 ……… 275
附录J 项目管理书籍推荐 ……… 276

第 1 章 售前实战技能

在做管理软件的圈子里流传一个笑话,叫"四拍型客户经理"。

一拍脑袋:这个项目只要给我们做,价格和功能好商量,我来和公司沟通。

二拍胸脯:信誓旦旦地许下诺言,我可以代表我们公司保证全力做好。

三拍大腿:啊呀,我没想到公司实施部门对这个事情居然是这样不负责,把我害了。

四拍屁股:此处不好玩,换个地方干,卷铺盖跳槽走人。

当然,今天的市场已经不欢迎那种只靠商务运作来签项目的客户经理。客户要求和具有行业背景并拥有丰富实践经验的顾问交流,他们经常提出如下问题:

1) 不同的系统应用的技术到底有什么不同?
2) 为什么系统功能差不多,但报价差异这么大?
3) 实施系统到底能获得怎样的价值?
4) 如何规避项目风险并控制实施周期以保障项目成功?
5) 系统的实施成本到底是多少,怎样核算?
6) 如何有效安排双方工作配合?
7) 你们如何保障实施团队成员稳定性?
8) 如何解决企业人力资源配合不足或领导重视不足的问题?

☞ 不成熟的行业往往培养不成熟的销售。

这些问题的解答仅仅是通过口头解释、模板化的解决方案是很难让客户满意的,需要客户经理对项目进行系统策划和精细控制,让客户在项目销售周期内一步一步对自己的公司和产品完成"知道—了解—喜爱—偏爱—行动"的购买循环。

这就要求一位客户经理不能再仅仅把自己定位成一名销售人员,而应该努力成为客户的顾问。开展顾问式销售,至少要和自己公司内部售前顾问结成团队,共同为客户提供满意的服务。

一位客户经理不能总在竞争压力下为签单而被迫使用价格跳水、过度承诺等方法,要卖价值,不卖工作量!这也要求客户经理必须全面了解和掌握可以在售前打的牌。

一位有经验的客户经理应该很清楚:一个项目的最终实施难度与客户经理在售前阶段承诺的项目边界定义有很大关系。很多项目失败的原因就在于售前商务谈判过度承诺,进而增加了客户期望值,最终无法在实施过程中兑现,从而造成无法调和的矛盾。

1.1 自我定位

1.1.1 选择好起点

一个力图成为优秀客户经理的新手,即使其个人潜质再强,如果贸然进入一家管理不善、历史欠债太多的管理软件公司，顶多是成为一名优秀的项目救火队员，一段时间之后，很容易产生"女怕嫁错郎，男怕入错行"的感叹。公司和产品拖后腿，让人有心杀敌，无力回天，那种痛苦让很多有潜质的新人带着遗憾和无奈离开了这个行业。

越是新人，越是要选择一个好公司，还要选择一个好产品来作为自己职业生涯的起点。在一些规模很大的公司起步，将使你的职业发展要顺利很多。

一般而言，如果一家公司的产品在市场上能销售三年，拥有 20 个以上的客户，可以认为其产品在功能上已经够用，核心问题就是市场推广和实施成本控制的问题。

但不是声称项目"大"的公司就真的会做项目，其实有的公司是用运作关系的方法在运作项目，是用实施产品的方法来管理项目，还有一些公司在用对付小客户的经验对付大客户。一旦加入这样的项目或企业，不但很难学到正确的做事方法，还容易养成很多负面的职业行为模式。

一名有经验的员工，在不到三个月试用期内，完全可以通过公开报道、和同事聊天等渠道收集信息，来分析一家公司的实际运营情况，如表1-1 所示。

表1-1 如何从 15 类信息中综合判断一家公司运营情况

序号	了 解 项	分 析 方 法
1	成立时间	时间越长，公司越可靠，能活过 10 年的公司必有过人之处
2	公司规模	人员越多，公司越可靠，说明公司每个月现金流规模大
3	办公地点	办公地点租金越贵，说明公司实力越可靠
4	产品版本	产品发布时间越早，应该越稳定，市场空间越大，不过有时候太早的平台往往也是面临技术淘汰的平台
5	销售体系	如果有全国性销售队伍，往往意味着公司运营走上正轨
6	招聘广告	常年打销售和实施顾问招聘广告，说明员工流动性大
7	同事工龄	同事平均入职时间超过 5 年，可能意味着公司已经开始走向稳定，但也许会因制度化而使办事流程复杂 如果不到 2 年，可能意味着公司人员很不稳定
8	工资发放	工资经常没按制度发放，暗示公司现金流情况有麻烦
9	业务强人	业务强人多，可能意味着企业服务质量严重依赖个人能力，说明企业项目管理还没有形成标准化规范
10	绩效制度	如果销售和实施的奖励提成政策年年变化，暗示企业还没稳定的销售和实施模式
11	用户数量	数量越多，暗示公司的产品基本能力比较强
12	用户类型	如果有很多支付能力有保障的客户，这是好现象
13	服务热线	悄悄去观察服务热线，如果很忙或者完全不忙都是坏兆头
14	主要对手	打听一下公司的主要对手，如果在业内没口碑，大概也不是好现象
15	出差补贴	在公开可看到的制度中，出差补贴往往反映一家公司文化导向和实力，当然如果能打听到工资水平就更能判断准确

☞ 大公司未必就会做大项目，小公司未必只会做小项目。

对一名有初步工作经验的人而言，了解到以上信息并做对比是不难的。但如果是一名刚工作不久的新手，对行业没深刻认识，也不了解行业收入水平，那又该怎样了解一家公司呢？这里介绍三个简单的方法：

1）查看公司官方网站，看看网站设计和新闻，网站设计大气，新闻更新快，用户名气大的公司要加分。

2）去IT公司红黑榜速查类网站看看对应公司评价，如果公司能上榜被评价，要加分(很多小公司根本就没资格上榜被评价)。

3）用公司名去一些信息化社区或搜索引擎查询，如果搜索信息很多的公司要加分，即使是有一些负面信息也要加分，因为越是大公司，对手越多，用户越多，被攻击指责的概率越高。

1.1.2 先活下来才有机会

在很多行当，客户经理要从最基本的销售ABC开始积累关系和资源，业绩往往要经过很久才有起色，等到完成第一个大项目签约平均要用6～8个月。相当一部分客户经理根本熬不到这一天就离去，刚开始的满腔热情被无情的现实打击得粉碎。

现在项目竞争越来越激烈，公司对新人成长的耐心也越来越短，因此一个新手进入大项目销售，如果迟迟没有斩获，没有人会给你机会。所以做项目首先不是追求出彩，而是看有什么办法在半年的考察期内活下来，活着就有机会做出业绩，就有机会翻本；如果被淘汰了，那么本书的大部分方法你就没机会尝试了。这里我们提供四条经验分享：

1. 作好迎接连续挫折的准备

想活下来，先不妨对现实做最坏的打算，然后去挑战它。无论项目遇到怎样的挫折，都告诉自己这是成长的阵痛，坚持每日反省反思，持续改善，而不是抱怨。你在抱怨的时候，成功也放弃了你。所以遇到挫折时，不要怕，不要退缩，要努力，要坚持，绝不要放弃。

2. 和所有的人混个脸熟

我们都知道人脉很重要，但一个新人刚加入公司，往往是谁都不晓得某个部门来了个新手，而新手也不晓得如何去认识那些看起来和自己没有直接关系的同事。很多时候一个新手还没有来得及发挥作用，就已经被各种理由辞退了。反过来想一想，如果每个部门都有人知道你，估计你也肯定很难被公司辞退。

所以要想活下来，新手就要抓紧一切机会认识所有可能认识的人。我们所谓的认识不是要你现在和他们都成为好朋友，可以通过他们到各个部门混个脸熟，告诉这里的朋友，我是新来的同事，在哪个部门做什么工作，希望多多关照。对于那些老员工，要想办法和他们熟悉起来，因为老员工可以告诉你很多事情，让你事半功倍。

还有一起入职培训的同伴更是要建立联络方式，经常交换信息。过一年，你们都会以老员工自居，你们之间的交情就是最好的人脉。朋友多了路好走，在职场生存，内部的支持是至关重要的。

3. 寻找一个好教练

不要逞能，强中更有强中手，项目中有很多软能力是需要别人传帮带的。软磨也好，硬泡也好，拜一个有经验的人为师傅，看他如何谈吐、沟通和协调，可以让自己少走很多弯路。到了最后的时刻，也许这个师傅稍微说一句话，就可以帮助你获得生存的机会。

☞ 不拒绝小单的磨练，才能成就大单运作能力。

4. 小单养人，大单练功

想办法找一些老销售不愿意跟的短平快的小单去做，一是让自己有收入可以生存下去，二是可以通过业绩减轻自己的各方面压力，获得发展需要的时间。然后要花很大力气跟踪几个大项目，争取让自己有所斩获。

1.1.3 从销售经理到项目导演

即使在企业生存下来，客户经理往往也很难长期坚持，因为他们无一例外地发现原来自己产品的销售决策过程如此复杂（很难同时跟踪多个项目），销售周期是如此漫长（基本上不低于半年），成交风险如此巨大（跟踪大半年的项目随时有可能被别人抢走，自己要负担大量营销成本），实施效益和预期差距如此之大（意味着后期回款困难，很难获得追加项目机会，要不断发展新客户，还要牵扯很多销售精力）。

这种情况意味着一位客户经理要能够获得比较好的收入，就只能每年不断发展一些新的大客户，否则就没有基本的收入保障可言。这样下去又能谈得上什么职业规划，谁又愿意长期坚持呢？所以如果不能从销售经理转型到项目导演，不但项目做不下来，职业发展也会遇到瓶颈。

案例：用友公司提出从财务产品到 ERP（Enterprise Resource Planning，企业资源计划）**项目转型中遇到的困难**

☞ 不是任何人经过努力都可以做销售的，天时、地利、人和缺一不可。

☞ 要成为一个好的管理软件销售人员，就要经过从拼体力到拼脑力的转型。

现　状	困难与问题	影　响
1. 按卖财务软件的方法来卖ERP系统 1）对客户的需求及困难把握不全或不准 2）销售人员害怕面对客户的拒绝，坐等客户上门，缺少主动性 3）销售人员光依赖售前顾问的帮助，自己缺少对行业/产品知识的学习 4）只管卖东西，不管实施 5）与客户沟通/为客户提供解决方案等都缺乏针对性 2. 没有办法见到客户的高层领导，或对项目的关键人物把握不准 3. 谈不出 ERP 带给客户的利益与价值 4. 销售员只会拼体力，不会讲方法及利用公司团队资源 5. 对客户的重视不够，缺高层互访	1. 在 ERP 转型时，销售不清楚 1）为什么要转型 2）什么是解决方案式销售 3）如何转型 2. 不擅长 ERP 解决方案式销售 1）技巧 a. 有效的客户沟通与说服 b. 赢得客户高层领导的信任 c. 挖掘客户表面及潜在的管理困难并明确客户企业及个人的需求 d. 有效的人际关系 e. 有效的销售拜访与推进 2）能力 a. 信息的全面收集与分析 b. 销售策略的思考 c. 制定销售计划并有效实施 3）知识 a. 产品与技术的知识 b. 客户行业的知识 c. 咨询顾问的知识 3. 公司过去不强调	1. ERP 项目销售缺少与国际品牌的竞争力 2. ERP 项目销售成功率低 3. ERP 项目的平均销售额及利润偏低 4. ERP 项目销售周期偏长

（续）

现　状	困难与问题	影　响
6. 销售人员不愿执行或填写公司流程与表单，或怕承担责任而不做计划，对销售进展情况不上报	1）一致的ERP销售方法、流程、语言及监控制度来推进及评估销售项目 2）明确的团队成员搭配说明及角色细分与职责描述 3）整合及协调公司各部门的资源，以满足客户的需求 4）缺少对客户/行业的细分与分析	

📢 点评：

从用友公司总结中，可以了解到随用友U8、NC、U9等企业管理软件的相继推出，用友公司成功转型为国内乃至亚太领先的企业管理软件厂商，在转型的整个过程中，用友公司从公司体系到销售个人都遇到了极大的挑战，获得长足发展。

一般新人在从事销售工作的初期非常有干劲，有一种"无知者无畏"的冲劲。但很快很多客户经理就发现无论自己如何努力，建议书、方案书、产品演示、请客吃饭娱乐都轮番使了一遍，所谓的项目还是停滞不前，自己的项目费用倒是与日俱增，获得认可的焦虑越来越大。作为一个具体的客户经理，最害怕的不是丢单或者拿不下项目，而是不晓得为什么自己丢单或拿不下项目，这会让一个客户经理的信心丧失殆尽。

如果一个客户经理不清楚自己是为何赢单或丢单，完全不能够预测销售周期，不能够控制项目关键事项，不能够利用可以利用的外部资源，明显感觉自己无法控制项目，那么很快就会心态失衡，一些不理性、不正当的销售行为也开始应用，例如过度承诺、攻击对手、价格跳水、恶意报价等。这种风气多了，反而让客户对整个行业诚信表示怀疑，进而导致行业进一步不景气，从而造成恶性循环。

我们常常说一个人想做项目，仅仅知道一些商务技巧是不够的，需要全面的素质。用时髦的话讲，你得是复合型人才。很多公司的要求和教科书言论都指出做销售（自然包括管理软件）一定要懂一些技术，至少要熟悉自己的产品能做什么，要懂上下游行业生态关系，要了解竞争对手，要了解企业政治，要懂企业业务，要会用业绩说话，当然，你还得是个销售人员，要懂销售技巧。对那些速成类销售书籍，林林总总销售优秀品质大全，我总怀疑有人能全部做到吗？那简直是圣人。

我观察过很多一线销售业绩最优秀的人，发现他们经常在某些场合故意说自己完全不懂技术（也许是真不懂，有的销售年年得销售冠军，讲产品概念还真不如一个新销售背得扎实），或者在某些场合又刻意强调自己就是做技术出身或公司的技术背景，丝毫不担心、不露怯。

☞ 要做好销售，就不要把精力过多放在学术上，要研究道。

这是怎么回事？难道说很多公司的要求和书本上的教条都是错的吗？

我的观点是：两种观点都对，都有自己的适用边界。

如果你是一个对人感觉很好的人，在很短的时间就能判断客户是哪种类型的人，关心的利益是什么,那我觉得懂不懂技术,了解不了解对手都不是最重要的,这些都可以请教公司的同伴。只要你知道什么时间该做什么事情,善于从宏观上策划一个项目,合理调度资源,不纠缠于细节问题,那么仗打得就会更顺手。

这种客户经理一定要挑项目,做潜在价值大,周期长,需要复杂公关的项目。正所谓三年不开张,开张吃三年。这种项目如此复杂,以至需要一个团队来操作,而技术问题是完全服从商务策划的。这种项目一定要商务感觉敏锐的人操作,而你就是整个项目的导演。

案例:《圈子圈套》中的销售

知名IT商战小说主人公洪钧为了接近一个公事公办的企业权威人员姚工,通过各种渠道了解到他的爱好是研究明史,然后借一个机会和姚工吃饭,在吃饭的时候故意谈了一个明史中朱元璋知道功臣徐达在生了不能吃蒸鹅的病,却送他一个蒸鹅的典故,引起姚工的注意。因为谈得投机,借此攻下了所有其他供应商都难以攻下的一个关键人物。

点评:

从这个案例中我们可以看到,洪钧根本不是利用技术打动姚工,尽管姚工对技术很了解。客户经理对于自己的产品要有必要的了解,但这种了解是建立在对产品的价值或行业商业模式和合作模式上的把握,而不是要求一个客户经理像一个技术人员一样去了解技术的细节。一种常见的现象是,客户经理了解软件技术越多,反而越缺乏卖出高价的勇气。

> 三流的销售卖勤奋,二流的销售卖品牌,一流的销售卖信用,超一流的销售卖资源。

像洪钧一样,做项目的客户经理应该是个杂家,什么知识都略知一二,加上出色的沟通技巧,这样才可以在和用户沟通中发挥优势,快速让用户信任,后续的工作局面也就可以打开了。所以我们说客户经理是复合型人才,应该是用户心理学、管理学、沟通技巧和各类知识的复合型人才,不能总是拼命给客户经理灌输产品技术细节,这是本末倒置了。

一个客户经理要成为项目导演,必须具备两个条件:一是能够获得客户的人格认可,二是要清楚自己所在企业的资源和调度程序。

现在有的客户经理往往只经过半月到一月的培训就必须到战场发挥作用,这样的客户经理只能就商务做商务,就是一个潜在客户情报搜集员和客户关系联络员。他们对项目整体策划、方案建议书编制、产品定制演示、用户考察策划、招投标竞争等关键业务环节经验非常不足,处处依赖和受制于公司的资源和能力,更谈不上在销售周期内发现客户的兴奋点,进而依据客户的决策循环和购买顺序主动策划项目动作。

如果我们不是前一类客户经理,那么我们可能需要按部就班去做项目,以专业形象示人,学会一些FAB(Feature、Advantage and Benefit,特征、优点和价值)顾问式咨询技巧,在客户面前展示我们的能力、知识面、行业资源和对对手的了解,让客户相信我们是最专业也是最适合的,当然也有一点点个人交情,但更多的是专业素养的比拼。

这样的销售关键在于营销模式的建立。只要建立了合适的销售结构,按比较好的流程来运作，整个团队就一定可以跟踪和转化一定量的目标客户，总是能成交一定转化率的业绩。

1.1.4 选好搭档

对绝大部分客户经理而言，可以做导演，可以做通才，但很难成为专家顾问。因为一个客户经理无论多么有气派，有个性，有专业知识，但终归是要谈钱的。一个成天要和客户讨价还价的人，一般客户是不会太信任他的"专业"建议。所以真正的专业顾问一定要避免谈钱，不谈钱反而容易中立，容易得到别人的信任和认可。

我们从来不像某些理论强调的一样，寄望客户经理成为一名精通商业规则，又明了客户业务的专家顾问。拥有这样的客户经理是企业的福气，但也是一种运气。我们认为一个客户经理要努力让自己成为一个项目的导演，知道在什么阶段采取何种销售动作，落实何种资源可以达到最佳效果，如果缺乏技术能力，可以申请技术顾问的协助。

所以售前项目团队不能没有技术顾问这个角色，技术顾问一般也不应由客户经理担任。如果这个团队能够相对固化，就比较容易建立一种捆绑的激励机制，促进客户经理和技术顾问相辅相成、配合默契。

 案例：无用的商务？

在一些项目中，技术顾问去现场后发现商务人员对项目把握不到位，技术人员对项目细节无从了解，无处发力，进而对商务人员产生抱怨。而商务人员也有气，已经给技术人员那么多资料，来的时候不做功课，对企业业务把握也不到位，请神难，请来也不管用。

 **点评：**

很多事情其实看起来没有商务人员也能行，但实际上缺少商务人员的一些哪怕是微不足道的铺垫，都会让项目无法前行。

项目需要商务推动，也需要技术顾问推动，一个项目不是一个人的成功，是团队的成功。作技术顾问的不能不明白这一点。一个客户经理最好是能协调一个长期稳定合作的搭档，这样将来调度资源的成本最低，快速响应能力最强，能在一段时间内做出很优秀的业绩。

不过售前核心永远是商务，技术顾问永远不要因为自己在某个项目上发挥出色就觉得是自己决定了一切。顾问之所以成为顾问，就是要能够把产品能力有触感地展示出来，为商务赢单创造条件。

在管理软件市场中，商务队伍最好是一个团队，而不是单打独斗；团队中商务人才和技术人才形成相对稳定的组合；一个顾问可以服务多个团队，但应该有一个相对稳定的合作关系，才能不断在团队内部积累经验，不断提升配合默契。

现在有的软件公司，技术顾问团队和客户经理分别隶属不同领导分管，根据业务需要临时组合。在技术顾问不够的情况下，可能只能这样凑合，但这样调度人力资源给市场带来的最大伤害就是：软件公司能力表现出明显的不一致性，也就是有顾问陪同和没顾问陪同的商务拜访中,或者不同的顾问和商务搭配中,公司表现可能是两个档次的差距。

出现这种情况,一个原因是有的顾问虽有顾问的头衔,未必有顾问的能力,所以客户经理就不能不关注这点,并观察顾问的能力,争取和优秀顾问建立友情,以争取项目合作的机会。

一个好的顾问至少应该具备以下几种业务技能:
1) 能在很短时间内初步了解客户行业背景。
2) 能够针对自己产品的卖点,结合客户背景熟练谈出对客户的价值。
3) 能够谈谈产品的平台架构。
4) 能够独立编制产品方案。
5) 能够全面演示产品。

优秀售前顾问是用技术身份武装的客户经理,擅长在信息不对称情况下用真诚取得客户信任的人,一个善于帮客户找到选择差异化基点的人。

好的顾问最大的特点是有优秀的判断力,能够帮助客户或用户从纷繁复杂的局面中找到一条简明的道路,让客户在难以抉择同质化的困境中快速认同所在公司产品及服务的差异化价值。

项目销售和实施都是一个较长的周期过程,在压力下出错机会越少,项目成功的概率就越大。因此好的顾问一般情况下都不是一个张扬的人,而是一个低调沉稳地把工作逐渐推进的人。锋芒毕露并不是顾问的最佳策略,这个可以由客户经理去表演。

1.1.5 好心态才能做长线

 一流的顾问必须具备通过快速学习,让自己在几天内就变得很专业的能力。

做大项目销售一定要有长线心态。快速消费品行业的销售员工往往只需要经过短则半天,长也就一周的培训就可以去直接创造业绩。但对管理软件销售而言,一个星期到一个月的公司培训还仅仅是个开始。真正从入行到成交,往往要经过半年甚至一年的挣扎。项目行业其实很多新推销员是刚从学校毕业不久的年轻人,又多远离公司在异地孤军奋战,生活和心理上都承受着很大的压力。因此如果没有成熟的心理素质,很容易被项目中遇到的挫折所击垮。

案例:优秀的大项目销售要通过马拉松才能选出

在很多公司招聘新销售人员的时候,有一个有趣的现象就是:往往一进来就取得不错业绩的销售人员在后来工作中越来越坚持不住,纷纷跳槽;而一些开始业绩不好但始终坚持努力的人,后来业绩越来越好,对公司忠诚度也相对最高。我们把这种现象称为"马拉松现象"。

点评:

新进的项目销售人员如果起步阶段销售业绩就很理想的话,往往不是因为个人能力出色,而是运气好,遇上那种前人栽树后人乘凉的好事。但这样的经历往往让一个新人低估了行业风险和难度,在后面项目中遇到挫折和艰难的情况下,从一个高点掉到低点，心态很难平衡。而那些成交第一张大项目合同的周期是 8~12 个月的人，却从拿下第一张单后，在心理上已经完全适应了那种长期没有回款的巨大炼狱般压力，后面再做项目经历一些困难都是小儿科，总能用好的心态去面对。

所谓大销售的心理素质，其实也就是在不断跟进项目，不断被项目打击，不断反思自己不足中真正成长起来的。

那么客户经理应具备哪些基本心理素质呢？

首先，要保持自信心。对自己的才能和潜力，要充满希望和自信。对于任何机会，要努力争取，"不抛弃，不放弃"。对于困难，又要勇于面对而不逃避。请记住：信心是一个系数，如果系数为零，那零乘任何数都为零。

其次，要有斗志。敢于向自己挑战，敢于向客户挑战，敢于向陈规挑战，敢于向不可能挑战，在真实项目里不断磨炼，积小胜为大胜。

第三，要有上进心。一定要有清晰的目标，满怀激情地去工作。有了目标之后，又要付出努力去争取成果，因为在这个世界上，没有不劳而获的东西。

1.1.6 修炼气质提升魄力

做项目的人一定要注意外形谈吐，给人稳重有经验的感觉，这样的人更容易做成生意。学点商务礼仪，是做项目的人必须知道的基本功。

客户经理在外代表的是个人和公司的形象，因此平时我们一定要养成一些良好的习惯。

1. 注重形象

物以类聚，人以群分。人们似乎都有一个经验，从一个人的穿戴举止方面基本可以判断出这个人的职业背景、个人修养、甚至个人前景等。

例如穿得西装革履，永远都是谦和的、莫名其妙的、见谁跟谁笑的，大多是推销保险的。

穿着整洁得体，富有朝气，进门目不斜视，傲然介绍"我是某公司的"，多半是某大公司或外企员工。

虽穿着西服、打着领带，然而露出的衬衣却皱皱巴巴的，头发也是油油的，鞋面上还蒙满了灰尘，说话也还很有礼貌，这大概属于推销洗洁精或袜子、领带等家用品的临时推销员。

客户经理要给人成功可信的感觉，尤其注意几点：

1）每次出门请刮胡子，梳理头发，修剪鼻毛，擦皮鞋。

2）不要穿质地很差的地摊服装，这样会让客户觉得这个人事业很失败，连买好一点衣服的钱都挣不到，那怎么敢把大项目交付给你呢？

3）不要用很便宜或太个性化的手机，尽量选择比较新潮和稳重型，还可以多一个和用户沟通的谈资。

4）背一个好一点的商务包，别背一个破电脑包。

5）不要穿有洞的内衣和袜子，因为在去一些商业场合的时候很失身份。

6）将自己的名片放在一个正式的位置或者专用的名片夹中，不要随手塞在钱包中，自己不尊重也不会得到客户的尊重。

☞ 职场不是比谁笑得最快，而是比谁更能坚持到底。

7) 女客户经理不要浓妆艳抹、着装暴露，可施淡妆。

2. 遵守时间

与客户见面的第一要则便是准时。如果事先谈好了只谈一小时，那么时间一到，便要准备离去。这样一方面是尊重别人的时间，另一方面又可提醒客户，要注意你和其他的销售人员是不一样的，从而显示出你的价值，因为你的时间也很宝贵。

有时候，如果发现要洽谈的客户有其他重要事情在忙，我们可以稍等，但等的时间不要过长。因为等的时间过长，一方面对我们的形象是个摧残（只有不重要的小销售才享受这种待遇），另一方面，说不准别的相关人员还会对我们产生轻视的想法。既然客人不能即时接见，我们应该借故出去打个转再回来，或者另行再约会面的时间，再或者利用这个时间找几个相关人员聊一聊，打一打群众基础。

需要注意的是：守时，也包括了不要太早到达。因为预约好了时间，对方也应该已经做好了日程安排，如果早到，也可能让对方觉得被动。

3. 掌握分寸

客户经理见了客户，要很自如地结合上次话题谈起，或者制造一个客户可能感兴趣、能谈下去的新话题，让客户觉得和你在一起可以比较放松，不仅仅只会谈工作，也是在交朋友。当然寒暄的时间最多只可维持十五分钟，要主动进入谈论正题。

我们在倾谈正式话题之前，最好避免一种对抗阵势，如和客户隔着办公桌对话之类，要营造一个合作的、有商量的氛围，最好能主动坐在客户身边，并排而坐。

话到正题之后，一定要认真地、大胆地摆出事实和例子，说话要直接有力，略带专家口吻，我们不是真正的专家，但至少可以在这个行业摆一摆见多识广的资历吧？否则别人为什么要花费时间和一个什么都不懂的小销售沟通呢？

主题谈完之后，应该主动提出离开，另约下次见面的时间。不要没话找话，没事找事，以为讲话时间长了就是感情好，要让客户充分感受到我们的信心。

 小的细节能体现一个人的职业素养。

案例：乱翻资料丢了好感

某一个项目供应商从技术交流到商务接待都很不错，但最终客户没有选择这家供应商。他后来告诉该供应商，其实很想他们做这个项目，但当时客户经理在他办公室的时候，想趁他不注意偷看别人的方案和报价。这个小动作被他发现了，虽然表面不动声色，但心里极度反感，所以后期合作也就很难给机会了。

点评：

很多道理简单，做起来难。有些商业资料在客户那里放在很显眼的位置，很有用，真的诱惑人，但千万别因为需要就乱翻客户桌上的资料。这种小聪明可能得逞一次两次，但最终要吃大亏。靠看别人的底牌不是让你赢项目的根本，走正道做正事潜在的回报是最大的。

4. 多听少讲

因为我们有两只耳朵，但只有一张嘴巴，所以要多听少说。除了说得太多之外，我们又时常犯了直接批评和攻击对手等坏习惯。对手一定是要攻击的，但这种攻击是通过客观理性比较后让客户自己认识到的，而不是口头的谩骂和诋毁，这样的项目销售人员不会让客户对他的长期服务放心。

案例：我告诉你真相，某公司的产品其实很烂

我有一次介绍一个朋友去和另一个朋友谈他们的工作流产品，交流比较热烈后，我的朋友比较放松，忍不住说其实我们的产品在技术上非常有特点，虽然某公司(一知名公司)也有类似的产品，但我们对比测试后，真的是觉得他们跟我们的没法比。

交流完后，我另一个朋友告诉我，他很反感这位把自己公司产品看得一切都好，别人的产品就是这里那里有毛病的说法。也许这些毛病都存在，但问题是你的产品难道就真的有你说得那么好？

点评：

攻击对手的产品其实是双刃剑，一来有损自己的形象，让别人觉得你不过是个只会说对手不是的小销售；二来如果客户把你的话拿到对手那里去印证，聪明的对手往往一听就晓得是哪家在攻击自己，也许会招来疯狂的报复。

要点评对手的产品，最好是先肯定，再客观指出其中几条不足，不要流露出高人一筹的神态。真要攻击对手，最好展示软实力，例如谈合作的商业模式，合作的利益判断到位程度等，而不是谈到具体的案例，功能或服务。

作为一名销售人员，应时刻把个人素养和公司形象结合起来，当面向客户时，心里应有一个最基本的意识：你的表现不仅仅代表你自己，更重要的是代表着整个公司。

修炼个人气质还必须让自己成为专业人才，很多人入行以后陷入事务性工作细节，忘了系统提升自己的专业水平，时间长了连用户的水平都比不上。为此本书特意针对管理软件行业提供一个"管理软件从业人员的知识结构体系"，有兴趣的朋友可以参阅附录 A。

1.1.7 流程是条咬人的狗

入行做大项目的新人，特别是客户经理，对公司的规章制度必须花费精力去研究，因为这里面往往包括两类关键信息：一类是什么事情在公司规定中不可以做？一类是在公司可以做的事情要如何做？知道这两类信息，也就解决了新人最头痛的事，那就是不晓得如何启动自己的工作。

不过绝大部分公司往往只泛泛提供了公司文化介绍和公司产品操作的培训。公司很多规章制度、项目运作流程都语焉不详，所以让新人非常头痛。

站在一个新人的角度，我总结了一些让新人，特别是客户经理了解后就可以到公司顺利上岗的信息。

内部流程：一个新人应该搞清楚一些重要的公司流程(甚至包括一些潜规则)，如表 1-2 所示，这样对自己后期开展工作很有利。

表1-2 客户经理入职应了解十类信息

序号	内 容	作 用
1	财务报销流程	这是关键中的关键。商务费用报销周期通常是多少？是否有拖延的情况？这样可以指导自己合理地利用销售预算，提前避免各种青黄不接的情况
2	商务费用申请程序	如果万一有商务费用要突破预算，那么该走怎样的流程？向谁申请？满足怎样的条件才会批？如何支付？这些都要搞清楚，将来做项目才会心中有数
3	业绩提成制度	提成制度反映了公司的销售导向，有的提成制度是促进你抓老项目回款的，有的是鼓励你抓新合同的。有的制度是做大项目回报丰厚的，有的制度是做"短平快"的项目收入高的 如果一个销售人员不研究清楚提成制度，就很难权衡在有多个项目可跟踪时如何分配精力。每次发布提成制度都是在任老客户经理和公司进行利益博弈的结果，看懂了提成制度，也就明白公司的项目导向。因为做大项目离不开公司支持，明白公司的项目导向，将来做工作就可以多做容易得到公司资源支持的项目，你也就更容易成功
4	内部支援申请程序	项目不是一个人就可以结束战斗的，往往需要公司技术人员、高层领导的售前支持，那么对于这样的支持需要走怎样的流程，有无费用支出方面的要求，也应该事先搞清楚，不要等到项目火烧眉毛的时候，还在问如何走流程申请，更谈不上周密策划了
5	内部汇报程序	在公司要汇报哪些表格，有无现成的格式，汇报的要求等都要一一搞清楚，将来在这方面就不至于被公司主管领导所责备，还可以获得好的印象分 有的小公司不但没有汇报格式，甚至都没有要求，这种情况下你自己必须严格要求自己做好客户信息表和销售漏斗表，以切实提高自己的能力
6	销售流程规范	了解公司一般项目的销售流程，如果没有思路，至少可以先照葫芦画瓢去工作 如果公司有独特的销售流程规定，就一定要想明白为什么要这样规定，有无道理。也许看起来不太有道理的事情，只是因为你自己看不透道理而已
7	实施和售后服务流程	了解公司一般项目的销售流程，当客户咨询的时候，也不至于一问三不知
8	所负责区域市场情况	当你被分配到一个新的地区或行业，首先要对该地区（或行业）的背景情况有所了解。包括该地区（或行业）的交通情况、住宿情况、经营情况、企业名录、效益好的企业，政府推广部门的有关负责人、经办人、龙头企业的状况、老用户情况、使用情况、其他同行的用户情况、使用情况等
9	所负责区域客户情况	收集本地区老用户资料，产品历史报价以及销售年份，应用的产品及其应用情况。信息来源渠道分别是市场部、销售平台、老客户经理、技术支持等
10	员工手册	出门在外，难免遇到风险。看看公司给自己投放了哪些福利和保险，差旅标准，特别是贵重物品借支和赔偿制度，自己也好提前规划相应安排

☞ 新人要学会的第一课是：守规矩，而不是贸然创新。

1.2 寻找客户

1.2.1 挖出目标客户

新人入行常常会遇到这样两种情况：第一是公司缺少任何有价值的客户信息，只是给你一片分管区域，自己只能白手起家；第二是公司信息倒是有一把，但文档管理混乱，准确性很差，要是自己去一一搞清楚，那就不晓得是猴年马月了，还不如自己直接杀向市场。反正是要直接去面对客户的，那么有哪些常用挖掘目标客户的手段呢？表1-3中列出了几种常用方法。

表1-3 挖掘潜在客户的常用方法

序号	挖掘方法	优 点	缺 点
1	老用户回访	容易接触，了解信息	要求服务，增加服务成本
2	直接拜访	只要能进门，往往可以建立一个直接的接触机会	冒昧拜访容易引起反感
3	电话营销	成本低，可以直接沟通	拒绝率高，打击销售信心
4	合作伙伴策略联盟	可以快速获得大量本地关系资源	要进行利益协商，需要渠道制度支持
5	政府公关	在政府扶持项目中获得软实力	运作成本高，承诺不可靠
6	会议营销	集中轰炸，样板效应	组织成本高，内容准备要求高
7	定期直邮	可以提升企业品牌形象	费事、费成本
8	传真广告	简单快捷，容易被送达	不够正式
9	电子邮件营销	成本低，宣传快速	容易变成垃圾邮件
10	网络搜索	成本低	虚假信息多或得不到联系方式
11	网络推广	可以获得精准网络流量的关注度	需要懂投放策略和日常维护

这里介绍一些挖掘新客户常用的方法：

1）老用户是最有价值的资源。到一地首先应该走访老用户，了解其应用情况，挖掘新需求，对应用良好的用户，要争取作为典型用户宣传；对用得不好的用户，根据情况提供必要的服务，争取获得新的合作机会。

☞ 重视老用户的人会得到最好的回报。

通过拜访老用户，可以对公司的产品，当地的市场情况有一个感性的认识，而且不会带来太大的风险。如果和老用户建立起信任，可以请他们帮助引见新客户。不过老用户中也有很多属于历史遗留问题的麻烦事，在拜访前一定要确认一下，以免反而被历史麻烦给纠缠住。

2）对目标客户必须进行直接拜访。每到一个新城市，客户经理可以花些时间，去乘坐当地的公交车，记记当地的路，顺便写下路边和自己企业目标客户相符的单位名称，然后在乘坐出租车时向司机了解这些企业的情况，确定是否是目标客户。如果是，就做一些准备工作，必须想办法创造直接面对面的沟通机会，这是难度最大但也是最有效的方法。

3）电话营销。电话营销其实是开拓市场很有效的一种低成本运作手段，但一定要事先策划好电话拜访的结构和情景对话参考，否则拒绝率会非常高。从市场推广角度，越是经济发达地区，越是小企业，最有效的方法是电话营销；越是不发达地区，越是大企业，最有效的方法是会议营销。

4）发展渠道。首先充分了解公司渠道的政策，获取本地区历史渠道资料，拜访本地区有合作关系的渠道和代理，发现潜在合作机会；其次可以拜访本地政府分管部门，获得政府支持，获取当地各种示范企业的名单，了解并参与政府组织的各项活动，扩大公司影响面；最后可以了解当地是否有合适的科研院校可以发展成为合作伙伴。

发展渠道和政府关系，这类整合资源的工作对新人未必合适，第一是这些都是长线工作，刚起步的阶段还是先争取签到项目，生存下去要紧。有了项目信息，再选择合作伙伴都不迟；第二是刚到一地，市场情况不清楚，谈判一没筹码二没经验，也得不到公司支持，容易为他人做嫁衣裳。

5）会议营销。如果运气好，赶上公司安排当地做会议营销，那就要想办法和代理以及政府官员结识，因为这个阶段有公司市场成本投入，有一个合适的平台建立关系，就应该抓住机会。自己的公司没有机会做会议营销不要紧，很多客户经理很关心自己所在行业或区域的会议，包括竞争对手的会议，没钱做会议营销就想办法混进会场，然后给有价值的人派发和交换名片，获得后续联系的机会。特别是在一些政府或行业协会主持的会议上是不缺乏这一类机会的。

☞ 不管是哪个行业的销售，都必须记住人和人经过直接接触才容易信任。

6）邮寄资料。邮寄资料一般应该是公司统一规划的市场活动，客户经理只需要确认邮寄名单和地址准确性。作为公司市场部门，第一是要确保资料要给人有档次的感觉；第二是要达到效果最好是坚持邮寄，才会有品牌积累；第三是第一次邮寄前应让客户经理通过各种手段，例如先给前台电话确认寄送人姓名保证投递质量；第四是邮寄一轮后要客户经理进行电话回访，确认收到，并争取创造后续沟通机会。

7）传真广告。传真广告适合配合会议营销和目标客户联系，如果没有后续沟通手段不建议投放传真广告。

8）电子邮件营销。给历史老用户、潜在客户发送公司的电子杂志，可以让客户了解公司最新动态。需要注意，不要只是滥发产品广告，那样不但不会带来客户，还使得自己的产品价值贬值。

9）关注招标信息。曾经有很多企业喜欢在行业门户网站上发布招标信息，或者一些项目选型人员到论坛上了解某家供应商的底细。这些信息往往告诉你有企业在选型，可以通过在招标门户、行业门户和论坛搜索上发现相应的蛛丝马迹，然后给予跟踪。不过要清楚，泡在网上的客户一般都不是关键人物。

10）利用互联网。进行网络传播其实是个非常不错的手段，做得好，就是低投入，高产出。企业可以考虑的方式主要有搜索关键词广告、博客营销和软文营销。

通过上述种种方法，客户经理可以在较短时间内确定本地区所有具备一定规模的目标客户，并建立初步联系方式，下一步就是要从中筛选出重点目标（有需求的客户），进入实际接触阶段。刚刚开始挖掘和拜访客户的阶段，不管用哪种手段，都要记住"广撒网，精选择，多调查，深跟踪"的原则。

1）广撒网。用各种手段收集目标客户，把网铺开。要把撒网工作形成日常习惯，就会源源不断地有项目信息过来。

2）精选择。项目信息多了就要取舍，不是每个项目都适合去跟，贪多嚼不烂这个道理还是适用的。建议把客户做出ABC分类，哪些需要直接拜访，哪些需要电话跟进，哪些需要邮寄资料，哪些可以先发邮件，哪些需要和渠道或政府合作，哪些可以建议参加公司组织的会议等，一一区分。

3）多调查。在拜访或电话联系客户之前，一定要事先做一些准备工作，准备十分钟，也许效果就提升十倍。想一些针对性的话去谈，比泛泛推销效果好很多。

4）深跟踪。一定要记住，项目很难通过一次电话成交，越功利地推销，越容易被动。先去认识客户，和客户成为朋友，比见面就去推销产品更好。客户经理在发现销售机会后要多次深入沟通，每次把关系往前推进一步，一次比一次有进步，成交的机会就大。

1.2.2　善于找到市场共性

一方水土养一方人。在不同地方做项目，遇到的客户个性就很不相同，这和企业类型以及地方文化都有关系。

每个地区文化不同，对每个地区市场销售策略自然有所不同。客户经理除了要了解一般的工作方法和流程外，必须结合自己所在地区客户文化特点，思考能在本地区复制的攻单战法。对每个具体的项目，既要具体分析每个客户的特点，更要站在宏观角度分析自己所在地区或行业企业的共性特点。

案例：对国企和民企做项目的一个分析

有些公司内部研讨时提出可以用国营企业和民营企业来划分自己的目标客户，因为大家也常常说国企和民企企业文化差别很大。那么到底是把目标客户定位于国企还是民企，是很多企业都探讨过的问题。

例如有人认为国营企业集体决策，做事拖拉，但民营企业不同，他们敢于决策，效率惊人，进而认为国营企业管理背景复杂，历史包袱重，商务关系复杂，和这种企业合作难度很大；而民营企业按照合同办事，企业执行力强，与民营企业合作相对简单。

**点评**：

表面上看这个分析很有共性，但往往是一种误导，没有抓住问题的本质。

不同地区的国企文化也是不同的，在发达地区的某些国资企业灵活程度、先进理念接受程度可能比一些不发达地区民企更到位。

就以信息化工作为例，信息化在一个企业到底好不好推行，主要是看这个企业基础管理和流程管理到不到位。一个处处注重细节规范流程而且严格执行的企业，推行信息化工作会事半功倍；一个处处彰显人治特色的企业，推行信息化工作会处处举步维艰。很多民营企业是老板搞一言堂，执行力强，但变化也多，未必就好做信息化。

☞ 做项目一定要明白"有舍有得"，不是什么项目都适合你。

表 1-4 是关于国企和民企的一个简单个人经验对比，要特别说明的是，规模到了一定程度的民企其特点和国企相似。

表 1-4 国企和民企的简单个人经验对比

国 企	民 企
发展时间相对长，一般不缺规范力，而缺少执行力，强调内部个性，希望软件适应企业实际情况	发展时间相对短，一般不缺执行力，而缺规范力，强调规范管理，希望软件带来新理念
希望选择好的解决方案，长期服务，逐步解决问题	希望买到能立即解决问题的产品，而不是上项目
选择那些生机勃勃，给人感觉年轻有朝气、积极而自信的团队	欣赏那些做事细节上明显有套路，前后一致给人感觉很规范的公司
能够通过各种渠道获得比较稳定的政府扶植，项目一定程度上受上级主管单位的影响	自己投入，精打细算，价格战高手
人员相对稳定，项目负责人一般不会变化	人员流动性比较高，项目负责人变动可能性大
对同行都很熟悉，但不以为然，口碑只是参考	对同行先进经验很容易跟风，互相取经，口碑对项目很重要

上面就是一个不简单用所有制去判断企业，而应该用企业发展阶段和规模去判断企业的案例，这种划分显然更符合市场实际情况。同样我们还可以对客户按地域文化、投资方背景、组织架构复杂程度等差别分析出他们的特点，进而推导出自己在当地最合适的销售策略。

 分析所在地区和行业特点，可以对项目工作起到很大促进作用。

1.2.3　不打无准备的仗

不经常跑客户，项目是没有机会成交的。但万事开头难，如果首次拜访客户就没有留下深刻的印象，就很难创造持续的沟通机会，所以第一次拜访留下怎样的印象分非常重要。对于缺少经验的新手，弥补的办法就是多做功课，如表 1-5 所示。

表 1-5 登门拜访客户自检表

序号	检查大项	具 体 事 项
1	明确拜访目的	问问自己本次拜访期望达到哪些目标，举例： 第一次拜访 建立良好印象 了解客户需求 里程碑：是否建立决策人懂憬？ 第二次拜访 呈现方案 促进成交 里程碑：是否建立了选型标准？ 第三次拜访 实现销售

(续)

序号	检查大项	具体事项
1	明确拜访目的	里程碑：是否签订合同？ 为实现目标，有哪些动作可以安排(送名片、带资料、发会议邀请函、请喝茶、请吃饭)
2	掌握客户资料	了解客户所在行业、企业营运状况、主要产品/服务、主要市场/客户、相关项目采购历史、竞争对手相关项目采购情况
3	拜访预约准备	预约拜访日期及所需时间，并于拜访前一天再次电话或短信确认
4	拜访路线确认	确认可行的交通方案和花费时间，确保不会到得太早或迟到
5	拜访资料准备	个人名片、公司/产品资料、笔记本、笔和纸、小礼品
6	出门形象检查	自我形象从头到脚不能马虎

还有一个很重要的功课，就是很多新人害怕的事情，第一次拜见客户往往不晓得如何和客户负责人聊天。这里提供一个比较通用的开场白方法，可以让大家尝试一下。

开场白一般来讲，包括以下几个部分：
1) 感谢客户接见你并寒暄、赞美(要真诚自然)。
2) 自我介绍或问候(尽量突出个人特性，留下印象)。
3) 介绍来访的目的(此中突出公司和个人能给客户带来的价值，吸引对方)。
4) 转向探测需求(以问题结束，好让客户开口讲话)。

案例：拜访开场白案例

当销售人员如约来到客户办公室，开场："陈总，您好！看您这么忙还抽出宝贵的时间来接待我，真是非常感谢啊！(感谢客户)

陈总，办公室装修得这么简洁却很有品位，可以想象你们公司很专业！(赞美)

这是我的卡片，请多指教！(第一次见面，以交换名片自我介绍)

陈总以前接触过我们公司吗？(停顿)我们公司是国内最大的为客户提供个性化办公方案服务的公司。我们了解到现在的企业不仅关注提升市场占有率、增加利润，同时也关注如何节省管理成本；考虑到您作为企业的负责人，肯定很关注如何最合理配置您的办公设备，节省成本，所以今天来与您简单交流一下，看有没有我们公司能协助得上的。(介绍此次来的目的，突出客户的利益)

贵公司目前正在使用哪个品牌的办公设备？(问题结束，让客户开口)

点评：

从上面的例子可以看出，开场白要达到的目标就是吸引对方的注意力，引起客户的兴趣，使客户乐于与我们继续交谈下去。所以在开场白中陈述能给客户带来什么价值就非常重要。可是要陈述价值并不是一件容易的事，这不仅仅要求销售人员对自己销售的产品或者服务的价值有研究，并且要突出客户关心的部分，找出我们即将带给他的产品的结合点。

因为每个人对一件物品的价值的看法是不同的，同样购买一件衣服，有人考虑款式，有人考虑质量，有人考虑品牌等，他们关注的就是这件衣服的价值所在。如果这件衣服有10样价值，顾客也只是考虑2~3样就足以促使他购买了。因此如何找出客户最关注的价值并结合陈述，是开场的关键部分。

这里再介绍几种常用的抓客户眼球的开场白，可结合当时的实际情况交叉使用。

1）直接提及客户现在可能最关心的问题。"听您的朋友提起，您的公司发展很快，不过现在遇到一个问题就是打印耗材成本越来越大，这个问题我倒有个建议。"

2）谈到客户熟悉的第三方。"您的朋友王总介绍我与您联系，说您很想就办公设备进行集中管理，他觉得我们的系统非常适合您的需求，推荐我过来给您简单介绍一下。"

3）赞美对方。"我拜访过很多客户，都说您是这个领域的专家，所以也想借这个机会和您交流一下，请教您几个问题(一定要准备几个有含金量的问题)。"

4）提起他的竞争对手。"我们刚刚和某公司，还有某公司有过合作，应该说效果很理想，我想找机会给您介绍一下他们现在应用的情况，您看方便吗？"

5）引起他对某件事情的共鸣。"去年下半年很多企业都开始感受经济危机的到来，很多客户都在问我们这个危机会持续多久，影响多深，企业都要想办法控制成本，节约开支，您是怎么看？"

6）用数据来引起客户的兴趣和注意力。"我们刚帮一家企业实施了某项目，他们告诉我实施后减少50%的打印时间，节约了20%的办公设备打印成本，我不晓得如果有一种方法使您的办公设备和耗材成本降低至少20%的话，您是否有兴趣了解？"

7）有时效性的活动。"我们最近有个针对您这一类企业的办公设备集中管理解决方案的推广活动，参加这个活动能给您节省很多投入，同时还可以和很多同行交流，这个活动是12月31日在某酒店举办，所以我特意拜访您提前打个招呼，看这个时间您方便出席吗？"

1.2.4 做好商机评估

 有需求不代表有预算，有预算不代表有项目。

项目销售前一定要对商机进行评估，想清楚客户购买系统的意愿到底强不强，做项目要顺势而上，可以从以下问题去分析：

1）(动机)为什么他们需要或想要一个新系统？
2）(决策人)谁是决策人？他想要吗？
3）(决策过程及影响)决策过程和决策重要影响因素是什么？
4）(需求)需求是什么？
5）(竞争对手)谁是竞争对手？
6）(预算)财政有计划吗、预算大致是多少？
7）(时间计划)上线时间计划如何？

也可以通过商机评估表来给客户打分，如表1-6所示：

1.2 寻找客户

表1-6 商机评估表范例

分类（权重）	项 目	评分标准			得 分
		10分	30分	60分	
公司背景 （30%权重）	销售收入	1000万以下	1000~5000万	5000万以上	
	人员数量	100人以下	100~1000人	1000人以上	
	行业地位	10名以后	4~10名	前3名	
	组织模式	单组织	10以内多组织	10以上多组织	
项目现状 （20%权重）	有无项目团队	无	有（附属）	有（独立）	
	有无相关系统应用	无	有（简单）	有（复杂）	
	有无相关硬件应用	无	有（单机）	有（网络）	
	是否对手产品	否	对手用户	是	
财务状况 （20%权重）	是否盈利	亏损	维持	赢利	
	有无预算	无	无预算有资金	有	
方案适合度 （20%权重）	是否明确需求	明确	部分明确	不明确	
	能否提供解决方案	完全能	部分能	不能	
竞争状况 （10%权重）	有无战略价值	无	有（一般）	有（重要）	
	有无实施风险	无	一般	有	
合计（∑得分小计×权重）					

注：销售收入数额仅是举例，可按本公司实际需求进行调整，也可以根据本公司情况设计类似表格。

1.2.5 省钱才是硬道理

项目周期长，在整个项目周期内每件事情花费的成本看起来不多，但日积月累，累计起来还是相当惊人的。因此客户经理在从事营销工作时，一方面要提高销售业绩，另一方面要尽量减少开支，控制业务费用，随时养成控制成本的习惯。

控制业务费用的方法很多，这里总结七条省钱秘籍。

1）了解城市的交通情况，特别是了解经常拜访的客户地理位置分布，算计好不同时间最佳行车路线，可以大量节约时间成本和交通成本。尽量利用不太重要的时间坐地铁、公交，避免高额城市交通费。经常跑的城市办一个城市交通卡，往往也能节约费用。不远的路坚持步行，节约成本还锻炼身体。

2）控制电话时间和费用，养成长话短说的习惯，多利用短消息和客户保持软性沟通。到了外地不熟悉情况，办一个可以上网的手机，或者电话查询114服务，可以给你节约大量的时间。到一地做业务，一定要到当地电信或移动部门详细了解电话资费标准，买一个合适的本地卡，怎么便宜怎么办，但千万不要在乎电话费而减少和客户沟通的频率。

3）了解长途汽车、火车、飞机的乘坐地点、班次及订票电话，熟悉当地的交通，可以让你选择最合理的出行路线，且节约成本。

4）不到必要时不要随意请客吃饭，请客吃饭是一定要有明确目的的，仅仅是联络感情的饭局意义不大。联络感情的方法很多，请客吃饭其实是最简单最不用心的一

☞ 把思维结构化，就不容易漏过细节。

种。所以如果想不请客户吃饭,就要选择好拜访时间,不要赶在中午或下午快下班时拜访,还要控制拜访时间。如果实在是时间撞到吃饭的点,也可以事先给予理由说明,例如公司要求下午开个会,必须赶回。

5）赠送客户的小礼物可以到批发市场批量购买,以便降低费用。另外送客户礼物不一定是选贵重的,而是选用心的(走家庭成员喜欢的礼物路线),可以节约大量成本。

6）在主要活动的城市,应找一个比较固定的住处或者签约连锁商务宾馆,可以大大节约差旅费。

7）了解当地娱乐场所价格,特别是酒店、咖啡馆、KTV、洗脚、桑拿等娱乐场所的档次、价格,对一些性价比高的娱乐场所办一个会员卡,又体面,又节约成本。

最后要提醒客户经理,节约小钱固然要养成习惯,但不能为了一点点钱就不在乎时间成本和机会成本,这些才是要节约的大成本！

1.3 销售策划

> 不会花钱的客户经理不是好客户经理,只会花钱的客户经理更不是好客户经理。

项目的成单过程是一个周期长而且复杂的博弈过程,每个项目都有自己的节奏。特别是和对手竞争的项目,就好像一场足球赛,大家都想控制踢球的节奏,让对手跟着自己的节奏走,这样获赢面才大。

一名合格的客户经理就是项目的导演,让项目的剧本可以按照自己的思路去发展。大部分项目的流程都是接近的,我们可以参考下面的进程设计我们的动作。项目成败关键在于客户经理在不同的阶段如何出牌,达到阶段目标。

案例：管理软件项目的通用进程

管理软件选型是一个复杂的过程,不过也有规律可循。

复杂一点的过程是：广发请贴,进入海选阶段——从供应商中选择5至6家通知进入初选(可能要提供标准方案和产品演示)——选择2至4家入围进入复选或招投标(要结合企业实际情况提供方案和定制演示投标)——选择两家进行数据测试(或者叫试用)——商务谈判阶段。

也有简单的过程：初步接触——方案考察——公司考察——用户考察——技术交流——现场投标——商务谈判。

点评：

大项目选型套路,有两句话：

抓关键人物,策划最有利的选型路线。

抓关键事件,形成最有利的舆论局面。

一个项目选型过程,特别是复杂项目选型过程都是有人在操作,无非是乙方还是甲方操作的问题而已。乙方不仅仅要和其他乙方竞争,还要和甲方斗心计。很多甲方喜欢通知两家入围,杀一个最好的价格,就是让很多乙方痛苦不堪的事情。

> 抓住项目关键点,才能找到项目突破口。

处于不同的阶段,你在项目中可能要采取主动出击,也可能要保守跟进,也可能被动防守。一旦你和客户建立了联系和信任,就要主动和客户交流,了解客户对项目的想法，获得客户项目进程表。这样对自己控制项目计划，合理调度资源，促进项目成交非常有帮助。

如果没有清晰的项目进度时间表，或者说无法获得清晰的项目进度时间表，那么往往说明客户还不认可你，不希望你来影响和控制这个项目，或者说明这个项目已经落入你的竞争对手控制下，你不过是陪同竞争对手在走过场。

1.3.1　先打一场情报战——了解项目背景

有句老话说：早起的鸟儿有虫吃。但对项目而言，这句话未必总是正确。很多客户经理一听到风吹草动，就向项目扑过去，这种做法是不明智的。

 案例：要写解决方案吗？

客户经理小张刚刚拜访了一个新客户，两个人见面聊得很投缘。客户觉得小张谈的系统企业非常需要，但不晓得如何给领导汇报，小张主动建议可以结合企业实际情况写一个解决方案先给他看，然后给企业领导汇报。等小张回到公司请求技术支持，结果部门领导对他还没搞清楚项目可行性，就答应给用户提供解决方案的做法很生气，还批评了小张一顿。

 点评：

有的企业业务部门往往有意无意地利用供应商急于求成的心态，让供应商写方案、写建议书，然后作为自己的立项建议书给上级汇报。有时候这种先入为主会取得很明显的效应，但更多时候项目还是该选型的选型，该考察的考察，该投标的投标，出力最多的公司未必有任何优待。一名客户经理不能不知道这里面的风险，仅仅是因为企业对自己比较热情就以为机会在向自己招手。

一个项目，首先要明确是否正式立项，资金是否到位，因为一旦业务部门获得资金支持后，将具有很强的动力去落实，但没有预算计划的项目肯定容易做无用功。

此外客户认为项目是具体要做哪些事情，是谁提出来的，目的是解决什么问题，都需要客户经理去了解。

在客户很不成熟的情况下，千万不要根据项目的名称望文生义地去想象项目的目标。你前期了解情况的工作越详细，后面的惊讶就越少，项目的风险就越小。仅仅经过初步接触，很难了解企业需求，自然也很难提供有质量的解决方案。

不过有一点要注意，在一个区域内总有一些大的有影响的企业，这些企业无论是否立项都应该长期跟踪，这些企业立项是迟早的事情。在前期多做一些平稳投入对后期切入有很大便利，不要做那种有钱就扑上去，没钱就散开去的势利的客户经理。当然让客户经理去做和切身利益无关的长线投入，往往动力不足，最好由营销部门统一组织去做。

☞ 收集一些细微的情报，拼凑出整个项目的轮廓，是一个优秀客户经理的基本功。

 案例：这是个项目吗？

客户经理小张接到很久前联系过的一个客户的电话，客户说企业最近想上一个项目，再过一个月就招标了，你们怎么不来参与？

小张马上就问了句:"怎么这么晚才通知我们,我们还有机会吗?"

客户告诉小张,应该还有机会,现在公司还没最后定,你不来参与就肯定没机会,这次项目比较大,预算金额不低。"要不赶紧到现场了解一下情况?再说我们交往这么久了,你还信不过我吗?"

这个时候如果你是小张,会怎么办?

点评:

客户经理随时要根据有限的信息做出快速的行动反应,这种反应是否有效就依赖客户经理的直觉,我们更愿意把他叫"判断力"。一个优秀的客户经理不是因为他有多勤奋,而是要看他这种快速判断力和后续行动力。正确的判断可以让我们四两拨千斤,而错误的动作只能让我们费力不讨好。在项目中,最好的销售不是最勤奋的人,而是最肯动脑筋的人。脑筋动多了,把人和项目分析透了,他的判断力就养成了。

这是个项目吗?

接触到客户后第一件事情不是立即去做什么,而是判断这个所谓的项目是否真的存在?即使存在,是否自己有机会介入,还是糊里糊涂做了陪太子读书的人?

1) 没立项的项目往往是假项目,是企业某些人的一个想法而已。他们不过想利用你帮他写一份项目立项建议书,而这本来应该是他们的工作。

2) 仅有立项没有预算的项目是假项目,往往热闹大半年又因为资金冲突而拖延到下一年度。

3) 没对手参与的项目往往是假项目,因为要真的是肥肉,不可能没人和你抢。当然你有绝对关系的例外。

4) 刚接触企业,企业联系人就非常热情的,往往是希望我们去参与做陪标的,天下没有无缘无故的爱。

5) 客户总不采纳我们的建议,总要求我们按他们流程去做工作,那往往说明有高人在背后控制整个项目,反正不是你。

别相信任何人的承诺,即使这个人是你信得过的同事,甚至是客户,要相信经过理性逻辑推导后的判断。

通过很多细节,可以帮你判断一个项目是否是真项目。我们把这些信息综合成一张项目机会评估调查表,如表1-7所示。当然真实项目实际情况往往很复杂,是多种因素交叉影响的结果,要综合评判表1-7中的要素,不能依据单一信息下结论。通过这个表格,你也可以对客户进行评级,从而确定进入策略。

☞做项目一定要明白,甲方和乙方都是人,人都是很复杂的。

表1-7 项目机会评估调查表

评估内容	良好表现	不好表现
关于需求	客户对类似应用或项目有了解	不了解
	客户业务发展不顺利或扩展太快	发展顺利,没有痛苦没有真需求
	有强大市场竞争压力但能赢利 企业不愁生存有的钱要花	企业生存艰难
	同行有类似应用	想做先进,害怕成实验小白鼠

(续)

评估内容	良好表现	不好表现
关于预算	客户历年有相关投入	无历史投入
	客户的财务状况赢利	亏损或微利
	项目预算流程简单	上报了但没批复
	客户预算有赞助拨款单位	自己从利润中掏钱
	专款专用	有其他项目挪用的可能
关于准备	有内部项目组和负责人	还未正式定
	历史项目有激励奖罚机制	没有激励或惩罚
	企业和我们有其他项目合作	没有
	项目有结项时间要求	没有
	项目要通过国家和行业验收	没有
关于对手	有很多对手竞争	没有对手参与
	参与对手活动都很频繁	个别频繁
	有当地代理	无当地资源参与

1.3.2 谁是老大——画出项目结构图

确认一个项目存在后，客户经理最重要的工作就是搞清楚企业的组织模型和决策模型，在企业内逐步去了解企业的问题点，发展自己的支持者，统一决策者的思维模式，调整企业购买的优先顺序，而不是立即提供解决方案或者产品演示。只有企业认为供应商了解企业需求，并有能力解决问题时，解决方案才有打动用户的力量。

一个项目里绝对要牵涉多方面的人，如投资方、具体业务关系方、项目建成后的运营方、技术监督方、竞争对手、代理等。很多项目里除了业主单位以外，还有一些其他单位也会牵涉进来，如项目监理公司、业主的行业主管机构、外部专家顾问团等。

所以在项目的最初阶段，根据各个方面的情报，经过综合后得出一个项目结构图，这是一个成功项目的第一步。项目结构图应该体现项目全貌，不是照搬企业组织结构图，而是要看清楚项目的优势、劣势、机会、威胁，看出企业中谁是我们的支持者，谁是我们的反对者，谁支持对我们最有威胁的对手。

特别是一些人，虽然不在一个部门，表面上没有隶属关系，但在企业政治生态结构中却是相互支持和呼应的，这些在未来都可能影响一个项目的走向。

分析客户组织结构图无非抓住三点：
1）企业的决策文化是什么？有哪些潜规则？
2）企业的组织结构特点是什么？因而在项目审批流程上有什么特点？
3）各个层次的领导个性特点是什么？

☞ 评估一个项目最痛苦的结果是：这不是你的机会。

 案例：比主任还要受尊重的职员

在某项目中，主管领导在每次选型时都要喊上科室的一位骨干成员，而且总是要询问该成员的意见，但其他骨干成员就很难得到类似的待遇。这个情况引起了客户经理小张的注意，经过了解，原来这位不起眼的技术员是企业负责拍板该项目的领导的家属。小张立即决定要像尊重主任一样经常和这位技术员沟通和汇报工作，果然后来该技术员的意见起了关键作用。

点评：

我们一般建议把企业内部成员分四类：

决策人： 1）最后拍板采购决定 2）控制预算支出 3）能调配企业的资源 4）有否决权	影响人： 1）技术把关 2）评估具体解决方案 3）不能拍板做采购决定 4）可从技术角度出发否定方案
使用人： 1）微弱建议权 2）最终使用解决方案者 3）有切身的关系 4）直接影响解决方案实施成本	组织人： 1）协调厂家与客户之间的联络 2）提供厂家所需信息 3）平衡多家供应商利益 4）可从流程角度设计供应商

☞ 项目中往往要按明规则做文章，按潜规则办事。

有了这四类人，我们还应该初步勾勒出项目的概貌，确认想跟进的项目处于企业内部流程的哪个阶段，自己可以采取怎样的行动接触相关的人物等。只有清楚整个采购流程，我们才能有策略地在某个局部环节，制造形成对我们最有利的局面。

客户经理需要事先评估每个方面的项目关系人对这个项目的看法和期望是什么，以提前做好功课。然后你就可以在项目沟通之前，能预判对每件事情、每个动作，哪些人会在什么方面支持你？与他可能有冲突的部门或领导又是谁？在决策过程中他可能关注的点是什么？如果要他支持你，争取的方法是什么？让他出面支持的形式是什么？

哪些人会出于什么目的反对你，你应提前准备联合支持力量，说服反对力量，让事情向你所希望的方向发展。

这样你才能在企业中培养自己的内部支持人，让他们给你建议如何争取中立方，如何化解反对方的意见。这个内部支持者可以分布在四种角色中，但很显然，越接近决策权力的人，越应该努力变成自己的支持者，这样项目才有把握。图1-1是一个项目结构思维导图。

1.3.3　看得见的需求只有30%——分析客户需求

在项目中我们要面对四类人：你的公司、你自己或你的团队成员、你的客户和你的对手。在客户之中，还可以细分为：主持者，受益者，业务、技术、行政等人员，财务，决策层主持人，决策者。

在不同的销售阶段，会遇到不同的人；在恰当的时间，要专注于恰当的人解决恰

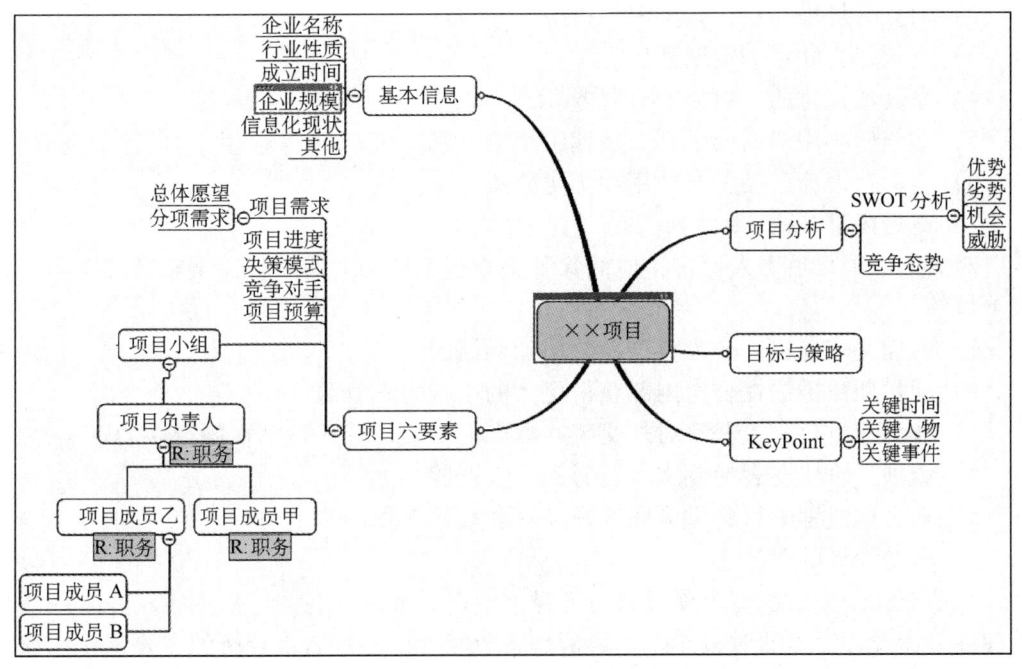

图 1-1　项目结构思维导图

当的问题。

在销售环节要同时想清楚：对一个项目，每类人的需求是什么？但最关键的是说服客户支持我们，这无非是因为我们找准了客户的需求，并针对客户的需求提供了有针对性的解决方案。

对客户经理而言，一定要随时意识到，项目首先不是分析业务需求，而是分析项目相关者的需求。人的需求有些是明显的、看得到的，但大部分是隐性的、看不到的，需要我们自己的挖掘、探索、引导及创造客户的潜在需求，并满足他们来获得成功，而不只是停留在表面需求上。

在项目中，客户有三个层次的需求：

第一要认可你本人和公司。

第二要相信你们的技术能力和方案。

第三要认可你们的服务能力和体系。

只有这三个层面的问题都解决了，客户才能把项目交付给合作方。

客户首先是人，是人就有多重沟通的需求。为什么客户愿意和好的客户经理合作？就是因为他们擅长发现客户的多重内在需求，而不仅仅是项目本身的需求。只有针对客户不同的需求提供不同的解决方案，才能最终赢得胜利。

大部分客户都希望选择一个长期稳定的合作伙伴，希望供应商能提供更好的服务。这个时候客户经理就不能满足于用请客吃饭的手段推进个人之间信任合作关系，而要考虑建立公司对公司的合作架构。例如对大客户而言，我们常常可以提出如下建议，让客户觉得享受超出平均化合作关系。

1）企业之间建立战略合作伙伴关系。

> 利益面前没有无缘无故的爱，也没有无缘无故的恨。

> 客户的需求是分层次，多维度的。

2）树立为灯塔客户，共享宣传资源。

3）高层建立联系，定期互访。

4）享受本地化的一对一专员服务。

5）参与核心用户的俱乐部，定期组织培训和交流。

6）自动获得新产品发布试用和优惠购买资格。

7）寄送内部刊物。

对具体的项目负责人而言，他们除了关心业务层面的需求，还希望通过合作达到以下目的：

1）圆满完成项目，成为自己在公司的业绩。

2）通过项目推进在公司内部获得更大的影响力和资源。

3）作为项目负责人获得对外交流和曝光的机会，提升自己在同行中的影响力。

4）就项目合作发表专业文章，有利个人评职称。

5）在合作过程中得到供应商客户经理和技术人员的尊重。

6）获得额外的回报。

这些非业务需求在每个项目参与方身上，都是客观存在的，需要客户经理仔细分析和推敲，设计恰当的对策。以上事情是客户经理做客户需求分析的主要工作，那么对于专业的业务需求，客户经理还需要专业的售前顾问提供支持，经过业务调研后再提供针对性的系统解决方案。

1.3.4 我是苹果他是梨——定位竞争对手

在项目中，不仅仅要和客户博弈，也要和竞争对手斗智斗勇。有项目的地方就有竞争，这是自然法则。我们首先不要抱怨竞争激烈，最强的客户经理一定是最强的对手和最难缠的客户培养出来的。

有个常识性经验告诉我们：没有竞争对手的项目往往不是真项目，可能是个烟幕弹。我们得想想为什么第一个发现项目机遇的是我们而不是对手，找不到信服的理由，是不能轻易投入到项目中去的。

☞ 陷入同质化竞争是做项目的常态。

有的竞争对手很强大，强大到可以自己不出现，通过内部支持者来影响项目走向。那么这个时候你兴冲冲地投入，很可能是被人拉来投标走过场。

所以做项目要清楚竞争对手有哪些？哪些是直接竞争者？直接竞争者分别是哪些公司，接触过谁？有什么优势？还有很多时候你还得考虑现在没有竞争者，将来会不会有？

在分析竞争对手时，我们往往容易夸大自己的弱点，并把一些很小的不足看成为致命的缺点，我们也很容易对自己的优势产生感觉良好的错觉。事实是客户对我们所具有的优势和弱点可能会有着与我们截然不同的看法。我们应该通过与客户的交流不断对自己的状况进行分析和验证，试探他对竞争对手的态度，并不断调整我们的商务策略。

对客户而言，最痛苦的工作无非是很难说出不同的供应商到底有什么区别，为什么要选择你而不选择他，需要一个有说服力的理由。所以分析竞争对手的强与弱，就是为了制造一个和竞争对手的差异化，进而设计适当的竞争策略。

案例：请写一个你们和主要竞争对手的区别表

做项目的时候，经常有甲方要求各家供应商写一个和主要竞争对手的区别表，便于他们选型。做这种评分表的风险很大，因为每家都把自己的优点写出来，还不能留下被竞争对手攻击的漏洞。很多供应商都习惯去写自己在技术上的功能特色，所谓人无我有，人有我强。但最郁闷的是，甲方往往糅合几家的长处要求每家供应商承诺去实现，完全是自己给自己下套，哪家供应商都得不到好处。

 **点评：**

一个项目供应商被确定，一定是这个供应商符合甲方的心理定位。每个项目甲方对选择怎样的供应商其实心里有一个倾向性标准的。例如是选择国产的，还是国外的；是选择本地的，还是外地的；是选择价格便宜的，还是技术有优势的；是选择合作便利的小公司，还是规范运作的大公司。每个倾向都代表了客户对合作伙伴的一种心理定位。

这些都是在分析客户需求阶段就应该揣摩到的客户心理。如果客户心理定位刚好符合我们公司的特征，应该让自己在项目中一切言行都尽量符合客户这种心理定位，必要的时候我们要主动为自己和对手设计一个差异化定位，然后说服客户接受我们这个差异化定位，提高竞争对手的进入门槛。

定位无所谓优劣，关键是适合客户的心理定位。常见的定位套路如下。

1）国外的。暗示具备全球化产业链背景，实施政治风险最小。
2）国产的。暗示具有本地化优势，实施性价比最好。
3）全球化或全国化。可以提供领先企业的实施经验。
4）最强大。暗示大客户合作资源最多。
5）最领先。暗示技术最强。
6）最悠久。暗示服务经验最多。
7）最合适。暗示性价比最好，项目经理经验最丰富。
8）最灵活。暗示响应快，商务条款好。
9）最本地。暗示可以提供便利的就近服务支撑。
10）管理最规范的公司。暗示不能定制开发，不能现场开发。
11）流程最灵活的公司。暗示可以按需求定制，可以现场开发。
12）最擅长操作申报项目。暗示政府和学术单位资源多。
13）集团级应用的产品。暗示是具备大规模并发应用的物理架构和实施经验。
14）开发语言最先进的产品。暗示项目架构最领先。
15）功能最全面的产品。
16）操作最简捷的产品。暗示软件易用性好，实施难度小。
17）架构柔性最强的产品。暗示二次开发扩展性好。
18）二次开发平台最灵活的产品。暗示企业自主掌握二次开发很容易。
19）标准化实施的产品。暗示实施周期很短。
20）某个单项能力（客户非常关注）最突出的产品。

> 要定位对手，就得先做好自己的SWOT分析。

类似的定位在不同项目中可以想出很多,哪种定位最好、最鲜明、最能打动客户,是值得仔细掂量的,因为任何一种定位都会带来潜在的负作用。

例如,大公司运作多年,流程规范,就可以处处体现这一点,并暗示客户是在和一家有保障的公司合作。但这种公司弱点就是,因为规范,难免流程复杂,敏捷性不够。而不够强大的对手因为还在成长期,可以在价格、商务灵活性方面具有弹性。当然这也可以被客户看成是缺乏连贯性和规范性,这是很难两全的选择。很多项目无非是供应商在灵活性和规范性之中找到一个平衡。

对客户而言,所谓选型,无非是选择最贴合自己定位的某一类型供应商。

1.3.5 说服老板——申请公司资源

把客户的项目分析透彻后,一定要了解自己公司各方面对这个项目的看法。对项目而言,公司高层领导是否重视直接决定了你在需要资源的时候,公司是否会根据你的要求提供最有力的支持。

我们不希望仗打到火烧眉毛的时候,还在给领导解释为什么需要公司投入资源来竞争。在商务正式启动之前,先了解一下公司领导的想法,对后续争取资源会很有好处。一定要记住:项目不欢迎那些单打独斗的人!

 能搞定企业内部资源的人才有自信搞定客户。

一般说来,随便你请示哪个级别的领导,口头肯定是说支持的,不过总是有些建议请你考虑一下,这些建议就包括很深的潜台词。我们需要真正了解公司对这个项目的实际期望,是想把项目越做越大,还是想立即赚钱?是想做成样板工程,还是想标准化实施?是想短平快签单回款,还是放长线钓大鱼?

公司领导对项目的倾向将直接影响项目的商务策略,如果资源不够,就要说服高层改变态度,增加对这个项目的投入,如表1-8所示。必要的时候我们还需要写一份项目分析报告,详细分析这个项目的风险以及对资源的需求情况。为了让公司领导对项目可能涉及的公司资源投入有一个初步认识,我们必须清楚简明地让公司高层意识到,如果一些资源不能得到解决的话,对项目签约将发生什么样的后果。

表1-8 说服公司高管支持项目前期投入常用的12个理由

序 号	理 由 项	常 见 说 法
1	客户对公司现金流价值	可以在什么时候带来多少回款
2	客户未来三年可以创造潜在价值	现在金额不高,但追加潜力巨大
3	客户在行业的辐射影响力	客户是否签约直接影响另外的哪几个项目
4	目前客户对公司品牌的态度	客户非常认可公司,需要高管亲自去烧把火
5	目前客户对产品技术的态度	技术有优势,如果能紧急开发实现某个功能就完美了
6	竞争对手参与程度	这个项目主要对手都来了,尤其是某公司如果在某地区拿下这个项目,就是在我们市场范围内打开一个口子
7	项目对地区市场发展的影响	这个客户在某地区辐射影响力很大,很适合参观考察
8	项目投入失利后潜在的损失	如果项目失利,可能导致某销售骨干不稳定
9	项目已经确定时间进度表	这个项目已经确定招标日期,需要公司安排技术团队响应

 你的高管才是你的第一个客户。

1.3 销售策划

(续)

序　号	理　由　项	常　见　说　法
10	本项目对公司管理和产品技术上的促进作用	虽然这个项目个性化需求比较多，但是这是未来产品发展的方向，值得公司去做
11	客户主要决策人和我们的关系很好	这个项目需要一点额外的折扣或中介费
12	公司目前在项目上已经投入的成本	公司已经在技术演示、解决方案方面取得领先，不过用户考察不太理想，应该在答标环节再增强一下

作为客户经理，列举期望公司决策和投入的事项清单时，也要充分说明投入这些资源后项目可能存在哪些风险。在某些条件下，也许有些公司会从战略高度放弃这个项目，这种情况下，作为客户经理也只能服从公司战略安排。在没有公司资源支持情况下，没有人能完成一个大项目，这一般是不可能完成的任务。如果客户经理不能尽早发现风险，做出对策，那么失败就是必然的了。

1.3.6　不打无把握的仗——制订项目进入策略

俗话说前半夜想想自己、后半夜想想人家，我们谈竞争对手的时候也要客观冷静分析自己进入一个项目、一个企业、一个行业的优势、劣势、机会和威胁，这就是所谓的SWOT（strengths、weaknesses、opportunities、threats，优势、劣势、机会、威胁）分析。这种分析对冷静客观评估自己在项目哪些阶段可能会出彩、哪些方面可能会丢分、哪些短板可以弥补都会有比较清醒的认识。在和各个层次客户沟通中，我们就要有意识突出和体现自己的优势，淡化客户对我们劣势的注意力，使其更认可我们的关键优势，避开威胁，创造成交机会。

每个大项目随企业和竞争对手不同都有自己的特点，在这个世界上没有强大到永远不可战胜的公司，也没有弱小到永远无法生存的公司，但前提是我们应该选择合适的项目竞争策略。

真正的高手制作项目策划就是在局面略微领先时考虑如何控制局面，缩短决策周期，加快决策流程，不让竞争对手搅局，积小胜为大胜，平稳地把项目拿下来；在局面落后的时候，懂得把握进度，延长决策周期，给自己创造加分的机会。对有竞争力的对手，有四种竞争策略可以考虑，如表1-9所示。

☞ 不要害怕任何貌似强大的对手，关键是要想清楚他的弱点，然后去竞争。

表1-9　项目竞争策略和行动选择表

战　略	适　用　条　件	可采取的方法
主动攻击	与竞争对手相比，在公司品牌、产品能力、典型用户、人力资源上具有明显的资源优势	个性化解决方案（能力） 公司总部考察（品牌，信誉） 典型用户考察（口碑）
侧翼攻击	和竞争对手相比，各方面趋于同质化	设计与竞争对手有明显不同的公司定位（要考虑客户是否接受），然后集中一切资源突出自己的定位，以和竞争对手区分；寻找机会修改或增加一切有益于我方的游戏规则

第1章 售前实战技能

(续)

战　略	适用条件	可采取的方法
游击战	竞争对手过于强大	回避直接竞争，寻找竞争对手忽略的细分市场或者不愿意做的小项目 成为其他强大公司的某方面合作伙伴 只进入有特定背景关系的项目竞争
防御战	在客户市场上已经是领导者	减少客户和其他供应商接触的机会 不断给客户提供新的资料和信息，让其不断强化我们领导者地位 保持一贯的售后服务，并持续改善 不断推出新的合作产品和模式吸引客户

如果甲方和我们已经有信任关系，当然是让有竞争力的对手不能参与项目竞争为好。这种战略就叫防御战，对对手关门。

案例：技术规格的妙用

在一次硬件系统投标中，IBM 和 HP 都有希望中标。企业技术主管倾向 HP 的服务器，因而提出依据自己的业务应用特点，需要单块硬盘在 200G 以上的服务器，当时 IBM 只有 73G 的硬盘阵列，在现场技术评审过程中利用这一条款就很顺利地把强大的 IBM 排除在外。

点评：

如果两家供应商实力接近，就要考虑寻求对自己有利的游戏规则，这叫侧翼攻击。

☞ 一个商务高手一定有过陪标的经验。

案例：侧翼攻击：关键的办公室主任

在一次项目中，有两家实力都很强的供应商参与，谁都有希望拿下项目。企业选型小组对两家支持者的态度都很平均，没有办法，企业就只好决定安排一次全部成员都参加，领导也在的演示交流。得知这个信息后，一家供应商找到了负责安排技术交流的办公室主任，终于争取到了一个条件，演示时他们先讲。

道理很简单，公司主要领导参与演示交流机会难得，也许他只能听前一场演示就有事情要离开，那么竞争对手就白白流失了一次在领导面前争取印象分的机会，这种机会也许对这个项目是一次关键的机会。

后来的演示过程如该供应商所料，两家演示准备都很充分，但主要领导只听了第一家汇报就有事离开，后来决策过程中他最终支持了让他留下印象的供应商。

点评：

魔鬼在细节，大项目中有很多细节都需要精心策划，实际上一个有经验的销售能够从出场排序中读出企业的心思，如果技术交流安排顺序明显不好，那么还可以通过调整技术交流时间来弥补,例如在演示能力比较强的情况下,可以安排在周末的时间演示,这样领导被干扰的可能就比较小,还可以争取一个相对公平的展示机会,而且在不同项目中有时候后发制人也许比先当出头鸟更好。

在项目中一些非关键人物在某个阶段一样可以发挥关键作用,例如在这个案例中,虽然办公室主任没有任何项目决策权,但他可以在组织项目演示的时候,保障各级决策人都在现场,而让竞争对手总是在某个关键决策人物不在的时候汇报,这样无形中就形成了只有第一家获得在所有人面前亮相的有利局面。

如果提前和办公室主任搞好关系,除了在行程方面得到照顾,他还可以提供很多内部消息,例如领导关注点,各个部门头痛的问题,甚至包括领导最近的行程安排等。有了这些情报,客户经理做工作才不会无的放矢,才能真正做到事半功倍。

提前PK:如果对手非常强大,一旦他们进入最后选择范围,就会非常危险。不如趁项目开始阶段,提前跟对手全面交锋,如果对手大意犯一些低级错误,就很可能不能进入决策阶段,这时候其他进入的对手都是绿叶衬红花型的,没有制造威胁的能力。

 案例:抢先出手解决最有威胁的对手

在某地一个项目中,企业要求所有供应商先做一次初步交流。按照惯例,这种技术交流还需要经过多轮,本地有一家供应商很有实力,自认为近水楼台先得月,项目肯定非他莫属,第一次技术交流只按常规动作采用标准演示介绍。结果另一家供应商在初步交流阶段就派出最强大的顾问阵容,精心准备,全部采用定制演示,企业选型负责人印象很好,留下了外来的和尚会念经,本地的团队技术还是不过硬的印象。这个最有威胁的对手实际上第一轮就糊里糊涂地出局了。

终极PK:如果项目中对手各方面都很强,也没有犯什么错误,这个时候我们要做好马拉松的准备,不要想着比冲刺能力。而是努力拉长选型周期,在这个周期内一点一点积累正印象分,储备力量,争取在最后时刻亮相超越对手一点,以微弱优势获胜。

很多项目是在最后一次答标演示做得比对手出彩的情况下,才以微弱优势拿下,不到最后时刻不能定局。

我们对本身处于弱势地位的供应商有三个建议。

1)选择那些经费不足以引起强大对手兴趣的企业,说白了就是定位不同的目标市场回避竞争。这种"捡漏",虽然能回避强大对手,但一大批小对手之间还是免不了竞争。

2)用时间换空间,用种种理由延长企业决策周期,使强大的对手不胜其烦,充分发挥自己灵活性和成本投入上的优势,让自己获得做工作的时间和可能,同时耐心等待对手犯错误。

3)田忌赛马的策略。同时介入对手参与的几个项目的竞争,但集中优势资源去争取其中一个项目,在局部形成绝对优势包围局面。

1.3.7 打造软实力——调度项目资源

一旦得到公司资源支持认可,又明白你手上的筹码,那么就是要落实项目中要做哪些事情,想办法协调项目关键资源的时候了。

> 在竞争中你不需要一次解决所有的对手,而是每一轮确保你还在局内,然后等对手犯错误。

在实际工作中客户经理都没有自己选择和调度资源的权利,那么就必须充分发挥个人影响力来调度资源,也就是一个客户经理软实力的体现。

案例:我就愿意到你这里来做项目

某客户经理非常会做人,每次技术顾问到他那里支持项目,他总是亲自安排接车住宿和餐饮,发现技术顾问报销费用不够就主动垫付一部分,通过自己商务费用走账,无论技术顾问发挥如何,绝对不责怪,坚持笑颜相待,让技术顾问都不好意思不全力以赴。

技术顾问和他合作非常愉快,每次都主动问他有没有项目要支持,提前为他预留工作档期。结果他的项目要风得风,要雨得雨,业绩在团队支持下自然也是蒸蒸日上。

技术顾问一次项目庆功宴上说:我就是愿意到你这里来做项目!

点评:

每个项目不同,每次需要调度的资源类型都不同,也许是专业顾问,也许是公司高层,也许是售后服务人员,有时候甚至是外部专家等。对大部分客户经理而言,他们最需要的是一个精通客户业务的顾问。在很多小项目里,客户经理本人去扮演这个角色;但在大项目里,客户会提出很多问题来评估每家公司,加上竞争对手的搅局,没有配备行业专家(Industry Expert)和客户沟通,难免出现鸡同鸭讲,互动不佳的情况。

1.4 商务沟通

1.4.1 备好课、找对人、说对话、办对事

都说大项目需要顾问式销售,但即使你具备顾问的能力,也要看你给谁做工作。如果你的说服对象根本就不是真正的决策者,那就是请麦肯锡的顾问来也没有用。

所以我们要做顾问先得找对顾问的对象:项目决策者。

找准客户决策者有五看:

第一看名片,名片职位越高决策权力越大。

第二看办公室,办公室越大、装修越豪华,地位越高。

第三看神态,如果别人找他汇报工作都是先敲门再进去,语气轻柔恭顺,地位肯定高。

第四看座位,如果开会吃饭坐主座都是当仁不让,那他的地位肯定高。

第五看谈吐,如果谈吐有霸气,讲话不急不躁,那是实权人物。

但对某些项目而言,能够影响一个项目的决策者可能不止一位,也许董事会高管、董事长、老总、副总,甚至业务部门主管都可以提出自己的意见,从而影响整个项目的走向。这个时候就不能只拜访一位领导,忽略了其他客户决策者。

做项目不是一开始就要接触决策者,没有群众的支持,见了领导也没有用,要内

外结合,全面开花。所谓"找对人"就是在项目每个阶段找到可以帮你有效推动工作往前进展的人,这个人未必是项目决策者,但能够帮助我们将项目往前推进。

但是想要做到"找对人、说对话、办对事",非得先"备好课"不可。如何备课呢？先尽量做到不说外行话。

没有人天生就是专家,就能深入了解一个行业。一个优秀的客户经理可以做到仅仅利用一两天的时间,就可以搜集并记忆关于客户所在行业的一些基础信息和热点话题,甚至是企业关注的工作内容。这样就可以让自己在接触客户的时候,尽量用他可以理解的语言沟通和表达,拉近沟通的距离。那么如果能够接触到客户的决策人或项目关系人,就要快速判断他的个性类型和思维类型,这将直接决定我们能否和客户进行有效沟通,所谓说对话、办对事,就是说在不同场合,见到不同性格领导,沟通方式必须有所不同。

我们常常接受一种把人分为友善型、分析型、控制型、表现型四类的观察能力培训。但修炼到领导这个层次,喜怒不形于色的功夫大有人在,简单用这四类划分都有偏颇,而且依我们的观察,做了有实权领导的人,多少都变成控制型的,也多少有点分析能力的,很难有单一的性格模式,这种分析只适合普通人,对领导还不够。

 案例：美国 PDP（Professional Dynametric Programs，职业优势诊断系统）**领导特质分析系统**

根据PDP组织29年的研究和实践,以及全球1600万人次的使用案例,PDP系统将领导者分为五大类型,并用5种动物来形容：老虎型、孔雀型、考拉型、猫头鹰型、变色龙型。不同类型的领导者也因此呈现出不同的领导风格。

老虎型的领导者：他们的共同性格为充满自信、竞争心强、主动且企图心强烈,是个有决断力的领导者。一般而言,老虎型的人胸怀大志,勇于冒险,看问题能够直指核心,并对目标全力以赴。他们在领导风格及决策上,强调权威与果断,一切均以目标和实质性的成果为导向,擅长危机处理,此种性格最适合开创性与改革性的工作。GE的前任CEO杰克·韦尔奇就是典型的代表人物。

孔雀型的领导者：孔雀型的领导者人际关系能力极强,他们擅长口语表达,很会沟通激励、描绘愿景并带动气氛,是宣扬理念、塑造愿景的能手。他们喜欢跟别人互动,重视群体的归属感,属于透过人的关系发挥影响力一类。由于他们富于同情心并乐于分享,具有鼓舞性和带动性,善于交际,在无形性的领域中,孔雀型的领导者都有很杰出的表现。

考拉型的领导者：他们的共同特质为平易近人、敦厚可靠、强调和谐合作、避免冲突与不具批判性。在行为上,表现出不慌不忙、冷静自持的态度。他们注重稳定与中长程规划,现实生活中,常会反思自省并以和谐为中心,即使面对困境,亦能泰然自若,从容应付。在决策上,他们需要较充足的时间做规划,意志坚定,步调稳健。考拉族群可说是一群默默耕耘的无名英雄,在平凡中见其伟大。印度现代民族解放运动的著名领袖甘地即是最佳的写照。

猫头鹰型的领导者：包青天的铁面无私、明察秋毫,即为猫头鹰族群的典型代

☞ 领导有这么多类型,难怪做项目的人多少都有点看人说话的本事。

表。他们给人的第一印象是稳重，行为中规中矩，很有责任感，行事条理分明，一切根据制度与规定，重视承诺与纪律，有完美主义的倾向，让人非常信赖。猫头鹰型的人重视达到目标的每一个过程之精确性，重视是非对错，在专业上追求精益求精，容易成为专业领域的专家。他们分析力强、要求标准高、不能容忍错误且自律甚严，在组织中是值得托付的好伙伴。

变色龙型的领导者：他们的共同特征为适应力及弹性都相当强，对内擅长协调，对外擅长于整合资源，兼容并蓄，以合理化及中庸之道来待人处事。变色龙型的领导者会依组织目标及所处环境的任务需求，随时调整自己，因为他们往往没有预设立场，不走极端，柔软性高，言谈举止都很得体，是个称职的谈判斡旋高手，也是手腕圆融的外交人才。在环境遽变的时代，他们更能随机应变，因此不论在企业开创期、过渡期还是转型期，都非常需要此种人才参与。

和领导沟通时，我们还得观察领导对不同供应商的倾向性。他是否倾向于对手，还是处于中立观察期？

一般可以透露出领导对我们感兴趣或比较认可的细节有：

1）谈话过程中互动比较多，不是唱独角戏。
2）谈话时间比预期的长。
3）领导主动表示一起吃饭，或者自己有安排但专门请人安排一起吃饭。
4）领导表示要找时间再聊一聊。
5）领导主动表示你们可以和哪个部门的谁聊一聊。
6）领导要你准备份详细资料或方案。
7）领导和你谈起一些他感兴趣但和工作无关的话题。

能成功把很难约的客户约出来是项目有了实质性进展的一种标志。

做商务就一定要和客户对项目节奏达成默契，否则我们就容易被项目牵着鼻子走，而不是在主动控制项目。当然如果没有获得客户信任就贸然了解客户项目安排，是显得有些冒失。但兵法也没有绝对，一旦你觉得可以获得客户初步信任，就可以随时开始试探了解客户对本项目的安排。

这种试探可以通过口头直接询问，也可以通过方案和备忘录（提供进度计划）试探。如果发现客户对项目完全缺少把握（这种情况在客户第一次负责实施类似项目的时候是很可能的），那么我们应该体现出自己的专业性，强势提出合理的项目进程表（当然是客户觉得合理，对我们有利，对对手不利），让客户对我们产生信赖感，这样我们就可以在客户邀请下去影响他们的项目进程表，使其变得有利于我们的资源调度和优势发挥。对于仅有"何时要上线"想法的客户，必要时应说服其拟定较详细的时间表，并将客户的时间表引导为我们的习惯的模式。

假如客户对安排时间表没有经验，那么你可以告诉客户我们很有经验，交给我们做就没问题了，提供时间表的范例给客户，然后设法与客户共同拟订时间表，完成后将进度表交给他去做内部汇报。

如果客户很有经验，已经有预定项目进程表时，你要先了解其时间表的合理性，若不合理，一定要敢于主动提出来，被动的进程表不会因为我们的努力而变好，除非它被我们改变了。通过上述过程，客户经理也可以更精准地掌握预计签约及预计成交的时间。

案例：从项目进度中看端倪

有的项目，经过反复努力，还是无法与客户取得项目进度表共识，甚至客户不肯就项目怎么运作谈自己的真实想法，怎么办？

例如客户希望进一步交流，但又推托说公司只交待他来负责部分工作，需要大家商量，因此没办法跟我们讨论项目进度表，或者直接要求我们拿出方案。

又例如客户希望进一步交流，但认为预定时间表是他们公司内部的事，我们不需要了解，我们只该依照要求安排系统演示并提供资料。

点评：

若客户愿意和我们交流，安排我们在做系统演示时让公司内部的各部门人员甚至高层主管参与，而不只是由个别部门的人参加，这个案子还可以跑跑看。也许是客户不想被我们牵着鼻子走，但对项目还是给每家表现的机会。

如果客户完全不理会我们的请求，一味只要报价单及产品资料、规划建议书等资料，而不安排交流及系统演示；或在安排交流，系统演示时不让公司内部的各部门人员及高层主管参与，而只由个别部门的人参加，那我们就应该考虑是否这个案子客户和对手已经有默契，我们应考虑休兵或采取其他应对措施，了解竞争对手的动态，再确定我们的行动。

很多时候，和客户确认项目进程表不意味着一定要客户提供进度表给我们。若能通过双方认真的讨论，与客户对信息化的时间表有口头上一致的共识，也算达到了目的。只不过事后我们要进行书面化的工作，将其合理组织成工作计划，并利用后续一系列书面和口头沟通去强化客户对本进度表的印象，产生一种是我们一起商量完成工作的印象。

对客户经理而言，主动和客户沟通整个项目进程时间表有很多好处。

1）通过和客户协调项目进展计划，可以清楚掌握项目状况，确定自己应该采取的销售动作。

2）帮助客户，甚至是逼迫客户将实施项目的想法落实为真正的行动和计划，项目才真正可推动。

3）有了进度表，就便于供应商在内部申请和协调资源，合理安排项目计划，保证在项目关键节点有合适资源去响应。

4）对不太懂行的客户而言，提供一个选型路线表可以帮助他们形成工作思路，让他们信任我们。

5）对懂行的客户而言，敢于提供或确认选型路线表让他们觉得我们非常有经验，能够提供专业的建议。

6）一旦客户愿意和我们一起确定项目进度表，那么供应商将居于主导地位，可以有效控制客户。

7）发现竞争对手的布局，及早脱离陷阱，或者制造打乱竞争对手节奏的进度表，让他们很难出好牌。

做好这些工作，才是找对人、说对话、办对事。

☞ 个别客户的坏毛病就是利用供应商想抢项目的心理，让他们免费给自己写材料。

1.4.2 卖功能、卖利益和卖价值

刚接触销售或刚到公司的新客户经理，往往只是软件的推销者，他们努力熟悉软件的功能，对外推销只能是"卖功能"。

卖功能的客户经理像录音机，按标准程序从头到尾阐述自己的优点，一般只站在自己角度去考虑给客户带来哪些利益，缺乏换位思考，很少考虑客户的实际情况。这种客户经理往往做得很辛苦，经常会在价格上作不断的让步，业绩也不会太好。

到了一定阶段，客户经理开始比较了解公司及所售的产品，在实战中摸爬滚打有输有赢知道如何"卖利益"。这类客户经理已经非常有经验，与客户谈天说地、拉家常都可以融洽双方的关系，喜欢自称是解决方案提供者，很容易利用专业知识的信息不对称，能够不断抛出各种概念吸引用户，无形中引导控制对方的思想和观念，赢取对方的充分信赖。这类客户经理的销售本身叫纯商务销售，往往能快速突破项目门槛，但缺少后劲，往往因为自己的过度承诺无法兑现陷入困境。

高明的客户经理强调"卖价值"。他们关注的是如何卖产品的价值、卖自己的价值、卖公司的价值，从而去实现客户价值。这类客户经理放弃一城一地得失的思考，更多关注商业模式的合作，考虑如何构造公司与客户之间长期共生共荣的合作伙伴关系。他们从为企业创造巨大的价值角度思考问题，始终关注如何帮助客户成功，始终坚持从客户的利益出发，为客户着想，帮助客户获得利益，同时不忘维护公司利益，赢得客户发自内心的敬重。

> 建议做大项目的销售人员都看看SPIN理论。

这种客户经理并不在乎所谓的销售技巧（当然还是有用），但是一定有让客户真正信赖的专业风范和个人特性，即使在短期内项目暂时出现困难，客户也不会弃他而去，甚至会动用企业的资源帮助他一起共渡难关。在这个过程中，客户经理也很好的实现自己的个人价值和公司品牌价值。

1.4.3 敢于和甲方博弈

一般销售理论是讲"以客户为中心，客户是上帝"。但在大项目中，如果一味迁就甲方，只会培养出更多被宠坏的客户，他们会不断提出各种要求，而不考虑得到完美解决方案应该付出的代价。一句老话：天下没有免费的午餐，一分钱一分货。

还有的项目，客户非常精明，通过邀约不同的供应商相互竞争，企图获得对自己最有利的条件。从商业上讲，这无可厚非。但问题是总有些供应商，为了生存或市场占有率而承诺各种不赚钱的合作条件，而很多企业又是"唯价格论"的。如果总以客户为中心，公司估计要离倒闭不远了。

高水平的客户经理依靠公司实力及人格魅力，不仅仅在销售产品，还不断在销售个人影响力。通过个人影响力积累在企业各方面的人脉关系，对企业内部不同的人分别去争取、去说服、去制衡，甚至是去压制，最终引导客户愿意制定对企业有利的游戏规则，掌控项目的制高点。

所以有句话很对："所谓利润都是在谈判桌上谈出来的。"在取得基本信任后，客户经理要敢于和甲方博弈，不要轻易让步。

案例：你们想签单就得保证项目实施成功

小张遇到一个让他头痛的项目，企业项目负责人明确告诉他，必须把保证项目实施成功的条款写到合同中，理由是，如果选择你们不能保证成功，我们为什么要上这个项目？小张很清楚，任何系统工程需要甲乙双方配合才能保证成功，单独承诺保证成功反而让企业有了依赖心理，虽然现在答应可以立即签单，但对实施会带来很多负面影响。如果你是小张，你会不会为了防止项目夜长梦多生变数赶紧签约？

点评：

任何时候，做大项目的客户经理一定要想到，我该如何管控我的客户，不能让企业完全引导项目的走向，把自己降低为一个企业的项目供应商。别忘了，一个长期的合作伙伴有责任给企业讲明长期的利害，不要为短期利益牺牲了企业未来的长远利益。往往在局部操作很合理的行为，其实是在损失企业长远的信用，压制供应商利润到了不合理的地步，企业最终也不会得到好的服务。

1.4.4 少犯错误，争取出彩

任何一个项目都是需要协调多方利益、需要长周期竞争的，你很难得到可以打动所有人的牌。在项目中想一招制敌本来就是一种"赌徒"的心态，拥有这种心态的销售是无法持续成功的。

项目中不是没有出奇制胜的机会，所谓出奇制胜，往往是指在项目某个关键点上获得较好的印象，还能极大打击主要竞争对手。但企业的选型流程也是有一定路数的，竞争对手也很清楚，在大部分项目竞争中，大家都已经是高度同质化竞争，我们拿出对手无法拿出的牌是很难的，这些都是要以牺牲公司的真实响应能力为代价的（往往需要作弊），也不是对客户企业负责的办法。

项目推销过程是一个长期复杂的过程，在这个过程中某个环节特别出彩并不能保证你一定能够赢，但某个环节的失误是一定可以让你出局。在一个长周期复杂销售活动中，开始时出众与否并不重要，重要的是整个过程犯错最少。

怎么样的人最容易犯错误呢？一是缺少经验的销售团队，二是被所有强力对手视为最有威胁对手的团队。后一种因为是被所有对手看作最大威胁，几乎所有的对手都会想办法在用户这里制造负面印象。

所以在商务沟通环节，我们更强调少犯错误，争取出彩。能出彩的地方大家都想得到，但是能否做到在细节上不出错，不要因为可以做到的事情没有做到而导致项目丢失，这才是最重要的。

1.4.5 革命少不了请客吃饭

人们好像更喜欢在酒桌上谈工作，能否把客户约出来吃饭，成为客户经理定义自己和客户的交情是否渐入佳境的标志性事件。

特别是如果公司的技术能力已经得到客户的信任，企业对于是否购买哪家公司的产品或服务，重点就会从技术转移到关系上，项目是否成功就取决于客户经理公关能力了。要想项目成交，总是要和客户吃几次饭的，一次饭都吃不上的项目，估计也不是你的项目。

对很多新客户经理而言，倒谈不上什么高级的公关能力，既然都要请客吃饭，那怎么个请法？约出来又如何点菜？烟酒不分家，这里面的分寸又如何掌握？

有一类客户，对请客吃饭是来者不拒，把供应商当免费买单的，吃吃喝喝，说些不痛不痒的话，带帮兄弟打打牙祭，这种客户也是有的。碰到这类人，客户经理也要掂量掂量，到底是招惹不招惹？不请，小鬼也能坏事；请成习惯费用高不说，这感情投资可能全打水漂。

但更多客户在对项目没有任何倾向之前是很谨慎的，不愿意陪供应商吃饭。他们是不愿意给人一种对某公司有意向的印象，对于这种客户，还非得找理由、找借口和他们出来吃饭。当他们肯答应和你吃饭，说明项目取得了一定进展。

要想成功邀约这类谨慎的客户，最好是约个靠近吃饭的时间去拜访，然后去之前铺垫一下，电话中带一句"谈完正好一起吃个中饭"，等工作谈完顺便主动提出："正好到了吃饭时间，一起吃个便饭好了"。关键是一次不成功不要紧，主动找台阶说下次我们一定补上，再找机会约。真到了吃饭的时候，先不要着急和客户谈工作，要先与客户拉家常，寻找双方的共同点，如校友、老乡等关系有时可以起到很好的作用。等有了交情，再来谈工作也不迟。

请客吃饭第一件事情就是选吃饭地点，选地点有五个值得注意的点。

1）先要清楚所在地有哪些档次的餐馆，高档、中档、低档位置都在哪里。
2）先去餐馆摸一下比较特色的菜的口味和价位。
3）进入与身份对应的餐馆，就成功了一半。
4）先评估要请的人的身份和口味，选择合适餐馆，重要的客人一定要点包间。
5）如果要谈比较敏感的话题，一定要点包间或距离客人生活圈比较远的餐馆。

到了餐馆，有些人不会点菜，这里谈一下湖北点菜的体会。

1）请客人先选菜，如果客人谦让点菜权，主人也不必过于勉强。
2）点菜过程要快，不要点了很久都没有定，让客人觉得自己是一个没主见的人。重点菜和口味菜询问一下客人是否喜欢，尤其注意不要只点适合自己口味的太辣或者太油腻的菜。

 点菜是让很多人感到恐惧的事情，希望这一节可以帮助你。

3）点菜前要先评估一下预算，能上几个菜，一般主菜要比就餐的人多一个到两个，再配一个冷盘和一道汤就足够了，特别油腻的菜，一般点一个就可以，例如椒盐排骨、猪蹄膀、扣肉、东坡肉一类。如果超过4道主菜可以考虑一种鱼、一种禽类、一种红肉类，最后一定要有一道口味清淡的菜，例如青菜。

4）点菜要上档次，只需点一到两个有特色、上档次的菜，不需要每个菜都很贵。如果是贵客，可以给每个人点一盅炖好的汤，例如高档的燕窝，也可以点鲍鱼，或者鹅掌一类，这是体现招待档次的方法。

5）点菜时避免太多同类型的菜，例如都是鱼为主料，只不过做法不同，如果是肉类，肉的种类和做法最好有明显区别。

6）点完菜要询问客人用什么酒水，如果不想喝白酒，可以考虑来点啤酒或者红酒。如果完全不能用酒，可以用要开车，或者下午有工作安排不便饮酒，或者干脆说公司不允许午餐用酒来解释,改上果汁和酸奶等饮料。有的客人认为鲜榨果汁不卫生,要小心确认。

7) 如果是第一次去的餐馆,自己也不太熟悉,可以请服务员推荐几道特色菜,然后选择一些家常的菜,这样比较保险。

8) 主食可以吃完菜再点,如果大家很饱就省了,如果不够饱借这个机会点几样主食,显得大气。

9) 如果吃饭时间紧张,一定不要点要费时间做的菜,不清楚的情况下可以先找服务员确认上菜的时间。

10) 没钱别上馆子,到了馆子就别净点便宜菜。

到了酒桌,俗话说烟酒不分家,喝酒的学问太深,搞不明白只好"感情深一口闷",但关于敬烟和送烟的礼仪,倒是缺乏人总结,这里分享一点心得。

给普通人敬烟还不用太讲究,但给领导敬烟就有讲究。先说敬烟的对象,如果是普通人,给当地中等偏上的烟就好,又不掉身价,也不太铺张。如果是给领导敬烟,最好先观察他抽什么烟,我们敬的烟档次不能超过他的烟太多,持平最佳。如果你的烟档次太高,就显得他还不如你抽的好。特别是在酒桌上,当着大家的面,要是领导拿出来的烟是普通的,而你掏出来的是高档烟,如果这个时候领导一时没办法换烟,而你又频频好烟相敬,虽然表面哈哈哈,也许他心里就会觉得不舒服。

所以一般做商务的要随时带两种烟,一种普通的,一种档次高,随时都可以看情况切换,这就不容易出漏洞。但现在有的领导用烟是越来越高档,你也准备不起。那还有一种办法避免这样的尴尬,买外地牌子的好烟,当然档次不能太差,这样的话,对方不清楚烟的价格,但抽个特色,味道还行,就不会遇到上面的尴尬。

再一种方法,就是饭局开始时,如果是我们请客,客户经理一定要单独拿几包好烟散在桌上,千万不要只拿一包,要拿就多拿几包,尽管往高档要,分摊在酒桌上。这个时候客户领导就自由了,他的烟高档他一定会掏自己的,显他派头,他的档次不够,顺手抽你的烟散给大家也有面子。临走请相关客人带走,不能自己带着。

☞ 珍爱生命,远离烟酒。

 案例:给我买包烟

一次小张宴请一个企业老总时,掏出的烟比老总的烟贵很多。企业老总马上要一个秘书去买烟,结果秘书买回的烟还是老总平时抽的价格,老总很生气,对秘书发脾气,不是叫你拿这种! 小张看在眼里,心里也有点尴尬,早知道不该掏这么贵的烟了。

1.4.6 报价还是不报价

客户一旦对你的产品感兴趣了,往往就希望能初步报个价。这个对供应商就是个难题,要不要进行初步报价?

其实谈这个问题要先分析一下先报价的风险是什么?

过早报价的风险在于一旦价格泄露给对手,自己被动,因为价格大跳水容易被用户理解为公司太不诚实,如果不报价很可能让客户不了解我们的价格底线,不晓得他们的预算是否可以承受我们的产品,因此也不敢轻易和我们谈商务条件。

当然有时候初步报价也是为了迷惑对手，故意放一个烟幕弹让对手通过客户晓得，误导他们报价，最终我们好利用变脸的报价策略赢单。这就看商务的考虑了。

一般遇到客户要求报价的情况，有三种处理策略。

1）顺水推舟法：告诉客户系统很复杂，没有经过调查之前谈实施工作量都不科学，建议给我们一次需求调研的机会，等我们了解企业情况后再报价。利用这个要求换取一次现场调研的机会。

2）模糊想像法：告诉客户一般我们不在这个阶段报价，但根据我们原来的项目，一般类似这样的企业，根据不同的工作范围，价格一般在多少的范围区间内，这样可以试探客户反应，也为自己留下一个弹性的余地。

3）一步到位法：有时候我们本来进入项目就晚，又遇到客户老总（绝对是说了算的人）咨询这个问题，这个时候就可以考虑用直接告诉底价的方法，告诉老总我们真心想做，也不想在价格上搞虚的，就这个合作内容和价格，希望给个机会。

不过初步报价一定要给自己留一点余地，考虑客户一般要经过至少三关的砍价，你必须留下砍价的余地。如果用了"一步到位"报价方法，一定要死扛价格，否则这种报价方法就没意义了。

☞ 报价其实是和用户玩心理战的过程，开始很难，后来上瘾。

1.5 公司介绍

1.5.1 公司介绍的场合和时机

有效的公司介绍，可以在有限时间让客户对业务定位、综合能力、公司实力有全面了解，甚至留下深刻印象，为今后合作建立良好开端。

1）非正式介绍。一般是利用和客户初次会面的机会，简要介绍自己的公司和产品。或者在商务和实施工作中，遇到一些业务相关人员关注公司情况，或在对方不了解公司背景，不利于开展工作的时候，在没有特意安排的情况下临时决定口头介绍。

2）正式陈述。正式陈述大多是在重大招投标答辩会、正式产品演示、公开会议等重要场合进行，一般要全面地介绍公司基本情况和综合实力。

3）参观介绍。客户到公司办公现场来考察，在参观公司整体办公环境过程中由陪同人员详细介绍公司文化和发展等各方面情况。

介绍公司有三到：

1）业务讲到。要让客户清楚我们能提供什么，如何合作。

2）实力谈到。要让客户明白和我们合作为什么可以放心。

3）案例说到。要让客户知道我们不是在说大话，有很多用户和我们一起取得了成功，并有成功案例。

这三点没有涉及，就不是一个完整清晰的公司介绍，换句话说无论介绍时间长短和场合如何，让客户听懂了这三点内容就是好的公司介绍。

不同的销售阶段，公司介绍的重点也是不一样的。

首次会面，介绍是一个很重要的环节，这是给客户留下良好个人形象的绝好机会。

1.5 公司介绍

初次见面客户一般是不可能给太多时间让客户经理讲解公司和产品卖点的，而且由于项目的复杂性，如果没有足够功力，一般也无法在短时间内用说辞打动客户上项目。简单推销自己的卖点会给客户一种不了解企业，只关注公司自身的印象，而客户最反感的是这类推销。

一个有经验的客户经理在简短介绍公司情况后，无论客户是否要求，都不需要急于展开公司优点的陈述，而是需要反过来了解客户的很多信息。大项目在很多细节上没有提前铺垫到位前是无法进入到实质性沟通层面的，但在第一次见面就能了解到比较深入的项目信息是有困难的，因此需要创造多次沟通的机会。

这个时候客户经理可以主动介绍自己的从业经历，让用户对你本人产生兴趣，如果用户认可你的相关职业背景和人脉资源对他后续工作有帮助，那么就要恭喜你获得了再次沟通的机会。

因此首次见面应该想办法突出个人魅力，如果一个人能够通过交流让客户感受到自己对公司强烈的自豪感，对产品强烈的信心，个人对整个行业的深入了解和拥有的丰富资源，能让客户在遇到这方面的问题时能够想到你，而且制造出下次自然见面的机会，这就达到了初次见面交流的预期效果了。

只有和客户建立长期多次接触机会，才能创造机会了解客户需求，拥有可能让客户逐渐认可公司的实力和能力的机会。

越是要做项目，越是要让别人觉得你是一个值得交的朋友，而不只是一个客户经理，所以未必要急于马上或者长篇大论地介绍公司，要巧妙用自己推销公司，用公司推销自己。

☞ 卖产品不如卖服务，卖公司不如卖自己。

 案例：

小李好不容易争取到一个潜在客户同意见面的机会，客户在谈话过程中想请小李介绍一下他们公司是做什么产品的，能解决什么问题。小李觉得这是一个激发客户购买兴趣的机会，就请客户给他10分钟时间，他借机把公司和产品做了全面介绍，结果滔滔不绝讲了20分钟，最后留下一份精美的公司数据给客户。

请问小李这样做对吗？

 点评：

小李可以在客户提出介绍要求时先感谢客户的关注，再用很简短的时间(2～3分钟)介绍公司和产品，主要是说明企业有哪方面的业务问题，可以考虑用软件系统解决。这个过程中最重要的是判断客户这里是否存在项目机会(预算)，如果有项目则应该考虑建议客户安排时间做更长的交流或者业务沟通的机会，在客户不愿意配合的情况下必须制造再次接触的理由。例如这次故意送一份简单的数据，下次再送一份更精美的公司资料上门，创造更多接触机会。

如果没有项目就和客户约定保持良性沟通方式，确保客户想上项目的时候想起通知我们的公司就可以了，不应该耽误客户太多时间，更没必要发送精美公司介绍材料浪费成本；除非客户真有兴趣，业务人员恰好也有多余时间，那可以多谈一谈，更深入了解情况。

公司介绍时往往有很多意外情况，所以介绍人自己事先一定要准备几个版本的说法，应付不同情况，同时始终保持不卑不亢。

意外情况一：我没听说过你们公司。

有的时候你一开始介绍公司，客户插一句："某公司，没有听说过，干什么的？"这种没听说型的客户是很正常的，隔行如隔山。这个时候可以快速介绍一下产品对企业的好处，顺便提到一个和其类似行业的成功应用案例，如果客户有兴趣可以马上建议再约时间聊一聊，寻求深入沟通的机会。

意外情况二：我听说过你们公司在某项目上很不成功。

比不知道的情况更糟糕的是，有的客户会说："听说你们在某项目上很不成功，是不是这么回事？"面对这种客户的挑战，客户经理千万不要急于否认，否认只会增加客户的反感；更不要紧张，失败的案例每家都有，不要因为客户提出一个不成功的例子就觉得没有希望。

我们可以先承认，后化解，例如说"看来您了解过一些我们的情况，的确我们很早以前有一些项目没有做到位，在其他地区，我们还是有很多成功的合作，例如……特别近几年我们总结了实施的方法，服务质量有很大提高，如果您不反对的话，我想找时间和您谈一下我们公司最近在这方面的发展情况。"

意外情况三：你们不就是那个做……的吗？

有的用户一听公司名号就说："你们不就是那个做……的吗？"，这个时候我们就要顺藤摸瓜，夸奖客户："看来您对我们公司过去发展很了解啊，非常感谢您的关注，这次能有机会让我给您介绍一点最新情况，好吗？"

也可以用化解误解的方式来进行"看来您对我们公司很有一些了解，其实我们不但那个领域做得有很大影响，这几年我们发展得还不错，在这个领域我们也是国内最专业的供货商之一，所以今天希望有机会给您详细介绍一下"。

意外情况四：我现在没空。

有的客户很忙，时间很紧张，根本没有时间听你讲太多东西，我们可以开门见山："我们是国内最有经验的某产品供应商，听说您的企业有某方面的问题，我们正好有这方面的经验，所以过来和您一起沟通一下，看看有什么我们可以帮上忙的地方。"不过这样直接设问有一定风险，所以尽可能地对客户需求事先侧面进行调研了解。

1.5.2 要么说服，要么毁灭

正式的公司介绍一般是和企业约定一次大范围的交流陈述，甚至是和竞争对手同台答辩竞争时进行。正式场合介绍公司及产品失误的后果往往是毁灭性的，因此大部分公司都很重视正式陈述的准备。

在正式场合下公司介绍往往容易犯以下错误。

错误1：缺少目的性，程序化介绍

所有的售前活动一定要有非常明确的目的性和针对性。

很多公司对公司介绍都会做一些相关的数据整理，并进行固定培训，形成一些既定介绍策略和宣传幻灯片。但在一个正式陈述场合仅仅按照固化策略介绍公司是远远不够的，正式陈述一定要想好可以打动潜在客户的话，泛泛介绍往往效果不佳。

在准备公司介绍时，我们首先要思考这样一个问题：在一个会有很多人参加的会议中，公司介绍的目标听众到底是谁？谁会对项目起决定作用？

公司介绍也是在公司层面主动定位自己和对手最大差别的过程，要回答客户现在发言的是一家怎样的公司，有怎样的产品和服务，为什么选择这样的公司是理性的？

客户经理要充分分析已有信息，得出客户价值倾向性的初步判断，依据企业价值取向重新组合公司介绍材料，尽量突出对自己有利的加分因素项。同时要想办法把自己一些优势突出去强化或改变客户的最初心理选型顺序，那么组合材料也要符合企业心理期望的逻辑论证链条。

大部分以技术身份参加会议的人员并不关心公司实力介绍，他们会觉得这是陈词滥调，是公司在自我吹嘘浪费时间，但企业管理层和IT负责人则会比较关注潜在合作公司的可持续发展能力和项目运作能力，事实上他们往往对项目的走向会拥有更大的影响力。

所以公司介绍应该优先针对高层次人员介绍，兼顾一般人员。对于高层管理人员有兴趣的内容，一定要多讲，讲透彻，讲生动。在技术人员已经有有利倾向性时，更要重点花时间介绍公司，要主动为高层传递一些有利于己方的选型依据，以作为选择合作伙伴的参考标准，而这些依据就是我们介绍中要突出的差异化定位。

定位成功需要一个咨询顾问拥有良好的判断力，面面俱到的介绍效果反而不好。要选择最能打动人的关键点组织材料，形成差异化的价值闪光点。差异化的关键点有一到两点就够，但要将这一点或两点差异化用证据和逻辑讲深，讲透，讲明白，让关键客户认同，不付出巨大劳动和心血也是难以做到的。

错误2：过于自恋的定位

很多公司的自我介绍给人的典型感觉不像是写给客户的，倒像是给公司高管自我陶醉的。很多公司介绍充满自我炫耀，自我膨胀，自我肯定。就是没有站在客户角度，谈一谈公司能为客户提供什么产品和服务。

好的介绍方式是告诉客户应需要一家怎样的公司，我能为客户做什么，为什么选择我们是最合适的。同样的素材内容用不同的思维逻辑去组织表达出来的效果会明显不一样。

 案例：自恋表达 VS 客户化表达

我们是国内最大的公司 VS 我们和企业的合作将是安全的，因为我们是国内最大的公司

我们是技术最强的公司 VS 采用我们的产品，企业可以减少系统维护成本，因为我们是唯一采取了全JAVA架构的瘦客户端技术的公司

我们是实施能力最强的公司 VS 企业可以直接实现快速化实施，因为我们有成熟的实施队伍和同行业多家客户的成功实施经验做基础

错误3：介绍时机缺少应变

正式场合顾问进行公司介绍不仅仅要考虑到介绍的内容和针对性，也要考虑公司介绍的时机和时间，不当公司介绍顺序和过长的介绍，往往会直接导致介绍失效。

☞ 做介绍最怕一成不变，不仅仅用户不爱听，自己也失去表达的欲望。

如果客户在正式陈述前已经非常了解公司情况时，可以考虑弱化公司介绍的内容，或缩短时间，或调整介绍内容的优先级，突出客户不太了解的一些特色内容。

如果在其他技术内容准备很充分，而且用户对自己公司有初步了解的情况下，可以把公司介绍放在最后介绍。在前面技术交流特别成功的情况下，再加上一个精彩的公司介绍结束，就是最理想的一种促成客户认同的方式。

如果遇到多家公司在同一天进行交流时，在其他公司长篇大论程序化介绍公司的情况下，可主动安排先陈述具体内容再介绍公司，达到差异化切割的目的。

如果对手挤占我们的正常介绍时间，更要弱化一般性公司介绍直接进入核心主题，这是我们需要考虑的一种应对预案。

错误4：缺少取舍，未抓住重点

正式介绍往往是在双方接触到了一定程度时才有机会进行的工作，因此可能有很多人对公司已经有一定了解，他们关注的陈述重点不是公司基本情况，而是系统能力或者项目实施情况。

但正式陈述场合可能还有一部分人是第一次接触，对公司不太了解，还是需要针对这些人做一些全面介绍。

因此在正式介绍时，要根据实际情况进行内容上的取舍，不要反复讲以前多次介绍过的内容，而是要突出公司竞争优势点，其他内容在没有明确要求的情况下尽量一带而过，不要挤占重点内容的介绍时间。

错误5：介绍速度过快

公司介绍一般不建议超过15分钟，有的人很想在正式介绍时把公司优势尽量都讲到，又担心用时不够，为了解决此问题，就用比较快的节奏介绍公司。

台上介绍三分钟，台下要练十分钟。

但做惯领导的人习惯用一种比较舒缓平稳的节奏听取汇报，过快的语速会给人留下紧张、不够大气的印象，进而导致对公司印象也不佳。所以正式陈述介绍时如果时间不够宁可裁剪内容，也不要语速过快，显得紧张匆忙。应该不慌不忙充满自信的陈述，尽量按计划控制时间和节奏。

如果担心介绍时间限制一些精彩亮点的发言时间，那么可以提前准备一些精美的文字介绍材料在现场分发来弥补。

错误6：沉陷于细节

有的人在介绍公司时把一些细节的内容一一介绍，例如公司历年获奖情况，一张张把证书慢慢放给客户看，把一些自认为重要的章节讲得过细，这都是浪费宝贵的陈述时间。如果不是客户主动要求的话，尽量不要使用这样的介绍方式。

错误7：数据无更新

很多人习惯使用的公司介绍演示文稿中像公司近年成就和用户案例一类素材长期不更新，给客户的感觉是这两年好象公司没有什么发展。

案例：

小李公司介绍非常成功，突然一个客户提出在网站介绍中公司人数是多少人，而PPT中介绍的人数要少得多，而且网站上介绍公司研发的产品线很多，而不是PPT中说的只专注某个行业某个产品。

1.5 公司介绍

这个时候小李非常尴尬，感觉很难处理。

 **点评：**

公司核心竞争力的一个重要体现指标就是一致性，小李演示前没有注意保证各个公开材料的一致性，结果让一个细节给大家留下不诚实的印象，使一次成功的介绍打了折扣。

在有对手竞争的情况下，更要防止这些细节被对手利用。

所以一定要注意演示文稿中基础素材数据更新，而且一定要保证所有提供给客户的材料内容的一致性，例如要和后续项目解决方案中的公司介绍保持一致性。

站在公司层面，要有专门的人员负责随时更新公司介绍材料，而且要负责维护宣传数据、介绍演示文稿、公司网页和解决方案标准素材的一致性，提供标准说法并下发给相关人员。如果没有专门人员负责和维护公司介绍资料，很容易在细节上出问题。

有的时候可以用最新通报的技巧介绍公司最新动态，例如可以在公司介绍时非常自豪地讲："下面我向大家通报一个我们最近的情况，我们刚刚在……"。

错误8：不准确的表达

有的介绍人对一些概念性内容不太清楚，人云亦云甚至信口开河，犯一些常识性错误。例如在很多项目上都会碰到几家供应商都宣传自己是第一或最早的说法，让客户很难理解，到底谁值得信任？

这些硬伤会让用户觉得我们既不真诚又不专业。

 案例：吹牛不上税？

项目客户经理信誓旦旦强调公司开发产品史很长，技术非常成熟，同类用户用得很好，并提供大量典型用户名单。但实际上该产品新版本发展时间只有两年，同行用户有的用的是新版本，有的是老版本。结果客户私下打电话了解相关同行业用户，获知有的用户用的版本一直没有升级，有的用户用的是刚发行的新版本，很快客户决定放弃这家公司。

 点评：

我们所有要表达的话应该尽量准确可靠，可验证，这样才能换取客户的信任。

另外一些人为了获得竞争优势，便采用一些危险的提法，例如强调我们国内是第一，我们实施成功率最高，我们最有行业经验，我们可以现场开发等等。谁能证明你是第一或是最优秀呢？现场开发是否真的能得到公司授权呢？特别是当竞争对手也在用此类说辞的时候，客户会认为大家都在进行商业虚夸，对所有的供应商都持怀疑态度，如果客户一旦认为言过其实，就会更加不信任这个公司，这样就很难有合作的机会。

> 现在的用户越来越理性，说自己公司如何好不如说自己在这家公司感觉很自豪。

错误9：没有应变风险预案

现场情况千变万化，最好准备几种介绍预案，每个单元长一点如何讲，短一点如何讲，都要事先规划。

要预计到企业管理层在经历多次这种大同小异的介绍后，会对低水平重复的公司介绍产生反感，也许一开始就会主动打断发言要求不介绍公司，直接进入技术单元介绍。

这个时候介绍人往往很尴尬，也很被动，一些没有应对经验的人会在紧张和压力下接连发挥失误，导致后续的产品演示失败。

案例：

小李在做一个正式介绍时，才讲了五分钟，客户主管就打断了他的发言，并说我们想看一些实际的内容，公司介绍还有一些虚的概念理念就不要讲了，你演示一下系统，让我们看看怎样解决实际问题就行了。

请问小李这时该怎样做？

点评：

遇到这种情况要冷静，沉着有序应对，给客户一个专业沉稳的印象。更不能立即按企业要求办，否则可能会给企业客户留下没有见过阵势和对自己准备内容没有信心的看法。特别是如果技术交流另人负责，会让技术人员没有心理缓冲期，突然上场心理准备不足。

☞ 公司介绍要讲好，小故事一定要多准备几个。

如果事先有产品演示的准备，此时小李可以马上表示："我接受企业的意见，但与会还有人好象从来没有见过，因此请企业给我们三分钟时间让我们作一简短公司介绍，然后马上进入技术交流，好吗？"这样企业一般不会反对。经过一个简短精练、着重强化公司专业地位的介绍后，配合的技术人员也可以很顺利地进入演示状态。

如果介绍前完全没有意识到客户会要求演示，并做好相应的预案准备，这种演示效果很难有效。这种情况下只能尽量要求安排专门时间演示，强调这次约定的公司交流，不过可以先把产品简单沟通一下，留下转圜的伏笔。

此外也可以说：我们可以结合一些企业问题和案例介绍我们是如何做的，解决问题过程和方法是什么，大家觉得可以吗？

1.5.3 讲故事、讲特色、讲文化

很多时候客户会亲自到公司总部考察，其目的其实是在印证客户经理前期的各种关于公司的说法。而很多内部接待人员不清楚客户情况，怕言多必失，只好把公司情况又热情的程序化介绍一遍，甚至于每位参观接待人，接待分管领导都要把公司情况重复一遍。对于这种陈词滥调的轮番轰炸，客户碍于情面不做拒绝，其实心理上已经反感了。

其实客户到总部来，公司反而要少谈一般性公司情况，少介绍产品（一般技术问题还有专门交流时间），多让客户看特色，看细节，不同管理层面的人还是要围绕前期顾问设计的差异化定位不断强化我们的定位。这种介绍的窍门就是要讲故事、讲特色、讲文化，让客户听出特色，听出味道。

1. 讲故事

我们可以精心设计介绍流程和路线，让用户在每个部门都可以看到他们关注的内

容,边看边讲这个部门的模范事迹。我们可在实施部介绍项目管理体系和实施顾问资历,在研发部看软件编码过程控制体系,在质量管控部看软件质量保障体系,在营销部看公司获奖荣誉,到总经办最合适讲公司的创业故事,特别是结合公司发展历程老照片讲艰辛创业历程,边讲边和客户互动,看着老照片,听着老板创业的小段子,客户就容易从心理上接受这个朴实认真的公司了。

2. 讲特色

一般客户对软件公司是很好奇的,又不生产物质产品,很难和其产品线比较,因此没有什么考察经验可以参照。这恰恰可以成为讲特色的地方。

例如讲软件研发部就告诉客户这好比是企业的生产车间,到测试组就和客户打比方介绍成企业的质检车间,这样企业就很快明白软件组织结构的运作模式。到了研发部门,可以结合业务特点请客户看软件研发工具,例如请他们看源代码管理工具,看安全保密工具,看软件自动测试工具等。这些是客户很少见到的内容,看完后又很容易认可软件公司规范性,非常值得。

3. 讲文化

在公司给客户做介绍时,不仅仅要介绍公司经历和管理特色,还要通过这些内容突出公司文化价值观,谈出公司的管理理念,形成和客户的共鸣。

在总部占尽天时地利人和,一定要通过公司介绍,要么在发展上获得客户认可,要么在管理上获得客户赞赏,要么在文化上和客户形成共鸣。

1.6 售前调研

项目充满个性化需求,不满足这些个性化需求,客户是不买账的。而且很多项目关系复杂,没有一次深入的接触机会,我们很难弄清楚其中关系。所以在项目商务沟通阶段,我们往往就需要进行一次系统调研,为后续工作提供帮助。

1.6.1 做好调研准备

有些人并不清楚为什么要做售前调研,他们在编写调研计划时往往这样描述现场工作目标:"完成某某项目现场调研工作"。其实完成现场调研工作不是目的,而是实现本次调研真实目的的手段。如果我们并不真地理解售前调研的目的,肯定会做很多无用功。

整个售前工作都是为了制造和竞争对手的差异化定位,便于客户选择我们。调研阶段是一个可以很好地大面积接触客户各个层面,从而形成和强化自己差异化定位的阶段。聪明的客户经理和咨询顾问在调研阶段就会主动设计大量的接触机会,不断强化客户对调研者的认同感,提升项目成功的概率。

1. 要让客户认为调研者有足够能力

我们常常认为业务调研的关键在于一定要搞清楚企业业务,好定制出企业的项目解决方案。但一定要切记,能够评价调研者是否了解企业业务的人不是你自己,也不是项目团队成员,而是你的客户。如果客户都认为调研者非常或者有能力了解他们的业务,了解企业业务流程问题所在和如何设计解决之道,他们自然也比较相信这个调

☞ 和高层多谈价值观,和中层多谈可靠性,和底层多谈易用性。

研者提供的后续解决方案，并倾向调研者提出的各种建议。

我们不要期望通过短短一天或两天售前调研，就有能力把企业业务或关系摸清楚，在售前阶段客户不太可能有很高积极性配合调研，这个时候调研质量是很值得怀疑的。但有这么一天到两天功夫，我们完全有时间展示工作方法和沟通能力，让客户充分信服调研者所在公司或团队是有能力了解企业业务的。

2. 要随时给竞争对手制造压力

售前调研一般不会是某一家供应商的特权。很多项目是同时安排几家供应商都进行调研，甚至在很紧凑的一个时间段中同时安排几家供应商都做调研。此时，既要把注意力放在想办法搞清楚企业业务流程上，也要关注如何和竞争对手面对面竞争，要识别出竞争对手给我们设计的技术门槛，也让客户直接感受到我们公司的软实力，如表1-10所示。

表1-10 售前调研PK竞争对手的方法

PK项	PK内容	可采取的方法
调研过程	最规范	过程前后提供详细的计划和备忘录文档 调研团队始终统一工装，统一行动
调研方法	最科学	提供高质量的调研问卷，并加注版权申明 调研方法采取问卷，访谈，总结汇报多种形式结合
调研顾问	最善于沟通	坚持用客户习惯的专业术语沟通 最大范围主动接触客户各个层面的人 开一个调研汇报业务诊断会
调研态度	最认真	在企业工作时间内安排高密度的行程，没有拖沓 每天都提供详细的工作备忘
调研效率	最惊人	在最短时间内提供格式规范、排版精美、内容专业翔实的企业调研报告，越厚越好
调研质量	最专业	利用鱼骨图等咨询工具提出问题和最佳解决策略 把调研内容用有说服力的图表表达
重视程度	最重视	客户经理全程陪同技术顾问现场调研 调研人员不止一位，各有分工

我们在调研工作中要不断给竞争对手制造压力，当然也会遇到对手的竞争压力。很多供应商在调研阶段就反复强调他们的技术优势或特色，企图给客户一种印象，没有某功能，或者某项功能做得不够好的系统，你们不应该选择。我们要通过调研分析出竞争对手给客户灌输了哪些说法，以便在后续技术交流中灵活化解。

我们的调研工作质量越高，客户认同程度越高，后续工作准备也越充分，给竞争对手压力就越大，让他们犯错误的概率就越高。

3. 要获得足够信息以顺利开展后续工作

调研结束只是为后续工作奠定基础，不同的项目后续动作是不同的。进行调研的人一定要清楚本次调研后下一阶段工作是什么？是做解决方案还是做技术交流？是做产品演示还是做实施方案？

不同的后续工作其实也对调研收集信息的侧重是有区别的，如表 1-11 所示。

表 1-11　售前调研后续工作对收集信息影响

后续工作	收集信息侧重点
编制解决方案	了解企业中高层对项目价值的判断和深层次问题原因
进行技术交流	评估企业可能会关注的核心功能点和技术疑虑
定制产品演示	搜集有利制作演示的客户化数据和流程
提供实施方案	收集企业基础准备情况，工作节奏安排特点和人员素质
安排产品试用	了解企业网络，操作系统数据库配置，部门可配合程度

调研结束后，必须尽快整理出调研报告，否则匆忙间了解的内容很容易在紧张的工作节奏中模糊甚至遗忘。调研报告完成后，一定要和客户经理、准备演示和技术交流的人员或者解决方案的编制人员沟通，达成一致思路。建议采取谁调研，谁就负责组织后续技术工作的原则，否则很容易出现业务理解错位的情况。

实际情况中，有的后续工作还需要公司其他同事配合完成，那么调研者还有责任有义务确认自己的调研报告已被需要获知这些信息的同事收到，并能利用这些信息顺利开展后续工作。否则调研者自我认为调研工作质量很高，但后续者对调研结论不认同或者对调研业务报告不理解，后续工作质量还是没有保障，调研工作并没有真正发挥作用。就算从尊重自己工作成果的角度而言，调研者也要安排时间和后续人员沟通，让其认同和理解自己的业务调研内容。做到这一点，调研工作才能算结束。

实际上，有经验的调研者在调研过程中会随时收集团队成员对调研记录的意见，不断动态调整调研过程，而不是在最后调研结束后让团队成员吸收大量带个人主观判断的信息。同样，有经验的商务人员在规划一个项目时也一定会考虑调研工作和后续工作的协同，提前要求各个阶段的人员及时沟通和配合。

帮助团队成员可以准确理解调研报告，能够顺利启动后续工作才是一个调研的工作周期结束的标志。

1.6.2　记住是客户还不是用户

很多人认为售前调研比正式合作后调研难度大，必须用水平最高的人才能做好调研。因为售前调研不仅要考虑技术问题，还要考虑商务问题，对调研人员要求更多。的确，售前调研和实施调研虽有很多共性的方法，但也有很多差别。这里我们重点分析售前阶段调研和实施调研的不同之处，如表 1-12 所示。至于通用调研方法，我们放在实施调研章节中陈述。

☞ 客户要你配合他，用户要他配合你，这就好比女朋友和老婆的区别。

表 1-12　售前调研和实施调研的区别

对比项	售前调研	实施调研
调研目的	为产品演示、技术交流做准备，注意突出自己强项，给竞争对手制造门坎	为解决方案，项目实施做准备，注意寻求项目价值点，尽量把项目边界最小化

（续）

对比项	售前调研	实施调研
成功标志	找到对企业的感觉，找到企业项目核心价值点，并在整个售前商务公关和技术交流中，强化客户对这个核心支点的认同	了解企业的流程细节，找到系统结合企业业务流的完整操作视图，用这个视图去组织整个业务，强化用户对业务视图的认同度和参与度
管理支持	一般很难见到企业高层，接触形式有限，时间有限，也不可能获得管理层的明示支持	要主动和企业高管接触取得支持，利用管理层力量要求企业配合
配合程度	一般没有确定合作关系，客户不太愿意配合也不愿意投入太多时间	有合同和目标约束，企业一般会花大力气配合启动
对手影响	往往有对手进入调研，需要随时通过企业反应判断对手在企业影响力和对我们的优势	没有对手，但在商务阶段可能接受了竞争对手的某些说法，需要加以引导
调研时机	由客户经理和客户协商时机，根据实际情况确定是否需要调研，是在竞争对手之前调研还是之后调研	在合同签定后必须尽快启动，而且应该在项目启动大会后趁热打铁展开调研
计划性	不可控制因素太多，突发性强，客户也无法派出专人配合，因此对工作计划性要求不高	用户关注过程规范性，对工作计划性要求比较严格
工作方法	要机动灵活、主动创造条件接触一切可以接触的人，争取不同层面的人的支持	养成严格遵守计划的作风，并以此作风要求用户，否则大家都是走一步看一步，项目周期失控是自然的事情
沟通策略	要协助商务攻关，所以不能轻易在现场发表对业务或技术问题的倾向性看法，要深入了解事实，策略性表达对问题的认识 所有说法都要充分考虑企业不同利益方、对手等因素，既要讲出自己的特点，也要指出对手不适用客户的逻辑根据，才能取得客户的订单	可以相对直接提出问题，摆事实，陈利害，争取最大范围重视，进而获得管理层支持所有说法还要充分考虑技术协议、软件能力、企业业务等因素，既要讲出自己系统理念的合理性，也要指出企业需要结合软件能力在业务上进行的必要调整。要及早判断自己软件不能适应之处，提前申请改进开发，才能保证项目的成功
调研记录	结束后不一定需要给企业留下调研记录，往往是通过其他方式（交流，演示，方案）来验证调研质量	每个阶段结束应有规范文记录每天调研工作，通过过程文来审核工作质量
人员素质	往往只有一次机会，首先要保证调研人员的个人能力和责任心	对个人能力相对要求较低，即使是新手也可以在一个有经验的人带队下进行业务调研

☞ 好的售前顾问和差的售前顾问，差别不在技术，而在商务感觉。

 案例：

客户经理小李向公司申请咨询顾问参与一个重要客户的现场调研，但公司比较优秀的顾问近期都有任务不能响应，只可以派一个经验不太丰富的顾问来配合小李。小李申请这个调研机会很不容易，而且客户项目快接近选型确认阶段，不立即进行调研很可能会导致后面的工作陷入被动，这个时候他该什么办？

点评：

越是重要客户，时间压力大的售前调研越要想办法争取有足够经验的人去现场工作，不能用经验不足的人去完成这项工作。最理想的售前调研人应该是技术判断力和商务判断力俱佳的人。

有丰富经验和责任心的人在很短时间内就可以完成高质量的售前调研，取得客户的认可。售前调研者必须在很短的时间内了解企业业务关键点，形成利用自己软件产品得以解决的思路和原型，让客户建立对公司专业度的认同，引导客户潜移默化地接受我们的技术思路，为竞争对手设置门坎。没经验的人花费大量时间在现场，还容易给客户公司留下不懂行的坏印象。

如果难以协调到合适的人，临时安排一个水平不足的人员先去凑合，这种调研人员往往只能按照公司提供的模板找一些人，问一些问题，不可能在很短时间内抓住企业的关注点。这样的调研质量很难让客户建立我们和竞争对手的差异化区分。

因此小李应该和客户沟通，说明申请一个好的顾问调研对项目成功是非常重要的，并且也是负责任的体现，从而争取客户理解并调整调研时间。如果客户时间实在不能调整，就必须根据项目重要性，确保公司牺牲其他不重要的项目而安排高水平顾问抽出时间到现场，哪怕来的时间短一点。

此外，小李在其他项目中就应该意识到，售前客户调研时间很难提前把握，一定要在内部时时保持和顾问沟通，这样才能提前预防这类工作时间冲突。

☞ 好顾问总是稀缺资源，任何时候都要考虑这个变量。

1.6.3 售前调研讲策划

售前调研工作是整个项目前期商务阶段的一段重头戏，这台戏表现是否出色将决定后面的工作中能否赢得更多的分数。所有人都必须明白，售前从来就没有什么纯粹的技术工作，那种认为只要把业务搞清楚了，写个技术报告或做个针对性演示给客户的观点是极为有害的。

所有做售前调研的人员必须清楚，所谓售前工作就是商务工作的一部分，所谓商务工作就是通过感情、技术等合理合法手段取得潜在客户支持的过程。一旦进入售前状态，无论做什么工作都必须先问问自己：我做这项工作可以让我们想争取的人支持我们的公司和产品吗？如果达到或接近这个目的，那么工作是有意义的；否则从专业角度看，工作质量再高也是没有意义的。这就是"做正确的事"和"正确地做事"的差别。

售前调研工作不是一件孤立的事情，它需要一个通局策划的"导演"。

一般情况下，不要轻易地做第一个调研者。一旦要做第一个调研者，一定要安排能力强的人，在客户关系不错的情况下，经过调研做好工作，建立专业印象，给后续对手制造压力。如果客户发现后续竞争对手调研能力不强或者不够专业，就会加强对第一个调研者的认同感，但是如果派的人能力不足，那就给对手超越的机会，此时再次安排调研，已经很难挽回第一印象了。

不做第一个调研者除了规避这方面的风险之外，还有一个比较大的好处：不做种树人，要做摘果人。很多客户往往并不清楚他们要购买的系统到底是什么东西，所以第一个调研者的很多精力要花费在灌输概念的工作上，如果基本概念不清楚，客户往往不能提出有价值的需求,调研时往往也就没有边际。

第二批调研者进行调研时,客户就会清楚很多事情,甚至从客户处拿到第一个调研者的业务调研报告进行针对性准备,这样调研质量就比较高。

所以客户经理这个"导演"仅仅是为售前调研就需要考虑很多问题:售前调研的策划,售前调研人选的选择,售前调研时机的判定,调研过程中对对手门坎的设置和反设置,调研后工作节奏安排等,所有的细节应该有一个人全局把握,才能保证整个战役不会失控和遗漏任何关键环节,如表1-13所示。

表1-13 售前调研策划表(参考)

工 作 项	需要移交或工作的内容
提供前期资料	本次调研需要达到怎样的目的 已经了解到的客户关注的问题和技术点 项目的实施范围和大概预算 竞争对手的参与情况 我方前期给客户已经强调的价值点和其他信息
调研准备	通过网站、销售人员介绍等方式,了解客户的企业战略、发展规划、组织结构、所在行业产业链情况、生产经营方式、企业内外部环境初步分析、主要业务管理流程、主导产品、规模、项目背景、项目预算、项目范围、关键人及决策流程、上线时间表、同行介入情况等信息 确定调研范围、调研时间、调研对象、调研顺序,并编制调研计划 确定调研范围和时间,售前是抓关键问题,没有太长时间,做好半天、一天调研的预案 编写业务调研函,并附上调研计划发给客户,和客户确认调研计划
实地调研	着装整齐,工作有序,谈吐专业 接触面广,沟通顺畅,理解到位,记录详尽 不急于回答用户问题,想清楚用户问这个问题的原因是什么 适当的时候可回复客户的问题,但不能忘记我们还在调研,没有正式的解决方案
后续跟进要求	写解决方案: 必须抓准客户真正想解决的问题,围绕客户的核心问题提出项目的价值,实现策略和实施方案建议,以及我们能为客户提供的价值保障体系 本方案建议写一简化版本给企业高层看,详细版本给选型小组看,可以用厚度体现我们重视程度和调研详尽程度,拉开和对手差距 要求把最新规划功能写入方案,提升技术优势,但要考虑后续实施可能性,不要写一堆做不到的承诺 用户要专门写一章和竞争对手对比分析表 做产品演示: 结合解决方案做好讲解PPT 结合解决方案,在标准演示流程基础上用客户数据定制一个完整业务流程真实演示,演示过程不能用DEMO或动画,配置数据要让客户一看就能看懂

案例:

咨询顾问小李接到一个客户经理的任务申请,说其好不容易在客户处争取到一个

调研的机会,请小李紧急赶到现场开始调研,了解客户需求。等小李来到现场发现,实际上很多基础商务工作还没有开始,由于客户经理参与项目比较晚,还没有把握整个项目。为了尽快赢得客户信任,客户经理想办法申请了一个调研机会,但也无法给咨询顾问提供更多有价值的信息。

明天小李就要正式进行调研了,这个时候他该什么办?

点评:

"导演"的工作应该由一个负责该项目的资深商务经理负责,如果该客户经理能有一个长期合作的高水平技术顾问,那将是一个最理想的搭配。在缺少商务策划的情况下,咨询顾问应该可以部分承担"导演"的工作。

咨询顾问有可能利用调研的机会接触到不同层面的人,利用自己对企业业务的快速理解能力,建立客户对自己专业水平信任。咨询顾问还要利用这个机会承担起本来该是商务的部分工作责任,帮助商务人员在企业中建立人脉,设置对手进入门坎,特别是技术门坎。

1.7 解决方案

项目往往是一个系统工程,客户肯定是要求提供各种解决方案。在项目售前不同阶段需要提供不同的文档,这些都可以看作是广义的解决方案类文档的一部分。一般做项目时,甲方往往要求乙方提供各种文档,有的文档是乙方应该提供甲方参考的,有的文档是甲方自己做不出来,希望乙方配合提供。乙方也愿意提供类似文档,以引导项目游戏规则往有利于自己的方向发展。

在项目不同阶段,客户经理要拿捏好提交的时机和对应的类型,关键的文档要讲究提供的时机,避免无效动作。

一般在项目刚开始时,客户往往就要求我们提供解决方案,但实际上这个时候对企业没有深入了解,贸然提供项目解决方案风险很大。因为这时对企业业务不清楚,照模板改出来的质量不高。客户看了方案还会总结出一些个性化要求,于是就不得不开始第二轮方案撰写,这是一种极大的资源浪费。而且,当客户发现几个供应商解决方案内容都差不多时,也会要求供应商继续提供个性化解决方案。有些项目缺乏商务保障,解决方案过早提供还有流失到对手的可能。因此,售前阶段不要轻易提供解决方案。

刚和客户接触的时候,可以提供一些通用公司介绍,产品介绍,顶多是标准的项目合作建议书(类似可行性报告)。等项目完成初步调研,进行技术考察的时候,再提供针对性解决方案比较妥当,如表1-14所示。

表1-14 解决方案类型和提交时机建议

售前工作阶段	提交解决方案名称	作用
初步接触	公司白皮书	让客户了解公司实力
初步交流	产品白皮书	让客户对产品有初步认识

(续)

售前工作阶段	提交解决方案名称	作　用
初步意向	项目合作建议书	动员客户启动项目，为客户启动项目提供可行性建议分析，或者用于客户初步选型阶段，以期入围，获得调研机会后再编制解决方案
售前调研	项目业务诊断书+项目解决方案书+项目实施总体计划	针对企业业务问题提供诊断，策略和实施的系统建议 解决方案侧重项目技术交底，或者用于议标阶段，重在介绍供应商的技术能力和实施服务能力等方面优势
用户考察	典型用户介绍和联系方式 项目选型建议评分表 供应商能力对比表	帮助客户对比不同供应商综合实力，技术能力和实施能力
招标答辩	项目招标技术要求参数 项目投标书 长期合作建议书	帮助客户制作招标书 用于客户招标的文档，按照客户要求格式进行发挥，要充分说明公司各个方面综合实力以战胜对手 提供建立战略合作关系建议

☞ 解决方案往往是"理论的巨人，实践的矮子"的真实写照。

1.7.1　人人都能写出好方案

很多公司的解决方案要么是迷信少数权威顾问的手笔，要么只会拿一个范本复制。万一企业要求必须提供个性化方案，而顾问们忙不过来，就束手无策，到处求人。

越是市场能力强的公司，由于定制化客户方案的需求太多，套用通用模板的情况就越严重。模板固然可以缩短编写解决方案的时间，但也造成缺少个性的毛病，对现在越来越理性的客户，通用化的方案可能适得其反。

其实每个人经过训练，都可以写出好的方案，之所以写不出好方案，往往有四类原因，如表1-15所示。

表1-15　提升解决方案编制能力对策表

☞ 写不出好方案不过是自己不想写，想依赖别人写的借口。

原　因	现　象	对　策
没有体系	写得出厚厚的方案，却谈不出管理理念 不熟悉产品体系，方案成为功能点罗列 方案结构混乱	把自己的公司简介，系统效用，目标客户群，开发由来，开发历史，技术架构，典型客户，获奖情况，价格体系，常见接口，主要对手做一全面系统调研 系统学习一些主流管理理论知识和咨询方法论，建立自己的知识体系 找一个比较好的方案模板修改
没有个性	不了解企业需求的业务背景 对企业所属行业不熟悉 个性化内容湮没在厚厚方案中	进行业务调研 恶补行业背景知识 把个性化内容在方案中单独成节突出

(续)

原因	现象	对策
没有素材	有想法和思路，但找不到合适的材料印证 要花费很多时间找合适的材料	建立企业级素材库，请参考附录5.2节《编制解决方案常用素材或模板清单一览表》 平时注意积累各项素材，建目录管理
没有时间	为了表现能力过快或过早承诺提供方案 平时以码字速度太慢为由依赖别人写方案 缺少写作技巧	承诺提交方案一定要充分考虑方案编制工作量和其他工作时间冲突 坚持自己写方案，写到第七次，再写方案就是轻车熟路

1.7.2 不良方案制造方法

其实在项目中不缺方案，缺的是好方案。这个世界上无数顾问们每天的工作就是制造劣质方案，让我们看看不良方案都是怎么造出来的。

1. 只有厚度，没有质量

现在的解决方案有一个不好的倾向是"长、厚、全"，看起来面面俱到，其实都是功能罗列和套话大全，像产品功能手册简化版，有价值的观点淹没在一大堆功能列表里面。

这种方案对企业决策者没有帮助。所有的方案无差异性，每家供货商都说自己能解决这些问题，而且都有成功案例。客户感觉每家方案内容其实都差不多，无从判断优劣，不得不花费更大力气去做产品演示和用户考察。

真正好的方案，不一定厚，但能看出"用心、专业、认真"，如表1-16所示。

表1-16 厚方案瘦身方法

厚方案症状	瘦身对策
大量复制业务调研报告内容	不写大家都知道的业务现状，只谈业务中需要改进的问题
将产品功能手册作为技术方案内容进行罗列	不写功能清单，按企业业务写应用模式和效益将功能清单和相关介绍作为单独的附件提供
列举过于详细的实施计划	花两页纸谈清楚你的实施思路和策略，不要花上十多页漂亮的模板展示你对项目管理模板的收藏丰富程度
列举大量的典型客户	重点介绍一两个接近的客户资料，其他客户提供清单即可

☞ 要是厚度能决定方案质量，以后审核方案用电子秤。

2. 只有论点，没有论证

写解决方案就像写一篇议论文，应该是观点鲜明、论证清晰、有理有据、有血有肉。

很多方案是能够发现问题(公式化模板化的问题)，提供答案(自然是上信息化管理系统)，但没有论证(为什么上信息化管理系统和企业问题的改善有联系?)。

好的解决方案要充分建立客户的利益和产品特性之间的逻辑性关联。解决方案要研究为什么企业会产生这些问题？这些问题是怎样产生的？如何解决这些问题？而不是不断重复宣示"选我，我能! 我能，选我!"

如果不能找到解决这些问题的原因，只是简单地去描述现象，不管内容陈列得多么繁复，表达得多么惊人，还是难以打动客户的，特别是那种理性的客户。

**案例：**

咨询顾问小李接到一个方案编写任务申请，客户希望通过实施ERP改善企业技术管理水平，方案要写出ERP对企业的价值。小李认为企业上信息化最终价值是体现在三个方面：降低成本、提高质量、缩短交货期，因而在方案中提出实施ERP可以对以上三个价值有帮助，然后列举了一些目前技术管理工作中的问题现象。最后小李详细陈列了ERP详细功能说明。

客户看了方案后表示很不满意，小李感到很苦恼，他该如何改进呢？

**点评：**

这个解决方案有论点（上ERP可以实现企业管理目标），有论据（企业业务问题现象和ERP软件功能），但是没有解释为什么这些功能组合可以解决现有问题，进而实现企业价值目标，没有解释为什么有的企业用了ERP问题得以改善，还有很多企业用了ERP没有起到应有效果，这是一个没有逻辑推导过程的方案。

方案的中心论点可以看作是一种假设，整个方案的工作就是论证假设成立。写方案需要结合企业事实去推导论证，是怎样的原因造成某类问题，为什么有了某项管理思路和信息化手段配合，造成这个问题的原因可以消灭，进而得以解决问题。

解决方案凑字数不难，但文字太多，方案可读性就会降低。在方案中一定要想办法设计一些简明清晰的图表，把写WORD方案当作演示文稿一样的书写，减少文字的比例，把大段的解释变成图表式直观表达。对客户而言，评价一份方案质量，往往也是通过方案图表质量来感觉。

有的方案倒是想提供一个清晰的思路来论证项目的价值，但方案的结构很糟糕，让企业看不出推导的思路。这种方案可读性很低，让客户很头疼。

好的方案结构标题就是论点，论点是对企业的价值，而不是自己功能的条目。论点要依据"相互独立，彼此穷尽"和"同级队列"两个原则来组织。

建议大家都去读一读明托的《金字塔原理》。

好的方案首先要把能支撑解决问题的论点穷尽出来，每个论点都是独立的，不能和其他论点重复论证。所有的分论点是有层次的，大的分论点要能覆盖小的子分论点，同层上的分论点在逻辑上是平级的，同级的论点在文档内是同一级标题。子标题是上级总标题论点的分论点，逐层论证，然后每个分论点一定是在前一个分论点的基础上往前深入进一步，一句话一个意思，一层意思推动一层意思，就像剥笋一样，层层剥开，问题解决思路也就步步清晰了，企业看起来也就非常清楚。

这种论证的过程就是一个金字塔型的结构，论据（各级分论点和事实证据）构成金字塔坚实的基础，论证逻辑的合理性是联结金字塔的纽带，最后的论点就是我们要让客户认可的核心价值。

好的方案逻辑性结构性很强，看看目录就能看出方案的逻辑体系。对客户而言，阅读思路不清晰的方案也是一件痛苦的事情。客户感受不到和一个专业人士通过文字对话的乐趣，不得不自行从方案混乱的思路中发掘亮点，揣测到底系统是怎样解决企

1.7 解决方案

业的问题的。

一种常见的方案结构毛病就是接近的意思在不同的章节反复出现，给人感觉内容重复，结构臃肿。

另一种常见的方案结构毛病就是把不同层次的问题并列成同一层的标题，看不出问题的隶属关系，也看不出问题的轻重缓急。

这个案例中方案主要问题一是在目录上缺少层次感，二是标题是系统功能的罗列，没有说明对企业的价值，不能成为一个论点。

3. 只有自己，没有客户

很多人写方案大量出现"某某公司"名称，甚至每个产品都恨不得加上自家标识，行文造句都是"我能，我行，我有……"等语气。

这种方案很容易给客户造成过度自我营销的感觉。给客户写售前方案时，建议尽量用客户做前缀，例如说某某企业的某某项目，让客户感觉到针对性，认为这个方案的确是为客户准备的。

大部分方案中公司的名字只需要出现几次，不需要反复出现。我们可以制作一个好的方案模板，通过页面标志突出我们的存在。至于方案，我们更应该把注意力集中到客户业务问题该如何通过我们产品解决的分析上。

有的人写方案表现欲强，喜欢语不惊人誓不休，例如采用"企业缺少管理，业务失控，后果很严重……"之类激烈的语言指出客户的不足说辞，这些说法很容易引起客户高层反感。方案用语不要追求刺激眼球，而要注重理性分析，认真推导，句句讲逻辑。

如果确实需要用一些企业实际情况说明企业业务已存在的问题，不要用刺激性强的语言。例如表达"企业业务存在问题"可以用"业务有可改进的地方"的说法，表达"企业管理失控"可以用"管理上存在难以受控的环节"的说法，这样的表达可以被企业容易接受，不出问题。

有些企业内部关系比较复杂，一些提法，特别是一些有新意的提法可能对某些人比较敏感，那么在方案中就要中性化处理，要仔细斟酌是否合适，必要时可以询问商务人员的意见。例如我们提系统采用了最先进的技术平台，有的企业主管可能会认为先进的技术往往不稳定，那么这个提法就很危险，不如更换成系统技术平台成熟，可靠性高的说法。

此外，如果项目是要给政府申报或提交专家评审的材料，这种方案就必须侧重逻辑图、原理图或业务图等思路性内容，少用接口等成果性内容，文字也要专业化术语化，少用企业易于理解的大白话，这样的方案才受认可。

这些都是要学会换位思考，多从客户角度看问题，写方案。

☞ 方案要面向客户关注点，而不是我们擅长的领域。

4. 只有历史，没有现在

千古文章一大抄，解决方案不例外。但很多解决方案编制者都是一抄再抄几年前的模板，老模板中没有反映产品进步，没有体现公司最新发展，无形中让自己的方案缺少竞争力和说服力。

另外要考虑到项目的售前周期从提交解决方案到正式实施需要半年甚至更长的周期，那么解决方案的技术方案可以适当超前，充分融合公司最新产品规划来考虑系统解决方案。写解决方案要充分考虑利用公司最新产品模块组合实现企业业务平台的可行性，甚至可以考虑利用未来半年到一年内会发布的产品模块解决客户业务解决思路。

所以，咨询顾问还要随时收集和学习公司的技术规划，以推动解决方案技术水准不断完善和提升。

5. 只有编写，没有评审

这世界绝大部分解决方案都是某个模板的派生产品，主要是通过"CTRL + C" + "CTRL + V"制造。利用范本复制的方案如果不经过很好的核对，往往容易出现各种低级错误，常见例如：

1）替换不完整，在方案中出现了其他企业的名称。

2）替换过度，把一些典型案例中的典型客户名称也替换成为方案客户名称，闹出笑话。

3）只注意文字替换，不注意图形中文字包含的客户名称或其他内容替换。

4）只注意正文替换，忽视页眉页脚的替换，特别是在首页或目录和正文不同的情况下。

5）目录不对，忘记刷新，出现页码或者标题名称错误。

6）案例不对，没有查找本行业案例，案例全部都是其他行业的。

7）联络方式不对，给不同地区方案要注意更正服务信息和联系方式。

8）文件属性没有更改，导致在资源管理器浏览时显示其他企业的名称。

9）存在大量技术硬伤，堆砌非本行业的专用词汇和概念，和正文内容无关。

再例如，方案是代表公司正式对外的文档，行文尽量不要出现口语和书面语混杂的情况。但有的人写方案是顺着思路走，口语化成分很多，作者很难发现自己的口头禅也已经混入方案中。

这些问题方案编制者自检往往存在审核疲劳，必须进行评审。

没有个性化定制内容的方案，一般经过自评和互评即可。自评时，要重新审视整个方案的结构、问题描述、遣词造句等方面，特别要注意关注用替换修改的企业名称和产品名称等方面的内容，尽量减少低级错误。自评过的方案一定要给其他人评审，帮助发现一些自己行文习惯下难以发现的问题。

对于有个性化定制内容的方案，要经过公司的评审。提交给公司评审的方案，一定是已经过自评和互评的方案，而且要注明主要看哪些部分，以及编写这些部分的业务知识，帮助别人提高评审速度。

我们统计了常见方案评审过程中发现的问题，制作了一份《项目方案评审检查清单》，一共70个常见问题检查项，可以参考附录5.4节。

1.7.3 九招教你写出好方案

写方案有什么技巧没有？能不能做到事半功倍，我们这里有九个关于如何写出好方案的建议，如表1-17所示，大家可以结合实际工作去体会。

表1-17 写出好方案的九招

建　议	说　明
动笔前先打一个电话	听听需要方案人的想法和要求，可以启发大量写好方案的线索
找一个好的标准模板	站在巨人的肩膀上，就算没有提高也是个巨人

1.7 解决方案

(续)

建　议	说　明
先构思提纲，再讨论，最后动笔	没有结构化的思维，写出来的也是一盘散沙 结构化的思维得到认可后再写就不会遇到写好被推翻的尴尬，可以用思维导图来协助自己写方案
在规定的时间和安静的地方去写	处理掉小事情才有功夫写大文章 不写到一个阶段不要中断，不连续的写作会导致不连续的思维
按客户业务逻辑写	一切以客户为中心，客户会回报你的
认真准备目录阅读提示和摘要	领导是最大的群众，领导不爱厚方案
随时积累素材	不同的项目至少80%的素材是相同的，所以写得最好的人往往是素材最全的人
多写，然后熟能生巧	别觉得写方案吃亏，把每次方案当作一次免费自我练笔提高的机会
寻求回馈意见持续改进	每次进步一点点，半年必成方案高手

顺便谈一下收集方案素材的方法：
1）现场初步需求调研与交流。
2）客户提供的企业材料。
3）与熟悉类似项目的销售经理、技术支持工程师、实施顾问沟通了解。
4）与营销人员交流。
5）可收集的同行方案。
6）企业网站。
7）相关行业的资料介绍。
8）行业书刊和报告。
……

这些资料平时就可以注意收集，融合在自己的知识体系里，用到的时候就自然得心应用。

正式方案建议做一页方案内容摘要，以方便客户高层阅读，内容摘要须体现客户核心需求、方案思路、方案价值、与其他方案的差异等。方案中每一章也必须有内容摘要或导读，须简要概述本章要点，以方便不同的方案受众阅读。

1.7.4　谁说门面不重要

方案就是一个公司的脸面，虽然不是说一份方案可以决定项目，但一份不好看的方案一定会让人怀疑公司的能力。很多人见过外企的方案，一看就外观精美，排版漂亮，就让客户觉得是专业人士所为。而很多国产公司方案装订简陋，排版单调，文字密密麻麻，成本是节约了，但给人的第一印象就很差。

所以方案一定要注意排版、印刷要利落、封面要隆重、装订要精美，如果有条件最好请专业人士设计一套标准的排版规范和模板体系，对方案视觉效果会起到极大促进作用，方案排版的细节要求如表1-18所示。

> 我个人的经验是：会写方案的人都有收藏公司资料的癖好。

表 1-18　方案排版的细节要求

建　议	说　明
封面排版	重要的方案应该请美工设计一个有视觉冲击力的封面 别在封面包装上省钱
目录排版	清晰的目录比清晰的正文还重要 目录的逻辑性比格式正确更重要
页面排版	文字的可读性第一 节约纸张的方法不是把字变密，而是设计图表说话
标题排版	标题和正文相比应用强调字体突出 同级标题格式应统一，上级标题应比下级标题字体大 不同 WORD 版本存在标题兼容性问题，每次打印都要检查
段落排版	段落间距要统一，不要用过密的行间距
字体排版	注意英文和数字的字体是否协调
图片排版	排版往往不是问题，风格不协调才是问题 图片最好全部居中 说明功能的界面图片不如说明业务流程的框图效果好 图片要有编号，位置在图的正下方
表格排版	表格可以通过边框和颜色变化调整显示效果 特别要注意跨页的表格显示 表格要有编号，位置在表的正上方
装订提交	不要提交不受保护的电子版本 重要方案请专业公司装订 控制好你的方案提交份数

 小公司往往舍不得在方案包装上花钱，大公司又往往太注重方案的门面功夫。

1.8　产品演示

项目中经常需要和客户做面对面的演示交流，但是会认真看解决方案的客户不多，客户更习惯通过自己面对面的感觉来判断一家公司是否出色和优秀，因此演示是否有好的发挥往往是给客户留下深刻的第一印象的关键。一次成功的演示就是和客户面对面交流、了解、熟悉，进而传递信息、建立信心的过程。

在产品演示之前，听众往往并没有建立对公司及其团队的认同。因为缺少了解，听众往往充满疑虑，甚至存在抵触性的负面认识。此外，不同身份、地位的听众的关注焦点是有差异的，层次越高的听众对演示效果的认可程度高低直接影响了选型结果。

产品演示是否有说服力是演示成功与否的关键。说服是世界上最强大的力量。面对不同类型的项目有不同的演示（说服）策略，洞悉人心，影响他人的演示（说服）方法。

1.8 产品演示

产品演示也是演示者向客户传递信心的过程。务必要通过演示让客户建立对演示者的信心，进而建立与企业合作的信心。

但演示不同于一般的演讲，不是培训，不是试用，更不是答辩。尽管在很多表达方式和互动技巧上，演示和演讲、试用、培训、答辩都有相通的地方。

演讲侧重对某一个问题看法的陈述，主要是交换观点，允许争鸣，听众可以不同意你的观点，但一定要捍卫你发表观点的权利。

试用侧重于企业用自己的数据，验证系统功能和业务符合程度，相对而言一些关键技术能力指标的对比验证更重要。

培训侧重于传授操作，此时受训者主观上已认可培训者所在公司和产品，在过程中更多的是教学相长，形式可以多种多样，根据不同用户层次灵活组织。

答辩侧重于对具体问题的回复，主导方是提问者，而不是答辩者，也不容易组织系统的观点阐述，只能见机行事，见招拆招。

产品演示目的性极强。演示往往是要求在有限的时间内（但比答辩要舒展），面对一群不同心态或者不明心态的人，快速地把自己所在公司、产品和服务，包括自己最大范围推销出去。演示过程中还要随时准备开始各种技术答辩，应付各种刁难。演示是追求主动影响客户（用户）的过程，也是主动和竞争对手竞争的过程，更是个人魅力展现的过程。

☞ 演示能力就是说服力，即使你成为老板，也会希望拥有这种说服力。

 案例 ERP 供应商神州数码对演示目的的分析

神州数码认为演示的目的有：

1) 确定软件对该客户的适用程度。
2) 对不适用处，概估二次开发的范围及难度，做为判断是否有产能承接该个案的依据。
3) 了解客户遭遇的管理问题及对信息化的期望。
4) 了解软件如何协助客户解决问题及达成期望。
5) 了解关键人物对我方产品及口碑的支持程度。
6) 了解该客户对于信息化的程度及认知状况。
7) 已取得竞争优势者，借此巩固领先地位，未取得竞争优势者，借此加分追赶。
8) 当我们配合企业营销推广活动在公开场合进行演示，宣传企业形象，广泛吸引潜在客户对软件解决方案的注意力时，演示就是要让有需求的客户都知道、了解我们的产品和服务，一旦他们有需求，就能够想到和我们进行联系。这是公开演示要达到的理想效果。

不同的场合，演示的目的是不同的。

在公开的产品演示场合，有时候要争取的资源并非是客户，而是对公司进行市场竞争有帮助的资源，例如政府机关、评测机构、专家等。这个时候要考虑结合不同听众对象去策划合作的形式和内容，不必局限于具体项目合作的形式。因此我们要能最大程度地传递如下积极信息：

1) 介绍公司的形象、实力和在业内的口碑，扩大企业知名度。

2）让客户相信我们非常专长于我们介绍的内容，并在很多企业取得了成效。

3）帮助听众认同企业实力，并促进形成潜在合作意愿。

在具体客户的项目竞争阶段，我们往往在客户现场要进行产品演示。在项目中，往往存在多轮淘汰竞争，而我们做的每一次成功演示都是为通往最后的胜利做铺垫。在演示中获得客户认可，打消客户对我们技术和服务能力上的顾虑，确保得到进入下一轮竞争的机会是此时演示者要承担的最重要的任务。

在售前演示过程中，我们要能最大程度的搜集和传递如下信息：

1）进一步准确判断客户关注的项目重难点，分析我们前期准备的不足之处，以安排采取针对性后续行动。

2）强化客户对现状问题点的重视，使其关注的利益点和我们的特性挂钩，甚至按我们预期影响客户关注点。

3）能有针对性地让客户了解应用前后能获得哪些方面的改善和变化。

4）让客户认同我们的关键技术和实施整体能力，满意我们对业务问题的解决方案。

5）让客户意识到我们和其他供应商的不同之处，给竞争对手设置一定的进入门坎，对竞争对手设置的障碍加以消除或预留反制手段。

6）让客户感受到我们的合作诚意，产生合作的欲望，并且认为我们是最合适的选择。

在合作后的项目实施过程中，也存在着在客户现场进行演示的场合。这时一般不需要考虑竞争和选型因素，而要考虑面向项目实施单位和大量最终用户，通过产品演示获得最大范围的认同和支持，减少实施过程中的阻力。

在售后产品演示过程中，我们要通过演示宣讲如下信息：

1）汇报项目各方面进展情况。

2）宣讲对企业问题的认识，提出自己的业务解决思路，主动控制项目边界。

3）让用户认可产品技术路线和实现细节，取得最大范围业务认同。

4）说服用户接受我们的实施策划，降低对产品开发边界和周期的要求。

无论何种形式的产品演示，都必须有明确的目的性和强烈的功利性。

1.8.1 成功演示的六个关键步骤

台上一分钟，台下十年功。演示也是如此。从来不做任何准备就可以胜出的天才是很少的，即便是已经多次演示过的内容，也需要周密思考后认真准备才能做好。在第一次做产品演示时，实际演示时间和准备时间至少应该是1∶30。同样内容的演示进行的次数越多，后续花费准备时间就越少。即使如此，重要演示依然要花费10倍于正式演示时间来演练。不过如果有系统的方法来帮助我们准备演示，效果自然可以完全不同，我们提出成功演示的七个关键步骤，按这七个步骤准备演示，演示的质量就可以得到保障。

步骤一 确定目标

确定演示目标是演示准备阶段的最有价值的一步。令人奇怪的是，它却是最容易被演示者忽视的一环。"我希望我的听众在演示后做些什么"，就是演示的目的。

1.8 产品演示

在确定演示目标时,大部分的演示者会犯的第一个错误是:将项目目标和演示目标混淆。

为了理解什么是项目目标,你可以问自己下述问题:"如果项目成功了,将会给公司带来什么好处?"为了理解什么是演示目标,你可以问自己:"如果演示成功了,将会有什么结果?"

 案例:项目目标和演示目标的区别

向高层管理者提出开发新产品建议时,项目目标是"为公司获得新的利润增长点",然而演示的目标是"获得开发新产品的准许"。

为客户演示的项目目标是"签订一个合作合同",而演示的目标可能是"取得客户对我们产品的技术信任"。

清楚地区分项目目标与演示目标的区别是十分重要的。在上述的两个例子中,项目目标是重要的长期目标,一次演示本身却不能实现这个长期目标。大部分的演示者往往混淆一个项目的项目目标和演示目标,他们在准备目标时只关注了项目目标。演示者必须确保主要的精力集中于演示目标的实现,在演示中生动地阐述项目目标以打动客户的做法不过是实现演示目标的一种手段。如果我们不能成功实现演示的短期目标,我们就没有机会去实现项目的长远目标。

确定演示目标时,大部分的演示者会犯的第二个错误是:将准备目标和演示内容策划混淆。

演示目标所回答的关键问题是"我为什么要作这个演示(WHY,达成的目的)",而不是"我要在演示中讲什么内容(WHAT,我演示的过程及内容)"。

从最终准备花费时间上而言,"我要在演示中讲什么内容"可能占到整个演示时间的80%,但"我为什么要作这个演示"才能保证80%的工作努力是有价值的。

确定目标前请先自问"我们要向客户传递什么信息"。在这一阶段围绕"企业的真正需求到底是什么","为什么我们能真正满足企业需求"和"为什么我们相比竞争对手更优势"的问题越多,对整个演示的目标切入点就越明了。

确定演示目标时,大部分的演示者会犯的第三个错误是:没有了解商务的战术目标。

演示者必须了解商务人员的战术目标,在准备演示目标时应该找商务经理问四个问题:你要我说什么?哪些层次客户来听?你认为我该突出讲哪几个问题?为什么要这样?

换句话说,客户经理得告诉演示者,本次演示是要专门强化介绍某个技术方面内容以取得客户技术信任,还是展示综合实力形象争取参与项目的入门资格,还是直接迎战和反驳对手的攻击。

☞ 不同的演示目标对演示定位的要求并不相同。

 案例:还缺少了什么?

我曾经参与过一个项目的演示排练,大家都感觉咨询顾问讲得比较清楚流畅,看起来这将是一次成功的演示了。

这个时候商务人员提了一个要求:"我对演示内容没有意见,但还是感觉缺了什么东西。这次演示中有我们的内部支持者，我希望演示后他能公开表达意见。我们演示不能光讲我们的好处，我们得让他看了演示后，能拿出来让参加的人都听明白的观点，从而去强化我们相比竞争对手的优势。如果演示目的只是面向宣传我们的产品特点和业务符合能力，至少对我这个项目还不够。"

 点评：

在公司规模大到一定程度，演示准备很容易成为流程化工作，各个环节的工作能保证基本的工作质量，但是缺乏沟通往往使工作很难出彩。

如果这位咨询顾问在准备演示的时候和客户经理详细沟通了解过他的想法，就应该可以让演示准备得更精准，效率更高。

步骤二　分析听众

对一个完整的演示策划而言，准确地分析听众也是很关键的一步。分析听众是每个演示人员多少都会去做的功课，演示目标也要针对不同的听众群特点考虑调整。

对于重要的演示，如果不能提前获得关于听众背景信息、听众层次、部门立场、兴趣点、项目进展准确资料，演示质量很难保障。

1. 找准核心听众

演示过程一般是追求优先打动决策者，其次是项目影响方。应该优先针对高层次人员介绍，兼顾一般人员。高层管理人员感兴趣的内容，一定要多讲，讲透，讲生动，要主动为高层传递一些有利于自己的选型理由，以作为选择合作伙伴的参考标准。但在有的项目中，高层在下面没有表态之前，自己是不会表明态度的。这个时候也许我们要在演示中把精力更多放在项目影响方身上。

2. 预判听众项目立场

项目演示仅仅了解组织决策模型还远远不够，还得分析不同听众对项目立场和个人倾向，了解这些立场和倾向对我们准备演示方案非常重要。

分析听众的立场还可以预判听众对我们的态度，如果听众是带着抵触情绪来听产品演示的，我们必须适当的在演示说辞中给予安抚，争取转为中立甚至是支持我们的态度。有的时候仅靠演示沟通是来不及的，要在演示前就紧急开展沟通工作，争取改变态度。

有的听众可能没有时间参加产品演示，但如果提前找机会和他们单独谈一谈他们的想法，激发他们参加产品演示的兴趣，产品演示效果将完全不同。

了解听众原来是否上过类似的系统也是一个要考虑的因素，这些对项目演示影响因素也很大。一般而言，上过类似项目的客户更加理性和务实，也更重视项目管理的技术，也有部分客户变得偏激，认为无非就是面子工程，形象工程，是耗财费力的差事。这些都是演示者要考虑的。

> 演示前要做的功课是预判听众的立场，也许会猜错，但总比不分析要好，实在猜不出，多准备几个应变方案。

案例：立场决定方案

有两个类似企业买管理系统，这两个企业都已经买了同样的国外某家管理系统，但是一家企业领导要求我们必须能够和国外管理系统产品集成，而另外一家企业要求我们必须能够脱离国外管理系统独立管理。不同的听众立场导致两个项目演示方案形成巨大的差别。

3. 了解听众业务关注点

演示者要确定每个项目听众都有哪些业务需求，他们对其具体要求是什么？有没有比较个性的要求？这些个性化的要求能否实现，是否有必要值得做个性化配置和开发？不仅仅如此，不同业务部门对项目整体关注点是不同的。

 案例：别轻信商务人员的建议

经常会听客户经理给我讲："这个企业非常非常重视技术，他们领导也是搞技术出身，而且这次企业主要领导都会来参加，所以一定要把我们的软件功能展示出来！"

这种说法非常令人质疑，如果是主要领导参加的话，他们会更对管理效益和实施成功保障有兴趣，而具备管理思维的领导很少是真正关心技术的。领导需要的是能让他们理解的新的观念、项目价值和保障成功的案例。通常情况下展示产品技术并不会让领导有兴趣听下去。

4. 考虑听众的部门立场

同样是做产品功能介绍，听众不同，演示者强调的侧重也不一样，如表1-19所示。

表1-19　不同演示对象的演示侧重调整

演示对象	侧重点说明
企业高层领导	强调公司可持续发展能力和项目运作能力 强调管理理念和咨询能力 强调同行业成功案例
企业业务领导	强调系统管用和易于实施，对工作带来影响小，效益大
企业中层	强调系统接口丰富和扩展能力强 多介绍实施方法论
企业使用者	强调系统易用性，介绍实实在在的便利功能
政府官员	强调公司对地区规划的认识和支持
外部专家	强调产品技术架构的先进性
同行	强调行业发展模式的远见

☞ 永远不要高估听众的专业知识水平，也永远不要低估他们的智力判断水平。

 案例：如何给CIO（企业首席信息化官）们做演示

CIO最喜欢听实施管理方面的问题，因为他们是管理软件项目直接实施单位。如果我们是在CIO年会上介绍管理软件实施的时候，面向几十个企业的CIO演示者，用比较轻松、暗带讽刺的材料引起共鸣，提高听众的兴趣，无形中说服他们接受演示者的观点，往往效果很好。毕竟都是CIO圈子，不会出现"对号入座"的尴尬情况。

如果是在企业给CIO做选型实施的演示，那么演示者就要用比较专业的，成条理的发言模式，不能在具体企业采用有讽刺性的材料，避免有影射的嫌疑。

新客户和老客户沟通方式也不一样，新客户很多时候还是在看表面的东西，而老客户很多时候就能看出一些潜在的内容，提出一些比较到位的问题。那么演示时对新客户可以适当鼓动性一些，对老客户可以适当显得沉稳可靠一些。不过演示者不要因为老客户有过经验，能提出一些有深度问题就把听众当做身经百战的专家，这样很容易给自己制造压力，畏手畏脚；更不要以为听众对信息化理解有限，那种把他们当作信息化菜鸟的态度更是愚蠢的。

5. 考虑关键听众的个性特点

演示者还要根据听众的不同背景、职位、学历、年龄考虑演示策略的选择，例如表 1-20 所示。

表 1-20 听众个性特点对演示影响分析

分 析 项	影 响 分 析
听众背景	政府行业听众比较严肃、认真；IT 行业的听众比较活泼、开放 给专家汇报要求专业严肃，给企业汇报追求轻松愉快
听众职位	管理型的喜欢听观点，技术型的喜欢看功能 管理型的喜欢聊实施，技术型的喜欢用产品
听众年龄	年纪大的不喜欢互动，年轻的中层干部最敢交流
听众学历	学历高的听众思想开放，容易接受国外模式 学历低的听众比较务实，容易受到国情影响
听众人数	人多适合站着讲演，人少适合坐着交流

☞ 演示成功的标志就是没人睡觉，没人频繁上厕所，没人大声接电话。

 案例：谁缺少幽默细胞？

某公司曾经有机会向高级政府官员进行汇报演示，演示准备得很充分，幻灯片也非常有水平。但是演示完成后，政府官员反应相当冷淡，这使演示者很困惑。

原来演示者为了避免技术介绍的专业性和枯燥性，就想利用了一些略带搞笑和活泼的材料来提高听众的兴趣，通常采用这种演示策略是十分有效的，但是这次政府官员中最重要的人物却是一个非常传统性的人，他比较欣赏大学老师一板一眼的讲课模式，因此对演示风格不是很认同，觉得这个公司很浮躁。

描述听众特征和使演示有针对性的最好的办法是完成听众需求分析表，可以参考附录 E《演示听众需求分析表》。当你完成本表之后，你将增大演示成功的可能性。

步骤三　演示方案策划

明确演示目标和完成听众分析后，就可以进行详细演示方案策划。做演示策划时，经验不足的话，很容易把注意力集中在演示内容的准备和组织裁减方面。其实对于一个有多次演示经验的顾问而言，准备内容并不是很复杂的事情，在演示内容方面花费的时间越多，往往容易将项目成败归结为技术因素。事实上，演示也是为商务服务的，如果只关注技术准备，很容易出问题。

演示策划阶段可以得到一个初步演示方案。初步演示方案包括确定合适的演示人员、落实演示时机、定位演示主题、准备演示内容、选择演示方式、考虑意外风险预

1.8 产品演示

案、设置内部钉子、规划演示后续内容安排等。这些内容策划不但要针对每个项目情况详尽规划，而且它能从根本上保证演示效果。

初步演示方案可以帮助演示者建立一个框架，在此框架下，演示支持人员可以有效地准备数据环境、准备演示图表、开发定制功能，尽量准备充分的材料让演示者取舍组合。因为演示方案给予演示者和辅助支持人员以明确的、书面的指导和要求，便于完成演示材料组织的过程。

好的演示方案可以逐步固化下来，形成公司级别的套路模式，在具体项目中根据实际情况略加调整即可。遇到新的演示挑战再策划，再形成新的套路，再加以推广，形成一个良性循环。

1. 演示人员

对于一个重要项目演示要协调的人力资源可能很多，包括演示人员、技术人员、管理顾问甚至高层管理人员。尽早确定演示者和支持团队资源对保障演示准备进度是非常重要的。

演示者是演示策划要落实的最重要的资源，而且现场演示质量很大程度上取决于演示者的个人能力。如果要做好演示，演示者就必须积极地投入到演示的准备过程，至少要亲自参与初步演示方案的拟订。只有这样，演示者才能对使用的观点和材料提出自己的见解，并在最后的演示中反映演示者的观念、个性和能力。

重要、关键项目的演示一定要安排一个有能力的演示者，并要求演示者全程参与演示策划和准备。

许多准备很好的演示未能达到预定目标，就是因为演示者未充分参与准备过程。公司可选择安排其他人给有能力的演示者做助手，要求助手准备好演示内容和环境，由演示者去讲就可以了。但我们必须认识到：很少有人能够把一个完全由他人准备的演示做好，而且在有依赖思想的情况下，演示者往往不会真正去思考该如何演示。

☞ 演示方案是实现演示目标的行动指南。

 案例：数据在哪里？

有位顾问曾经从一个项目现场紧急赶到另一个项目现场做演示，这个项目要求用企业真实数据演示，因为时间冲突，所以公司就安排另外一个助手去准备数据环境给这位顾问演示。等这位顾问赶到演示现场，根本没有时间熟悉新的数据环境，结果在讲的过程中花费了不少时间去判断助手到底把客户的数据放在哪个软件操作界面，最终演示很不流畅，效果也打了折扣。

此外要注意，如果在前期演示中用户口碑不佳的人，在后续演示过程中尽量不要安排再去，不成功者的第一印象是很难改变的。反之前期和用户有过好的交流口碑的人应尽量安排再去演示。

重要的项目也经常遇到有能力的演示者因为时间冲突无法安排到现场的情况，客户经理就只好随便安排一个人凑合。这样对项目影响很大，企业也会认为供应商不重视自己的项目。要解决这个问题，作为公司要培养一批有能力的顾问群，作为客户经理就应该认识到培养自己的技术搭档、或者平时就和公司的技术顾问建立良好互动的必要性，不要等有事情才去申请资源。

2. 演示时机

何时进行演示是个很重要的问题。演示的时机很多时候并不是由客户单方面决定的，有经验的销售都知道帮助客户制定项目路线表，使项目进度按有利于自己的方向发展。如果我们总是按照对手给客户制定的路线表去准备，结果可想而知。

确定演示最佳时机前客户经理可以考虑以下一些问题：

1）项目有没有商务工作基础？没有的话做演示有什么用？
2）对企业需求有没有基础把握？不了解的话演示有什么针对性？
3）企业关键决策人或团队在不在？不在的话是否是无用功？
4）胜任本次演示要求的内部资源能否协调到？没有足够能力的人为什么要去现场演示？
5）这次演示是企业的要求还是有对手驱动？被动响应对手的牌为什么会赢？
6）是否可以安排在企业不支持的人不能参加的时候进行？
7）演示前后能否安排和关键人物进行单独交流？

项目决策周期很长，不在乎耽误一天两天做演示，项目追求的是每次出牌都要出到位，达到目的，否则没有价值。

案例：你随时都可以来演示

有位代理自称和客户关系不是一般的好，随时可以安排人来演示，然后申请了合作伙伴顾问到现场。顾问问交流安排落实没有，回答说："啊，没问题，就我和他们的关系，明天一早我就带你过去做演示，你好好准备！"等第二天一早进厂，所有中层干部开大会，一个人也找不着，白白浪费一天时间。

我们要尽量先做好内部协调和商务铺垫工作，然后再去演示。如果遇到客户安排多家供应商集中比武演示的情况，演示日程无法调整，但我们还是可以做点文章。

如果我们无法控制演示时间，就得清楚演讲时间是在上午还是下午，领导出席哪几个演讲时间段？是否接近就餐时间（要考虑加快节奏，突出重点）？谁在你之前演讲？谁在你之后演讲？每一位演讲时间多长？是否是最后一位演讲者？是否要合理利用规则控制前面演讲者的规定时间？是否要合理利用规则挤占后面演讲者的时间，打乱他们的节奏？

如果和客户关系不错的话，我们就要争取安排在关键领导在会场的时间，争取大家注意力比较集中的时间。

3. 演示定位

很多公司都有一套通用的演示介绍模式，但在具体项目中，仅仅按照固化套路泛泛介绍往往效果不佳。演示中要结合项目实际情况，紧扣公司和产品定位，不断强化自己和主要竞争对手不同之处，让客户明白我们是最佳选择。

演示内容要和销售定位策划相符，例如，如果我们定位为操作非常简单的产品，就不要过多展示我们强大的配置项，客户绝不会认为这些强大的配置项会给操作带来便利；碰到对实施周期要求很短的企业，就不要大谈系统的扩展能力，因为这可能让客户担心项目需要大量定制化工作而无法控制周期，演示者此时就应该强调已经有很多类似行业的成功经验，这样的演示内容才符合控制实施周期的定位。

☞ 演示就是希望看到用户眼前一亮，其实用户也想看到让他眼前一亮的供应商。

☞ 基本上用户领导不在的演示都是白忙，准备再申请一次机会吧。

1.8 产品演示

 案例：不要盲目定位

很多演示者介绍公司时，不分对象习惯性地强调自己人员多、规模大。这里面潜在价值选择的逻辑链条是认为选择大的、有实力的公司才是正确的。

常识告诉我们，往往小公司重视用户，灵活响应；大公司实力强大，行动缓慢。而小客户往往更看重对于项目的快速敏捷反应能力。

过度强调公司规模反而让这样的客户产生店大欺客、大公司未必会重视小客户的顾虑，而过多介绍成功行业龙头客户也会让小企业产生我们会不会不受重视、项目费用是否难以承受的担心。面向小客户时只注意突出公司的实力，而忽视客户可能更关心的公司服务体系和专业性，这是存在很大风险的。

 点评：

很多项目中，我们和竞争对手都知道客户的需求和心理期望，这个时候每个对手都会尽力把自己包装成最适合客户想法的供应商，这种情况下定位就是要卡位。当主要竞争对手和我们可以列举的优势都差不多，这个时候要充分构思有说服力的言辞，做到人无我有、人有我细、人细我有的特色，想办法把这个第一印象要抢过来，卡住别人占据定位制高点。

4. 演示内容

定位清晰了就好设计讲哪些内容来印证。演示分为两种，一种是"展示性"演示，介绍公司形象、产品设计理念、管理理念、实施案例以及系统的主要功能模块等，证明厂商的确具有这样的能力；另一种是"功能性"演示，主要针对于客户的具体业务需求，介绍在系统中的实现方法，以证明厂商的确具有这样的实施能力。

演示内容的准备主要是结合分析对手演示效果和特色，确定我们的产品线组合，准备哪些个性化配置，讲理念还是讲功能，是否需要介绍公司，何时介绍，用产品操作还是动画展示，还是纯理念讲解。

策划内容要决定每一部分的要点是什么。哪些内容先讲，哪些内容后讲，什么作为重点，什么是必须要讲到位的，什么可以一带而过，演示时间是否充足，哪些方面要肯定准备一些新的材料。要让别人觉得自己是全能选手，还是故意在某些方面突出，某些方面示弱，反而让客户觉得我们更真实？

同样是介绍功能，有的企业看看演示文稿介绍就可以、有的企业看看动画就合适、有的企业希望用类似行业数据演示、有的企业希望按业务模拟操作、有的企业希望用真实数据准备、有的企业希望详细介绍应用案例、有的企业需要定制开发，这些都要在内容策划阶段要达成共识，尽量提前调度资源准备。

现在很多公司面向同类业务拥有多种的产品线或模块组合，所以演示时还要合理选择产品线组合或功能模块组合，并准备相应的演示思路和说辞。对于一些复杂项目涉及到开发定制的，还需要公司集体决策，定好方向，演示者才好具体准备。

大部分演示是按照标准套路进行，毕竟很多企业存在共性的内容，并不需要一个

☞ 现在每家供应商都会讲我是最合适的，想想做甲方也真累，真恨不得有孙悟空的火眼金睛。

企业准备一套东西，这样成本很高，也不具可操作性。但对于一些重要的项目，在演示前一定花费时间做客户化流程和数据的定制配置，用客户的资料、客户的言语、客户的报表演示，让客户切实感觉到自己的数据和业务是如何在系统中实现的，这种系统还是很值得投入的。

定制配置演示的目的就是演示出客户最想看的内容，而不是我们最有心得的内容。有些项目还是按标准套路演示，但把客户关注的内容单独加以突出强调，强调的方法可以是专门留一个单元时间讲，或将客户关注的内容先讲，或将客户关注的内容详细展开讲。这也是一种客户关注内容定制演示策略。

不仅仅要考虑我们要做什么，还要考虑竞争对手会做什么？演示中对手可能会给我们设计的圈套是什么，演示中可能有哪些对手攻击我们的圈套，如何规避或响应等等问题也要准备。

在准备演示内容之前，我们都知道应对听众有足够的分析，并针对听众的需要和心理特点进行准备。在实际项目中，演示者往往要在客户经理提供的信息非常不完整的情况下进行准备的，项目商务工作没有真正启动，听众分析也是一片空白，竞争对手做了哪些工作也不清楚，但是我们必须得去做好演示。

一个演示者并不能总是指望或者要求准备演示的时候可以获得非常明确而具体的信息，甚至很多时候我们得到的很多信息是错误的，带误导性质的。这个时候就要求演示者依据经验大胆去假设，去设计演示内容。

规划演示内容还要大概考虑各个单元占用的时间和顺序，完整的产品演示可能要花费两个小时时间，包括公司介绍、产品功能、咨询答疑的时间，在策划时要充分考虑额外占用的时间，例如调整设备、切换演示工具等，以确保关键内容有足够时间去介绍，而且对后续材料取舍也有个时间判断依据。

案例：根据对象灵活调整内容

一个项目中的客户经理反馈，企业信息处负责项目的人要求顾问重点讲解项目管理和ERP接口，他们认为这是体现软件能力的地方。

顾问了解到主要来参加演示的是设计技术人员，而且这个企业是一个图纸编制工作量很大的企业，技术人员一般是不会关心项目管理和ERP接口的，这是领导和IT部门关注的点。

> 技术交流要突出亮点，招标答辩要突出实力。

从这一次演示而言，面对这样的目标听众，选择项目管理和ERP接口为重点的内容可能不合适。顾问明智地同时准备了CAD集成和图档管理这些对技术人员有兴趣的内容，演示的时候讲解重点放在技术人员有兴趣的地方，交流的时候重点放在项目管理和ERP接口上，以满足IT部门的要求，最后效果很好。后来了解到，其对手按客户要求一上来就大谈项目管理和ERP接口，结果来参加的技术人员私下评论："这内容和我有什么关系？好象还增加很多实施工作量。"两相对比，谁能获得更实用的印象？不言而喻。

5. 演示方式

不存在一套方案包打天下的产品演示模式，演示者应考虑结合特定的听众群，特定的场合设计针对性的演示方案。听众和场合不同，演示方式也不同，最后达到的目

1.8 产品演示

的和效果也不同。

演示场合至少分企业演示和会议演示两类。企业演示是在企业现场面向最终用户和企业负责人进行产品展示，一般分普通技术交流和投标答辩两种场合；会议演示指在各种展会，政府或专家组织的汇报会上进行演示。

如果在企业中演示，听众群可分为企业执行层、控制层、管理层或者混合型，阶段有售前演示也有售后演示；如果在公开场合演示，听众群可分为企业群、政府官员和学者专家几种类型，有的是解释型演示，有的是说服型演示。

从演示方式可以侧重说服、解释、培训和汇报四个方面，在一次演示中几个方面可以兼顾。

1) 说服型演示

说服型演示是要阐述观点，并鼓励客户采取行动，促进销售活动进展。说服性演示往往需要关键技术细节来支持自己的说法可信度。

一个说服型的演示可以用来：

① 激起客户的兴趣。使潜在客户对你将要演示的新产品、新服务、新能力或者新方案感兴趣。

② 提高客户对你所代表组织的信心，以及他们对你观点的信服程度。

③ 向现有客户推销新的产品、改进现有产品和服务，或者改变服务范围、进度安排以及流程等方面的安排。

2) 解释型演示

一个解释型演示将向客户介绍一种新的观念、描述一个新的想法、或者描述一种新的发展。演示者的首要目标是提供新的信息，或者更新客户对于一个问题的理解。

一个解释型的演示可以用来：

① 使新客户熟悉产品的价值。

② 让客户了解保持现状将会遇到哪些方面的问题。

③ 为企业管理层、专家或者其他关注项目的组织提供所需信息。

3) 培训型演示

培训型演示目的是教会别人如何使用或理解某类业务，如一种新的流程或者一种新的思路。它涉及提高听众的学习能力，通常需要提供特定方面的细节信息。培训型演示用途是：

① 指导客户使用特定的流程和建模方法。

② 训练客户代表，使他们具备指导其他客户使用特定的流程和自主配置的能力。

③ 训练客户了解和使用特定的软件功能。

4) 汇报型演示

汇报型演示通常是依据目标听众的需要和兴趣，有选择地提供细节，介绍他们关注的内容。一个汇报性演示可用于：

① 向企业高管代表通报正在实施项目各方面工作进展情况。

② 详细描述一种特定产品和服务的变更。

演示方式依据产品复杂程度还要考虑是选择单人演示模式，还是多人（一般是双

☞ 无论做哪种演示，都要先从把握客户需求开始。

人)演示模式。在产品复杂且需要较多操作讲解时适合两人配合，一人主讲，一人主操作，操作者配合主讲者。这样可让主讲者集中更多精力观察听众反应，而不是忙于操作电脑，失去与听众目光交流的机会；也可避免一边操作一边讲解，忙中出错的情况。

演示方式还要根据听众人数调整。

听众人数不到3人时，可以考虑不采用投影演示，用机器面对面辅助交流，这样可以保持听众的注意力，就关键问题形成深入沟通的氛围。

听众人数不到15人时，有主管领导参与的正式场合，我们要考虑站着讲，一直面向听众，加强目光交流，这样有利保持听众注意力。在一些非正式场合，例如企业组织的一次产品技术交流会，大家都比较放松，这个时候可以坐着讲，并且可以允许听众提问题，甚至主动提问题要求听众做简短发言，以便相互影响，形成互动。

听众人数超过15人，这个时候演示首先要确保所有听众能听清发言，语速放慢，力求讲得清楚，要不断突出、总结、重复要点，把关键印象传递出去。而且在人多的时候要控制交流，因为容易分散注意力，出现难以应付的风险问题，将对关键主题的注意力吸引走。

演示方式还要确定合适的演示信息和演示技术，选择具体的演示技术和工具，如下表1-21所示。

表1-21 演示技术和工具选择参考表

演示内容	演示	演示内容	演示
讲理念	以幻灯片为主，辅助白板	讲案例	以口头为主，幻灯片辅助
讲功能	以操作为主，动画、幻灯片辅助	讲公司	以幻灯片为主，辅助打印的公司简介资料

经常做演示，总有机会碰到意外的，希望不要出现在关键演示场合就好。

6. 意外情况预案

许多精心准备的演示没有能够达到预期的目标，因为演示者没有预知到听众各种意外反应并设计相应的应变策略，在演示过程中出了洋相。现场情况千变万化，演示策划阶段就要考虑各种可能的意外风险，并提前做好应对。

演示者在准备过程中要主动去做三件事：

1) 哪怕是约定做功能操作演示，也主动做一个配套幻灯片和相关动画包。万一现场要临时介绍公司介绍等其他内容，准备起来不慌乱。有些功能可能需要联网才能进行演示，在企业会议室没有网线的情况下，利用提前准备的完整动画去讲解操作，也可以达到目的。

2) 如果项目中有产品组合，哪怕是幻灯片演示，也主动准备相关产品操作环境。很多时候听众会主动要求看相关产品(有的是真感兴趣，有的是怕供应商没有现成的产品，有的是对PPT内容有兴趣后想看看产品)。

3) 哪怕是重点为领导准备的演示，也主动准备为中层和技术人员的讲解套路。很多高管参加项目演示，往往只是蜻蜓点水，很可能他们只能象征性听开头10分钟，或者中间临时有事就出去了。这个时候我们面对的主要听众就是普通技术人员或者是中层，作为演示者要立即考虑演示套路的切换，以应对这些风险。

 案例：准备越充分，意外越少

有一个客户项目演示安排很有特点，客户给每家供应商安排半天时间，给每家配置一台属当时顶级配置的电脑，里面没安装任何应用程序。要求每家供应商在演示时从安装数据库和应用程序开始，在现场用其提供的真实数据按业务流实际操作一次，边操作边回答问题，以客观检验供应商产品能力和性能。

有的供应商只考虑带了软件的安装盘，而没有带配套版本的数据库安装盘，不得不向其他供应商去借，就很尴尬，自然也不如准备充分的供应商印象好。

7. 内部支持者设置

重要的项目，特别是企业内部组织结构复杂的项目，演示前一定要想办法在企业内部找到支持者。只有内部支持者才能准确地告诉我们，如何运作项目才能起到四两拨千斤的效果。

寻找内部支持者有三个作用：

第一是指导，指导我们怎样演示最有效，要注意哪些方面问题回答，注意哪些忌讳。在正式演示前内部支持者还可以听我们内部试讲，确保正式演示时的效果。

第二是捧场，演示过程中需要交流的时候，内部支持者可以起到活跃气氛、引发讨论的作用。而且我们还可以设置一些问题让内部支持者主动去"刁难"我们。

第三是设伏，当然这是为对手准备的问题，内部支持者可以按照我们的意图询问对手一些问题，让他们的弱点变得突出，改变听众对他们的印象观感。

步骤四　组织合适的材料

演示者平时要注意随时积累材料，信息搜集得越多，演示构思就越容易。

在大部分项目中，想在很短时间内全面演示产品的全部特点是不现实的，必须对演示材料进行取舍。取舍的依据就是我们用什么逻辑或结构化方法把材料串联起来。凡是符合逻辑或结构要求的材料就去搜集、整改和保留，否则就只能暂时不用。

组织材料衔接逻辑关系常常有如下结构：

1. 标准模块

标准模块是将要演示的内容分解为一系列可以互换顺序的组件或单元的功能模块。

这种方式非常适合介绍功能模块。可以任意组织和排列每个单元叙述顺序，也可以在有时间限制或临时变化的情况下便于调整，随意跳过某些模块以控制时间。在有的项目上，客户制定了分模块的功能打分表，这个时候按照分模块打分表的顺序演示，是最稳妥的方案。但这种方式使听众难以获得一个完整的业务场景应用的感觉。

2. 编年史

编年史适合以时间为线索来组织事件，最适合介绍公司的发展历史和企业荣誉。

☞ 没有内部有人支持的项目，参与也是陪标，就当培养新人、了解业务的场合好了。

使用编年史方式介绍时，要注意在材料表达形式上出奇创新，现在用户都反感过多的企业介绍，要么故事设计得好，要么表达视觉效果好。

3. 层层推进归纳式

有些业务问题比较复杂，可以依据一定结构关系层层推进，每一层次都比上一个层次要阐述得深入一点，帮助听众完整理解。

层层推进有叠碗式、同心圆式、金字塔式、还有楼梯式几种形式，可以根据情况选择。例如叠碗式特别适合介绍体系架构，同心圆式特别适合介绍整体解决方案，金字塔式非常适合介绍业务思路，楼梯式特别适合介绍一步一个台阶的实施规划。

4. 问题/解决方案

问题/解决方案方法是围绕业务问题组织材料，可以用设问的方法提出问题，再展开对应的解决方案，围绕问题组织材料形成共鸣，然后重点围绕解决方案展开。

一般这种方法讲解的套路是"提问题—谈思路—亮操作—算效益"，材料也就围绕这四点去组织。

问题/解决方案式组织方法在非常了解客户关注的重点问题时可以采用这种模式，在实施阶段这种方法是很常见的。这种方法有利于唤起听众的好奇心，让听众参与到演示中来。

☞ 组织素材其实需要进行思维导图的训练，这可以到萧秋水博客上去请教。

5. 特征/利益式

围绕产品或服务的一系列特征论述带给企业的好处，这是介绍新产品的特性比较传统的一种方式。

这种方法先介绍产品的特性和具备的优点，进而介绍可以带来的利益。在演示过程中，无论介绍何种功能，都要随时提醒客户将注意力从特性转移到好处上来，我们可以借鉴如下说法，让听众理解这些特性的价值：

1）这一点非常重要，因为……
2）这对我们企业而言，就意味着……
3）我之所以强调这一点，因为……
4）如果没有这个功能的支持，那么……
5）然后，我们就可以……

☞ 人是因为痛苦生需求，因为快乐而购买！请站在用户获得利益去介绍产品，拉动用户产生购买冲动，而不是推销你的卖点。

 案例：FFAB 演示新款帕萨特

国内 ERP 系统知名供应商神州数码有一个 FFAB 演示方法论：

Feature：特色；Function：功能；Advantage：优点；Benefit：效益。

进行产品演示时，必须先说明产品（服务）的特色，再介绍产品的功能，然后总结产品的优点，最后一定要说明产品对客户的效益是什么。

以新款帕萨特1.8T增加新的配备为例，一般的推销方法是介绍增加了多少功能，这些功能有什么优点，然后希望说服客户购买。而依据FFAB方法演示介绍的思路如下表1-22所示：

1.8 产品演示

表 1-22　FFAB 方法介绍帕萨特

产品服务	特色	功能	好处	对客户的效益
五速手动排挡/自动排挡合一的变速箱	将手排挡及自动排挡的功能同时配置于同一台车上	将排挡杆向右打，使用手排挡功能；将排挡杆向左打，恢复自动排挡功能	让客人可以自由选择以手排挡或自动排挡方式驾驶	既满足客户追求方便舒适的需求，又满足客户追求动感刺激的需求
涡轮发动机	相同的排气量，却可获得更高的马力及扭力	利用发动机排出的废气，驱动涡轮叶片，提升性能	大幅度提高车辆静止起步、中低速状态提速的性能	满足客户追求动感刺激的需求
全时四轮驱动	四个车轮都同时具有驱动力	重新设计传动装置，使发动机的动力可同时驱动四轮，而非仅驱动两个前轮	即便有轮子打滑或陷入泥淖，车辆仍能正常行驶	让客户在雨天或艰难地形驾驶车辆时，具有更好的操控性，提高了安全性及越野能力

6. 案例分析式

案例分析是通过讲述某个特定客户的业务背景、需求、采用解决方案、取得效益、实施体会等故事案例，在吸引听众注意力的时候顺便介绍了产品和公司的方方面面，是一种很受欢迎的方式。

介绍案例的时候一定要注意真实可靠，有的听众会较真，要求去学习参观考察，甚至私下调研，如果穿帮就麻烦大了。

7. 比较对照式

比较对照式通过系列指标逐项对比来说明我们和其他对手的区别，这种方法要慎用，如果不是处于绝对技术领先的地位或者整个局势处于劣势，采用这种方法演示（提供材料尚可）既不能提升形象，也容易直接得罪某些潜在客户，并在客观上放大了竞争对手的强项。可以参考附录 C 中表 C-1。

8. 业务模拟式

这种方式是演示者把自己假想为企业的一个岗位角色，模拟操作一个完整业务流程，也是很受企业欢迎的一种演示方法。

这种方式一方面要求演示者对企业业务非常熟悉，包括各种业务变化情况都要有应对方案，而且要求业务数据比较完备真实，否则客户未必能轻易看懂。演示者在演示时要能用客户能理解的语言去沟通，把功能按业务连接起来。在讲完一条业务线的时候，可以把想法升华一下，自然地把理念引申出来。

一场演示中可以同时选择几种演示结构，选择结构主要由演讲者个人风格、听众的兴趣、主题的天然结构、预先安排和美感等因素综合决定。

清晰的演示方案有了逻辑结构的支持，寻找材料就容易很多。一个项目中要满足听众需求，支持我们的定位，可取舍的材料很多，精准取舍和有效组织材料是演示者的主要工作内容。

☞ 演示要关注方式，更要关注内容。

好材料有五个特点：
1. 有力支持演示主题观点
例如要说明公司实力，提供全球500强的合作伙伴数量的数据无疑是很有说服力的。
2. 自己有切身感受
如果要说明一个功能对企业业务的帮助作用，莫过于使用自己有真实经历或真实内容的案例，这样的材料介绍起来会非常生动。
3. 有冲击力
能够让别人留下深刻印象的材料就是好材料，同样的话题能让用户感觉到我们的专业性要超过我们的对手的材料就是好材料。
4. 真实
真实是世界上最有力量的武器。有的演示者信誓旦旦强调产品开发时间很长，技术非常成熟，同类用户用得很好，并提供大量典型用户名单。但客户私下打电话了解相关同行业用户，获知真实情况并非如此，这样的材料即不诚信又危险。我们所有需要的材料都应该尽量准确可靠，可验证，这样才能换取客户的信任。
5. 不过分夸张
很多演示者为了获得竞争优势，采用一些危险的提法。例如强调国内第一，实施成功率最高，最有行业经验，可以现场开发等等说法。

谁能证明你是第一或是最优秀的呢？现场开发是否真的能得到公司授权呢？特别是当竞争对手也在用同类说辞的时候，客户会认为大家都在进行商业虚夸，对所有的供应商都持怀疑态度。

> 其实好材料最简单的标准就是你自己也喜欢它。

对于绝大多数演示而言，获得足够的演示材料是不难的，问题在于选择怎样的材料去组合以及在一次演示中用多少材料。对某一次演示而言，搜集的80%的材料其实是累赘，对主题的表达并没有帮助。大多数演示者难以舍弃花费心血搜集的材料，导致一次演示中包含的信息量过大。我们建议与其向听众灌输过多的信息、以至于使其感到困惑和无聊，不如让听众感到"饥饿"，进而要求获得更多的细节。

对新顾问而言，面对公司积累的大量素材，毫无节制、毫无章法、毫无意义、毫无目的使用大量数据几乎是他们的通病。他们认为，如果把每个细节都平均用力讲到，就不会遗漏什么，既然每个点都讲到了，就不会给竞争对手留下空间。

优秀的演示者深知"少就是精"的道理。素材选择是为演示目的服务，如果不能帮助达到演示目的，在演示前对这些材料要毫不手软地扔掉。与其选择在演示过程临时跳过一些内容，不如事先想好演示的定位，把力量聚集在几个兴奋点上，从而点燃听众的热情。

在一次演示中，不要讲解太多的细节。展示全部软件细节会使整个演示太过于冗长，这样恰恰使整个演示失去了定位。为了安全而准备过多的细节，恰恰反映了一个演示者并不了解用户的需求。从自我保护角度出发的演示者又用什么能真正打动我们的听众呢？

如果你的讲解对象不是一个技术关注者，或者不是一个使用过老产品的用户，就千万不要以为：要让听众理解某些事情，就得告诉他们每个细节，就得把所有的事情都给他们讲。

 案例：少就是精

有一个编码项目的软件演示，演示者认为刚开发的编码中心在技术上有很多新功能，而且大家都认为这些新功能一定可以打动客户，于是花费大量时间和精力准备如何将这些细节展示给客户。演示者在演示策划中计划详细介绍了软件的全部功能和应用流程，以及采用的新的技术路线。但演示后企业反响并不佳，于是公司重新帮演示者规划了演示方案，用几个应用案例介绍了企业编码管理方面的常见困惑，以及新的编码软件对应的功能。仅仅对几个关键问题进行针对性说明后，听众已经产生了极大的兴趣，客户高管当场决定合作。

取舍材料可以从如下六个问题进行自我提问：

1）演示的目标或者目的是什么？演示是说服性的、解释性的、培训性的还是汇报性的？是为了激起人们的兴趣、检验一个想法、提出建议、还是解决问题？（回顾演示策划方案中的演示目标。）

2）为了达到演示目标，你必须阐述什么内容？这个问题的答案依赖于演示策划方案中所确定的内容中心要点。确定哪些材料对于听众接受中心要点是至关重要的，这些内容应该在演示中提及。

3）对照目标什么内容应该讲述？什么内容材料可以去掉？回顾演示策划方案中表明了什么内容应该在演示中讲述。如果确认某个内容对于实现演示目标没有帮助，我们就应该把它从演示材料中剔除。

4）陈述内容展示中心要点的材料最好的表达方式是什么？是口头案例、实施逸闻趣事、客观统计数字、概念化图表？

5）演示中需要提供多少细节素材？演示中需要提供的细节数量依赖于许多因素：演示的准备时间、演示本身的时间限制、听众的特殊要求、以及为了达到演示目标听众必须了解的信息量。

6）哪些材料不能包含在演示中，但可以作为参考资料？有没有一些材料对于实现演示目标是多余的，但是当有听众对于演示内容提出问题时，这些材料却是有用的？

认真检查每一项你所包含在演示中的材料，问自己如下的问题"我为什么用它？它对于实现演示的目标有什么帮助？"你应该去掉所有不符合上述标准的材料。

回答上述问题是痛苦的，因为演示者倾向于在演示中使用所有自己花费时间且感兴趣的材料。然而，这些信息可能对于听众没有任何意义。更糟糕的是，这些冗余信息有可能"稀释"中心要点，从而不利于演示目标的实现。

 案例：选择支持观点的材料

如果要说明一家公司的可持续发展能力强，那么应该选择这样的材料：
1) 公司规模大。
2) 完整的组织架构。
3) 领先的业内地位。

> 👉 在大项目中，客户更愿意和那些能准确理解业务需求的人合作，而不是和自我感觉良好的人合作。

> 👉 尽量选择有视觉冲击力的材料，这方面可以去秋叶博客请教如何做PPT。

4) 近三年平稳增长的财务业绩。
5) 多来源现金流支持。
6) 资金周转率快。
7) 国家政府支持力度大。
8) 产品技术升级周期节奏合理。
9) 各种资质文件全。
10) 大型用户数量最多。
11) 老用户追加情况普遍等等。

这些材料可从多维角度组织论证，这是一个具备可持续发展能力的观点。

如果要说明自己是一家重视软件实施效率的企业，演示者选择的材料都要突出企业在这个领域的专业性（专业背后的含义就是高效）。我们要不断告诉用户，我们才懂"用正确的方法做正确的事"。那么演示者应该选择如下材料：

1) 业内的口碑好。
2) 行业经验丰富。
3) 大量的行业用户群。
4) 产品成熟无开发响应。
5) 实施周期短。
6) 项目管理体系严密。
7) 服务人员数量多。
8) 项目经理工龄长。

 其实很多时候不缺乏素材，而是缺乏从素材中挖掘观点的眼光。

演示者在选择某些材料时不要过于精确，留有余地的材料反而更符合听众习惯。例如介绍实施周期、产品性能的数据都可以适当模糊一点，因为毕竟要根据实际情况来具体分析，无法给出标准答案。

步骤五　练习和评估演示

想演示成功，最好的建议只有一条：练习，练习，再练习！只有这一条，没有别的捷径。

写演讲词是个很好的练习方法。对大部分人来说，没有准备演讲手稿的最终效果是要打折扣的。

重要的演示尽量把演讲词全文写下来，尽管麻烦一点，但通过检查演讲词很容易确定是否已经包括听众感兴趣的利益点，而且写过的东西对组织思路、加强记忆的效果是完全不同的。写讲稿不同于听人念讲稿。写演讲稿要严格按口语去准备，找出表达同一意思的不同口语表达方式，并选择最自然的一种。不养成口语写作的习惯，临时将书面语转化为口语是很困难的。

演讲稿写下来后，有的段落表达要逐字推敲地修改，追求表达到位。修改好的演讲词还要花时间强化记忆。特别重要的一点是：演讲词随时要根据情况进行调整，有时候甚至直到发表演讲前的一分钟都还需要根据现场加以调整。

要记住演讲词，关键是抓住演讲词的逻辑线，即演讲思路的变化转换轨迹，也就抓住了记忆的要领。记忆演讲词从熟悉演讲目标开始，逐步了解围绕目标要去阐述的中心观点，每个观点的支撑性事实是用什么方法组织的。这样就很容易把握演讲词的结构，演示再回忆某个细节，就很容易想起来。

在理解演讲词逻辑和结构的基础上，熟悉演讲词的最佳方法是发音诵读。等到演示者自我感觉对材料熟悉到一定程度后，就可以自己面对镜子演练。

开始演练的时候最重要的是每次都要完整的把内容讲完，不要在乎自己在哪个细节讲得是否完善，中途宁可不连贯，也不要中断后再从头开始，否则很容易在练习时陷入细节而慢慢忘记了整体逻辑和结构。

比较重要的演示，还应该安排脱稿实战模拟演练，也就是所谓"彩排"。彩排最好找一个或几个有经验的听众来评点。无论演示者经过多少实战，要做成功的演示，必要的针对性练习还是非常重要的。

模拟听众特别要帮助演示者去模拟各种可能的听众提问。如果没有事先和销售就演示策划进行沟通，可能模拟听众还得对演示目标、定位等方面都去挑一挑刺，防止出现低级的错误。在正式演示前，如果能邀请一个有判断力的客户先听一次演示，再做针对性调整，这样正式演示效果会比较好。

评点的听众注意让演示者先完整讲完一遍后再提出纠正意见，结结巴巴地完整讲过一次对正式演示帮助都很大，如果时间足够的话，还可以多安排讲几次。一旦进入到彩排阶段，听众的评论应该尽量是鼓励性和建议性的，尽快树立演示者的信心。

排练是要确认自己对所要介绍内容或者演示操作内容非常了解，起码要做到讲第一个内容时就能想到其后三个所要演示的内容，并知道其中业务逻辑推导关系。

演示排练还要模拟实际时间加以适当控制，一般排练演示速度比正式速度要快，还要考虑正式演示时使用视听工具和回答听众提问的弹性时间。因此试讲中要留出这些时间，在排练时也要按实际情况来控制时间。

如果一些相对演示经验比较丰富的人都认为这个演示过程有说服力，演示彩排效果没有大的问题，对对手、企业各种情况进行的针对性答辩彩排通过，演示者就可以准备上战场了。

如果没有机会安排模拟彩排，演示者可以练习几次后，在感觉比较熟练的情况下安排录音，通过听录音也可以发现很多在自我感觉良好的情况下无法发现的问题。

如果是以理念演讲为主，没有太多的操作，排练1~2次，基本效果是有保障的；如果是产品演示，特别是需要多人配合的话，至少要练习3次以上；如果是产品演示经验少于5次的人，建议至少在内部演练5次以上。

如果演示是定制配置，由于可能存在新开发功能，产品稳定性还没有完整测试，此时演示前一定要反复进行操作排练，以确保演示新功能不出意外。

经过排练一定比没有经过排练强；现场讲演效果一般比练习效果强；多次排练现场讲演效果一般比很少练习效果强。

步骤六　精彩开场白和有力结束语

开场白和结束语，都是要经过设计的。

好的开场白既能揭示特定的重要事实，同时也能使演讲者放松心态与听众建立良好的关系。开场时你让听众点头的时间越长，后面演示的效果越好。

好开场有五条标准：

1）能吸引听众的注意。

> ☞ 排练结结巴巴，试讲磕磕碰碰，现场顺顺利利，这是常有的事情，多练，不知不觉都记住了。

2）能为听众提供背景知识。
3）能为听众说明演示目的。
4）能激发出听众的兴趣。
5）能争取到听众的信任。

一个标准的开场白包括五个要素：

1. 礼貌的欢迎

简单地对大家抽出时间来参加活动表示感谢，希望他们认为花费时间在这里是有价值的。

2. 自我介绍

你的姓名和工作，你的相关背景以及你的团队，及相关工作细节介绍。

3. 意图

这次演讲中你计划说明、建议或证明什么，要站在听众的角度说明，我们可以为他们的利益带来什么。

4. 过程框架图

演讲持续的时间，分几个部分，每个部分的大概长度。

5. 规则

在特定情况下，你是否允许有问题的听众在演讲过程中打断你，还是集中时间交流。这些规则应该提前告诉听众，而不是临时公告。

如果在开场前分发了一些相关材料（如果有文献的话），最好在一开始就对分发的资料用途进行讲解，例如要求他们先听再看，或者等演示者提示时可以适当翻一下，避免听众都成了文字材料的观众。

为了快速拉近和听众的距离，建立良好的沟通气氛，可以适当用一些开场白技巧。开场白技巧无非是套近乎（同乡，同行，同好）、小幽默、讲故事、引文、提问、情景塑造、放映录像、讲述新闻、统计数字、抛出利益等方法。

演示常用的开场技巧有如下几种：

1）提问法：通过精心选择问题，吸引听众回应，打破演讲者与听众之间的隔阂，促使听众产生对你演示内容的兴趣。但是要提防听众反应不热烈，要设计好答案自己顺着讲下去。

2）摆事实法：在经过充分调研的情况下，用事实和数据让听众意识到问题的严重性，引发他们的兴趣。

3）讲故事法：设计一个类似的案例，要讲出真实参与的感觉，引发听众共鸣。

4）引文法：很多企业都喜欢将管理标语写在墙上，我们可以选择一些有感触的内容，自然和要介绍的产品内容结合起来，也可以起到很好的效果。

作为一个专业顾问去做产品演示，过多卖弄幽默、套近乎等开场白手段是有风险的。如果我们计划以技术专家身份出现在听众面前，摆点架子也许更符合身份定位。不合适的笑话，肤浅的套话都是专业形象的大敌。有的顾问对自己信心不足，开场时介绍过于自我谦虚，甚至是自我贬低，这是不合适的。如果我们不能确信自己的演示对听众是有价值的，这无疑是浪费所有人的时间。

开场需要规划，结束语同样需要设计。即使时间紧张也不可仓促结尾，我们宁可

> 在去企业的路上，我往往在紧张地构思开场白，进企业后就看标语、看环境寻找开场白的灵感。

放弃一些原计划的演示内容，也要保留一个完整清晰的结尾，给听众一种收放自如、从容有序的感觉。我们最希望听众记住的最重要观点必须在开始和结束时都要反复强调。

成功的演示一定要发出号召，在规划演示目标时就应该设想如下的问题："我希望我的听众在演示后感觉如何，去做什么事情，"演示结束时一定要要求客户采取我们计划的行动。演示常用的结束语不是"谢谢大家，欢迎指正！"而一定是"我们期望这个项目能够给贵公司带来公司效率的提升，期望各位主管后续能给我们一些时间来做一个需求分析，一起来做一个完善的方案，谢谢各位领导的配合。"

在结束前总结要点是必要的。因为在演示中听众思维随着话语的流动来思考，或许不能及时地总结概括前面内容的要点。那么，结束前的总结会给听众留下深刻印象，从而记清楚演示要点。

我们的演示结束不是顺利完成演示，而是号召听众行动！结束之前一定要鼓励听众采取行动。很多时候我们还应该表达积极合作的态度，并以诚恳的心态对企业的项目工作加以良好祝愿。

1.8.2 把成功的演示标准化

从公司角度出发，应该把优秀顾问的演示方案不断总结，形成完善的演示套路。这个演示套路就是一份积累了全公司优秀业务经验的解决方案，可以成为实施标准配置、产品规划需求和理念的来源。对于更多项目的更好掌控、新人的成长、公司的知识沉淀都有重要意义。

1. 要不要标准化

有人认为，演示时企业实际情况千变万化，很难准备标准化的演示套路，而且企业业务情况不同，用标准化的套路去应对，属于以不变应万变，效果可能达不到，应该采取定制演示。

这个说法看起来有道理，但实际上无法操作。

首先，定制演示的前提是比较详细的需求调研，如果每个项目都如此投入的话，供应商根本无能力负担，而且做了需求调研也难以保证业务调研质量，进而也未必能保证产品演示的质量。

其次，定制演示对演示者个人能力要求很高，一个企业不可能大量存在这样的高手，每个项目都要求全定制演示，很容易出现关键人力资源响应不到位、演示准备周期过长或者不得不用相对低水平人员去应付的情况。显然对最终商务目标而言，这两种情况都是无法接受的。

从另一个角度看，企业业务虽然千差万别，但还是具有大量共性的。以机械行业为例，生产模式也不过是单件、多品种小批量、大批量三类，设计模式往往也就是新产品研发、变型设计、系列化设计几种常见类型，完全可以用统一的平台来支持，相应演示套路也可以针对不同企业类型标准化。因此可以说业务是标准化的，定制一般不过是定制个性化的业务数据。

如果供应商能参考实际典型企业业务运行的情况，精心规划和设计标准化演示套路会有很多好处：

☞ 一定要自信地发出行动号召，当然演示失败的场合例外。

☞ 标准化才能复制。

1）对营销而言，一旦软件公司准备好若干条理分明、思路清晰、亮点突出、操作固定的演示套路，营销人员将大大降低对公司产品学习和掌握的成本，并能够培养出一批能够按照公司要求做一般性产品特色介绍的人员，解决售前演示资源瓶颈问题，让能力强的人员在关键场合发挥作用。

售前演示必须根据企业业务来准备。演示套路内容应是从实际实施工作中总结出来在企业实际实施得很好的业务流程，数据翔实、操作流畅，可体现供应商在本行业实施的水平。

2）对实施而言，这样的演示套路会对大部分实施顾问打开实施思路、提高配置水平有很强的导向和示范作用。

3）对产品规划而言，在售前演示准备过程中，就可以提前发现产品在规划方面的问题，可以及时规划改进产品中一些不足。

4）对产品测试而言，测试也可以按照售前演示套路准备实际业务测试大纲，提高功能测试外的业务测试覆盖率，可以解决很多测试人员不了解的实际业务、测试工作和实际业务脱节的问题。

5）对于咨询顾问而言，定制解决方案时，可以按照标准演示套路支持的业务模式来准备，这样售前方案和售后实施可以极大保持思路一致性，不至于售前一套说法，售后一套说法，让客户感觉上当受骗。

☞ 公司演示依赖几个顾问，关键岗位都依赖个人能力，这就是为什么大部分公司业务做不大的原因之一。

6）对培训工作而言，企业所有培训也应围绕标准演示套路，商务人员要能自如按照标准套路操作和演示，实施顾问要能完成标准演示套路配置、实施和培训，测试人员要能理解演示套路中体现企业业务逻辑、测评软件可行性，规划人员可以通过演示套路判断产品对企业业务模型支持是否足够，应如何改进。这样的培训平台应是全公司统一的。

很多公司往往不是缺想法，而是这些想法不系统、不深入，更多的是灵光一现，不能积累和继承。有了这样的平台，企业才可以真正构建起知识管理，避免大量的发散性行为、无意义的重复劳动。很多公司并没有认识到一个可培训、可操作的演示平台比大量繁复的文档更有利于工作、更有利于培训、更有利于产品进步、更有利于公司知识积累和沉淀，从而有利于公司的长期发展。

如果没有标准演示套路，就很难保证群体的演示输出质量。很可能在一个公司某几个人演示很不错，但大部分人演示不到位。这样的局面就造成企业演示过于依赖几个关键人员，一旦人员流失，企业演示整体水平可能就下降很快。公司要随时把优秀演示人员的套路进行总结，加以标准化并推广。虽然个体有很多差异，但还是可以寻求共性，比如针对不同风格类型项目多准备几种套路。

标准售前演示套路准备对管理软件公司意义更重大，要想办法让演示组织工作程序化、演示套路标准化。这样管理软件公司才能够让演示能力可以复制，保证随时具备4~5个能保障基本质量的演示人员灵活调度。

2. 如何准备标准化演示

要做好标准化，准备是必要的。准备标准化演示并不难，不同公司产品不一样，演示套路和侧重也不会一样，但都可考虑按照以下思路进行。

1）要成立专人负责的岗位和相应制度。准备一次不错的演示不难，但能随着产品发展和实施业务创新而不断更新演示套路，没有专人负责可不行。一般这个工作可以让咨询顾问兼任。

2）要建立多个演示体系。不同听众关心重点不太一样，比方可以建立侧重政府领导、专家教授、企业高管、技术人员四个层面的演示体系。

3）要让公司能力最强的人参与到标准演示套路中来。准备演示套路的人应该是对企业业务了解、配置水平最高的人，这样才能最快有效把公司知识积累到标准演示套路中，并定期请规划、开发、实施、测试、销售、咨询各方面精英人员参加内部组织的演示套路评估，提出基于各类行业业务特点的改进要求，不断完善和改进产品配置和演示套路。

4）要形成和标准演示套路配套的标准演示方案和常见问题解答指南，演示方案要口语化，强调可操作性，可类似于表演时的剧本。

5）要让演示准备工作和规划、开发、实施、测试、销售、咨询各个部门培训工作主动衔接起来，定期根据标准演示套路进行不同侧重点的部门培训，快速把能力扩散出去。

6）要让咨询顾问和实施顾问根据标准套路准备标准解决方案和实施方案，形成方案前后的一致性。

7）不断结合实际情况定期检讨总结演示套路。

标准演示整理好后，公司应要求新进演示者能按照标准演示套路照本宣科进行演示，这样可以保证最基本演示质量；然后演示者才能在大量实际练习中，把产品功能和企业业务融会贯通，讲得流畅精彩；最后才能在现场基于标准演示素材自由组合、点睛发挥。实际进行演示时，演示者临场自由发挥成分还比较多，完全不发挥是不可能的，一些精彩的自由发挥还可能成为演示的点睛之笔。

既然是临场发挥，就有发挥好与不好的时候。所以公司还必须总结每次实际项目演示，特别是售前演示效果，无论成败，都要总结得失并将意见回馈到演示准备部门，持续完善、持续改进。这种行动后反思（AAR，After Action Review）也是知识管理体系中的重要组成部分。事实上，不仅是演示，每个项目都应该在行动后做出反思。

1）如果是功能上对手具有我们没有的特色，应回馈给产品规划部门，看是否值得紧急进行产品功能开发改进，并在演示环节加强针对该功能的管理理念和业务分析内容。

2）如果是操作过程演示层次不清晰、不连贯，应考虑如何结合业务形成更有效的演示方式和表达语言。

3）如果是产品性能不足，导致演示时拖泥带水，应回馈给测试部门作为缺陷加以改进，并设计更简明的演示样例。

4）如果是演示人员能力不到位，导致产品特色没有清楚地讲解出来，应考虑逐步加强培训，加快演示知识扩散周期。

3. 标准演示套路怎么写

完整的演示套路应包括三个部分：

1）演示产品线和其他支撑环境，包括操作系统数据库和演示时要调用的其他应

☞ 制造业经常讲（Plan、Do、Check、Action）循环，软件业倒经常吃老本，要向制造业学习。

用程序或各种资源(例如动画、动态库等等)。

2) 演示的思路。演示一定要有一个整体思路贯穿，这个思路根据演讲的内容、听众的特点、演讲的环境、企业业务特点来设计，简明扼要说明企业业务是如何支撑实现。

3) 演讲词和配套操作顺序，要写清楚什么时间进行怎样的操作，配套怎样的说辞，操作的时间长短，哪些需要提前准备，提高演示时间效率，哪些操作可能需要较长时间和更充分的说辞，哪些操作在演示时不能做，这些都要逐段落实写明。

演示套路设计要考虑演示过程中通过哪些说法化解竞争对方的攻击，通过哪些对比给竞争对手制造各种门坎、或给竞争对手设置技术陷阱，也要考虑演示过程中客户会提出哪些质疑的问题，以及怎样回答，这些要结合技术交流内容综合考虑。

我们提供了一份《演讲套路卡片模板》的模板，见附录5.6节。可以给企业作为演示套路准备的参考。

1.8.3 演示高手的修炼篇

很多人总希望从优秀的演示者那里获得演示的速成绝杀秘笈，让自己取得快速突破。

☞ 记住ISO三步骤：把你想的写下来，按你写的去做，把你做的记录下来，标准演示就能做好。

真正卓越的演示者把更多的精力放在演示准备阶段。他们会在前期花费大量时间策划好演示的过程，建立"演示卖点＝客户关心点"的公式，预见到各种可能的风险，研究周详的应对方案，确保演示成功，而不是完全依赖所谓的表达技巧和控场魅力。

无论是多么有天赋的演示者，也必须不断积累足够多的现场演示经验，这样才能逐步积累演示信心和应变经验。而且无论演示者过去曾经多么辉煌，如果他不再重视演示准备，缺少做好演示的意愿，成功马上会离他而去。

没有人是能面面俱到的，每次成功的演示往往都在经过了项目经理、营销人员、咨询顾问、规划经理、公司高层管理人员、还有实施顾问的充分交流和讨论，形成对问题的共识后做到的。成功的演示不是演示者一个人的功劳，是精心准备的系统工程，是团队合作策划的产物，是群策群力的结晶。

1. 以营销目标为导向的整体策划

（1）演示也要有成本意识

演示是有风险的，也是有巨大成本支出的。

作为商务人员当然会全力争取演示的机会，如果在客户中遇到阻碍，商务人员还会想尽办法通过高层争取演示的机会，甚至主动想办法取消对手关键性的演示机会。

☞ 牛人们往往被领导语重心长地鼓励：能力越大，责任越大。

每个商务人员对自己的项目都报有强烈的成功欲望，没有哪个商务经理敢拿项目当儿戏，所以只好倾力来争取协调最优公司资源，保证演示效果。因此，公认能力强的演示者在实际项目中经常会遇到过度使用，最优秀的演示者往往承受了最多的演示任务，疲于奔命。

不断鞭打快牛的弊病很明显：

第一、必然导致大量演示机会集中到一贯表现出色的几个人手中，使得强者愈强，弱者愈弱，最后公司依赖少数人的能力和发挥，对公司的长远发展非常不利；

第二、对优秀演示者的过度使用，会导致其工作状态和积极性难以保持，敷衍了事，反而会产生职业疲惫，造成工作质量下降。

因此，公司在给营销项目配备演示人员时，应综合考虑以下三点，统筹安排：

1）对于刚起步的项目考虑到营销周期长，需要经过多轮演示，第一次演示可能只需要承担启蒙、摸底的作用。这种项目安排一些演示经验不多的演示者，可以充分发挥其长处，达到演示目标。既控制成本，又可以培养新人，应把最好的牌放到最适当的使用出。

2）对于要求简单或认识肤浅的项目，客户参与的层次不高，很多深的内容无法演示到位，给他们看到管用的功能反而更有效。尽可安排一个稍有表达能力的熟悉操作的人员，他们应都可以胜任，而且效果可能更好。

3）对于重要客户或重要营销阶段就应该安排实力强、具有类似行业或客户经验的演示人员参加，必要时还应配备管理顾问，技术人员组织演示团队。

（2）演示是团队合作工程

演示服务于营销目标，演示团队至少应由商务人员与演示人员组成，复杂的项目演示还需要有开发、测试、实施顾问加入演示团队。与其他团队活动一样，演示要想取得成功，也必须要有团队成员的分工合作。

为保证演示时精彩发挥，演示团队成员在每个环节必须做大量的基础工作，而且演示目标不同，演示准备复杂程度也不同。

成功的演示，必须有一个人像导演一样担当演示总策划人角色，去围绕营销目标组织整个演示活动。演示总策划人一般应了解客户情况、熟悉客户业务流程及客户需求，并有良好的技术判断力。一般来说，客户经理也就是演示总策划人。有了专人负责，演示过程才能真正做到忙而不乱，进退有序。

一般来说，演示工作一般分为演示准备、演示、后续跟进三个环节，每个环节中，不同角色的工作侧重点也不同。演示需求一般由商务人员发起。一旦演示需求得到内部认可，相关人员配备到位，演示团队即开始运转。客户经理确定演示中的客户定位、产品或版本选择，制定针对性的演示策略及采用的套路，对演示团队成员配给建议权和选择权。商务人员必须配合演示需要，充当演示团队与客户之间的联络人，通过营销渠道，打探竞争方信息，协助演示策划人制订演示策略。并落实演示的时间、地点、设施、参与人员等细节，持续追踪客户对演示的反馈意见，随时调整营销策略。演示人员作为演示的具体执行人，在演示准备阶段要紧密地与客户经理、商务人员沟通，将各项演示定位落实到具体的演示内容中去，确保演示内容、技术细节、产品定位与商务目标保持一致。

每次通过售前充分的演示准备和排练可以培养团队作战的感觉，建立一个强有力的集体，这样的项目售前演示最容易凝聚人心，建立信心。

每次好的演示都可以培养出一个能战斗的领队型、策划型人才，每次都能让客户经理认识到公司强大实力和产品能力，对自己未来工作充满信心。演示工作最失败的不是一个项目得失，而是内部成员对公司和产品信心丧失。

（3）出牌的时机更重要

项目选型过程就像是一场漫长的足球联赛，不是看谁一开始积分有多高，而是看

☞ 演示失败不可怕，就怕大家对公司产品失去信心，所以演示失败的善后工作也不轻松。

谁笑到最后。

项目决策层都是中层以上的领导,而且往往不是一个部门领导就可以决定选型。不同的听众代表不同部门的利益,对项目价值和实施风险的判断会有很大差异,他们很难形成从众心理,更谈不上有什么一致的同盟关系。这些领导一般都是具备高学历和丰富工作经验的知识分子,往往都属于非常理性的人,很难被表面的东西所打动。他们更愿意用自己的经验去判断可行性,而不是轻易相信供应商的许诺。面对这样的理性听众,用"王婆卖瓜"或"拍胸脯"的方法去进行演示交流都很难说服听众,也很难在一次演示中有机会说服所有的人,需要前后反复多次交流。所以演示不是一锤定音,需要精心策划不同阶段针对不同对象出牌。好牌固然要打,早打和晚打,给谁打确大有讲究。

案例:赶紧来演示吧?

"某某,这个项目最近突然启动,用户很重视,我好不容易争取了一次演示机会。我已经和公司提交了资源申请,你想办法把手上的事情放一放,后天你一定要赶到现场来,这次就全靠你了!"

点评:

相信大部分售前顾问都经历过这样的局面,任务的起点往往就是从接到这样一个急迫的电话开始的。

在项目上是不会有太多的演示机会的,因此客户经理在启动演示工作时最应优先考虑选择合适的演示时机。演示时机最好选择在充分了解客户关注点和竞争对手底牌的情况下开始。客户经理和商务人员要判断一个项目大概在什么时候演示比较合适,并尽量提前和演示者进行商务沟通,安排业务调研,预留充分时间准备演示策划。特别要注意,在演示时能接触到企业的决策层越高越好。

兵法云:"不打无准备之战"。在进行演示工作之前,商务人员一般情况下应该和听众建立良好的商务工作基础,了解必要的背景信息,这样才便于做演示策划。如果是一个"三无"项目(无听众组织决策模型分析,无企业业务关注点分析,无竞争对手信息),无论演示者个人能力多强,都很容易陷入无针对性的讲解过程中,很难起到好的效果。

☞ 比没演示机会更郁闷的是:来听你演示的都不是关键人物。

如果演示条件不具备,商务人员应宁可和客户反复解释,也不轻易安排演示。演示的目的就是"一击必中",如果没有把握达到效果,就不如多花一些时间在准备工作上。

作为一个优秀的演示者,很难要求每次商务人员都提供了足够的信息才去迎接挑战,也不可能每个项目都有调研的机会。只有在平时工作中针对不同类型听众多做一些准备、多做一些共性分析、多分析竞争对手的策略、多收集公司各方面素材,并临场加以调整和适当发挥,才能尽量减少不必要的失误,这是避免在压力下动作变形的有效风险规避措施。

(4)永远要比对手多走一步

演示准备阶段,客户经理应该组织演示团队成员做好需求调研和业务分析。在调研过程中，演示团队经过信息交流、深入分析，往往能产生优秀演示策划的灵感，找准客户听众层的关注点，确保演示针对重点(业务流)和难点(客户极度关心的技术问题)有准确的定位，并且与竞争形式相匹配。

即使行程紧张而导致无法做全面的需求调研时，只要时间允许，商务人员都应该想办法安排演示策划人或演示者到企业现场，争取寻求到一些容易缩短沟通距离的开场白素材和业务背景认识。

商务人员在演示准备阶段应利用各种途径，确保安排较竞争对手更为有利的演示时间。在演示开始前，与重要决策客户再次确认，一定要确保对选型有关键影响的人员能参加。如果关键人物不能参加演示，宁可想办法推迟演示时间，或再争取一次单独演示或汇报的机会。而演示人员在准备内容时，一定要多留几种选择，多做几种风险预案。

 案例：风险总是青睐没有准备的人

在某公司重大项目演示准备阶段，客户经理负责策划，让所有其他人都扮演用户，模拟用户思维提出一个又一个刁钻的问题给演示者回答，然后一起策划最优的说辞。到了正式演示的时候演示团队几乎准确预测了所有的问题，回复让客户非常满意。

 **点评：**

每个细节多想一点，走在对手的前面，演示成败最后可能就取决于这些努力。

演示策划人在策划时，不仅对演示前和演示当天的活动进行策划，还应围绕整个营销活动，对下一阶段营销工作进行策划、安排：如果效果不好，商务上应怎么应对？如果演示达到目的，后续最理想的工作安排是什么？不断强化并锁定客户的兴奋点，确保营销活动得到圆满结果。

 案例：演示成功只是开始

在一个项目中，应客户要求，一家公司临时安排了一个技术人员做项目演示交流。整个交流过程非常顺利，结果用户项目负责人主动问这位技术人员能否明天安排个时间和企业老总再沟通下。商务人员没有考虑到临时的安排效果这么好，已经给技术人员订购了返回的车票，错失了一次难得见到企业高层的机会，而且给企业项目负责人留下不够重视和不够灵活的印象，在以后的项目跟进中就再也没有获得这种机会，最终也没有得到这个项目。

优秀的演示团队在演示结束后会做三件事情：

1）约见重要领导

演示结束后，如果有机会，演示团队一定要再次拜会参加交流的主要领导，甚至是没有参加交流的重要领导。不要放过这个有利的时机和重要领导沟通，强化印象分。在演示过程中可能更多用业务的思维讲技术能力，但和领导沟通的时候更多地用管理的思维讲技术能力。这两种沟通往往不能在一次演示中兼顾到位，但可以主动创造机会在后续活动中实现。当然和重要领导见面的机会并非可以由供应商控制，但和

☞ 演示效果好不好，领导说了算。

重要领导沟通的工作意识应随时保留。

2）提供专业的备忘录

演示无论实际效果如何，一定要留专业的备忘录，并要和用户约定后续工作计划，并按照备忘的承诺推进后续工作。

重要项目现场演示过程中应安排专人记录，将演示过程中大家提出的问题和回复逐一记录，对于一些暂时无法清楚解释的问题约定后续解释工作安排。这种专业备忘整理能力是很能反映一个公司职业能力和职业水平的。

在演示达到目的的情况下，商务人员就可以马上安排准备解决方案、公司考察、用户考察、选型方案、招投标方案和答标演示等活动推进项目进一步深入。

在没有达到目的的情况下，商务人员更要进行权衡，是否进一步加大投入，扭转局势，还是无力回天，集中精力做其他项目。

3）总结演示得失，形成反馈文档

演示结束后，商务人员要针对演示实际效果形成反馈评估文档，针对演示者个人能力、针对标准套路组织水平、针对公司技术能力结合竞争对手和用户意见形成反馈意见，这将形成有力的产品规划动力和演示准备改进动力。

很多项目在一开始接触时，就可以发现一些现有产品无法满足的部门，如果在售前系统演示后用户还坚持要实现的功能，如果此时提前给公司评估和规划，在未来实施时就赢得了时间的主动权。

2. 把准客户定位基点

所谓定位，是指"在听众脑海中，为我们企业品牌或能力建立有别于竞争者的形象"的过程。准确定位的结果，是让听众认可所感受到相对于竞争者的鲜明形象。定位是卓越演示策划的灵魂，也是竞争的基点，和整个营销策划思路相承。缺少定位就容易造成内容的同质化，没有差异化的产品又如何让客户抉择呢？

成功的演示是从正确定位开始的。能否准确定位演示主题，是演示者能否打动听众，是决定一次演示的基调及其成败的关键因素。准确的演示定位需要深刻分析听众想从演示中获得什么，进而考虑为什么我们设定的主题能够打动客户，这是演示策划的基础。

定位的本质就是消灭竞争，演示最难的是如何包装出和对手的差异化定位，而且要让客户认可我们设定的差异化定位。找准了差异化定位点，所有的演示内容就有了依附的主体。

定位不仅要考虑清楚表达与竞争者的差异所在，差异性越大越能吸引目标听众的注意，还要建立鲜明与深刻的印象。定位还要考虑听众接受度，如果我们的竞争差异性被目标听众接受但并不认可，这种定位就是失败。

处于市场领导地位的供应商者在相应的市场上往往拥有领先占有率，在价格折扣、产品开发、公司宣传等方面远远超过其他公司。在一个项目中，我们不但和貌似强大的竞争对手抗衡，还要和很多差不多能力的竞争对手抗衡，甚至要注意一些不知是什么来头的竞争对手，不击败他们，我们很难真正获得成功。

许多客户经理认为，同行之间水平本来就差不多，便习惯性地按客户要求采取功能对比的演示模式，没有致力甚至是放弃寻求差异化定位的努力，这是绝对不应

大公司往往会抟大，所以小公司总能找到机会。

该的。

不要畏惧任何强大的竞争对手，再强大的对手也有弱点。

 案例："大而全"也许就是最平庸的

2007 年初，A 企业的产品数据管理（PDM）项目投标，这个项目前后已经介入了国内外最好的六家供应商。该企业已经实施了国外大型 ERP 系统，并和实施供应商合作成立了一个专职的 IT 部门，主要依靠自己的力量实施，应用效果非常不错。

其中甲公司的顾问是这样分析客户心态的：

其一，这是一个非常理性的客户，有丰富软件实施经验，不会被表面的功能卖点所迷惑，非常清楚自己的需求；其二，这个客户不在乎供应商实施能力，因为他们相信实施最终要依靠自己去做；其三，这个客户操作上非常公平，只提供同样的标准信息，他们的核心需求需要每个供应商自己去判断，这也是他们设计给供应商的最大考验。找准了这个考点，演示就成功了一半。

在所有的对手中，一家国外的供应商是最主要竞争对手，企业肯定是优先选择国外产品的，这点从其选型 ERP 的经历中也可以推断出来。

国外的这家供应商能力非常全面，品牌也位于世界前列，甚至价格上也有可以和国内抗衡的解决方案，如果和这个供应商全面竞争，很难有赢的机会。同时顾问也了解到，国内的另一家对手想通过全面功能对比突出性价比高的卖点，但是并没有打动客户。

甲公司认为，大象也是有盲点的，全面领先的供应商最难克制的演示陷阱就是充分展示自己的能力，结果导致没有特点。

为了获得企业的青睐，几乎所有的供应商都会想尽一切办法展示自己能力最强的一面，全面系统介绍自己的特点，面面俱到就难以做到重点突出，至于实力不够的供应商再去做跟随性的全面对比，更是自讨没趣。

顾问分析后认为，企业上 PDM 最核心需求是为了更好的运行 ERP 系统，发挥 ERP 系统的效益，PDM 系统可以是看做辅助 ERP 系统运行的一个工具。

找到了这个定位，甲公司在演示中大胆突出这一点，强调我们是对现有这个接口实施最有经验的供应商，而且整个演示重点（包括前后提供的技术方案）花费了三分之一的篇幅去介绍如何做好这个辅助工作。

这样一来，选择就简单了，甲公司告诉企业现在这个项目有两类供应商：我们是想帮助企业更好发挥 ERP 系统效益的供应商，而其他的都是强调自己系统独立管理能力的供应商。如果大家觉得选型是需要更好满足 ERP 实施需要，我们解决方案和产品当然是最合适的。

演示结束后，企业项目经理后来对甲公司顾问说了一句话："只有你们才找准了我们想要什么，其他的供应商还是想着自己能干什么！"

最后的结局大家可想而知，甲公司击败了大象，获得了公司在该地区的第一大单。

（1）给我一个支点

演示所处的商业竞争环境非常残酷，我们往往要在一场场力量悬殊的较量中去寻

☞ 好的定位就是能够抓住听众的核心需求，让听众的选择变得简单。

求获胜的途径，并在这些并不对等的竞争中取胜。很多项目上，我们必须挑战比我们强大得多的对手，要生存我们别无选择。无论手里的资源有多么糟糕，基于现实基础上的演示定位基点一定存在。支点的切割作用就是要将同样的产品卖出不同来。

抓住了用户的核心需求就可以创造完全不同的定位切割效应。

 案例：大不一定就合适

有家公司曾经丢了一个原本认为非常有把握的项目投标。

事后当这家公司问客户："难道你不觉得我们公司处于国内遥遥领先的地位，我们有技术优势，有地域服务优势，甚至价格也有优势，为什么不选择我们呢？这让我们觉得很不公平。"

客户说："你们的优势我们都认可，但是我们很担心像你们这样规模的公司很难重视我们的小项目。我们这次选择的虽然是一个小公司，但是在整个投标过程中，他们一直强调对我们这个项目的重视度。"

 点评：

即使是面临强大的一个公司，弱小的公司通过合理的定位切割也可以获得竞争的优势。这个竞争对手聪明地回避了比大比强，而是告诉客户应选择一家最重视他们项目的供应商。确实这也是所有大供应商的通病，我们过于自信，而在操作过程中疏忽了对客户的关注，给对手留下了机会。

很多公司演示存在目的性不强的缺点，不分对象习惯性地强调自己人员多，规模大。这里面潜在价值选择的逻辑链条是——认为选择大的，有实力的公司才是正确的。

对一个达到集团型规模的大企业而言，选型合作伙伴必定是会非常重视公司的可持续发展能力，那么相应的所有介绍都要围绕、突出这一点。那客户经理可以考虑从以下几个方面来阐述公司可持续发展能力：公司规模大、组织架构完整、业内地位领先、近三年公司财务业绩发展对比报表平稳增长、现金流来源多、资金周转率快、获得政府和国家支持力度大、公司发展情况良好、产品开发能力强、具备相关资质、大型用户数量多、老用户追加情况普遍和典型的长期合作案例等，从多维角度组织材料论证一个论点。这样编排在总体上就比较有说服力，不断暗示客户我们有良好可持续发展能力，并不断强化这种印象。

对一个规模较小的公司而言，公司的实施效率可能是选型时更为看重的因素，那么我们所有的介绍都要突出我们是在这个领域中最专业的公司（专业背后的含义就是高效），我们要不断告诉用户，选择我们才能"用正确的方法做正确的事"。

我们可以从服务人员数量多、素质高、项目管理体系严密、实施周期短、产品成熟、自主版权产品、快速开发响应、大量的用户群、行业经验、在业内的评价和地位等角度组织材料论证我们的专业化水平和对项目实施控制能力，从而取得用户信任。

常识告诉我们，往往小公司重视用户，灵活响应；大公司实力强大，行动缓慢。而小客户对项目的快速敏捷反应能力更看重。过度强调公司规模反而让这样的客户产生店大欺客，大公司未必会重视小客户的顾虑，而过多介绍成功经验的行业龙头客户也会让企业产生"我们会不会不受重视，项目费用是否难以承受"的潜意识。小李面向小客户时只注意突出公司的实力，而忽视客户可能更关心公司服务体系和专业性，是存在很大风险的。

（2）给竞争对手重新定位

很多时候，我们不可能作为第一家进入，追求先发强占定位高点的策略，而前期进入的供应商只要有经验，都会合理包装自己，给客户一个鲜明的印象。

在这种情况下，高明的客户经理不仅能针对客户需求提供有针对性的内容准备，而且能够通过演示重新调整客户现有的定位思维，改变他们对关键问题的关注度，使其符合自己公司的竞争优势和商业目标。

 案例：重新定位后发制人

客户经理小张曾经负责一个军工企业的项目投标演示，这个项目在一周内就要确定供应商。之前主要竞争对手的演示非常成功，给企业所有的人都留下了深刻的印象。他们认为对手产品的功能是非常符合企业实际业务需求的，而且价格比较低，内部已经有人建议和对手合作。也就是说，企业已经在竞争对手的引导下形成了对手是最符合企业业务需求的第一印象，应该说在项目中获得这样的定位是非常理想的。

两家产品基本功能实际上比较类似，再去做业务模拟演示最多也就是获得一个差不多的印象，很难出彩并改变客户的选择，也无法替代对手的第一印象；选择突出企业规模优势，信息化理念，实施方法论，企业并没有兴趣，也没有真正懂行的专家，务虚的内容不能打消客户在技术上的顾虑；而且小张所在公司在价格上没有优势。

如此分析，按常规套路去准备演示是无效的，除非小张能找到打动客户的新切入点，彻底改变客户的选型标准，否则就必须承认剩下的投标对他们而言意义不大，连做工作的机会都不会得到。

到底是什么定位才可以让企业重新考虑小张的公司呢？

小张突然想到军工企业其实有比对软件产品普通技术性能更关注的技术指标，就是系统的安全性。

有了！"最安全的系统"就是小张要找的定位。

很快整个演示过程中小张首先就提到军工企业技术系统安全性的重要性，运气不错的是正好当时国家正在开展军工企业安全大检查，企业的主管马上就意识到这点的重要性，这个问题吸引了他们的注意力。

当小张全面展示了和对手相比我们系统在安全上的特性的时候，企业的技术天平已经发生了逆转，剩下只需要小张就那些常规的功能略为展开，让企业了解到管理业务方面小张毫不逊色，甚至更强。

演示结束后，当天晚上企业的IT负责人就表明了支持的态度，后来小张的公司也很顺利地获得了这个项目的合同。

在不对称竞争中，集中优势形成重新发牌的切入点，形成对客户的心理突破，是处于相对弱势的企业获取演示成功的有效策略。

> 任何定位都可能暗含风险，这点不能不查。

（3）不要思考题，要做选择题

项目演示不是孤立的活动，更不是只有一家公司和客户在交流。演示团队在做任何定位时要考虑对手可能采取的定位和竞争对策。如果一个项目中每家公司都不约而同地宣称自己是最强大、最优秀、最领先、最合适的，只能让客户感觉到整个供应商市场的浮躁，增加对项目实施风险的担心。

如果我们的定位能清晰表现出我们和其他所有对手的差异，在最终决策的时候能让用户感觉就像做一道简明选择题，很快选好合作伙伴，而不是做复杂的思考题，陷入无穷无尽的一轮轮比较中。

案例：置之死地而后生

客户经理小李曾经介入过一个几家主要软件公司都竞争了快两年的项目。当时这个项目已经进入了试用状态，最后要试用人员做一个结论汇报，然后听取小李公司最后一次陈述。因为软件公司处于势均力敌的状态，这次试用陈述直接决定项目成败。

当时试用对小李公司评价非常不利，一线用户反映小李公司的系统配置和软件操作要比主要竞争对手都复杂，有些给企业定制的功能稳定性不够好，但是感觉功能的确丰富很多。

对于试用最终用户而言，他们最在乎软件的易用性和稳定性，企业前两次类似项目实施不太成功有这方面的因素。

小李到来的时候，已经只有一天时间，如果按照客户试用小组评价系统的易用性和稳定性的标准，必输无疑。

> 领导最喜欢做判断题，其次是选择题。

好在决定选择的人不是试用小组，对于领导而言，易用性和稳定性固然重要但购买一个管理软件系统比易用性稳定性更重要的指标是管用！

即使是技术人员，他们还是愿意选择能力强的系统，这也是技术人员的天性决定的。他们潜意识里喜欢复杂的系统，这和管理者的思维确又相反。

于是小李重新设计了一个定位：

我们是管用但有很多地方不好用的系统；

对手是好用但有很多地方不管用的系统。

围绕这个定位演示过程中小李团队详细分析对比试用的结论，组织了大量素材，并在演示前和各个层次人员积极沟通，在演示的结束的时候小李发出了行动号召：

为了长远的成功，我们是选择一个有能力的产品，还是一个仅仅是只能管理简单业务但好用的产品？

对企业的领导而言，花费精力和资金购买管理系统决不是为了解决简单的业务问题。

很少有软件敢宣称自己是不好用的系统，但是这种好用不管用，管用不好用的定位确实帮助企业领导下了一个僵持了近两年的决心。这个项目合同后来交付给小李的公司，在后面的实施过程中小李的公司也体现出管理复杂业务的优势，客户非常满意，主动和小李公司谈了一个新的合作项目。

最后要申明一点：在一个项目中好的定位并非只有唯一的选项，也并非选好定位就可以赢。这个世界往往是鱼和熊掌不可兼得，每种定位都有机会赢，都有失败的风险。

3. 制造兴奋点

有形的商品不过是消费者无形需求的载体，而无形的需求才是消费者自身真正想满足的欲望。因此，要想成为顶级的产品演示高手，必须明白演示的不是有形的产品，而是听众在内心深处渴望改变企业现状和提升业务能力的深层次需求。

我们在演示时：
- 我们不是在展示方案，我们在描述建立良好管理运转的前景；
- 我们不是在推销功能，我们在展示现代化的管理方法；
- 我们不是在夸大效益，我们是畅想未来的管理模式；
- 我们不是在宣传品牌，我们是强调保证成功的手段。

演示素材一定要有让听众喊出"哇"的赞叹的兴奋点。兴奋点就是一场演示过后能让听众印象深刻的内容，所有能够引起听众兴趣和热切关注的界面、功能、观点、案例和精辟独到的个人见解都属兴奋点的范畴。兴奋点最好是能让客户感兴趣，对手又没有的内容；或者是大家都有，但是我们有独到特色的内容。如果演示中能有比对手高、比对手强的亮点，必须强力突出，这样可以引导听众高度关注，让听众感受亮点比吸收观点更能形成兴奋点。

听众对演示反应的强弱，或者说演示对听众兴奋程度的影响，一定程度上取决于演示兴奋点的强度。心理学研究表明，人们最容易记住对自己有重大影响、对自己有利的、自己主观愿意记住的或给自己重大刺激的信息。演示兴奋点的内容越贴合业务、越有针对性、越形象直观、越有趣味，效果就越好。

☞ 别太指望用所谓先进功能就可以让用户眼前一亮，除非你卖的是工具软件。

在演示中要主动运用那些带有浓厚感情色彩、充满激情的语言；主动运用那些立场鲜明、见解独到、能够给听众以深刻启迪的观点；主动运用那些技术内涵丰富、贴合业务的功能，这些组合能让听众受到激励、鼓舞和启发，甚至自发地鼓掌，这就是我们要寻求的兴奋点。

演示时要抓住听众处于"兴奋点"这个时机，创设问题情境来引导他们积极思考，达到演示者主导作用和听众主体作用的最佳结合。

 案例：超出顾客的期望

某公司在一个项目处于胶着状态时了解到，客户非常希望计算机帮助他们实现参数化设计，彻底把设计人员从现有重复工作中解放出来，投入更有价值的工作。

所有的供应商都告诉他们这是很难实现的，到最后企业自己其实也不指望供应商能提供这样的功能。不过这样企业也失去了上项目的动力，选型工作始终停滞不前。

这家公司决定在最后一次演示前要突破这个难点，依据企业提供的一套图纸和工艺，主动查资料，翻设计手册，硬是整理出一套参数化设计的计算公式，配套参数化工艺计算模型。

☞ 有时候基于行业理解做好客户化数据定制演示，就会领先你的对手一大步。

结果，在演示的时候，企业从领导到技术人员看到他们想要得到的效果真的变成了可实现的功能。他们再也坐不住了，项目由董事长亲自推动，很快进入实施阶段。

要能满足并创造出听众的兴奋点概念，只知道墨守陈规是难以做到的。所有的演示者都要精心选择和设计关键素材，使其有爆发力！

有时候，产品演示介绍的内容是比较散乱的，这个时候就需要有计划、有目地选取一些兴奋语言，绵延不断地"埋伏"在演示过程中。这种兴奋点语言，会拉近演讲者和听众的心理距离，满足听众的心理需要。但要讲究顺理成章、水到渠成，千万不能不顾对象，故弄玄虚，刻意求工。

案例：设置兴奋语言，满足听众心理

在准备某大企业项目结项汇报时，项目经理遇到一个难题，在整个汇报中要陈列所做的工作，诸如系统平台、BOM 清单、三维工具、项目管理等相对专业的业务，不汇报显得内容不丰满。直接汇报每块业务作用和效益，容易显得到处是芝麻绿豆，看不到西瓜。

最后项目经理聪明找到了解决的方法，他引入了"过程管理可视化"的概念，显然"可视化"是一个让所有企业领导和普通员工都能接受而且引起注意的概念。

而"过程管理可视化"这个概念既通俗，又有高度，企业领导更是期望管理透明化，而可视化恰恰抓住了这个核心需求。这个概念一下子调动了所有人的积极性，演示汇报中紧紧抓住了听众的注意力，顺利地让集团领导认可了项目的实施价值，效果非常明显。

我们大部分听众都是带着业务实际需要和工作中要解决的问题来听取演示的。如果演示的内容没有基于他们的业务问题，很快让他们看到关注的利益点，对他们而言没有很大的意义，他们很快就会厌烦并失去继续沟通的兴趣，甚至是在听了个开头后就毫不客气地离开。

优秀的演示者在一开始就试图抓住听众的心，形成对客户的巨大冲击力，这个时候制造兴奋点的最佳策略就是一开始就从听众关注最大利益和损失入手。

一定要记得，我们的目标是取得项目，演示是要满足听众的最大利益，这比展示自己的能力更加重要。

案例：

> 所有的老板都对两个问题最感兴趣：做大市场，压缩成本。至于向管理要效益无非也就是要这两方面的效益。

汽车零部件行业现在都需要通过 ISO 16949 体系认证，否则不能获得整车供应商的配套资格。通过 ISO 16949 体系可不是一件容易的事情，几乎每个汽车零部件供应商为这个资格要花费几年的力气。

在进入汽车零部件企业做产品演示时，如果一开头的介绍能够有效帮助企业按照 ISO 16949 方式管理业务，提高效率，这一定能极大引起企业各层面的关注和响应，从而起到很好的效果。

某公司曾在一个汽车零配件企业设计如下开场白："我们针对 ISO 16949 体系作了一个解决方案，如果企业能采用，它可以在一年内让您的流程管理复杂程度简化一半以上。如果大家有兴趣，我们下面想详细就这个问题展开，和各位做一个沟通。"

这个开场白道出了任何企业领导最关注的核心问题，而且引发了好奇心，大家都听得很专注，企业后来采纳了该公司的方案。

从营销特点上来看，客户选择管理软件的理由不是唯一因素主导的，类似人购买房子，绝对是综合各方面优劣权衡得到一个最佳选择。

在一次演示中仅仅只有一个亮点是不够的，在一场好的演示中，最好能有 3～4 个让听众感到惊奇、欣喜、信服和心动的时刻，形成一组卖点群，至少会有一个理由让听众动心，这样才能给听众留下深刻的印象。

演示展示的内容是否完整、丰富、新奇并不是最重要的，最重要的是我们能够把演示内容和用户的切身利益关联起来，而且只有当我们把这种关联聚焦为几个概念集，用一个又一个的数据、功能、案例逐层推进，甚至是用一个至少对大部分听众而言是闻所未闻的功能亮点来印证，从而使概念越来越清晰，这才是制造卖点群的方法。

 案例：房地产行业的卖点群营销

房地产楼盘在推广的时候，几乎均具备有几个核心诉求点或主要卖点，几个次要诉求点或次要卖点。

房地产楼盘广告的每次内容表现，都以"一个主要诉求点或卖点结合几个次要诉求点或次要卖点"的构成来加以展示。常常是在楼盘售前期和强销期，其主题多以楼盘的商品优势、品牌优势、地段特征前景为主，着力打造形象及口碑，让一个鲜为人知的新产品尽快被投资者注目和了解，并形成购买冲动。到了楼盘的持续期和滞销期，精拟出强势诉求点或卖点，以价格优势和服务承诺的兑现等方法促使成交迅速放大。

演示兴奋点要得到听众的共鸣，有时候仅仅靠演示内容本身强度来获得还是不够的，一个能制造兴奋点的演示者也一定是一个充满激情的人，能通过演示让听众充分感受到演示者自信和投入的心态。在演示中巧妙设置兴奋点，不但能有效地引发听众的深入联想，形成积极正向的反馈，还有利于增强演示者的自信心，使演示更加流畅自如，而且会让听众的思维时刻跟着演讲者思维运转。

很多具备深厚的管理软件技术背景的演示者，在整个演示过程中一直坚持冷静、谨慎的风格，这样固然能维持专业性的印象，但没有投入足够的激情，也很难制造出和听众高度共鸣的兴奋点，又如何以行动的号角凝聚听众跟随我们呢？

冷静中不乏激情，这是最好的演示兴奋点制造者风格。

4. 好马配好鞍

一场效果完美的演示，从头听到尾，经常是没有听众愿意离开。这样的成功演示必然运用了多种演示手法，才能真正让好的主题吸引住听众，好的内容也要好的形式来表达。

好的内容能否为人接受，很多时候要看人们在讲述中运用了什么样的表达方式，而不取决于内容本身是什么样的。无论是哪种层次的人，最容易接受的是那些用生动的语言、形象和声音等媒体传递的信息。

实际上，在项目中很多要表达的内容是类似的，听众面对千篇一律的概念和演示时，很容易疲惫。心理学研究告诉我们，一个成人保持高度注意力的时间大概只有 20～25 分钟，如果不通过多样的手法刺激听众的注意力，很难让听众对演示内容保持足够的注意力。优秀的演示者常常合理利用不同的演示技巧表达不同的内容，以取得最佳的陈述效果。

（1）出奇制胜

好的形式要有新意，能够抓住听众的好奇心，适当学一学"吊一吊人家的胃口"。

"亲爱的美女们，你们知道吗？只要你们做了两件事情，男人就想远离你们。我知道你们不是有意的，因为你们并不知道男人有多么恨这两件事情。一旦你们不小心做了，他们全都会逃之夭夭！"如果你是女人，你想知道这两件事情是什么吗？我敢打赌你一定很想知道。

就像上面的例子，优秀的演示者常常合理采用一些新奇有趣的说法，这样可以让听众轻松地接受我们的观点。

 案例：向超市学管理

在项目中常常遇到企业想上管理系统但并不了解管理系统到底是什么来头的领导，有一次在一个企业演示PDM（Product Data Management，产品数据管理系统）的时候，一位技术老总问顾问，没有这个系统，技术资料不也一直管得挺好吗？为什么要用这个系统呢？

如果常规介绍PDM功能和价值的方式去讲，肯定是很难让老总有这个心情听，顾问灵机一动提出一个说法，做技术资料管理要向超市学习。顾问告诉老总说："这个世界上有很多小卖部，只要有一个精明的老板娘就可以管理得很好。但商品多了，小卖部的管理方法就不适用了，如果建立一个超级市场没有计算机系统，您可以想到管理混乱和成本失控带来的后果。我们企业每个人设计的技术资料就是商品，现在规模不断变大，就像从一个小卖部到超级市场，难道我们一直要用管理小卖部的办法来管理一个超级市场吗？"

顾问一说完，企业老总就点头："我明白了，确实要考虑这个问题！"

（2）讲个好故事

人可以分成"左脑型"和"右脑型"。我们以条理、逻辑、道理影响"左脑型"的人，以故事、比喻影响"右脑型"的人。当然，还可用幽默影响所有的人。

成功的演示者必须掌握讲故事的艺术，讲道理不如讲故事，讲故事有画面、有情节、有感情，容易激发听众的想像力。我们要把道理变成故事，甚至我们要把自己编进故事情节里面去。

很多演示者缺少一个清晰流畅的叙述结构，但是只要有个好故事，演示者表达本身就会流畅起来。一个清楚而紧凑的故事可以帮助演示者头脑清醒，镇静自如地进行软件操作。

实际上，很多人并不清楚如何讲一个故事。更糟糕的是，演示者不知道自己并不懂得如何讲故事，他们以为听众乐意了解很多细节信息，并愿意忍受无休止的废话连篇和幻灯片的轰炸。

我们在演示过程中经常需要介绍公司，但是几乎所有的听众都厌倦了千篇一律的自我炫耀式公司介绍。如果我们在公司介绍方面能结合公司高管关注的问题（无非是现金流平衡、员工激励、企业文化、管理变革等内容）设计一个好故事，一定可以吸引听众的兴趣。

在故事里面我们畅谈公司核心价值文化，艰苦奋斗的创业历程，如何设计组织激励机制，管理再造过程的酸甜苦辣，这样的公司介绍一定容易得到企业高管听众的共鸣。

（3）打个好比方

复杂的系统都有大量的技术词汇，听众常常希望对这些功能能够有一个清楚的对比。很多演示者希望通过详尽的功能对比来说明问题，这样的对比解释只会让你的听众越来越糊涂，这种时候可以考虑打比方。

现在的听众都很理性，不会因为演示者满嘴都是专业词汇就肃然起敬，反而会让听众觉得演示者只关心他们的技术能否推销出去，根本就不关心企业的业务。

 案例：没有对象，只有东西

有顾问在介绍软件架构时非常自豪、滔滔不绝地开始介绍"面向对象的架构"，没多久企业领导不客气地打断他："我们企业没有'对象'，只有'东西'。"

这个时候采用打比方是为了使事物或道理说得形象或具体而采取的修辞手法，好的比方有时候能起到出人意料的好效果。

 案例：先进和先烈

在项目中常常可以遇到非常在意技术先进性的客户，他们坚持认为不采用先进的技术系统一定会遇到问题。这个时候如果去争论最先进的技术未必最适用往往会陷入沟通的死胡同，甚至制造对立情绪。

后来有家公司找到一个有趣的比方，用起来效果很不错，他们说："在业内谈先进技术有个说法，'先行一步是先进，先行两步是先烈'，我倒是觉得企业真的没有必要做领头羊，冒这个风险。"

听众在会心一笑时，气氛也得到了缓和，在后续沟通中也容易慢慢接受这家公司的观点。

演示时要跳出自己公司的惯性思维模式，一想想用户想听什么，二想想对手会怎么说。

（4）系列化＝专业化

项目演示有时候并不缺素材，而是苦于如何通过这些素材体现出公司的专业性。简单累积素材是无用的，这个时候可以考虑将相关内容组合成一个系列，这样演示出来的效果就显得很专业。

 案例：关于安全的一次演示

很多项目中客户是很关心系统的安全性，而安全涉及的内容很多，分布在不同功能模块中，如果演示的时候提到了一个功能，泛泛提出安全解决的方法，不但不会给听众留下印象，可能还分散听众对关键功能的注意力。

因此，可以考虑这样设计演示方案：

安全分为物理安全和软件功能权限控制两大块：

物理安全有数据加密、硬件加密狗、操作系统登陆帐号、数据库帐号控制、软件登录密码控制；

软件功能权限有静态授权控制，也有流程中动态授权控制，也有分级授权控制，静态权限又分为……

点评：

这样的演示方案就会让听众感觉公司对安全管理方面非常专业，拥有不同层次的管理手段，在安全管理方面的专业化形象就突显出来了。

（5）情景模拟

即使是最简单的功能操作演示，我们也可以追求用真实的用户数据模拟，这样一下子就可以抓住听众的兴趣和好奇心。有的时候演示者干脆扮演企业一个业务流程中的岗位角色，用角色模拟的方法讲解项目，效果往往非常受欢迎。

有针对性的业务场景描述不但有助于听众了解，也有助于听众接受演示者，让他们知道我们也是非常熟悉他们的业务的专业人士，从而觉得进一步聆听我们所讲的内容对他们来说是有价值的。此时还可以提早建立融洽的双向沟通环境，这也是缓和紧张气氛的有效途径。

 案例：制作接近真实的数据说服听众

目前许多客户为了增强演示的效果，往往主动提供企业的主要业务流程，或者是企业的技术资料等。项目厂商应该根据客户提供的信息，设计尽可能多的模拟真实数据。在无法获得客户数据的情况下，也要结合其行业的特点进行分析设计。

在一次软件演示中，某公司得到的客户流程是在不同部门之间进行的，可客户提供的信息中缺少某个部门流程的足够信息。为了让客户全面地了解软件，该公司虚拟了流程，并结合过去的经验考虑企业实际过程中存在的种种问题。

这样，在演示过程中，每个部门听众都能看到软件到底能解决他们具体的什么问题，效果非常好，也同其他的厂商拉开了距离。

客户不仅认为该公司很重视他们，数据很充分，而且认为该公司非常专业（买软件有时候就是凭感觉）。

需要强调的是：目前许多软件标准模块往往没有行业的特征，但都比较灵活，具有自定义功能。在做演示数据时完全可以结合客户的具体情况，对软件进行初步的客户化工作，使得客户认为公司软件很适合他们，有他们专门的解决方案，这样的演示效果是可想而知的。

设置业务场景能让听众专注于当前特定的企业业务环境，使听众注意力快速集中起来，是让听众能够在同一时间、同一起跑线出发的最有效方法。

优秀的演示者会不断根据听众的反应寻求各种内容的最优表达方式，可以说这是一个没有止境的创新过程。

5. 以听众为中心

几乎所有做演示的人都知道，成功的演示者擅长以听众为中心进行换位思考，但大部分演示者还是很难做到这一点。他们仍然是以发布信息为中心，没有真正关注听众需求。

听众参加演示，要么希望能够了解项目对自己业务的帮助，要么能够区分不同供应商特色，这样才对选型有帮助。

☞ 演示者要时刻提醒自己：自己是与听众交流，而不是对他们说话。

即使是经过多次竞争的演示顾问，也很容易陷入用自我肯定和对手竞争的出发点，准备演示并没有站在听众的角度去思考问题。

 案例：以自我为中心的信息爆炸

在很多演示策划会上，不同的人都会建议：

"我们是唯一获得某项荣誉的公司，这点不能遗漏"；

"这一点很重要，是我们公司的技术优势，必须要讲"；

"关于这个问题在某个项目上竞争对手严厉攻击过我们，这次不能再犯错误了"；

"这个功能必须讲透，最好看到操作过程，否则用户无法理解"；

"虽然这个项目不需要这项功能，但作为我们的传统优势，还是必须作为一张牌拿出来竞争"。

演示准备者这个时候感觉可能糟透了，时间有限，而必须讲完这么多内容，还得让客户知道我们相比竞争对手巨大的优势，简直是不可能完成的任务。

由于采取以自我为中心的面向信息的思考方式，演示者几乎没有考虑听众想得到什么。如果采用面向听众的思考方式，假定客户是希望选择一家最有实力的供应商，那么在介绍的时候强调企业的规模、产值和大用户就足够了，这也符合常识上的判断。

 点评：

如果要达成合作，就要在准备演示的时候多站在听众的立场来考虑问题，选择演示方式，表达利益共同点，这样就远远好过自我宣传。

对成人而言，头脑是用观念而不是信息来思考的，他们更愿意通过交互的"体验"而不是记忆来学习；成人更趋向于用常识、自己的经历、已有的知识储备来辨别理论、思想、观点的正误。

听众在了解一个与他们传统思维方式会有很大不同的系统时，如果现有的经验和知识储备不能快速告诉他们这是可以接受的新模式（一般情况下都很难做到这点），而演示者又只是专注于陈列自我的好处，不能够充分展示给他们的益处，不能使他们"眼见为实"的期望得以满足，那么这样的演示是很难真正打动听众的。

我们常常说要透过现象说本质。"说本质"表明软件演示不要仅仅停留在对企业管理现象进行简单重复的层面，而是要深入探讨更深层次问题的解决方案。这个时候需要演示者一针见血指出藏于事实背后的观点，以此来表明软件公司的立场。

演示过程往往需要借助成人听众习惯对相对权威的观点进行思考分析的特点，努力追求观点的权威。这种权威不是建立在演示者所展示产品的品牌高低上，而是建立在观点的客观、深刻上。解释观点的过程也加深了听众对事物本质的认识，告诉听众的不仅仅是结论，也包含了得出结论的过程。演示者在"用观点说话"的同时也悄悄得到了听众的认可。

☞ 演示的时候如果可能，应该先陈述结论，让听众理解你要论证什么观点。

 案例：观点制胜

很多演示场合，一句能抓住听众的观点往往能很好的把演示推向一个高潮。下面是一些抓眼球的观点：

网络、计算机只是工具；

信息化主体是企业，不是软件公司；

无序的数据是垃圾，有序的数据是资源；

信息化是一把手工程；

中用的功能不中看，中看的功能不中用。

"观点"能否快速引起听众共鸣则在于观点是否正确、深刻以及得出"观点"的过程是否水到渠成。

如果演示者能让听众就观点充分表达自己的意见，形成交流的气氛，听众会觉得自己的需求被很好地满足，自己也被人尊重。这个时候演示者综合各方面意见和知识加以归纳提高，再结合业务提出一些好的建议，听众更容易接受，而且会很认同演示者渊博的知识和沟通的能力。

听众往往属于不同的部门，每个部门看问题角度不一样，关注点也不一样，演示者要充分考虑和利用不同听众需求的不同。也许每个部门都可以为最终选型投上一票，项目决策者为了避免风险也会征求他们对项目的意见。

演示者以听众为中心不能光盯着主管领导或项目决策单位，也要注意这些部门对项目的看法。

☞ 乙方演示最尴尬的事情就是客户看着你努力想和他们互动，但就是一言不发，看你如何下台。

案例：用西风压倒东风

在一个项目中，客户提出了一项必须实现定制功能，企业要求必须演示此项定制功能才能合作。当时没有任何一家供应商有此功能支持，而该功能需要很大开发成本。

之前演示的几家供应商由于都无法在短时间内开发出此项功能，导致演示交流效果不太好。这家公司第一次演示评价也不高，商务人员争取到一次挽回局面的演示机会，但企业还是提出要看到这项功能。这就给大家出了个难题，巧妇难为无米之炊啊！

该公司仔细评估了该项功能，发现它只是一个业务部门的需求。而这个项目涉及到多个业务部门，如果我们在演示中把其他业务部门的积极性调动起来，也许就能通过其他亮点弥补无法立即提供该项功能的遗憾。

在演示过程中，我们成功用演示抓住了其他业务部门的心，调动了其他业务单位的积极性，会场交流气氛很好。大家发现除了该项功能外，还有很多业务可以实施，项目决策人看大家对该公司演示反馈很好，就提出给该公司一段足够的开发时间，把该项功能原型开发出来，这样就有了合作的意向。后来该公司在得到签单承诺情况下紧急开发了该项功能，顺利签订了合作协议。

演示者在演示过程中要善于观察听众的反应，会说话的人想着说，不会说话的人抢着说。

演示者不仅要倾听听众的话语，还要注意观察听众的肢体语言。消极的态度通常表现为：

眼珠不停地转动；

极力避免眼神的交流；
把胳膊和腿相互交叉；
将胳膊折叠放在脑后，身体后倾；
频频离开教室。

 案例：体态语和暗示语

当人们谈到自己想要的东西时，他们会以某种特殊方式"明亮"起来，他们似乎变得更有活力。当这种情况发生时，隐含的信息就会明朗起来。

而当他们说"问题在于……"这些话语的时候，他们正在告诉你他们有一种需要。例如，如果他们说："问题是我们没有时间做其他事情"，那么他们正在告诉你，他们需要给自己更多的时间。

当有人说："我真希望我可以……"的时候，他正在表现出一种需要。你就应将谈话转到那个方向去。

很多听众都是带着个人的主观经验和工作习惯来看待新项目，他们会自然地把项目带来的改变和他们的习惯进行比较，希望能够和他的固有工作习惯一致，甚至是迁就他们的习惯。这个时候演示者如果沉湎于先进性的介绍，可能会忽视了听众逐渐阴沉的面孔。

对他们而言，改变现状也许就是无用折腾的代名词。

高明的演示者并不想"否定"任何流程和人。他们知道，当谈到项目实施时，"变革"实际上等于"失败"。相反，他们会找到人们需要什么或想要什么，然后他们鼓励人们去追求这些东西。说服人们最容易的方法是帮助他们得到想要的东西。也就是说，着眼点不在于"不要什么"，而在于"要什么"。

演示者必须致力于发现听众认为什么是好的，否则不要告诉人们你觉得什么是好的。一旦你已经进入听众的目标和价值观，你就能够说服他们了。

演示只要让客户知道哪些关键问题能够被解决，并且相信供应商具备这种关键能力就足够了。什么都讲往往也意味着什么都讲不透，不如先讲透一点，以求突破。

 案例：找出三个卖点

在对一个新产品进行了上百场演示后，一位顾问对项目经理说："现在我总算明白，如果在一次演示中，把用户关注的一个到两个重点业务需求都很好地讲透，他们就会认为你在其他方面也肯定很优秀，只需要花费很少的时间介绍，一样可以在用户这里留下深刻的第一印象。"项目经理回复："是的，听众在一场演示中最多能留下关于你的三个印象。所有优秀的演示者要去制造这三点定位印象，而不是选择面面俱到。"

对于客户所关注的主要问题，演示要提供深入的解决方案。在演示过程中要注意根据事前准备的数据进行针对性演示。

根据事先准备好的数据，要做到不同的操作带出不同的信息，达到不同的目的，实现客户在不同业务情况下的需求，甚至要求知道每个"操作"可能带来什么结果。在许多项目演示过程中，往往存在"数据不全，不真实"等问题，如果临时做数据，

 其实真正有权力的人很厌倦在会议室里讨论项目，他们更希望是另一个轻松的场合，但这个形式又不能不走。

一方面可能使得客户认为我们没有充分的准备，另一方面也分散客户的注意力。

1.8.4 细节是魔鬼

演示是一项系统工程，很多细节保障了演示顺利进行，这些细节如果不被提前注意到，有可能对演示造成致命的伤害。最好是将辅助工具和相关细节制作成检查清单，在演示进行前一一检查，这样可以保证较高的成功率。

1. 辅助工具篇

请考虑是否需要准备如下表 1-23 中所示演示过程需要的工具或文件。

表 1-23 演示过程的辅助工具

工具类型	作用
书面讲义	强调演示过程中的重要观点 便于没有参加演示的人了解演示内容
宣传资料	提供正式演示无法覆盖的材料 提升演示公司的档次
要点卡片	帮助自己回忆演示思路
白板和笔	过程辅助交流和互动
红外指示笔	帮助切换 PPT 和指示 PPT 细节
宣传画架	强化公司宣传，提升公司形象
录音笔	现场录音，便于会议用户提出的问题，并可作为了解自己演示问题的原声素材
数码相机	如果很精彩，当然争取留影纪念做宣传
名片	如果有领导，需要主动提供，如果有客户有兴趣，也要提供联系方式

☞ 善于利用工具，但不要依赖工具，最好的工具是大脑。

2. 电子文档篇

不要把自己的 PPT 做得太花哨；

注意自己演示所用的 PPT 文件版本是否和现场电脑的 Office 版本兼容，如果没把握可以制作 PPS 自播放文件；

如果演示文件很大，请关闭 POWERPOINT 的自动播放功能；

一定要做演示文件的 U 盘备份，防止遇到笔记本突然失灵的情况；

如果对演示时间没把握，请给 PPT 加上时间标记；

如果 PPT 中采用了超链接外部文件，一定记得检查在新机器上是否复制相关外部文件和保留同样的相对路径；

如果计划播放动画文件，请一定用一个好的播放器，并确保演示电脑上有播放软件；

如果动画文件显示的内容比较复杂，请配上必要的字幕文件；

PPT 文件有可对外提供的带公司标志的 PDF 版本。

☞ 重视细节其实是控制风险的一种管理手段。

3. 会场布置篇

演示者要提前到会议场所附近住宿，还要清楚到会场交通路线和车行时间，避免迟到。演示者还要选择能体现演示者身份的交通工具到场。

如果是公开集会的演讲，演示者一定要清楚会议组织者拟订的议程安排，谁在组织着这次演示？自己排在哪个会场？什么时候进行？谁在你之前和之后发言（弄清你是否有机会听他们发言，借力打力）？如何就座？谁将把你介绍给听众（一定要事先向介绍人做简要介绍）？由企业主导安排的演示，演示者也要要求企业确保听众已经被通知到，在演示开始前半个小时再提前通知一次。

演示者最好亲自检查演说场地的一切细微之处，即使是看似微不足道的细节。

演示环境要挑选一个噪音小、通风良好、有空调的房子进行。

演示者要确定自己演示时应站的方位和投影的方位。演示者站位应能方便为其他人所看到，没有视线阻挡物，必要时要调整座位分布以有利于演示进行。

过强的光线将影响到投影效果，过弱的光线使演讲者背光，难以让听众看到演示者的表情，失去目光交流的机会。所以演示者在演示房间要检查光线的强度，看一看有无窗帘，提前了解照明开关的位置，以便必要时调暗或调亮灯光。

演示者要根据会场大小和听众多少确定是否需要扩音工具，可使用哪些设备，尽量避免用不熟悉的设备。如果有扩音系统，那么就要提前测试一下，确定自己发音大小，有无啸叫现象。

演示者还必须确定演示会场投影的投放位置，如果会场人数比较多，演示者还要考虑桌椅位置排列，确保所有听众都能看到投影。

正式会议上还要考虑：

1）是否需要在演示场地内外布置欢迎牌和标语。
2）在演示入口或会场附近是否要张贴告示或指引牌。
3）是否需要挂贴宣传画。
4）是否需要设置 VIP(Very Important Person，贵宾)座位。
5）所有的 VIP 座位导引牌上贵宾名称是否正确，顺序是否合理。
6）所有 VIP 座位上是否分发好材料、纸笔和饮料，材料和饮料排列位置是否左右成线，前后成线。
7）在主席台和演示台上是否需要布置鲜花等修饰品，体现专业和隆重程度。
8）人数非常多时，演示组织者还要预先计划好如何为迟到者留座，如何有序退场。

4. 演示设备篇

软件演示大量用到先进设备，这些设备主要包括笔记本电脑、投影仪、麦克风、室内灯光、电源、网线、移动 U 盘和手机。

演示前无论是否进行过设备测试，演示者都应该提前到现场再次检查和调校设备。

笔记本电脑使用注意事项：

1）了解笔记本电脑电池可用时间，不能支撑完成整个演讲前请接电源。
2）如果要连接投影仪，最好提前测试一下，以确保可用，如果不能提前测试，尽量早一点到场测试。
3）演示前不要轻易上网，避免中毒。
4）如果是从别的机器上复制过来的演示文件，必须在播放状态下，在本机上完

☞ 经常抓的细节就会养成习惯，有了好习惯就不容易出问题，也不需要多花费时间检查。

第1章 售前实战技能

整验证一遍，检查软件版本兼容性，检查是否因为版本差异，有些图片或字句不能正常显示。

5）最好把笔记本桌面上的无关电子文件都清除干净。

6）如果有条件，带两部笔记本备用。

投影仪使用注意事项：

1）除了兼容性问题，投影仪和笔记本的连线长度也需要检查。

2）尽量用专用屏幕投影，不要用墙壁当投影布，而且尽量挂高一点。

3）很多企业投影仪灯泡已经老化，投影效果很差，遇到特别重要的演示，如果企业不能提供好投影仪，我们应该自带一个。

4）有的投影仪散热存在问题，过一段时间就会出现通风孔堵塞提示，需要提前清理灰尘。

麦克风使用注意事项：

1）有线麦克风争取提前测试音量，确保会场都可以听见。

2）如果有多个麦克风，那么它们都需要测试，因为你不能确定演示时是否会更换。

3）无线麦克风试讲时注意来回走动一下，看看有无在某个特定位置麦克风音调突变得刺耳的情况。

4）演示结束时一定要关闭无线麦克风电源，否则即使你在会场外面，听众也能听到你和别人的对话。

室内灯光、电源和网线使用注意事项：

1）检查室内光线是否合理，如果太暗要提前打开灯光。

2）演示者的脸部应该对光，以便被听众观察表情。

3）如果需要连接电源，要特别检查室内有无电源插座。

4）如果有电源插座，要检查在自己所处位置电源插头是否长。

5）如果演示程序要连接网络，请检查演示场所有无网络接口。

6）如果有网络接口，是否准备了足够长的网线。

移动U盘使用注意事项：

1）把所有演示要用到的文件用U盘做一个备份，笔记本突然出现问题时还可以复制到其他电脑。

2）会议结束后听众要求提供演示幻灯片时可以决定是否提供，如果必须提供，最好是PDF版本，以体现对自己版权的重视，也给听众留下专业的印象。

3）确保没有感染病毒。

手机使用事项：

1）演示期间检查自己手机已关闭，或者改到震动状态。

2）演示期间不能接其他电话，如果确实有紧急事情不能耽误，演示前请其他同事在演示时间内代管手机。

3）如果可能的话，演示时应要求听众手机关机或改为震动状态。

如果以上事项存在问题，将会严重影响演示的效果，也必将给整个营销工作带来灾难性后果。

 演示最容易遇到的问题就是投影仪灯泡老化，显示效果不佳，这种问题很少有人主动注意。

1.8 产品演示

 案例：一台投影连接线毁掉一次演示

在一次 ERP 软件演示中，演示者到客户处才发现投影仪连接线无法使用，但客户的各级领导都在等着，最后只有请客户围绕在一台电脑前看演示，各位领导看到这种情况都相继离开会场，演示效果糟透了。

5. 个人形象篇

演示者也不必过于在乎着装技巧，很少有演示者真的精通服装礼仪，但一个演示者着装应让人感觉干净利落，感觉舒服，能让听众觉得演示者重视演示。

此外，演示者要注意不能穿戴任何分散听众注意的东西，女性演示者尽量短发或者把头发盘起来，头发千万不能垂到脸上。女性演示者尤其要注意不要佩戴显眼饰物，手机和手机饰物也要隐藏。

正式场合穿西装演示为妥，特别是重大招投标场合，团队服装应协调、集体一致，显示整体的精神风貌。

夏天进行演示的时候，演示者要考虑天气因素，不必强求穿西装，让听众看到演示者满头大汗，会以为演示者内心紧张。对于怕热汗多的演示者，注意穿深色衣服，挡住身上的汗迹。

有时候演示者为了保障演示效果而通宵作业，如果不是万不得已的话，建议不要这样做。因为演示前一天休息得不好，第二天精神状态和反应能力会出现大问题。我们的建议是宁可放弃一些准备，也要保证人的精神状态，精神状态好才能有好的发挥。

演示者形象无疑是重要的，不过最重要的一点是做你自己——还要更兴奋一点。

有的演示者可能因为讲的次数过多，对重复的内容没有讲解的激情，整个人没有精神。但请记住，演示者的着装和精神状态代表了一个公司的精神形象。要让听众看见的是一张成功者的脸。

一个人一旦要介绍公司，就一定要注意，不可在过于随意和放松的情况下介绍自己的公司。既然谈到公司，无论在什么时候都不是私事，就应该有一个职业的态度。一个人介绍公司产品时没有自信，没有一种在此从业引以为荣的自豪感，又如何能让客户从你个人身上感觉到你所在公司的成就？随时随地调整自己情绪，从容自信，充满感情地介绍公司是一个职业人士必须要做到的基本职业素质。

6. 播放技巧篇

演示者不要站在观众和屏幕中间，挡住大家的视线，同时也避免投影打在自己的脸上产生花花绿绿的搞笑效果。

演示过程中请不要没有任何交待就突然跳过幻灯片，让听众怀疑你这块能力你没有信心，或者准备内容不得要领。

演示过程中不要在幻灯片切换的时候还回头看切换成功与否，让听众觉得演示者没有信心和底气。

如果用红外指示笔换页，一定要提前操练，越是先进的设备越容易出现响应不灵或者太灵敏的问题。

一般情况下是没有必要回翻幻灯片的。

到了交流时间，应该有一张幻灯片提示。

☞ 你的形象价值将和项目价格紧密相联。

7. 最后准备篇

在正式演示前避免吃得过饱，保持适当饥饿感，因为饥饿感可以让人保持清醒，而且避免吃得过多可能会带来意外的尴尬。尤其要注意在正式演示前避免饮酒，饮酒会使演示者脸色发红，影响形象。

在正式演示前的一段等待时间，可能是演示者心理上最煎熬的时间。和客户交流过多显得不够慎重，过少显得不够灵活，所以演示者可以请其他人去检查设备，自己找一个安静地方考虑演示思路，等到时间差不多时再入场，从而避免这段真空时间。

如果演示者按计划就座后，关键客户没有及时到场，演示者要体现一定的专家身份，可以安静等待，人数不多时也可以适当和听众做一些交流，比较常见的听众交流方式就是提交名片，自我介绍。但这个时候最好由商务人员适当活跃气氛，让大家不觉得等待时间过于漫长。

演示者演示前可以不给听众派发名片，特别是普通听众比较多的情况下，演示者要保持专家形象，没有必要自降身价。如果要派发名片，由领导开始沿一定顺序分发，不应跳过某人再分发，也不应先发普通人再发领导名片，显得演示者没有判断力。领导如果在演示开始后才入场，根据情况决定是否分发名片，一般情况下，在演示结束后主动给领导补发一张名片比较好。

8. 临场意外篇

世界上的事情往往不是按你精心准备的计划去发展，在演示时经常遇到演示时间突然被压缩或拉长的情况，主要听众临时有事不能前往的情况，听众要求改变主题的情况等等，这些都需要演示者有出众的临场应变能力。

（1）时间或听众发生变化怎么办？

应对演示意外变化的情况，最有效的方法在于提前准备，例如演示时间的调整，在演示策划时就设置一些可以强化或者弱化的单元，动态组合，保证整个演示给听众的感觉是有头有尾，不是匆忙结束。

演示听众群临时变化有两种应对选择，第一种选择符合当前听众的内容去演示，如果主要决策人不在，可以把演示变成交流为主，变成一次收集普通听众需求的机遇；第二种选择要求改变演示时间，等待主要决策人参加，否则演示还要再进行一次，这一次演示就没有意义。

演示者总会在有些场合碰到听众的刁难，例如被听众打断，提出"这些东西我不想听，你直接讲讲其他内容"。也许这就是对手安排的钉子，故意难堪一下。这种情况下怎么办呢？

这种事情无法避免，只能预防。首先在排练的时候，评点人要给演示者发难，在内部排练时尽量模拟真实极端的情况。应变也是练出来的，多经过几次实际演示也会积累很多经验。

有经验的演示者，在一个演示方案中会多设计几条路，从任一单元都可以开始讲解。万一客户不愿意听还可以从其关心的点切入，等其认可后再逐步展开我们完整的解决方案思路。

（2）如何平衡讲解和演示操作

有的演示场合操作比较多，在一个人同时讲解和操作的情况下，对演示者要求确

1.8 产品演示

实比较高。很多演示者为了确保自己操作不失误,往往花费大量时间看计算机界面,以确保操作正确。这样最大的问题就是失去和听众交流的机会,听众会很疑惑地看着演示者一个人在台上忙碌,看着一些看不懂的界面切换。在整个演示过程中,听众注意力中心只能是演讲者本人,而不是电脑界面。

只有当演示者觉得听众需要看操作的时候,才主动引导听众注意观看电脑操作。特别是在一些需要大量时间操作的环节,如果将听众注意力集中在操作上,会让听众产生过程很慢的感觉。演示过程中演示者不要经常无意识地挪动鼠标,来回拖动或切换电脑界面,这样会分散听众注意力。事实上,最好不要把鼠标作为指导客户视线的工具,使用专业的激光笔为宜,而激光笔的移动速度也不要过快。

我们的体会是,即使是产品功能演示,演示操作也是越少越好。比较好的方法是将投影在最短的时间内切换到有视觉冲击力的界面,然后演示者结合这个界面把软件在业务上的逻辑和好处讲透,和听众适当交流后再切换到下一个界面才是正确的方法。或者在介绍完一个观点以后,用一个有吸引力的界面或操作来印证演讲内容。

(3) 被听众打断怎么办?

被听众无理中断的时候,演示者还要保持从容镇定,不要显得慌乱,要让听众觉得你对这种要求是司空见惯,哪怕你实际上是第一次听到这种要求。

 案例:不要讲虚的

有一次小张参加一个重要投标演示,首先开始一个简短的公司介绍,刚讲了五分钟就被企业老总不客气地打断:"我们不想听虚的,能否讲点实在的内容?"这个时候小张有点意外,因为要做公司介绍是企业预先的要求,企业老总突然当着所有人的面在一开场就给我们难堪,难道是我们在商务上已经出了问题?

但是小张还是镇定地回答:"你提的这个建议很好,你看我这边还有两句话,我先说完,正好也要进入产品实际功能介绍了,你看好吗?"这样小张就赢得了两分钟紧急转换思维的时间,然后针对现场情景顺利进入产品演示交流环节。

后来小张才知道这是企业老总给每个演示者出的一个考验,用他的话说:"我们企业很复杂,如果供应商没有足够的应变能力的话,肯定是做不好项目的。"小张在现场应变的镇定和自如让企业老总很认可,最后顺利选择小张的公司做了合作伙伴。

(4) 感觉听众厌烦或注意力不集中怎么办?

很多时候即使你做了精心准备,到了实际上阵却发现好象感兴趣的听众并不多,这个时候演示者往往比较受打击,比较紧张。

一旦发现客户对内容不感兴趣,演讲者要紧急判断是自己准备的内容对客户的针对性不够,还是因为演讲时间安排在一个比较容易疲惫的时间段。如果是前者,演讲者要立即改变演讲的话题,逐步将内容往客户感兴趣的方向上引;如果是后者,演讲者就要发挥语言技巧,增加互动,用一些幽默的说辞来调动大家的兴趣。

演讲者在整个演讲过程中都要有激情,当发现听众参与程度不够的时候,首先要把自己的精神状态调整过来,不要受其影响。很多时候,客户并没有记住太多内容,但记住了那个演讲状态很不错的人,和那个人所代表的公司。

演示者有了精神状态就有激情,有了激情就会感染别人,演讲的具体内容或许会

☞ 一定要记住,听众不耐烦、注意力不集中是常态,很关注反而是意外。

107

被忘记，然而你的态度、活力和激情将深深地印在听众的脑海中。

此外要注意控制演示的时间。成年人集中注意力的时间限度约为 30 分钟。在这段时间内，他们只能吸收演讲内容中的三分之一，最多七个概念。我们要主动配合这个周期来安排演示介绍重点陈述内容顺序。

（5）听众要求我们承诺甚至演示特定功能怎么办？

拒绝或是承诺，这确实是个问题。

很多听众有一些个性化的想法，在演示交流的时候会拿出来询问供应商能否实现，回答这种问题确实比较头痛。

在对需求没有详细了解的情况下轻易承诺能做是有很大风险的，而且很可能超过公司允许的技术授权边界，但有些时候，如果让听众感觉到你这也不能做，那也不能做，而竞争对手却承诺可以实现，听众可能认为我们能力不够。技术演示想让听众理解功能好和不好是很困难的，但让听众知道他们关心的有还是没有却是很容易的。

还要注意一种可能，有些问题肯定是其他供应商都做不了的，听众提出这样的问题是否本身就是一个陷阱，来考验我们供应商的诚信？或者有些问题是对手的特长，听众提出这样的问题可能是对手给我们设置的圈套。

这样的问题很难有固定的回答方案，需要演示者临场准确的判断和机智的回答。我个人认为总的原则是不要让客户感觉到我们轻易否定他们的设想，如果可行，就干脆立即回答可以做。

1.9 技术交流

复杂的项目做售前过程中，甚至到售后过程中，都随时会遇到客户的问题咨询。没有清晰的业务需求的客户，喜欢亲自动手的客户，喜欢随时打断演示进程的客户，都可能随时提出让你意想不到的问题，如果应对不当，就会造成场面的失控。

每一次技术交流其实都是在商场上和看不见、看得见的竞争对手暗战，在交流过程中都可能潜伏着我们遇到过的最激烈的竞争。有的时候，竞争对手会提前引导客户，企图让客户对其他供应商形成负面的印象和偏见。那么被误导或引导过的客户，尽管表面上看起来公正，但实际上正在用怀疑和印证的眼光等待着供应商的解释，这个时候客户一个表面上看起来没有什么特别的问题，可能潜台词里埋伏着玄机。

在任何技术交流的场合都要主动考虑竞争对手会如何出牌，并设置相应停损点，甚至是反击点。这样才不至于在交流过程中被对手内线提出的各种刁难性的问题弄得手忙脚乱。

项目演示本质上就是一种技术交流的手段。但在大部分演示过程中，演示者和听众之间缺少足够的直接交流和沟通，只是单向的信息传递。演示者要学会把单向的灌输变成双向业务互动交流，让客户参与进来，这样会更容易形成客户认同的沟通气氛。比方说在人数少的时候，演示者可以鼓励听众发言，鼓励听众打断演示，变单向灌输为双向沟通。

有时候演示者要从双向交流过程中切换入单向演示状态，让客户通过我们的讲解感觉到管理认识的提高，防止会议主题的失焦。那么在参与人数多的时候，演示要以

☞ 有做项目常常遇到不按游戏规则出牌的情况，甲方如是，乙方也如是。

1.9 技术交流

我为主，充分强调重点信息，联系实际业务发挥，防止交流过程中的主题失焦和注意力发散，这也是所谓的控场技巧。

技术交流就是要消除客户的疑惑，帮助客户明确选型技术标准。明白这个目标后，就要清楚技术交流的最终目的并非是供应商要努力证明自己有何长处，而是努力证明自己和其他供应商有何技术区别，让企业明白这些技术区别对企业的重要意义，从而可以让企业很简单地做一个选型决断。

1.9.1 把诚信放在第一位

为什么存在技术交流呢？就是因为在项目供应商和企业之间存在着严重的信息不对称。其实大部分客户并不熟悉要选择的系统，但客户都明白一点，他们要选择的是一个复杂系统，是一个可能会带来复杂实施工作量以及管理风险的系统。理性的人是不会轻易选择一个后果不可预期的系统的。因此，客户会不断利用各种机会了解供应商到底能提供什么，供应商的说辞中有多少可信的成分等。

实际上，客户经过多轮与供应商技术交流后，普遍感觉原有的业务疑惑还是不明，反而多了一个疑惑：所有供应商看起来都差不多，都宣称这是自己独有的功能，到底该选择哪一家最适合呢？

在项目售前过程中，为了拿下项目，不少供应商都要先拍脑袋再拍胸脯，而客户认为项目信息不对称严重，项目赚钱还是不赚钱，技术指标能实现还是有困难，不到真正实施阶段都不能算数。

而且复杂项目在没有实施之前也确实很难验证最终成效，所以很多供应商就利用这个信息不对称，做技术交流过程中一味拍胸脯，想靠承诺先把项目接下来。但凡你的公司有点规模和实力了，敢拍胸脯还往往赢，说老实话往往吃亏。

☞ 很多行业都是利用信息不对称赚钱的，有的行业做成了暴利，而软件行业做成了微利。

我们认为从长远来讲，企业要持续发展，诚信应该放在第一位。项目中信息不对称是客观现状，我们也要充分利用这一点。我个人经验是项目型公司要不断发展，就得不断靠承接比原来项目难度大的工程驱动，否则就会被淘汰，所以做公司现有能力基础上做出超出正常能力30%的项目是可能的，但不能为了签单答应严重超出个人或公司能力的事情，那样公司一定会被拖垮。

 案例：

咨询顾问小李和项目经理一起参加一个客户技术交流。这个项目参加对手不少，小李他们是比较晚才参与进来的。客户告诉好几家供货商表示能够实现某功能，并在三个月内完成实施，最后询问小李他们是否也能做到？

小李认为这个项目实施难度很大，在三个月完成非常困难，至少要六个月时间。这个时候他该怎样回答客户呢？

 **点评**：

一个咨询顾问必须认识到，目前的大部分项目还多少存在过度承诺，或者利用信息不对称进行目的性很强的商业暗示的做法。

在项目中经常碰到客户要求供货商承诺做很难做到的条款的情况，这是非常难应

☞ 敢于过度承诺不是本事，能全身而退才是本事。

第1章 售前实战技能

对的局面。说能做好像是撒谎，说不能做好像是便宜敢承诺的对手，可能导致直接出局。有的项目对某些技术条件是硬性条款，拒绝就等于放弃。

有一些客户提出的要求本身就不具备合理性，例如有的客户要求，无论出现什么情况，项目实施必须保证百分之百成功；有的客户要求项目实施周期必须在三个月内搞定，这些都是典型的不合理需求。

对不合理的技术要求，可以明白地告诉客户"有所为，有所不为"的原则，争取深入沟通、了解这些不合理的技术要求到底是为了解决什么问题，这些问题是由哪些更根本的原因造成的，是否存在其他合理的解决手段。

例如项目实施周期问题，一般按实际需要介绍理想周期。如果客户对周期非常敏感，可以讲只要企业全力配合，合理定义项目目标，是可以在三个月内做出成绩的。

其实大部分客户经过一段时间合作后都会趋于理性，可以接受项目边界的调整，特别是真正进入合作后，谁也不愿意做一个没有成效但到处过度承诺的系统。如果大家都是追求成功，就一定能找到合理的妥协方法。

我们认为，合理利用信息不对称就是利用大家对项目目标定义的理解不同，让项目可以先进行下去。如果直接告诉客户需求不合理，可能会导致很严重后果（直接出局）的情况发生。可以考虑先进行策略性回复，以期获得再次沟通或合作的机会。但在取得机会后，一定要在后续沟通中逐步引导客户意识到这些目标的不合理性，逐步把项目往客观的方向靠近。

利用信息不对称并不是利用客户对行业和产品的不了解去欺骗客户，说服他们购买，然后让客户感觉到上当受骗。好的技术交流从理论上应该是针对客户的疑惑，依据业务现状和管理常识来解答，帮助客户得到一个合情合理、客观真实的解答。现在越来越多的用户趋于理性，只有用真诚的心态去交流，才能赢得客户的信任和尊重。

1.9.2 交流的心态

在专门的技术交流场合，客户会有意安排或者临时提出一些问题，这时就比较考验交流者的快速反应能力，也能体现一个公司的综合实力。特别是在一些竞争性项目上，部分听众会带有挑衅的口气向你提问，这个时候如何有效应对，从容自如地完成答辩也是非常重要的得分环节。

☞ 客户不断向你提各种问题让你疲于应付，从另一个角度看说明用户关注你。

在技术交流过程中遇到疑问甚至是刁难都是正常的，我们要有一个正确的心态，不要对没有准备到技术交流有畏惧感。用户问的问题多，是对你的产品有兴趣的一种表现，大家应该高兴地解答问题，而且在这个解答过程中，无论用户处于什么心态，我们要始终保持微笑和认真聆听的态度。

技术答辩考验的是一个公司的综合能力，现场的快速反应往往源自于平时对企业管理、产品规划、业务知识、实施理念等多方面的知识积累。答辩优秀的人往往也是在知识面和深度上下工夫最多的人。

1.9.3 建立双向交流

双向交流最有效的方法是主动提问或鼓励提问。所谓交流互动法，也就是问答法，主要是由演示者设计一些问题向听众发问，听众以回答问题的方式参与在演示的过程中。问答法的优点是可以让交流者考查听众理解的程度,增进交流者对听众的了解,可以考查听众的知识、能力和兴趣等。

不过鼓励提问也要考虑听众的规模,万一提出让人尴尬的问题也不好,规模越大,越需要抑制听众提问。

如果面向大规模的听众,需要交流者:
1) 最大程度发挥演讲技巧,像个演说家。
2) 最大程度利用多媒体工具。
3) 最小程度提问。

如果面向小规模的听众,需要演示者:
1) 最大程度地鼓励提问和回答。
2) 最大程度地将演讲的顺序和内容交流化。
3) 最大程度地检验你所在领域的学识。
4) 最小程度利用演讲技巧和多媒体工具。

提问的方式如表1-24所示,在对听众比较熟悉的情况下可以主动点名。

表1-24 常见提问的方法

提问类型	具体做法
正问	开门见山提出你想了解的问题,或者就已讲的内容提问,由听众回忆和运用已有经验回答
反问	从相反的方向提出问题,使对方不得不回答
侧问	通过旁敲侧击,回到正题
设问	又称启发式问答法,根据听众已有知识经验提问,启发对方思索,并引导听众独立思考而获得知识(阻止听众开小差,把听众兴趣拉回来的方法)
自问	演示者提出让听众思考的问题,通过自行回答总结演示内容或最后总结

听众在回答问题时或者提出问题时演示者一定要专注倾听,目光肯定,同时观察其他人对问题的反应。

如果要事先准备给听众问题,就要注意以下要点:
1) 你的问题涉及知识背景应该是听众能够理解的,否则听众无法思考。
2) 你的提问语句必须简单明了,问句不可太长或太复杂,措辞要清楚明白让听众清楚问题的范围。
3) 提问的时机要仔细选择,对听众对问题到各种反应要了解,例如常常有如下情况,你提问没人愿意响应;你提问有人响应但回答牛头不对马嘴,引发笑场;你的问题被人当场质疑;你的问题引发大家热烈交流,结果大会变成小会。这些情况如何处理,提前设计应对方案才不会出洋相。

1.9.4 以假设为导向进行交流

很多供应商的技术交流策略趋于高度同质化,不同的供应商纷纷向客户炫耀自己

 你怕客户问你,客户也怕你问他,大家彼此彼此。

在技术上的优势，说服客户认同这些功能优势和企业综合实力，然后希望客户根据自己的技术特点去选择应用系统。

这种"王婆卖瓜、自卖自夸"的交流策略让客户无从选择，毕竟项目不同于有形的硬件设备，不可能马上进行功能印证。是否可以通过上项目解决存在的问题始终是客户的疑问之一。

为消除这种疑问，我们可以在设计技术交流时，把自己摆在客户的角度去思考。站在客户角度的思维应该是假设模式：

如果我是一个客户，我为什么要选择你的系统？选择你的系统我该如何实施？投入成本是多少？我能获得怎样的回报？

假如我选择了这个供应商，假如我拥有这个功能，假如我们按这个方案实施，是不是我们就可以解决原来某些问题？

所以交流时不要光谈功能操作，谈概念定义，而是先谈企业的常见问题是什么，原因是什么，解决后的好处是什么，然后告诉听众怎么做，这时听众就会有兴趣。要不断地用问题调动听众，然后不断地讲好处，业务线自然就联系起来了。我们要不断从客户角度做假设，不断将假设引导成一个合乎逻辑的业务链条。

 一把钥匙开一把锁，没有万能钥匙。

这种以假设为引导的技术交流应该建立在对企业业务有一定把握或具备相当行业实施经验的基础上，否则假设下去，不是让客户解惑，而是把客户搞糊涂了：我们上项目到底能不能解决问题啊？

1.9.5　重视交流的层次性

对一个成熟的系统和成熟的业务应用而言，技术交流内容也许是相似的。但对不同层次的人而言，技术交流必须有不同层面的偏重点，如表1-25 所示。

表1-25　职务对技术交流的影响

职　　务	交　流　侧　重
企业管理层	希望听到对企业合乎实际和逻辑的深刻分析，评判整个项目的管理成本和提供的价值是否对称，而对具体的功能层次不一定特别关心
企业执行层	更关注项目实施会给他们带来哪些额外的管理工作量，能否提供一些改善业务的接口，对一些具体功能点也非常关注
企业操作层	更关注和自己业务相关的功能点，关注细节实现

我们不反对攻击对手，对手就是用来攻击的，我们反对用下三滥手法攻击对手。

技术交流不仅仅要关注客户企业的业务利益，还要特别关注提出需求的人的政治利益。复杂项目负责人要承担项目实施成败风险，成功则意味在公司做出业绩，失败则意味着很大的政治风险。

做技术交流过程中，交流者不仅仅要针对企业业务需求交流，也要针对企业项目负责人，企业领导的利益实施交流，充分考虑到甲方的压力。站在客户的角度兼顾项目业务需求和项目政治利益，这样才能更直接打动决策客户。

针对客户中不同性格的人，交流也要注意策略，如表1-26 所示：

1.9 技术交流

表 1-26 性格类型对技术交流的影响

性格类型	交流侧重
表现型	只要因势利导即可，争取让客户认同我们的理念，并宣传他认同的观点
控制型	要想一切办法让客户认同我们的专业性和灵活性，用比较恭敬的态度让其觉得利益上不会受到伤害
友善型	一开始就要敢于宣讲，让客户觉得我们的气势是建立在充分自信基础之上的
分析型	在技术交流时是最危险的，注意谨慎小心、言多必失的道理，话不在多，在于精确可验证

针对客户中不同项目倾向的人，交流也可采取不同的策略，如表 1-27 所示：

表 1-27 项目倾向对技术交流的影响

性格类型	交流侧重
支持者	巧妙为客户提供说法，从内部打击对手
中立者	说服客户成为支持我们的人，至少是无偏向的人
反对者	让客户在心理上对对手的技术难点和实施能力患得患失，最后可能在压力下成为骑墙派

1.9.6 永远不要攻击对手

在技术交流过程中要时刻提醒自己：我们不是第一个也不是唯一的供应商，我们每天都要击败大量的对手才能生存。

因此，在技术交流中一定要提高警惕，随时判断和识别哪些问题虽是客户说出来，但可能是对手给我们设的圈套。如果预感是对手的圈套，争取在沟通解释过程中反过来套取一些情况，了解对手下套的途径、方式和时机，为自己的针对性反击提供依据。

技术交流过程中除了解除对手的圈套，还要随时准备给对手设置门坎。一般情况下，设置的门坎要优先排除次要对手，对最要紧的对手有些门坎可以先下，有些门坎要做足铺垫，留在关键时刻出手，不给对手反击的时间。

直接攻击对手是最没有技巧的一种设门坎方式。要想门坎下得好、下得巧，就需要咨询顾问平时全方位了解对手情报，寻找对手产品上的技术命门（自己能解决，客户关注而且短期无法开发实现），并在交流过程中不断放大客户对其关注度，否则仅仅提出对手某个功能不具备是没有杀伤力的。

一旦找到这个技术命门，马上要找出缺少该技术对业务运转不利的证据，不断向所有的人（包括自己人）反复宣讲，强化印象。

反过来，消除门坎的办法有这么几个技巧：

第一是证明自己现在具备相应技术能力，解释某些说法是对手为了争取项目的不实之词，进而促使客户对对手人格产生质疑；

第二是在自己目前确实无法做到但已有业务规划思路的情况下，解释说明我们对该问题有更完整的业务思路，而且正在开发规划，使客户相信和我们合作可以得到更

☞ 当你遇到对手强大攻击时，回去一定要好好研究对手的攻击，因为对手对你的弱点把握往往比自己更准。

好的结果；

第三是确实做不到也暂时无计划做，但对于客户要求做的功能，要证明有没有该功能对关键业务只是锦上添花，如果关键功能设计不好才会影响整个系统，以降低客户对该功能的关注度，进而关注我们的亮点功能。

了解对手的长处，用说辞弱化客户对其长处的关注度。客户对一个问题关注度下降了，这个问题的价值自然就会下降；了解对手的短处，就要充分体现我们在这个方面的能力，让客户意识到不解决这个问题的系统就是不完整的，不管其他方面做得多么好，仅此一点就可以否定这个系统。

道听途说、没有任何依据的盲目攻击是很危险的做法。

除了技术门坎，还有一种"软门坎"，例如公司不灵活、公司不规范、实施成功率不高等等，这些都属于不可量化的，套用任何一家公司，本身都可以作为攻击点或自我宣传点。

不可量化的东西也需要承诺，而且仅仅口头承诺还不够，往往还需要公司以信函等形式书面承诺，以消除客户顾虑。但承诺本身只消除客户的政治风险，作为选型人可以说在选型时充分考虑了这些因素。这时咨询顾问要在实实在在的沟通中提供不乏启发的案例，介绍很多实际的工作方法和效果，让客户感觉到所面对的公司的确非常有经验，相信和这样的公司合作一定会在项目中克服困难，迈向成功。

站在客户角度定位引导技术交流是一种高明的策略，一旦客户认可供应商的思路和个人魅力，就可以形成对项目的引导权。但实际上，很多项目界入的时机就晚了，没有足够时间去引导用户，此时以自我为主的强势推销方式还是很有用的。

> 工作的时候谈闲天，谈闲天的时候落实工作，也是一种工作方法。

在此情况下，可利用演示交流的机会直接告诉客户，现在的选择风险很大，因为对手很多技术功能都没有，或者不如我们成熟，而且实施经验也不够，让客户对自己的前期判断快速产生怀疑。本来大部分客户对管理软件供应商就抱有不信任的态度，这个时候他们一般会"宁可信其有，不可信其无"，这样就制造了时间缓冲，形成入门的时间窗口机会。

有人可能会觉得，这种交流模式控制得不好，就会变成直接的产品功能攻击，甚至是企业形象攻击。这会起作用吗？对行业长期发展有利吗？

坦率地说，"胜者为王"。市场只尊重成功者，商场上没有手段高下，项目没有定论，在有把握的情况下直接攻击对手虽然有风险，但未必不是一种可考虑到选择。只要我们有信心做好客户的项目，有把握挑战竞争对手，就不要自我设限，乱拳打死老师傅。

1.9.7 "设计"正式交流

要得到好的交流效果，交流过程上需要详细设计，如表1-28所示。

表1-28 技术交流的准备事项

准备工作	准备内容
问题准备	要充分从商务报价，公司实力，技术能力，实施服务，对手评价等多个方面预测客户可能提出的问题，设置可行的参考回复

(续)

准备工作	准备内容
对手分析	要重点分析对手的门坎在哪里,破解对手的门坎往往是顺便设立自己门坎的机遇,对一些刁钻问题的回答其实反而是容易出亮点的机会,当然也是容易出错的机会,一定要冷静地提前分析可能的情况,如果分析不清楚,可以想办法咨询有过类似经验的人,避免自己有考虑不周到的地方
分工准备	对所有有准备和没有准备的问题,参加技术交流的人员要进行合理分工,设置回复优先级和抢答提醒暗号,防止出现多人抢答的情况,快速有序完成任务 对于一些纯细节性技术问题,可以采取要求用户会后进一步单独交流的策略,避免不得不花费大量时间解释一些大部分人不感兴趣的问题
内线准备	如果可能的话,要争取在正式技术交流现场设置自己的支持者,请支持者主动询问若干对自己有利或者对竞争对手不利的问题,交流过程就很容易出彩并打击竞争对手

1.9.8 重视非正式技术交流

一提到技术交流,很多人可能就联想到正式的技术答辩会或者是演示会上的技术沟通等。其实技术交流的时机多种多样,比如在客户会议室,在工作场合面对面沟通时,在餐桌上等。一切和客户单独在一起的场合,都是潜在的技术交流时机。

正式技术交流非常重要,但也是风险巨大的场合,一言不慎,全盘皆输。与其花费大量时间研究在正式技术答辩会上如何回答问题,不如利用一切合适的场合创造轻松沟通的机会。在这种情况下,和客户做技术交流容易被客户接受,也容易了解客户形成的思维定势。一旦了解甚至帮助客户形成其思维定势,客户就有可能主动支持我们,甚至帮我们提示一些有利于我们企业的问题,告诉我们在正式技术交流时应注意的问题,这样的话,正式技术交流的风险就可以大大降低。

1.9.9 常用回答问题技巧

常用回答问题技巧如表 1-29 所示:

表 1-29 技术交流常见技巧

技 巧	要 点
提前规避高风险性问题	越是自己不擅长的内容,越是要在演示时主动讲透我们的业务思路,这样客户会在答辩时少提这方面的问题,往往越是在演示时回避的问题,越容易被提出来刁难。反过来有意遗漏一些亮点,让客户来提问,也是追求提问出彩的策略,特别是在有内线的情况下
做好问题记录和分类	对于一些比较复杂的问题,或者一个用户提出了多个问题,首先不要急于解答,要先用笔快速记下来,边记边寻求最合理的解释,避免遗漏 如果一次要回答多个问题,可以先归类后再统一回复
利用感谢和复述时间整理复杂问题思路	有些棘手问题,一时没有太好答案,可以在回答问题前,可以先诚恳感谢提问者,把一些复杂的问题复述一遍,既请提问者确认,即确认对问题理解正确,又为自己争取思考的时间

(续)

技　巧	要　点
简洁快速回答问题	对于有把握的问题，要立即肯定给予积极自信的回答，所有的问题回复都应该追求言简意赅，要节约宝贵的交流时间，记住，深入回答一个客户问题到效果往往不如客户提出了很多问题 对于业务实现性问题，与其展示幻灯片，不如多用实际案例对比说明，案例比功能更有说服力 对于概念性问题，尽量用比方做答，帮助客户理解 对于操作性问题，可以简单看界面印证，详细操作可要求会后单独交流 对于技术细节问题，不要过多和客户纠缠，给予简要演示或说明，证明自己具备能力即可
选择性回避问题	如果客户一下子提出了很多问题，可以主动告诉客户大概提了几类关键问题，然后在归类时有意忽略掉非关键问题和棘手问题，避免尴尬
保全客户的尊严	隔行如隔山，如果客户提出一些不合理不现实的问题，也不要对客户的问题直接说不，而要用委婉的方式让客户自己感觉到这一点，保全客户的体面 对问题特别多，思维跳跃的人，要冷静分析其想法的合理性，对客户想法和自己想法的矛盾之处做出合理解释，并提出自己的处理意见，否则很容易陷入不断被动响应问题的局面，造成客户引导供应商的局面
看人说话的技巧	对于没有需求的人，技术交流不要谈功能细节，要更多帮助其建立对业务能力的信任，甚至是对顾问个人能力的信任 对关注细节的人，要主动谈理念，让他感觉到高度 对关注理念的人，要主动谈操作，让他感觉到理念在细节层面上已经落实 对关注技术的人，要主动谈实施，让他意识到管理系统并非是一个技术决定的系统 对关注实施的人，要主动谈技术，让他意识到没有良好技术基础保障，仅仅空谈实施方法也是无用的
用反问强化我们已经高质量回复问题的印象	问题回复完后可以主动问提问者是否觉得满意 特别复杂的问题可以加一句：您觉得我解释清楚了吗？

☞ 有时候一个问题还得准备几个版本的回答来应对不同岗位的人。

☞ 客户有时候会提出傻问题，但你可不能流露出优越感。

 案例：用对比巧妙解决和竞争对手比较问题

在一个项目中，一家国内公司和国外的一家产品竞争，在演示过程中客户问国产和国外的产品到底有什么不同？

直接去比较是很难的。这家公司当时回答得很巧妙："应该说这样比较不是很公平的，如果在欧美市场，我们是很难有机会和这个产品做比较的，我们定位是做高端产品，要比较也是和高端的品牌（例如某某和某某比较），是不可能跟他们在一起比较的；在国外这个产品主要是面向低端用户市场。您也知道，在现阶段，很多国外产品只是靠代理来做市场，没有清晰的目标客户定位，结果现在是什么项目都参与，我们觉得这样比较也挺尴尬，我们更愿意谈谈我们和高端品牌的差距"。客户领导对这个回答比较满意，这家公司也就顺利在客户心中留下了我们国内高端产品，对手是国外低端产品的定位。

 案例：保全客户体面的回复

一个客户在和PDM(产品数据管理)软件顾问小张技术交流时问："你们这个管理软件能不能管理我们车间到生产？"其实管理车间应该是比较适合ERP(企业资源管理)系统，这个客户其实完全不了解PDM系统的业务能力范畴。小张笑着回答："您这个建议非常好，其实国外信息化理论界一直有种看法，认为未来十年后各种管理软件系统应该相互融合，形成一个企业级含括各个领域的平台，这也是很多企业期望的需求。但说实话，目前还没有这样能力胜任的系统，还需要专业化管理软件管理专业的领域，比如管理生产的软件，是适合上ERP系统的。我们这一次先从产品数据管理切入，都可以为将来整个企业信息化发展把基础工艺和制造数据工作准备好，这也是生产管理方面的系统所需要提前准备的，您觉得呢？"

点评：

小张其实遇到了一个外行客户，但他很好地回答了客户的问题：第一表明了观点我们不管理生产领域；第二保全了客户的体面，小张暗示对方的说法很多企业都有类似需求，而且符合国外信息化专家意见，更重要的是目前没有类似系统；第三，我们现在实施PDM是可以为将来整体工作把基础打好，不是没有意义的。

还有的时候客户会直接拿业务问题咨询，而很多业务并非是单纯的技术问题，演示者对这种问题要从科学管理的角度、企业整体效益角度分析，甚至其他同类企业管理的管理方法，建议如何去管理，如何去分析问题，引导客户从一个局部视角看到全局系统，认识到自己的想法不能根本上解决问题。对于软件中不能直接解决的问题，咨询顾问要能灵活把握，并指明"并非软件无法实现这样的功能，关键是这样实施可能反而会导致管理的复杂化，并且增加劳动强度等"。

在技术交流过程还可以经常遇到听众的质问，这是很常见事情。因为是很正常的事情，所以遇到质问不用慌，倒是要冷静想一想听众为什么要提这个问题？他的动机是什么？了解听众的提问动机再回答就容易多了。表1-30列举了听众质问动机的分析。

> 人的动机往往是多元的，反对你的人也许会提出一个真正的好问题，支持你的人也许会提出一个绝对的傻问题。

表1-30 听众质问动机分析

动机类型	分 析
澄清事实	例如：你们能支持某类业务吗？听众想印证一些说法，此时应该立即给予简明的回答，尽量有一说一
隐性反对	例如：为什么你的价格如此之高？这种问题要仔细想一想听众提这个问题的目的是什么？这可能很是双难陷阱型问题。例如问为什么你能提供某某功能吗(这个功能可能别人愿意承诺或是其功能特色)？如果你说不能实现，就落了功能不如对手的口实；如果你说能，那他可能要求你现场承诺，让你当场不好下台
炫耀个人	例如：你们的系统支持ORACLE11i版本吗？我们自己开发的系统都支持。回答这类问题要表现出很尊重对方的态度，可以先赞扬听众，再进行确认

(续)

动机类型	分 析
防御风险	例如：你的意思是我们部门将来不需要太多人手来配合实施了吗？这类问题很可能是站在部门利益上的自我保护，还是先肯定客户的问题，再想办法解答，例如说当然你这点也是大部分用户关心的，不过我们有很好的建议……
直接挑衅	例如：听说你们的系统还根本不支持最新的WEB模式？可能是对手的内线或者对我们没有好感的人借机发难，这是最难对付的一类问题 像这样的挑衅性问题交流者不要过度自我防卫，如果我们被激怒，那对手就达到目的。我们不妨可以考虑先将反对意见具体化，例如上一个问题，我们可以先了解一下：这位朋友是担心我们技术能力，或者是实施能力，转移问题的注意力，再站在将来可能发生的视角来看问题，给予相应的回答

常见应付困难的质问问题的方法：
1）承认自己不了解并许诺会找到答案。
2）将问题转为私下沟通安排并花更多时间沟通和说服。
3）如果有专业技术问题，有技术顾问在可请他回答。
4）将问题抛还给提问者："这个问题很有见地，不晓得您这方面有什么考虑？"
5）将问题拿出来请大家讨论，将问题抛向其他听众，请他们给出一些意见。

☞ 真金不怕火炼，就看是不是真金？

 案例：应对突发刁难性问题的一个具体案例

有一次我正在和一个客户进行演示交流，突然客户中一个人提出一个问题，表示听说我们的项目实施效果非常糟糕，并直接列举了几个做得很不好的项目名称。当然我很清楚虽然真相未必是那么糟糕，但事实上这些项目的确存在一些问题。

交流中遇到这样的情况对演示者就是一种严峻的考验。

有些用户的问题可能带有恶意，或者的确是协调的软肋。此时不应回避，我们要迎着问题解答。这个时候我们可以用"你这个问题很好；你说出了很多客户关心的问题；你这个问题的确很有难度，看来您对某某很有了解"之类开头缓和气氛，拉近距离，并增加思考的时间。

对于应用效果的问题，如果客户了解的情况不符合事实，这个时候要严肃礼貌地说明真实情况，以正视听；如果客户指出的是实际情况，可以实话实说，不要强加否认，但要说明这些项目做不好是我们过去在某些方法上存在问题，现在的情况不是这样，进而用我们从这些项目实施过程中学到的经验加以说明。

如果这类问题你真的不知道真实的实施情况，也可以许诺等调查清楚后再回答，但一定要信守诺言，其实这也正是重新约见他们重做解释工作的一个借口。

1.10 产品试用

1.10.1 真金不怕火炼

一般来说，做项目的公司没有合作关系是无法试用的，但也有例外。例如在咨询

1.10 产品试用

顾问服务行业中,现在很多顾问团队提出策划后,企业说既然你对你的策划这么有信心,那么按你策划的方案去做,做到目标给钱,否则你白折腾,还真有不少人这么做。再例如有的硬件供应商采取先免费试用,等养成习惯了再通过扩容赚钱的模式。

那么本章特别要谈谈管理软件这个行业,软件可以试用吗?

这在业内是个非常有争议的话题。一般而言,站在管理系统供应商角度管理软件不是工具软件,没有企业配合是无法用好的。所谓试用是供应商自己一头热,能否有实际效果真不好说。

其实一个更现实的理由是,项目还没有签约,投入精力去搞试用,成本进去了可是没签单风险太大,所以绝大部分的管理软件供应商都很有默契地不搞试用,试用只可能让所有的供应商跳入火坑。

那为什么有的供应商明明知道管理软件试用很难出效果,为什么还要试用?难道真是所谓真金不怕火炼?

第一是现在很多用户,不仅仅是小企业,包括一些很大的集团在选型管理系统的时候都提出试用的想法。原因无非是自己或看到别人在上项目的时候被其他供应商已经忽悠了一把或几把,实在是缺少选型信心。从企业观点看,我不了解你的系统,还有不少失败的先例。系统这么复杂,不试用了解合适不合适,怎么能做好呢?干脆搞试用测试。如果是强势客户强烈要求试用的话,为了达成合作,许多供应商也会承诺试用。

第二是有的供应商在项目中一直处于落后地位,完全没有办法翻盘。为了成交,无奈之下采取这种杀敌一千,自残八百的招数,说白了就是赌一把。

我们认为最好不要进行产品试用:

第一、管理软件既然不是工具软件,是系统解决方案,没有经过精心调研分析和策划,实施有困难,很难做到有针对性试用。这就好比如果买车,车行鼓励你试开,享受有车的感觉,但如果你去买一辆高科技战舰,不是几个人能指挥得了的,如何能试用?而且即使单舰能力再突出,没有配套系统,不能融合到整个军事系统,也无法形成战斗力。

第二、试用的目的往往有更简单的做法。如果说客户要通过试用来验证供应商的产品技术能力,这个通过客观考察典型用户可以很好地解决。做一个清醒的旁观者远比做一个清醒的试用者更容易。

企业要是真想选好一个管理系统,一个很有效的方法就是找一些信得过的独立专家作为外部顾问参加客户参观,提出中肯见解。弥补自己是外行看门道,内行看热闹的尴尬。

第三、试用过程往往浮在表面。说实话我们不太怕试用,如果在项目中拼试用,用"比较差的软件+比较牛的顾问"一定是可以赢"比较好的软件+普通的顾问"的。这就是软件试用中的"田忌赛马"战术。

客户的最重要的问题很难通过试用来验证,即使客户自己想做,也创造不出条件。没有签合同的事情,是很难以取得巨大的业务支持力度。

第四、试用也要花费双方一定成本,越是大供应商越不提倡试用,提倡用管理思维引导;而入行力量弱的小供应商为了生存不得不采用所谓的软件试用策略,以此作

☞ 管理软件售前就是搏胆,到了试用阶段就是搏命了。

☞ 因为听了20年不成功的失败案例,客户就想用试用来保护自己,等成功案例多了,客户自然就放心了。

为拉客户的手段。

当然对于有些大项目，大供应商也会在竞争压力下接受。但这些成本如果不能体现在合同总额中，只能压缩后续服务质量。

第五、试用效果和实施效果是两回事。水平相当的对手试用效果完全取决于商务能力和顾问咨询能力，和软件水平无大关系。而谁能保证正式实施还是现在的顾问呢？

从商务层面，试用是一招险棋，在落后的情况下可以考虑用，但是一旦要用就要全力以赴，当作真的系统在实施一样。

1.10.2　试用就可以随便一些吗

所谓试用主要也发生在国内软件或国内代理竞争的场合，国外的供应商是绝对不允许搞试用的。缺少对国产供应商的信任感是我国管理软件行业的现状，这也是为什么广大群众要试用的呼声如此之高的原因。

对于软件试用，第一原则是尽量回避；第二原则是在无法回避的情况下，既然非要承诺试用，那就认真投入。

要做好试用，我们先要搞清楚试用的类型，不同的类型处理对策自然有所不同。

有一种试用不是真的试用，不如叫关键技术点验证。有的企业让供应商带一部分企业模拟业务数据来走一些关键功能或业务的小流程，先提前验证软件能力和流程匹配能力，避免遇到供应商的定制开发影响实施周期的情况。这样的试用是可以接受的，因为：

1）企业对业务边界有控制，而且准备了可靠的数据；

2）企业主要通过单点功能或小基础流程试用可了解软件的易用性、性能、功能完备度以及公司服务能力和响应能力；

3）主要是验证标准功能，对供应商配合压力很低。

而且，一旦供应商软件试用表现可以获得用户很高的评价，产品特色能力无形中就成为选型的一个硬技术标准，从而阻止竞争对手进入。

如果事先确定自己产品有这样独特的能力，那反而可以和企业内线配合唱一出试用双簧，用试用策略强占市场，把竞争对手强行关门在外。

还有一种试用，那就是要求真刀真枪完成某个完整的业务流程，这种试用是要当实施来进行的，一旦投入供应商是要准备全力以赴的。

为什么还有这么不理性的用户，难道他们不明白没有企业大力配合，管理系统试用是很难成功的吗？其实很多用户也不愿意搞试用，他们自己也要付出很大的组织成本。之所以要试用，要么是供应商彼此咬得太紧，谁也无法脱颖而出，而且都获得内部资源支持，既然难以平衡利益，就通过试用去找理由淘汰剩下一家；要么是供应商前期都没让客户对技术能力建立信心，又没有人愿意承担选型责任，就组织试用选拔。一般而言，越是技术型的人主导选型，越有可能采取试用的策略，因为他们习惯用技术思维去解决系统问题。

其实这个时候我们要明白，企业通过试用用户可以看出三点：

第一、哪个企业真重视他们的项目？在试用过程中认真准备的公司一定是最重视这个项目的，将来他们做好这个项目的意愿也最大；

☞ 大公司有大公司的苦，小公司有小公司的难，谁都不容易。

第二、哪个企业的实施队伍或顾问最专业？大家都在现场做试用，哪家顾问沟通能力强、协调能力强，和各个层面亲和力强、专业能力强，用户可以看得一目了然；

第三、哪个公司团队执行力强、协调能力强，实施人力资源丰富，也可以看得很清楚，有的企业为什么怕试用？他根本就抽不出能试用的人，自己现有正在实施的项目人力资源都不够，哪里有资源来响应售前的项目。

所以即使是试用，我们也要争取全力以赴，因为对手可能无法或者不会真正重视，而试用往往是态度决定一切！

还有一种情况，就是对于前沿性创新产品，没有经过实际应用验证，软件商自己也搞不清楚实际效果如何，为取得实际运行数据而进行现场测试。这种情况与其叫试用，不如叫找个合作伙伴免费测试好了。

1.11 公司考察

对于大项目，客户是很在乎公司实力的，了解公司实力的最佳方式当然是去公司总部考察。假如你的公司在当地最贵的写字楼租用很大的面积，员工看上去都训练有素，自然可以给客户留下非常深刻的印象。

一次成功的客户接待要让客户在公司考察过程中看到东西、学到知识、受到启发，认可公司实力、宣传公司形象，建立客户对公司合作的认同，或者加深我们和客户个人的交情，创造后续商业合作的机会，这就是安排公司考察最重要的目的。

1.11.1 别犯同样的错误

1. 由客户推动公司考察

很多项目中，客户到公司考察是由客户按自己的选型计划驱动的，甚至是对手安排的时间驱动的，而不是我们商务人员进行主动策划和安排的。整个过程中，商业目的不突出、不明显，我们的商务人员不是在唱主角，而是在唱配角。

公司考察将耗费公司总部大量资源，要调度多个部门的人力、物力和财力。如果客户来到公司并没有达到期望的目的，那就是很失败的结果。

一种常见的情形是，客户经理感觉，既然把客户带到公司来了，剩下的就看总部的人发挥。发挥得好，后面项目就好操作；发挥得不好，就只能责怪总部支持不够，没有派有实力的人来配合接待。更糟糕的是，客户经理没有时间接待就让客户到总部考察，这样就直接失去了影响客户的最好机会。

这些都是商务在客户考察公司阶段中"缺位"的表现，咨询顾问往往有大量机会参与各类公司接待活动，对这种公司考察过程中的商务缺位要非常清楚，要主动和客户经理沟通，明确商务在这个过程中的目的导向，进而安排整体接待的工作思路。

整个接待过程必须要有客户经理参与并做全盘考虑：如何在整个考察过程中保证公司资源投入能够到位，实现项目的商业目标，确保客户在考察过程中可以看到他们想看的内容，并返回企业汇报，促进项目向前推动。

2. 盲目安排高管接待

很多客户经理安排客户到公司总部时，总希望能有高层管理人员出面接待，觉得

☞ 有说服力的考察一定是遇到了有说服力的人或案例。

第1章 售前实战技能

这样就可以体现公司的重视。

其实高层管理人员接待客户是有风险的，因为高层管理人员如果不能在短时间内让客户建立认同感，就可能导致客户对公司的不信任。

客户经理不能盲目相信高层管理人员的个人能力。客户经理要想一想什么样的高层管理人员适合与什么样的客户沟通，更要考虑是否提前和参与接待的高层管理人员通个电话，让其对要接待的客户有个了解，知道如何去交流应对。

例如：让技术部门总监和客户的市场总监沟通，那难免出问题，同样，让市场总监和客户的业务主管沟通，也不容易碰撞出火花。

没有策划的高层管理人员的接待既耽误高层管理人员的时间，又没有让高层管理人员讲出让客户觉得受益匪浅的话，两败俱伤。

3. 重心放在吃喝游玩

公司接待纯商务操作很容易流于当地人文风情和餐饮考察，这毕竟是客户经理擅长的领域。但对于管理项目，绝大多数客户还是希望经过公司考察了解公司实力和未来发展规划后，确认公司是否具备成为一个长期合作伙伴的实力。

很多公司往往对客户的考察重点关注得不够，甚至没有认真准备，反而花费大力气策划哪里吃、哪里玩等商务活动。这些活动虽然很有用，但都不是围绕客户核心需求而安排的工作日程，吃喝游玩的水平再高也很难让客户真正建立对企业的认同感，甚至认为这家公司不务实，只流于应酬。

☞ 接待工作做得最好的部分往往是吃喝玩乐，最难出彩的部分就是高管碰出火花。

1.11.2 公司考察主要接待工作细节

公司考察接待往往注意大的安排，但对细节落实关注不够。一些细节却又因为没有明确的负责人，导致出了不必要的疏漏。给客户留下不好的印象。

到公司考察贵宾活动安排按时间顺序一般可分为如下十一项活动，表1-31将列举每项事项容易出现的细节疏忽：

表1-31 接待工作中易出现疏漏的细节

接待工作	注意事项
总体策划	没有通盘考虑每个行程的时间、开销，应预见到哪些环节可能会遇到意外，要留适当的时间余量，哪些环节可以挤出一些弹性时间，保证整体计划按进度执行 没有及时通知每个接待环节负责人的整体流程和上下环节负责人沟通电话，并请提前准备 只注意落实每个接待环节负责人，没有和负责人沟通关于客户各方面的情况，导致各个配合接待的人不晓得如何和客户沟通 没有按时启动，导致很多行程因为节奏拖沓被拉长、很多计划内重要交流内容被迫缩短或者难以达到质量
到站接车	没有注意告诉司机客户有多少人和多少行李，导致安排车辆过小 没有确认具体接待司机已经接到通知，导致误车 没有留接车司机联系方式，遇到意外没有办法联系通知司机 没有确认司机是否按时发车（特别是接早班火车或晚班晚点飞机时） 天气雨雪时没有带伞备用

1.11 公司考察

(续)

接待工作	注意事项
安排住宿	没有考虑客户报销要求，安排宾馆过贵或者票据不符合报销标准 客户住宿标准过低，没有提前申请预算协助解决住宿问题 早上或很晚接到客户，没有提前约好早餐或晚茶地点，临时找不到位置
接到公司	没有安排做欢迎牌或标语 接待所持的欢迎标语牌上企业名称不正确或者简写称呼不恰当 接待客户过程中，在安排车位、接上下车、交换名片、称谓、递水、入座等细节不注意商务礼仪
部门参观	没有提前通知公司员工着正装，清理桌面
技术交流	没有亲自检查落实总部顾问或介绍材料中是否有和自己前期说法不一致的地方，并做好对策 没有用书面形式提前告诉总部顾问技术交流的目标是什么？前期做了哪些内容的交流，存在什么问题
高管会晤	没有约到合适的高管参与沟通 高管在沟通前没有得到关于本项目详细情况的介绍
送出公司	没有及时通知司机候命，迟迟没有车到门口送
餐饮招待	没有提前规划餐饮，点菜时间长，菜样没有特色
游玩安排	游玩没考虑天气因素，没有给客户准备好饮料食品、数码相机和伞具
送客返程	没有第一时间帮客户落实票务 没有安排车送客户到车站或机场 购买的礼品没有考虑是否便于客户携带 送客户没有亲自送到进站，仅仅是到车站就走了

☞ 一个好商务脑袋里还真要装着不少事情，不操心不行！

案例：倒水也能看出职业化

有一次，有四位客户到某公司总部考察，客户就坐后安排一位文秘给客户倒水。应该说倒水看起来是很简单的事情，但这位文秘在倒水过程中就犯了很多错误。

她先拿进一杯水，直接就放到最边上的客户手边，这就是尊卑不分。其实我们知道中国人的倒茶习惯是先敬领导再送下属。而领导一般是坐中间的位子。比方说这次四个人，在中间谁是大领导不能确认的情况下，完全可以主动请教一下商务人员，了解称呼，把水送对人，还喊对称呼，客户感觉肯定不同；

第二次进来时，她一手拿了一个杯子，可能是觉得送四次太麻烦，而且花费时间也太多了，客户可能等不住。这里错误就更大了，领导会觉得你送我下属是双手一杯，我们两个领导反而成了单手一杯，这是什么意思？更糟糕的是她拿水是握住水杯口，而这种在高级餐馆都是不允许的，因为会让水杯口留下你的指纹。

其实，如果不想花费太多时间进去，解决方法很简单，准备一个托盘，放四个水杯套，一次倒好，进来后按顺序发，又快又干净，也不存在尊卑问题。

☞ 员工很容易做到专业，但很难做到敬业，更难做到职业。

点评：

虽然这种细节很小，但可能会让见惯大场面的客户感觉公司员工职业化素质不够，进而影响对整个公司的评价。

1.12 用户考察

讲得好不如用户用得好，你的产品或服务是否货真价实，看你有多少用户，看你的用户应用情况，看你的用户口碑就知道。我们自然希望项目是做一个成功一个，个个都是典型用户，可以让客户参观交流。但实际上，即使你的用户个个都说好，但从市场角度，树立有说服力的典型客户作用还是远远大于没有知名度的客户口碑宣传。

1.12.1 典型用户要管理

和项目演示一样，典型用户管理也是一个系统工程，不是通过短期突击就可以实现的。要想管理好典型用户，就应该在公司层面有专人定岗定责进行管理，没有专人管理典型用户信息，业务一定会出问题。典型用户应该做好选择、培育、分级管理、有效宣传四个方面的工作。

1. 选好典型用户

首先要将对公司市场工作最有利的典型用户筛选出来，这些用户其实在售前跟踪时就可以通过将客户分类加以明确。这样，即使某些用户在第一次合作时项目金额并不大，也可以在项目实施过程中重点保障，重点投入。

一般选择典型用户名单考虑表 1-32 中的八个因素：

表 1-32 典型用户选择的八要素

选拔因素	考虑事项
商务关系	所谓典型用户，就是愿意帮供应商宣传的用户
行业影响力	典型用户的行业影响力越大越好
地域辐射力	地理位置交通方便，周边游玩餐饮丰富
业务代表性	要选择一个业务应用面广，业务代表性强的企业
应用效果	优先考虑有大量业务流程成功在系统中应用的用户，有实际应用效果的用户最能让其他客户相信公司的能力 其次选择应用面还不够大，典型业务流都可以实现展示的用户 最后考虑应用很一般但在技术上有特点的用户，也可以考虑作为单点技术能力考察或同行考察的典型用户
服务资源	典型用户公司必须定期有服务资源保障
介绍资源	企业光有配合意愿还不够，还得有会讲的人
投入程度	好的典型用户一定要坚持对项目的投入

☞ 典型用户衡量的最终标准是商务关系好不好。

选择典型用户的最优先因素就是这个企业商务关系铁不铁。没有过硬的商务关系，企业用得好也别指望给你说好话。

1.12 用户考察

 案例：要重视基层人员

有一个项目经过几年折腾，终于上线运行发挥效益。供应商和企业高层沟通后，把企业树立为灯塔用户对外宣传。一般客户前来参观和企业高管做做沟通，参观下操作流程也就结束了。有一次，一个较真的客户在基层部门参观时，主动问部门主管项目实施是否真的很顺利，这个部门当初实施过程中也是出了很多力，吃了不少亏，对供应商服务是憋着一肚子火，结果这个主管冷不丁对参观的客户讲一句："这个项目应该说还是发挥作用的，不过当初这个产品在我们企业实施时还不是很成熟，我们反复和供应商沟通要求开发完善，经过我们这个项目，这产品才算成熟起来，我们就是他们的测试部门。"这样的话就让客户心存疑虑，考察效果就要打个折扣了。

 点评：

典型用户要确保商务关系可以覆盖高管、中层干部或者基层操作人员，使他们都认同公司的服务，并愿意推荐供应商。很多时候，客户参观考察的交流对象是业务主管和具体操作人员，他们说什么话表达什么意思未必就和高管口径一致。特别是一些部门用户甚至对公司服务还存在意见，即使现在应用情况不错，如果没有好的商务关系维持，在考察现场难保不出点意外。

作为公司，应该考虑安排专人负责跟踪并维护典型用户的商务关系，仅仅靠客户经理和实施经理维护是不够可靠的，要充分考虑客户经理和实施经理的稳定性问题。如果他们离职了，谁可以直接和典型客户沟通？

如果商务关系不错，再考虑企业的行业影响力。要注意：行业影响力大的企业未必就项目金额大，所以尤其要注意不要简单受项目金额大小左右，否则可能造成大客户服务资源不够，做坏一个，丢掉一片。

 案例：没钱的大客户服务不服务？

有一个很有影响力的客户上了一个项目，由于上项目阶段企业经济效益不是特别好，项目采取试点运营方式，总金额非常低。其实所谓试点也是麻雀虽小，五脏俱全，实施工作量不但不小，而且因为是大企业，关系还特别复杂，加上项目金额小，企业也不重视，也没有人愿意投入配合。

供应商高层出于建立长期合作关系，先从小项目做起，争取以后创造更多合作机会。所以，高层的初衷还是争取了这个现在肯定赔本的项目。但在实际中，商务人员和实施顾问都不愿意投入服务，因为这个项目没有钱，商务个人投入维护客户关系，成本核算在自己，不划算；实施顾问去做服务，没有回款也没有提成拿。结果一年下来，这个项目实施做得很不成功，企业很有意见，觉得供应商太势利，很多供应商都是自己先垫钱做，然后等我们有钱再结算，你们是先拿到钱，虽然不多，也不肯好好做。结果这件事被竞争对手到处宣传，成为企业的负资产。

☞ 没钱的供应商其实都很势利，尽管他们也知道这对长远发展不好。

有的客户行业影响力大，但出于种种原因不愿意也不合适被宣传，例如某些保密单位是不愿意对外被宣传的。

典型客户如果没有地利，本身行业辐射力再大，业务再典型也不方便，因为会大大增加客户和公司的接待考察成本。地理位置过远让客户车途劳累，而且安排餐饮住宿都不方便。最佳地点是离公司总部 1~3 小时车程的企业，可以充分发挥东道主的优势，将用户考察和公司考察结合在一起，协同作战，而且公司在去用户往返路上的时间可以和客户沟通交流参观心得，得到一个更深入发挥的机会。

对于全国性公司，一定要考虑在全国建立可参观考察的典型用户网络，要仅仅选择几个可供参观考察的典型用户做参观考察对象，否则搞成"全国人民学大寨"，企业也不胜其烦。

典型客户肯定希望项目实施得成功，但不是一个用户项目实施比较成功，参观就一定有好的效果。如果成功用户是个小企业，业务简单，层次复杂，那么用得再好，大企业也会认为，这种小企业的成功经验如果复制过来，一定要出问题。

客户参考典型用户的一个误区就是总希望找到和自己模式完全一样的企业，其实这并不现实，一是没有两个完全一样的企业项目可以无障碍复制；二是真有这样的企业也一定是竞争对手关系，别人欢迎谁来参观就不欢迎同行参观。

反过来讲，除非某个行业有足够大市场容量，有自己的特性，才需要培育专门的典型用户，否则供应商应尽量树立通用的典型用户。业务典型的用户可以辐射非常广泛的用户群，不一定要完全在相同的行业。

这种可培养成通用典型用户往往符合两类条件：

第一是名气足够大，大家都认为你有能力接这种企业的项目，还能带客户参观。那啥也别说了，找你合作没错。某公司做电子政务平台，有官员参观就直接带去当地省政府考察，车直接被哨兵放行，举手敬礼，专人接待，马上下级县市都表达合作意向。

第二是业务足够多元化，让一般客户直接感觉到这个企业的业务比我们复杂，既然这么复杂的业务都能搞定，我就没必要担心。例如在离散型机械制造业都属于多品种小批量模式，有设计、有工艺、有生产、有外协外包，产品复杂，施工环节多，完全可以找一个大型成套设备厂家来培养成典型用户，因为离散型机械制造业的绝大部分业务都会在这种企业中存在。一般的通用机械厂家看到这种业务复杂程度的企业都能成功，就不会担心项目方的技术能力。

当然一定要争取找有一定知名度的成套设备企业来作为典型用户，最好是大家一听就知道的，否则虽然典型，但没有知名度和规模，来考察的用户也会觉得公司虽然项目做得不错，但欠缺大项目、复杂项目的经验，也是不妥。

树立好的典型用户往往是已经结项的项目，但随着用户应用的深入，反而新的需求点会比较多，创造出新的合作机会可能性也比较大。这样的用户即使没有缴纳服务年费，如果他们有服务需求，公司也必须考虑给予服务响应资源。

典型用户在协助供应商做参观考察工作时，往往希望供应商帮助免费提供服务做回报。如果平时完全没有服务资源投入，只是到了参观前后安排人沟通下，典型用户是缺乏配合动力的，他们会认为供应商是有需要的时候就利用自己，没需要的时候就推诿责任。

典型用户接待效果很大程度上取决于用户有无能将业务和信息化实施相关问题介绍清楚的名嘴。如果有一个这样业务能力比较突出、项目理念清晰，又全程参与项目实施过程的用户名嘴陪同介绍是最好的，所以选择典型用户一定要考虑企业有无这样的人才。这种人才在企业中往往不缺，关键是能否随时抽调过来协助介绍。

再好的典型用户也不能光由供应商投入，企业自己也要坚持投入管理和运营成本，否则项目很难持续发展。坚持投入的企业主管往往也属于思路比较开放的人，这样的企业才有配合投入的意愿。这点也是选择典型用户的一个考量因素。

2. 如何培育典型用户

典型用户不是单靠实施出来的，是需要苦心经营的。典型用户也要企业不断从各个角度进行培育和维护。选择典型用户不一定要以现在的应用情况来判断，不能因为现在不能立即考察就不考虑做典型用户。比较科学的做法是：综合以上八个因素后确定一个典型用户备选名单，然后通过一系列工作，努力让这些合适的用户成为可以参观考察的用户。

 案例：用户的商务关系断了怎么办？

有一个很有影响力的用户项目经过努力已经上线，很适合做灯塔用户。但项目原商务人员离职，而且离职交接过程中和企业互动出了点意外，现在供应商和客户关系不太好，怎么办？

 **点评：**

出现这样的问题其实是非常好解决的，由公司指定新的客户经理建立和维护客户关系就可以，这也是商务人员的强项，商务人员就是专门维护客户关系的职业人员。

第一，公司一定要考虑到，有价值的用户一定要维护，而且在公司层面，典型客户关系维护一定要公司直接管理，要靠制度性维持，而不能简单成为地方商务人员的个人关系资源，否则客户关系随商务人员离职影响很大。

第二，公司要考虑给维护典型用户关系的客户经理相关的管理职责和激励制度，否则他们会不愿意投入。

第三，公司要考虑到维护商务关系最直接有效的办法就是提供利益。要让别人为你说好话，首先是做到不能白帮忙，例如考察一次给予适当的劳务费用感谢，这是人之常情。在利益保障的基础上客户经理要增近感情，这样用户可以在相互信任的基础上有充分意愿帮助我们。

实际上，一个项目如果有过硬的商务关系，自然可以想办法提升客户的配合意愿，把不好的项目逐步实施好，变成典型用户。例如有的项目用户实际应用效果不好，但商务关系特别好，也可以做成典型用户。如果有时间的话，对这样的用户可以提前规划实施，让其用好、用出效益，这样别人替你说话也会理直气壮。如果时间紧急，至少可以在现场把我们系统功能都调试出来，让用户像做技术演示一样去帮我们做介绍，也是一个不错的应急办法。

有的企业缺少能讲的人，这个时候公司就要主动花心思在企业中挖掘一个合适的用户介绍人。企业总是不缺这样的人的，关键是项目方要去找，而且要当自己公司的咨询顾问来培养。例如企业用户对项目理念总结往往是不愿意花费时间去做，而且做出来高度不够，这个时候公司的咨询顾问就应该主动帮助用户做一份精美的PPT，用

> 维护典型用户最大的问题是：千万不要以为把用户树立起来了，工作就结束了。

第1章 售前实战技能

用户的口气准备,用客户喜闻乐见的方式介绍,并针对PPT设计标准说辞文档提供给用户介绍人,必要时还要随项目的进展定期更新,自然可以让用户介绍人的介绍水平上个台阶,在外面的客户那里有面子,自己也高兴。

3. 典型用户分级,确定服务模式

典型用户名单确定后,要立即对典型用户进行分级管理,如表1-33所示。

表1-33 典型用户分级管理表

用户级别	合作层次	管理要求
紧密配合级	可以随时沟通、随时考察的	加强商务联系,签订宣传合作协议 保障定期走访与实施服务 提供考察交流配合机制,给予适当回报
合作宣传级	可公开宣传和配合电话交流,但不方便或不愿意接待参观	努力转化为紧密配合级 放在公司公开宣传资料上
内部培养级	可以口头介绍,暂时还不适合让客户直接去看	加强服务,确保应用出成效后转前两类用户 寻找客户内部支持者,争取在适当时候转化为介绍人
反面典型级	实施失败,不能公开介绍和宣传的用户	找机会挽救项目,重新实施好 审查公司对外资料用户名单,避免被潜在客户咨询或提出参观要求时尴尬 要认真分析项目失败的原因,给其他客户一个合理解释

把一个典型用户不断维护下去的最好办法是不断和他建立新合作,这也是最有说服力的。

一个公司第一类典型用户多了,市场口碑就会好起来,甚至服务价格都可以提高。

一、二、三类用户都要有明确、详细的服务模式,并落实到具体实施部门或区域团队管理。定期检查服务工作是否完成,并确保服务质量,这样才能形成一个高循环的管理体系,而不至于口头重视典型用户,行动忽视典型用户。

4. 宣传模式规划

典型用户的辐射效力体现在四个领域:

1)售前主动介绍(文字和口头介绍)。
2)客户现场参观考察。
3)媒介接触(新闻性媒介和专业期刊)。
4)行业或政府主办经验交流会议。

典型用户分级后,应根据这四个辐射效力领域分别设计相应的套路,针对不同典型用户提供组合管理方案。

树立好典型用户,服务好典型用户,宣传好典型用户。

首先要确保公司网站介绍材料、公司宣传手册、公司各种方案材料、公司售前PPT,公司内部培训材料提供内容一致的典型用户宣传介绍材料。

要有很强的主动宣传意识,主动加强与典型用户合作的媒介报导。一种是商业性媒介报导,主要是通报重要客户签单、取得阶段性验收、最终结项、通过重要机构鉴定或获奖等等。此类信息应及时在公司网站和合作媒体上发布新闻材料,对于这类消息宣传报导也要注意商业保密原则,不一定全部公开。

除了直接商业报导外,还有一种软媒介报导,就是和典型客户项目负责人在专业刊物上就项目实施特色应用或者实施经验合作发表专业学术性文章,在扩大知名度的同时也为很多企业项目负责人解决了实际问题。

应用良好的典型用户经常有机会参加政府、行业或者集团内部主办的经验交流会或者鉴定会,软件公司在申报项目的时候,也经常需要请典型用户合作作为项目用户单位,配合准备申报材料并签字盖章,因此我们应建立典型用户的数据库,随时供双方做汇报材料所需。

完整的典型用户宣传介绍材料应包括如下表 1-34 中的内容:

表 1-34　典型用户宣传素材和重要文档清单表

序号	内　　容	序号	内　　容
1	企业标志	11	企业项目经验总结或成果汇报材料(文字和PPT)
2	企业厂区或典型产品照片		
3	详细的企业情况介绍(企业概况、行业地位、产品系列、人员组成、联系方式)	12	企业高管或项目负责人对项目简短而经典的评价
4	企业项目总体规划方案	13	企业项目运营制度性文件
5	企业项目招标书(选型评分表)	14	企业项目应用后效益证明材料
6	企业项目建议书、投标书或者项目售前解决方案	15	企业项目获奖情况
7	项目合同和技术协议	16	公司内部经验总结(突出业务特点和功能应用特色)
8	企业实施解决方案	17	项目双方主要负责人员履历(应每年保持更新)
9	企业项目应用情况文字介绍、动画录像等等		
10	企业应用现场或鉴定现场照片	18	合作发表的新闻和软文清单

> 就我所知,大部分企业对典型用户的素材整理不如典型用户自己整理得好。

完成这四个方面的工作,典型用户管理业务才能说是完整受控的过程。

1.12.2　客户考察看什么

客户考察一般都有着较强的目的,通常主要目标有以下三点:

1. 要看考察的企业是否真正在用

真实性的关键是通过大规模应用场面、广泛的不同人员参与、大量的不同持续时间段内录入数据来印证。大规模装机应用和大数据量是最难造假,也是最能体现出实施工作成效的。

同时,另一个关键是企业介绍人要在言谈中体现出一种历经艰难后的成就感和自豪感,有一种"我是成功者我怕谁"的气势。

如果一个介绍人给人感觉言辞躲躲闪闪,自然难以让客户信服被考察用户业绩的真实性。

2. 要看企业是否认为切实管用

好用的潜台词有两点:第一,是否真的为企业解决了问题?第二,解决问题的实施成本是否过大?

这两点就必须通过典型用户介绍人的发言来引出、通过实地考察来体现，并且和问题的对应关系必须清楚明晰、有层次、有例证，来考察的客户才会信服甚至引起共鸣。

在介绍这些工作的时候，一定要注意介绍一些克服实施工作量的管理技巧，让别的客户在认可技术的前提下学到一些有参考价值的东西，这些是非常重要的。很多企业考察者并不顾虑功能是否可实现，毕竟这只是一个技术问题，但在企业真正麻烦的是管理问题，实施方法是否简明易行才是减少管理成本的有效考察点。

3. 要看企业是否有理念进步

理念进步也是包含几个层次的含义：

第一、客户希望在考察企业的过程中学习到项目工作是如何规划、考虑、统筹安排的，这就涉及规划层面的介绍；

第二、希望了解一些先进管理思想是如何融入到系统中，如何帮助企业完善管理的；

第三、希望了解企业实施过程是如何组织的，供应商在其中有多重要的地位；

第四、希望了解企业未来规划，对自己是否有指导，而且项目边界是否有扩展能力。

这些层面的内容需要有一个具备管理功底、熟悉业务、了解系统的企业介绍人通过交流给予客户信心。

> 考察一个软件好不好的最简单的方法是：企业是否年年主动交服务费或者年年有新增合同合作。考察这一点就够了。

案例：我们和这个客户类型不同

客户经理小李的一个客户要求看一看他们的软件成功典型用户，正好小李公司有一个做得不错的用户，经公司同意后，推荐客户去这家用户去考察。这家用户和小李的客户业务不完全相同，但没有更方便的考察用户了。在陪同客户去用户的路上，他一直在担心用户考察效果。最后考察完成了，小李感到尽管用户实施效果不错，但客户感觉好像和他们企业关心的问题不太相同，要求小李再安排一家已解决他们关心问题的用户去考察。

小李在这个考察过程中到底该如何做才能更好呢？

 点评：

很多软件公司感到困惑的一个问题就是管理软件项目实施效果往往和预期有一定差距，能全面应用软件全部功能的用户非常少（这需要产品功能、性能、实施力量、业务客观需求、用户配合等多方面因素具备），而很多选型客户总是希望看到一个与自己需求类似、全面应用的用户，以放心选择合作伙伴。实际上不存在完美的典型用户。我们知道在大部分情况下，我们很难依据客户要求提供类似的考察用户。

客户经理总是把项目考察成功的希望寄托在让用户看到一个真实全面和类似应用的标杆上，对典型用户的考察效果全部寄托于样板客户的实施和应用水平。

按没有同行业典型用户无法成交项目的逻辑，则任何行业供货商都应该没办法做新领域的第一个项目，因为他们都没有样板用户。

事实上，客户经理可以选择一个有影响力的用户，最好与客户的生产类型比较接近。在考察之前，客户经理最好是和用户介绍人面对面地交流一次，听听他对一些关键问题的说辞，以确保符合公司要求，防止跑题或介绍自己认为是很得意的但恰恰是别的客户忌讳的工作。

现场交流时，客户经理可以安排用户主动问客户关心的问题，客户说出自己的问题时，可以根据情况要求用户立即强调，这些问题在我们企业中也存在，但通过上软件项目已经比较好地解决了难题，以此促成两家企业产生业务共鸣，让企业觉得考察的的确是类似行业性问题。

1.12.3　太老实，没效果

典型用户的现场考察其实也是一个项目，也需要管理。那么，如何组织这个考察项目呢？主要有三个层面：

1. 公司层面

供应商对于已明确可以现场考察的用户应要求建立考察模式，并由专人负责维护，一般就是项目实施团队负责设计项目现场考察行程地点、业务介绍套路、实施应用介绍套路和相关 PPT，并和企业接待人员充分沟通，保证前来参观者可以看到项目实施过程中的功能特色或实施特色，不虚此行，也算是对潜在客户的一种尊重。

公司还要提前和典型用户沟通、确认现场实施状态、评估项目可考察性、确定是否需要一些服务资源投入或者请典型用户配合进行专门准备。

公司还要注意和典型用户约定考察参观方式和考察频率，了解典型用户安排方式是现场参观还是投影介绍，或者是在某个业务地点集中介绍；典型用户希望一个月接待几批考察对象、本月是否有重要任务、是否不方便接待考察等情况。这些情况要提前通知到各地客户经理，以方便对潜在客户进行安排。

公司还要收集、整理不同考察客户关注的针对性问题或者考察评分表，形成问题集和参考评分表备案。这些内容将可以成为公司规划产品发展、了解客户功能需求和实施要求的重要素材，也是向其他潜在客户提供如何考察的参考资料，对于一些共性问题还可以形成公司级标准解决方案，有利于各个方面的人员和客户沟通。

最后公司要协调项目实际负责实施顾问，或者对项目情况比较熟悉、业务能力很强的顾问型人员在考察期间全程陪同，至少要保证现场有软件商的实施顾问陪同。

这些工作一般由公司或者级别较高的主管部门协调组织落实。

2. 客户经理层面

具体到某个项目考察，这是客户经理应该负责的工作。

首先，客户经理接触到一个项目，应该要主动判断是否安排客户考察、客户考察是否和公司考察放在一起进行、是否安排在本地典型客户处考察、在什么时候进行为妥。

然后，根据这个判断，客户经理再根据企业业务特点和需求与公司提前沟通，确定可参观客户对象，请公司相关典型用户负责人员提供若干典型用户相关数据，以备用户查问。

一旦客户提出考察要求，要提前与典型用户或通过公司与典型用户预约时间。注意尽量避开用户负责人不在、公司陪同参观介绍人不在、企业休息日（高温假）或者

☞ 我不建议作弊，我只是建议在典型用户现场把我们能力最大化显示出来。

拉闸限电等情况，客户经理要负责安排客户行程，并把前来考察用户的详细情况（人数、性别、级别、行程、关注点）形成文档提交给公司。

客户经理还需要了解潜在客户关注的问题，很多客户会提前设计一系列针对性的考察问题，这些问题要提前发送给公司典型用户负责人准备，并通过公司或亲自与典型用户沟通，介绍企业情况、人数、时间、希望考察内容、可能要问的问题等，以便让典型用户自我介绍时更清楚情况，从而达到较好的考察效果。

考察过程原则上应由客户经理全程陪同，并且客户经理在此过程中要做三件事情：

（1）随时和公司内部沟通，通报情况和提醒注意

一般前来考察的客户需要通过客户经理介绍给相关人员，并单独和相关考察接待人员沟通，补充说明一些文字描述可能遗漏或者不容易写清楚的情况。整个考察过程中要随时注意进行这类沟通，保持考察一致性。

（2）亲自安排好客户的衣食住行

客户经理让客户感到亲切就是成功，这些都是通过接待细节体现的，所以客户经理要亲自做好这些工作，为今后商务工作奠定感情基础。

 客户来考察，商务一定要全程陪同，吃喝玩乐住都要泡在一起。

（3）写考察备忘录

客户经理全程陪同的最重要目的是随时了解客户在考察过程中的各种变化，判断项目技术或商务侧重点，便于进行下一阶段商务和技术公关策划，因为很多思路、行为变化是当事人不在场观察无法清楚表达和了解的。因此一定要利用这个机会充分了解客户的想法，甚至趁热打铁，促使客户下决心。

考察完成后，客户经理要主动帮助客户准备一份考察备忘录。一般企业出来考察需要写汇报材料，但因为行程紧张，大部分人并没有立即组织材料，只是简单记录，这样一轮考察下来，再去组织准备，工作量也不小，而且信息遗忘会很大。其实很多人并不擅长写文档，如果这个时候提供一份可供参考的数据货模板，客户自然会非常感激。

所以客户经理要主动在客户考察完成后，写一份记录考察过程的备忘录。备忘录可以分几项内容：考察日程安排、考察用户情况介绍、应用情况介绍、考察过程交流关键内容及回复记录。这样的备忘录将非常有利于我们后续工作的开展。这样现成的素材便于客户引用，经引用汇报给企业领导后就会增加项目成功概率，特别是当竞争对手没有做这个工作时，就更加体现了做备忘录的价值。

备忘录体现了我们对考察后工作的间接控制，保证了考察印象的有效传递，但备忘录有一个原则，中立客观，回避弱点，不要刻意夸大粉饰。

3. 考察顾问层面

一般情况下，客户考察应安排一个顾问型人员在考察期间全程陪同，因为客户在考察期间最容易进入实际环境感受，容易看到别人实施，并且思索自己项目规划的时机，如果能与高水平咨询顾问交流和探讨，会给公司增加很多印象分。实际上，考察就像走马观花，能看到什么？有的企业比较有经验，能深入了解一些情况，大部分企业考察看不出太深的内容。在考察过程中，谁能在短短几个小时内了解到客户的担心和疑惑，并合理通过考察行程给出答案，谁就在考察这一环节取得了成效。

1.12 用户考察

此外，很多典型用户虽然自己用得不错，但缺少系统的总结，介绍时没有层次，而且他们一般也不太清楚参观企业到底关注的侧重点是什么，介绍时容易突出自己的特色，但没有考虑参观企业到底想看到什么？这个时候，顾问就要巧妙利用自己丰富的实施经验和判断力，以及和典型用户良好的人际关系引导介绍交流思路，让参观客户尽量看到和学到想要的东西。

无论能否成功合作，潜在客户都要花费成本考察，我们就应该尽力让他们了解项目的实施效益和风险，在建设过程中可以少走一些弯路。

所以，一个好的考察顾问往往是整个用户考察过程中的灵魂，有没有一个这样的高水平顾问对整个考察效果质量影响极大。客户经理也应该清楚：要让自己的考察达到效果，一定要尽量协调好时间，让考察顾问有充分时间陪同。如果公司没有这样的人员，考察过程就只能听天由命，让典型用户自己发挥。

考察最大的问题是，很多项目业务和潜在客户实际不一样，潜在客户总觉得和自己类型不相似，总是想看到一个和自己一样的企业而且成功实施，这样就比较放心。

暂且不论客户这样的认识是否正确，但的确一个软件供应商也很难让若干典型客户代表了解所有的企业业务情况。如果一个软件商有如此足够实力，拥有全面可考察的典型用户自然最好，但实际上这是理想情况，而且很多客户行程安排又决定了他们并没有足够时间去考察其他类型用户，所以很多客户考察完后总有顾虑，觉得自己想看到的内容没有看到。如果这个问题有经验丰富顾问补充介绍，那么算是一个较好的补救办法。

☞ 让客户感觉你的用户比他高明，这个考察目的基本就达到了。

考察顾问和客户在一起一般要完成"三陪工作"：第一是陪交流，第二是陪考察，第三是陪吃饭。

客户在去考察典型用户之前，一般会先安排和公司顾问做一个交流。这时候顾问要充分介绍自己产品特点、了解客户关注的问题、回答客户关心的问题，快速判断是否可以被要考察的典型用户看到和强调。如果看得到自然最好，如果看不到，就要考虑相应说辞，从而能够在考察时让客户得到一个满意的回复。

这时顾问要保持低调并亲切沟通，给客户建立一种专业沉稳的可信赖印象，在现场考察时才容易发挥出众。

顾问和客户交流往往存在几个难题，第一是原来比较陌生，如何快速让客户进入状态；第二是顾问对企业往往也比较陌生，如何快速了解企业情况，进而合理提供建议。因此，对于顾问而言，应在客户来之前做一些案头工作，查看售前相关资料和上网了解企业产品都是很好的办法。

顾问应有一定商务技能，善于制造沟通气氛，最重要的是顾问能很快让客户觉得自己比较专业，进而有沟通的兴趣。要做到这点，一般顾问也应该是一个实施经验很丰富的人员，否则顾问只是名义上的顾问而已。

一个好的顾问在陪同考察完毕，如果安排一同就餐，在饭桌上还得根据客户情况继续沟通工作。不过既然到了吃饭时间，工作就不应该是主题，这个时候比较好的方式是可以从介绍公司文化轶事或者发展思路等方式，尝试用更高的思维层次和客户沟通，不要再纠缠过多技术细节。这样客户可以比较轻松地边吃边聊，将一些感兴趣的问题再次提出来和我们交流，进而获得有一次影响客户的机会。

133

一个有丰富经验的顾问，才能在陪同考察和吃饭时有效说服客户，建立信任。而且一个有经验的顾问，不仅仅是业务经验丰富，还应该有广泛的知识面，例如在行车路上，顾问就是一个导游，讲环境、讲发展、讲文化，让客户可以先轻松一下，也建立一个好的气氛。

1.12.4 用户考察有技巧

1. 尽量让用户自己介绍

顾问只在关键时点题，或者在局面不利时出马，不要喧宾夺主；

2. 低调进门，高调出门

在客户来到现场之前多铺垫一些低调的话，让客户带着一点点怀疑态度去看，因为本来客户就是抱有怀疑态度，最后让客户高调看到效果，满意而去。

在接待过程中，最好的顺序是先经过一个大规模应用的场面，然后进入到一个有专门的会议室用PPT系统介绍情况。各方面情况介绍比较到位后，客户基本接受但又一直没有看到内容时，可以在比较短的时间内让客户在现场看到大量丰富的数据应用内容(这些内容只能结合项目提前设计)，打消客户顾虑，让他们觉得既有实际操作，又有理念提高。

而且考察过程中不要怕客户看到不好的方面，应该真诚和客户探讨如何才能避免类似问题，实施好项目，取得客户的信任。

3. 功能介绍在先，实施经验在后

一般考察要先突出介绍功能亮点，在客户比较认可后，再介绍实施经验。

有的客户对技术非常感兴趣，对实施难度不够重视。这样的客户要在技术上让其放心后，再让其合理感觉到实施方面的难度，进而认同需要和一家好的供货商合作才能成功的道理。

如果一开始就介绍实施，在功能没有认可之前效果并不好，而且实施经验介绍一定要告诉客户选择一家正确的合作伙伴多么重要。因此这种点睛之笔一定要放在最后，作为最深刻的体会强调给客户。

 有的客户考察时不太了解用户的内部规章制度，最好提前提醒一下。

对关注功能细节的客户，我们要强调功能在理念上的高度；对关注理念的客户，我们反而要强调在细节上的可实现性。一般客户高层考察交流过程中侧重理念，中下层应用层考察交流过程中侧重其关心功能特色的实际应用。我们在交流时既要主动印证技术能力，也要反向突出我们理念优势。

4. 强调行程计划性，避免节外生枝

现场交流时主动强调保密性，强调尊重用户的行程安排，让客户按计划日程来，减少不必要的计划变动，加强可控性。

在用户介绍人能力不够强时，可以由客户经理出面强调先听用户讲完，然后一起交流，让用户能比较轻松、系统地阐述自己的思路。

5. 重在看接口和数据，不要纠缠于细节操作

现场考察尤其忌讳用户为表现系统能力，在现场演示一些需要时间的复杂操作。记住一点，没有人能在短时间内看明白复杂操作。

要准备6~7个比较突出的、有视觉冲击力的最终结果接口给别人看，不断强化客户的感觉,而不是花费大量时间让客户感觉现场考察似乎成了系统功能培训。

在考察功能的时候,尽量安排在不同的位置看不同的功能,第一可让客户感觉到的确是大面积在用,第二看到不同人的确受不同权限分工控制,各司其职。

6. 用户用得不好,就重点看功能

有时候客户点名要看一些用户,但这些用户其实用得不太好,只能被迫带客户去看。

这种难堪的考察如果实在无法回避,首先还是要去做用户的工作,经过关系疏通,得到肯定的承诺后再去考察,但是这个时候的现场考察就只好通过功能介绍说明软件应有的能力。如果用户确实不愿意帮忙说话,就没有办法,大家可以不主动谈应用效果,还是到现场看功能,但要安排自己的人去讲解介绍。

如果用户用得好,要主动提出看应用,不要简单看功能,要看每天有多少人建立多少数据等实实在在的内容。事实比任何数据都有说服力。

7. 讲功能要谈效益,讲实施要说故事

功能再好不如效益给人印象深刻,如果效益能够用数字精确量化就更好了,这个效益可以用比较精练的话去引发客户的兴趣。

而讲实施过程要用讲故事的方式去讲,例如有个客户讲实施上线的难处,就说了一个"走不完的20米"的故事,说企业系统管理员在项目上线最繁忙的时候,每天从办公室走到厕所这20米是无法走完的,每次还没有到厕所就被两边部门人员喊进去解决问题,只能等别人下班吃饭赶紧冲到厕所去解决问题,这样的故事在笑声中就把很多不好说、也不容易说清楚的意思表达出来了。

 案例:方轮理论谈实施

和客户在典型用户这里介绍项目实施磨合痛苦的过程时,企业介绍人曾用了一个方轮的故事获得共鸣。

他介绍原来企业没有用计算机,好象每天走路上班,感觉也很好;后来上了计算机,就像骑自行车,每天轻松了许多。

现在单位上了这个先进的ERP/PDM,高兴得不得了,感觉坐上汽车了,车型款式还特别漂亮,一看仪表系统就知道是进口货,各种驾驶信息一目了然,原来的自行车是没法比,但一摸方向盘,一踩油门,就是无法启动。

下车一看,天啊,咱们这车轮子是方的!没办法,在磕磕碰碰中磨合吧。这样客户就很轻松地明白就跟两口子新婚一样,所谓实施,关键在磨合。所以搞信息化一定要做好长期磨合的心理准备,磨合期一过,轮子就圆了,车就快了,没有这个准备,离婚率一定会大大上升。

但是讲实施风险类的话题时一定要慎重,体现难度大的同时也可能打消客户实施积极性,要慎重讲,到了气氛再讲。讲故事还要将一些具体实施思路和做法体现出来,让客户对公司团队经验和专业水平表示认可。

客户前来考察是提供脱离自己企业环境,可独立思考的机会,也是最容易接受别人思想的机会。如果整个考察工作经过精心准备和规划,那么自然就能给客户留下深刻的印象,从而对项目成功起到关键作用。

1.13 高层拜访

1.13.1 要请老大出马吗

很多项目失利后，销售总结为什么项目拿不下，一条不便说的理由就是：我们公司根本就不重视，人家派老总、副总亲自来打单，我们这边最多就出个大区经理，哪里对付得过别人？

这种说法似是而非，为什么呢？一个基本的常识就是，只有小公司或刚成立的新公司的高层才会频频出现在打单第一线，直接扩展市场；稍微具备一定规模的公司没有充分的理由，高管亲自打单不会加分，只会减分。

一般请自己公司高层到客户处拜访有三层目的：

第一、利用高层出面，表示我们团队对项目重视；

第二、利用出面高层的个人魅力，充分影响同一级别的老总对公司的印象分；

第三、利用高层到访的理由，承诺一些客户经理不便满足，但作为企业战略合作可以承诺的条件，让用户放心，这是高管代表公司的承诺。

那么在什么情况下，项目适合请自己公司的高层去拜访企业领导呢？

从项目角度讲，高层拜访是形式大于内容的动作，高层出面的最好时机自然是达成签约或者有合作意向的场合。这种场合不管是请哪位高管来，都是一团和气，皆大欢喜。

不过很多时候，项目可没这么理想，高管出现是有更重要的工作，前来协助进行项目公关。

有的人做高管久了，对市场感觉往往在下滑，这点不可不注意。

从员工的角度来讲，请高层出马公关要符合三个条件：

1）自己的项目要有一定规模或影响力，值得高管投入，这个在不同公司有自己的判断标准，未必仅仅看金额。

2）自己在项目中做通了中层关键人物的工作，但大家都无法真正影响高层，只能通过企业中层帮忙创造高层见面的机会。当然，此时一定要通过企业提出邀请我们老总来，不要变成我们老总不请自到，最后是热脸蛋贴上冷屁股，老总没面子之余，把自己在公司的高管印象分也搭上了。

3）平时关于项目每个阶段进展有详细给相应高管汇报过，高管相对清楚项目的进展。这点很重要，平时不汇报，项目遇到难题就想请高管出马，这是很错误的沟通方法，完全是投机行为，高管也会因为对项目缺少把握而不愿意出马。

此外客户经理还要明白，高层出面公关也不代表项目有成交把握，所以一定要低调，最好不要让对手晓得我们做类似的动作。这样做的目的有两个：第一、避免对手也搬老总出马，我们这个田忌赛马的小算盘就失灵了；第二、万一项目失利，竞争对手传出说，某某项目某公司老大去了都不行，这是很打击员工士气的。

从高管的角度来讲，除了考虑客户经理层面的问题外，亲自出马也应该满足三条理由：

1）自己对项目要有一点感觉，值得去搏一搏，高管出马不能说每个项目都能拿下,但打10个项目丢8个,这种名声传出去,自己不说损失个人威信,先成了票房毒药。

2)要能够通过项目公关发现自己公司在市场层面战略战术和产品方面的问题,回来可以结合亲临一线的体会加以改进内部管理策略,毕竟大部分成规模公司高管最大的问题就是脱离市场,有这样的机会一定要做好功课。

3)无论项目成不成,要借这个机会安抚市场团队,挽留住有潜力的市场精英。因为做项目的市场有个特点,一丢人就留不住,再培养一个太难。一定要想办法帮他拿下项目,人自然留下。即使拿不下,也不能让他对公司和领导失去信心,为公司来日发展积蓄力量。

如果高管同意前来,客户经理要做什么准备呢?

第一、两边都提前做好铺垫

在公司内部,客户经理要及早汇报领导相关项目进展,请上级主管或直接反馈信息给相应等级高管,让他们晓得这个项目可能需要他们火线支持,提前打个招呼。

在企业这边,要让他们晓得公司对项目很重视,而且如果是我这个客户经理的项目,能得到的资源支持是有保障的。在方便的情况下,我可以安排我们领导专程拜访,增强客户对商务团队的信心。

当然这种话要看时机讲,在企业没有做到前文谈到的工作之前,贸然夸海口是自己找麻烦。毕竟自己该做的努力还没做,就请领导来做项目说明是商务无能。让领导做项目商务拿提成,这样的好事恐怕在哪里都说不过去。

企业领导为什么会同意高层会面呢?这也是有内在动机的。客户经理要把握准企业高管的动机,有办法能把自己的高管推销出去,否则企业领导缺乏会面的动力。

一般企业高管同意高管会面,有如下几个理由:

1)有历史合作关系,借新项目机会沟通,顺便对老项目提提意见。
2)公司名气很大,想和对应高层碰碰,换换思路,找找火花。
3)产品已经被企业认可,想通过高层会面得到最优惠价格和服务条款。
4)有领导信得过的人推荐,不好驳下属的面子。
5)有领导要注意的外部资源引见,不能不给个面子。

第二、要把握对等原则

具体而言,在公司规模相称情况下,我们去拜访客户的领导级别和会见的领导级别应该相对等,或者比客户略高一级的拜访也比较合适。有的公司不管什么人都起个职位叫总经理,从公司总经理一直到大区总经理,都是总经理,客户就搞不清楚哪个总经理大,哪个总经理小,所以公司内部在设置岗位的时候也要考虑到对外沟通的需要,不能乱设置岗位。

在企业规模很大的情况下,他们的一个部门主管能管理的人,能调度的资源可能都超过我们整个公司的盘子,这个时候我们的老总能见到他们的部门主管也是对等的。

在企业规模不大,而我们公司规模相对比较大的情况下,一个大区负责人就可以坦然面对对方老总,相互交流甚至上课了。

第三、要替高管做好功课

如果高管一直在重点关注你这个项目,了解项目进展的一丝一毫,那还好。如果

☞ 高管喜欢你,就愿意支持你,这个和客户喜欢你,就愿意选择你的道理一样。

☞ 小企业做大项目有个痛苦:从商务到老总就是一个人,一点退路和层次都没有,这个时候非要拼个人魅力不可。

平时高管只是一般性听取汇报，平时没有花心思关注，突然空降到这个项目公关，客户经理非得替高管做好功课，告诉他企业的组织结构和内部政治生态规则；告诉他目前参与竞争的对手和都搞定了哪些人；告诉他目前我们在技术上的优势，被别人攻击的劣势；告诉他这次出马能见到哪些人，安排怎样的行程，这些人的级别和个性到底如何；当然最重要的，告诉他我们这次请高管来想达到怎样的目的。

如果你的高层只是临时赶来，这些情况你没有条理有序地准备好，他只是凭本能作战，那么质量就难以保证。对有经验的高管，根本就不会来支援这个项目，这些情况都讲不清楚，项目拿不下来是肯定的，为什么要空跑？

1.13.2　为什么高层也不管用

第一、没有和高层充分沟通拜访目的

很多营销系统高管也很可怜，表面上看起来是指挥全国各地员工，实际上是被全国的员工用项目调动得满天飞。到了一地，项目情况不清不楚，不是销售不肯说，而且销售自己就没判断力，提供不了足够有价值的信息。但既然高管来了，员工也不能不帮，就只好硬着头皮上，帮助团队通过项目去学习和成长。

个人魅力强的高管，也许就把大家震住了，个人感觉稍微不到位，整个项目连退路都没有了，手下也不服气，还有了推卸责任的理由，连高管都搞不定，我能怎么办？

第二、不是所有高层都有个人魅力

很多经常有机会接触高管的员工往往觉得自己公司高管不过如此，不如企业的高管拿得上台面，这种心态大有问题。但凡一个人能靠自己能力一步一步走到高管这个位子，必有个人能力出色之处，就看如何相互配合，发挥作用。所谓一把钥匙开一把锁，没有人是万能的，作为一个客户经理，要观察和分析自己的领导是什么类型的人，适合做哪一类型的企业高管工作。人和人是讲性情相投才有共鸣的，高管相见，很多时候谈的就是感觉，感觉对了，事情自然好办。

有的高管见过大场面，知识面丰富，那么他就擅长和管理型思维老总沟通；有的高管人情世故精明透彻，那么他就长于和表现型、控制型思维老总沟通；有的高管学问深厚，谨慎本分，那就适合和分析型高管沟通。如果你让技术型管理者和商务型企业老总沟通，那自然让企业感觉高管不像他心目中的高管定位，不但高管见面不能加分，还会减分，这就是客户经理没有考虑高管之间的共鸣度问题。

客户经理要了解自己企业高管的特点，会见不同类型的企业高管最好能请出对路的高管见面谈。但不管怎样，售前高管见面本质上还在做商务工作，高管一定要有商务意识和相应经验，如果你请来的高管只专注技术，或者在商务方面经验不足，也很容易让别人觉得你这个企业高管怎么这个水平？所以建议两种高管一般不请，一是只做过技术工作，没有做过比较复杂对外沟通工作的；二是刚刚从技术岗位提拔上来还没有太多管理经验的高管，等其在公司内部站稳脚跟再说。

不过一定要明白，高管能被提拔，就说明他们很有潜质，学习能力也很强。现在虽然不太合适，但过几个月，可能他们经过一次不太成功的会谈经历，就会自我总结提高，变得在这种场合收放自如。这也正应了一句话："环境改变人！"

　有的高管怕见客户，因为全部是遭遇战，还不能出错，难。

第三、没有约好企业的高管

高管自己是来了，但企业这边却放了鸽子，没有见到该见的人。这种情况也不少见，因为企业高管都是大人物，随时有各种事情找他，说不定就临时出差了，这就要求客户经理事先要约定好见面时间。

第四、没有事先在企业高管前铺垫己方高管地位

高管见高管，要让企业高管觉得你的高管有来头才好。所谓高管不是有张名片就能算高管，就好比现在名片上写着咨询顾问的有一堆人，但是真有顾问思维的却没几个。

如果在你的高管会见企业高管之前，能让企业高管晓得你的老总在某些他感兴趣方面的内容很厉害，例如有丰富的实施经验，经常在某些方面拥有资源，在技术方面造诣很深等等，这样让企业高管对会面有一定的期待感，这样也有利双方谈话的展开。当然这些铺垫要适合你的领导个性，也要提前让你的领导晓得你给客户领导的介绍内容，这样才能形成一个融洽的会谈气氛。

1.13.3 把高层也要当客户一样分析

能把高管请来帮你做项目，说明你这个客户经理还是在老总心里有点分量，这份信任要好好利用。说句厚黑的话，要在公司内可持续发展，得到各级领导的认可是关键的关键。请老总来帮自己做项目，一定要记得，对外企业是最大的客户，对内老总也是最要紧的客户。

老总来了也不用紧张，把握住几点基本就可以：

第一、没把握别邀约

请老总来帮你打项目，最好这个项目你有7成以上把握，请老总来促进一下，这个也符合请老总公关的经济成本原则。八字没一撇的项目请老总过来，那公司谁来治理？有把握的项目请老总来做完锦上添花的工作，又轻松，又体察了民情，了解了市场，回到公司不久，还能听到捷报，项目总结的时候，还可以把功劳大大记一笔到老总头上（至少他没给你丢分，要知道，在售前一个环节失误都可能导致丢单！），这样的结果自然皆大欢喜。

第二、像对待客户一样对待老总

老总也是客户，而且是最重要的内部客户，如果你整个工作环节中把老总当客户一样去安排和接待就对了。

有的老总第一次来，你亲自去车站机场接送，帮着拿行李；有的老总怕吵，你给他找的房子是套间，里面空调很安静；有的老总不喜欢浪费，你给他找的是干净卫生又不失体面的标准间；有的老总好面子，你安排到客户那里企业大领导可以亲自陪同吃饭；有的老总喜欢吃地方特色菜，你安排吃饭地点有地方特色；有的老总喜欢借项目机会考察当地市场和业务情况，你事先准备，遇到问题头头是道，这些都说明你把老总当客户一样分析研究透彻，自然工作就有默契。记得两句话：把领导当最大的客户安排；礼多人不怪。

☞ 大部分老总喜欢做锦上添花的事情，不喜欢做绝境逆转的事情。

第三、表现出职业的工作态度

客户经理要考虑到高层来下面往往要顺路了解公司市场民情、当地市场情况、对

手活动情况、当地政府和代理资源发展情况，这些业务自己要摸清楚，遇到高管询问，最好是数字说话，谈到问题逻辑清楚、沟通简洁、见解独到。这样可以建立高层对自己业务能力的信任，为今后其他项目继续获得高管资源做铺垫，也顺便为自己在公司获得更大上升空间做了铺垫。

第四、不要越级表现

公司高管到地方市场，如果还有你的地方主管一起的话，你作为客户经理一定要知进退，懂身份。公司高管没问到你的，你不要随便发挥，免得地方主管有想法；该地方主管回答的问题，没得到主管同意，不要轻易插话，这个职场分寸要把握。现官不如现管，回头你做领导，都是这种自我表现的部下，你也头痛！

1.14 答标报价

对于金额比较大的项目，绝大部分企业要求至少有三家供应商来投标竞争，比技术比服务比价格，这就出现了一个招投标环节。大项目免不了要走一走招投标流程，这个环节看似公正，其实花样百出。

不过说是招投标，也分几种情况：

第一种是正式招投标，项目通过当地招标机构组织发布，企业必须在指定时间前领招标书（一般要交一点购买标书的费用），交纳项目保证金（招标结束后退还），在指定时间指定地点统一提交投标书，开标并现场做一轮答辩，确认中标方和候选方，进入正式合同谈判。根据我国法律规定，正式招标只能采用公开招标和邀请招标方式。

☞ 招标会有潜规则，但最后做大的公司一定是堂堂正正做事的企业。

第二种是企业自行组织的招投标，程序和正式招投标一致，但组织过程全部由企业自行承担，倒也可以节约彼此的项目投入成本。但企业组织招投标，程序上就可能存在很多不严谨的地方，这里面就有很多机会可以利用。

第三种就是比较有我国特色的议标，在我国的《招标投标法》中没有载明有"议标"方式。在国际上倒也有在竞争性招标不是最为经济和有效的情况下，才可以采用其他方式的案例。如有限竞争性招标（指邀请招标）、询价采购（指多个投标人）、直接采购或称协议标（采取一对一谈判方式进行的）、自营工程（招标人自行实施的项目）等。从上可以看出，从广义上讲，除公开招标和邀请招标外，其余招标都属于"议标"范围。

中国特色的"议标"，其实是直接找一家或几家供应商询价采购或直接采购，如果项目能做成这个样子，自然是没有前期风险，就看价格空间和实施难度了。当然企业有自己的预算控制程序，想全部做成"议标"难度太大，企业也不是傻瓜，即使看中你的产品了，多弄几家来竞争，价格谈判才有主动权。

能进入到答标环节的企业，个个都是非常有实力的。在招投标环节盘外招是层出不穷，几本书也写不完，所以我们更关注决定项目成败最关键的技术指标——价格，有没有好的报价方式和策略，让我们把工作细节做得更细。

1.14.1 常见的管理软件报价方式

软件公司产品价格弹性确实非常大。因为软件不仅仅买产品还包括服务，而服务的价格其实是和可兑现的价值相关的，同样的内容不同的人来服务，结果肯定是不同的。

有的公司刚开始接触时报价非常之高，但随着项目实施不断深入，价格一落千丈。这其中原因很多，也可能一开始是虚价，也可能是缩减了项目边界和实施范围，也可能是在和其他软件公司激烈竞争中不得不做低价承诺，也许是想通过价格这个武器先在大客户这里打下一个战略性进入的楔子。

这种价格大跳水的局面在管理软件行业特别常见，这就让企业决策者为难。都说隔行如隔山，在不了解软件成本构成的时候怎样才能不被牵着鼻子走？对于企业来说最有效的方法就是让软件公司自己去PK。所以说到答标，很多企业真正关注的是：反正我的需求是一样的，那么这几家供应商在这种白热化的竞争局面下，到底愿意用怎样的价格成交？谁的服务更可靠更好？对供应商而言，在不同的项目采取报价策略，报多高的价格，都是非常慎重的问题。

常见的管理软件付费模式有四类，而项目报价也无非围绕这四类报价模式展开：

1. 按产品节点数报价

此种报价方式规定了软件浮动节点的价格（浮动节点的含义是在网络中允许最多同时并发使用软件的人数，这样网络中每个客户端都可以安装软件终端，但最多同时使用人数不得超过浮动节点数）。

软件服务费一般是按总产品价格一定的比例收取。超过一定节点数软件公司可以给予企业一定的折扣优惠，实施完成后追加新节点数只向企业收取节点费用，不收取服务费。

☞ 报价太有弹性，往往导致一个行业不正常竞争。

这种报价方式是从工具型软件产品销售模式中衍生出来的，其特点是简明，企业容易接受，而且也有利于软件公司保持不同地区的产品价格一致性，同时方便销售人员核算成本和计算提成。

不过有些客户不但非常在意价格，而且砍价能力超强，按节点报价的模式存在一个给企业钻价格漏洞的空子。因为服务费占软件产品节点费用的比例是固定的，因此如果节点数比较少情况下，企业可以少支付服务费用，而管理软件实施工作量不会因为节点少就同比减少很多。

假设原来计划买十个节点总价十万元的管理系统，服务费是软件价格的30%，那么就是三万元。如果企业先只购买一个节点的管理系统，只需要一万元，服务费就只有三千元。等软件厂商实施完后再追加九个节点九万元，这样一来可以节约两万七的服务费。

为了避免此种特例的发生，软件公司又衍生出另外两种新的报价模式：

一种是按"服务端+客户端"模式报价。无论企业购买多少个节点，都必须购买一个服务端（就是所谓要安装在服务器上的服务程序），而且其价格较高且没有降价的余地，这样软件厂商能保障项目的最低启动金额，也就间接确保了最低限度的服务费用；同时把客户端（就是安装在最终用户界面上的软件界面）价格弹性设计得很大，这样把价格谈判范围控制在客户端节点价格让价或额外赠送来满足企业的降价需求。

另一种方式是限定最低购买节点数。规定系统要实施最低必须购买节点数，不足节点数的按最低限额计算，例如要求最少必须购买 10 个节点，老实讲企业上低于 10 个节点的管理系统是否很有意义都值得怀疑。

作为企业应该清楚，这种按节点报价的模式是比较适合购买节点数比较大的企业。但是这种看起来简单报价模式的背后，其实存在一个最大的隐忧问题：产品功能接近，但项目实施服务也是统一的吗？

就算是同样的产品，要服务的企业不同，实际要解决的问题肯定有差异，其实就意味着服务的内容是千差万别的。那么同样按一刀切的比例去界定实施费用，难免出现有的项目实施成本是可控的，有的项目实施成本是亏损的，那么作为软件公司的实施顾问谁愿意去做亏本的项目呢？

这就有可能导致供应商在有的项目很难派出优秀的人才来实施，企业看起来买了个简单明白，其实是把复杂的事情过度简单化，没有很好界定项目服务的内容和质量，最终往往吃大亏。

2. 产品和服务分离报价

按节点报价往往忽视了不同企业在项目边界上的差异化，进而造成的实施难度不同。实施难度不同但收费价格相同，所以造成了公司在一些项目上赚钱，另一些项目却亏钱。

因此有的公司便采取服务和软件产品单独报价的策略，这就衍生出第二种报价模式：产品报价和服务报价分离。

很多做软件的人想去做实业，因为觉得实业赚钱；很多做实业的想去做软件，因为觉得软件赚钱。

采取这种的报价策略的依据是：产品是已经开发成型的模块，理论上销售越多边际成本越低。但服务是个性化的内容，可以根据项目实施的要求去界定需求和成本，进而给出合理的价格。所以这样报价就可以避免产品价格还可以接受，但服务价格严重和实际工作量脱离的情况。

如果企业的确不需要太多软件节点，而且希望购买尽可能多的功能模块，这就意味着产品服务内容很多，这个时候软件公司就愿意选择产品和服务分开报价。产品价格往往是相对透明的，而服务价格是根据服务内容而调整的，所以同样存在很多可协商沟通的空间。

另外，如果企业资金预算不足，只购买有限节点，软件公司就会倾向于将一个大项目分解为几个相对独立的小模块来单独实施和报价，其中一些模块是产品核心内容，是不能让步的，也没办法单独报产品价格。但可以把服务内容结合功能模块分成几个服务包，先上一个，等实施出效果了，再申请预算，再追加一个服务包。这样项目总预算和实际成本也就基本匹配了，而且也满足了企业上系统的需求。

这种报价在金额比较高的项目中非常流行，几乎所有企业都有可能遇到。但对企业而言，这种报价模式最大的陷阱是软件公司要求产品和服务收费分开，产品货到付款，而服务按内容和质量收费，不要求立即结算。所以，如果产品费用在整个总费用中所占比例过高，一旦企业项目总费用回款比较多，软件公司则不重视后续服务质量，企业也处于被动地位。

3. 项目报价

顾名思义，此种报价方式是对整个项目实行一次性报价。这种按项目报价的原因之一是企业希望找一个有实力的系统集成方案解决供应商，争取把系统中涉及的软件、硬件、工程施工、顾问咨询、人员培训和后期服务做一个总包，然后请总包方分包，企业只需要和总包方沟通。

另一种原因是对很多企业来说，项目的预算是一定的，想做的东西也是基本清楚的，如果你做的内容和企业期望不符合，无论多少钱企业也不需要；如果你项目边界符合，但价格超过企业预算，企业还是不会选择。这种刚性预算压力就促使很多公司紧盯企业的预算金额而设计项目报价。

从表面上看，这是根据企业的实力量身打造合作之路，实际上却存在隐患。因为不按照项目本身规模计算各项的成本和投入，反而是按照预算金额去规划项目，这样的项目常常因为预算根本不支持项目真实边界需要的花费，不得不半途而废，走向失败，特别是绝大部分公司是没有实力去选择先亏钱去换项目的未来光明前景而持续投入。

这种报价方式在我国管理软件市场上很常见，项目价格幅度由各个项目预算上限和双方商务谈判能力所决定。此种报价方式对供应商而言，项目价格并没有太大的操作空间，毕竟预算限制在这里，控制成本的关键是约定项目边界。

例如：按项目报价的公司喜欢采取根据项目服务内容设计种种极为详细的分项明细报价表，企业经过博弈最终只能得到分项明细报价表一部分，所谓符合预算的项目最终大多是通过文字游戏换来了缩水服务。

作为企业特别要注意，由于信息不对称，企业想弄清楚软件实施边界和最终效果几乎是不可能的任务，最终往往得到的是供应商口头爽快承诺、合同含糊其辞，最终实施效果缩水的结果。不过企业倒也有办法，反正合同归合同，实际上要完成哪些工作内容还是根据我企业要求来，等合同签了，项目团队也进场实施了，企业还会按自己理解不断追加新的工作内容，合同约定也没人真当数。

选择按项目模式报价的企业，关键是有操作相应大项目经验的人才来评估把关并牵头实施，否则很难把握项目质量。

4. 合作年费

这是一种最理想的合作模式，企业信息化需求是长期、动态变化的，总是要不停服务的。因此企业可以选择长期服务合作供应商，采用外包的方式，每年给予合作伙伴固定的费用，由合作伙伴负责解决各种业务问题。

这种在国外很流行的收费方式保证了公司基本的合作收入，如果企业有新的项目实施，则另外启动资金再投入新项目，再请供应商过来竞争。这种收费模式将使软件公司摆脱生存危机，专注为企业提供高质量的服务。

目前，由于我国软件公司还不具备足够大的规模和足够强的竞争力，很少有软件公司和企业能取得长期合作关系，所以这种模式只是我国软件公司的一个努力方向。但在某些IT领域（如硬件维护、网站维护等），已经有企业在尝试类似的服务模式，并取得了初步的成效。

项目验收后有的软件公司要求企业交纳服务年费，所以对于企业而言一定要问清

☞ 报高价往往是客户在主导，报低价往往就是供应商在主导。

☞ 合作年费模式其实就是外包模式的启蒙，如果服务行业不能做成外包模式，管理软件公司都做不大。

楚合同验收后，服务年费如何界定，是按人按天收费，还是交纳固定年费。有些软件公司学习国外软件公司的收费经验，企业开始不交纳服务年费没有关系，但一旦后期需要服务的话，需要把前期的服务年费一次性补齐，否则不提供服务，这样积累下来的惊人数字往往让很多企业大吃一惊。

1.14.2 常见的报价策略

做项目报价时，不仅仅要考虑到项目是否有利润，还得考虑回款的难度和周期，以保证自己公司现金流质量，毕竟有些客户在砍价的时候并非都是可以理性沟通。由此在同样的报价模式下，通过报价策略来争取最理想的合作价格。

依据《招标法》规定，招标后在没确定中标人之前，招标方不得与投标方谈价。也就是说，在没有确定中标商之前，业主不能与任何一家投标商就任何问题进行实际谈判。但是实际上，企业项目负责人出于种种原因一定会暗示自己中意的企业应该想办法争取最可能中标的价格。如果企业项目负责人能力强，他会让自己前期有意向的供应商了解答标程序和规则，让供应商扬长避短，在答辩现场充分体现出优势，最后不但可以成交，还可以用相对合理的价格成交。有的企业规定在同等情况下，只能选价格最低的，这个时候企业项目负责人还可以暗示每一家供应商不要搞恶性竞争，不要搞跳楼价，弄得每家都亏本做项目，最终项目一定做不好，这样也可以让项目价格控制在一个合理的区间。当然还有的企业希望在预算内充分利用资金，这个信息他也会透露给供应商，让供应商按规则办事。所以如何报价不光要考虑自己是否有利润，还得了解企业的态度，和企业以及竞争对手斗智斗勇，看谁能笑到最后。

1. 不平衡报价法

不平衡报价法的目的是在不提高总报价的前提下，通过调整项目服务模块内部报价（同一项目中调整范围不能过大，否则容易被用户指摘），做不影响中标前提下谋求未来项目结算回款时提高项目实际收益或现金流质量的方法。

1）把服务项目和产品模块分拆得非常细，每项都报明细价，单项价格都不高，累积起来就很可观。而企业往往觉得每个功能模块和服务都需要，一项项砍也砍不下多少，这样就保护了项目总价，而且让客户感觉购买服务内容很丰富。

2）故意调整模块的价格权重，将无法被用户砍掉的项目的单价适当提高，这样在最终结算时可增加利润。例如某企业关注某模块或服务，可以调高这个部分单价；如果另一企业关注另一模块或服务，就相应提高另一部分的价格。这样软件公司就可以避免在核心模块上遭遇较大的砍价行为。

3）对能先结项的项目单价可适当抬高，以便加快资金周转；对后期项目的报价可降低。

4）需求明确，估计实施后没有开发内容的项目，可以适当提高报价；而需求说不清楚的，存在开发，对这类项目要做具体分析，估计以后一定要开发的部分，其单价可提高，可能在后期能被说服让步不做的部分，则可降低报价。

5）企业重视软件不认可服务收费的，提高软件报价，企业认可服务收费的，提高服务收费报价。

6）竞争激烈地区降低报价，在有竞争优势地区抬高报价。

 搞价格战往往是以牺牲服务质量为代价的，服务不是硬件，降价占不到便宜。

7）对一些看起来很好但实施过程中可能并没有什么实质性要求的模块，可以采用折扣和赠送的方式将这些模块免费给企业使用，换取保证核心产品模块和服务价格不贬值。

2. 多方案报价法

多方案报价其实增加了客户选择方案的复杂性，但选择这种多方案报价方式的目的是提前进行价格保护：放一个高价，企业肯定接受不了；放一个低价，但服务内容企业也肯定接受不了，就只好选择中间的价格。而且这样的价格即使竞争对手了解了，也无法说你为了做市场搞乱价格体系。

采用多方案报价法还有一个目的是改变游戏规则，给企业一个新的价格选择。有时招标文件中规定可以只提一个报价方案，有的没有规定。那么发现招标文件中的项目需求边界不明确、条款不清楚或很不公正、技术规范要求过于苛刻时，这时投标者应精心对原招标文件仔细研究，在充分估计风险的基础上，提出更理想的方案以吸引业主，这种新的建议可以是降低总价，或者是提前竣工，或者使业务目标更合理，通过和原招标方案报价对比，让客户犹豫，争取促进自己的方案中标。

常见多方案报价法策略是按招标文件或实际成本要求报一个价，再提出如果基本条款做某些变动，报出报价可降低的额度，这样可以降低总价，吸引业主，也可以增加服务内容，提高总价，保护自己的真实成交价格。

增加建议方案时，不要将方案内容写得太具体，要保留方案的关键内容，防止业主将此方案交给其他承包商。同时要强调，建议方案一定要比较成熟，或有此方面的实践经验。因为投标时间往往较短，如果仅为中标而匆忙提出一些没有把握的建议方案，可能会引起太多后患。

另外，如果做投标时要提供多个报价时，一定要征求内部人员默许，否则企业可以以未应标报价为理由让投标方直接出局。

3. 突然降价法

报价是项目中的核心商业机密，是要严格重视保密的工作。但是对手往往通过各种渠道、手段来刺探情报，期望在正式报价之前获得我们的价格底牌，从而在价格因素上建议优势。

为了规避这个风险，供应商在报价时可以采用迷惑对手的手法。即先按一般情况报虚价高价，并表现出自己对项目兴趣不大，到快要投标截止时，投标人在充分了解投标信息的前提下，通过优化解决方案模块和节点组合、压缩实施天数、提出最低报价方案，突然降价。采用这种方法时，务必做好充分准备。

如果采用突然降价法而中标，因为总价降低了，在签定合同后可采用不平衡报价的思想调整各项单价或价格，以期取得更高现金流收益。

4. 玉石俱焚法

在知道自己即使是用超低价格也无法中标情况下，采取超出所有人想象的价格报价，打乱市场常见价格底线。让对手即使中标这个项目，也因为没利润而难以实施好，形成一个负面口碑，彻底把对手赶出市场。

这种报价可能让一些贪便宜的用户临时转向，但采取这种心态报价的团队也很难在市场上有好的表现。这种报价的心理实在是不光明磊落，而且难免在将来一天被竞

☞ 先报高价，然后让步一点，再让步一点，最后突然跳水，这个过程客户会有上当的感觉。

争对手如法炮制地报复，更可怕的后果是让企业用户获得更大动力去压低每家供应商的价格，导致市场价格崩盘。

1.14.3 现场答标经验谈

我们要客观承认，对大部分项目而言，进入招投标现场的答辩环节往往是个过场，结局早已确定。但也有很多项目，不到最后一刻不晓得鹿死谁手，即使处于不利地位的企业，也要利用招标的机会，只要轻易不放弃，充分利用评分游戏规则和企业内部矛盾，在商务不如对方的情况下，未必没有翻盘的机会。

 案例：落后也有机会

某民营企业项目A供应商和项目负责人走得很近，项目负责人态度倾向性也很明确，看来这个项目归属A供应商没有疑问了。但企业老板不是很放心下属，怕有黑箱操作，到了开标答辩时突然临时扩充评委范围，把各个部门业务骨干都召集过来一人一票当场打分。这时大部分评委都没有被任何一家供应商做过任何工作，项目负责人也不敢公然引导他们的意见，怕给老板留下口实，那如何影响他们意见和打分就看现场讲标的效果，这就给每一家供应商都提供了机会。既然大部分评委根据现场答标演示表现选供应商，这个时候机遇就留给了有准备的人。

有的项目中，没有一家供应商可以彻底搞定企业的关键人物，大家心里都没底，都担心对方已经把人彻底搞定，都觉得自己属于落后一方，但前期已经投入资源没办法，不能不参加投标，也是因为抱有一线希望和幻想。其实这个时候项目到底谁中，就看每家在投标现场发挥，真的是应了一句老话，就算只有百分之一的希望，也要百分之百地努力争取。

☞ 我们不能超出游戏规则，但可以充分利用游戏规则。

有的项目中，两家实力相当供应商都有很硬的后台，项目负责人谁也不好得罪，干脆两家都不给机会，花落第三家，这种幸福虽然少，但也不是没有先例。

有的项目中，拥有领先优势的供应商得意忘形，忽视了招投标规则中的漏洞，被对手充分利用规则，在企业内线人员配合下，利用规则杀个出其不意，绝地逆转！

有一次现场招投标，两家软件供应商分别搞定了12个评委中的6位和4位，按说搞定6位评委的供应商是稳操胜券，但另一家供应商研究评分规则后发现，每家供应商每个评委都要打分，取平均成绩。一般人习惯是给自己中意的供应商90分，不中意的给个70分的面子分。但这个供应商很有办法，要求支持自己的评委给自己中意供应商的打90分，不中意的打50分，这样相当于4个评委可以做到正常情况下8个评委拉开的分差。结果总平均成绩出来，拥有6个评委支持的供应商以输0.1分的结果出局。

有经验的招投标者不到最后一刻绝不在自己的报价表上签字盖章。因为随着商务人员的努力，有可能在最后一刻了解到对手的价格，把自己的最终价格放在合适的位置。重大项目为了可以随时调整自己的报价，我们做项目的时候经常把公司合同印章申请带到现场，标书不到最后不盖封口章，随时根据情况变化调整自己的投标文件。

一般报价追求在中游水平，这是比较安全的范围，对于软性服务，企业往往容易淘汰掉价格最高的，觉得超出支付能力，但也不愿意选择价格最低的，觉得无法保证服务质量。如果企业确实具有品牌影响力，还可以追求报最高价格，只要差距在用户心理承受底线，也不会影响中标。

 案例：钱不是问题，问题就是钱

一般企业做项目都告诉供应商，只要有价值，钱对企业不是问题。但所有的企业都有预算控制体系，一旦确定了预算，有时候连总经理也没办法。现在做项目的供应商，都懂得卖价值，任何销售手段和服务内容迟早会同质化，这个时候价格就成为项目成败的关键因素之一。

有个项目招标评分规则里规定价格一项占50%的权重，当你的价格比所有供应商平均价格低10%的时候，总分可以加10分，否则减10分。

有一家供应商在其他评分项的自我评估方面略处劣势，但又不想放弃项目，于是在申请公司同意后准备用竞争对手想不到的低价成交。但光这样还不行，这家另外找一家供应商来做陪标，但他的工作就是报高价，把平均价格拉到主要对手的最可能的价格，然后利用这个游戏规则一把赢得10分的领先优势。其他评分点方面说实话真要打分，大家实力接近，根本就没有办法获得10分的领先优势，这就把内定的局面搞乱了，制造了浑水摸鱼的机会。

除了报价，客户经理还得抓紧了解答标程序，这包括每家答标的顺序，答标时间长短安排，如果答标顺序和时间对供应商不是很有利，要尝试能否调整。例如有的项目答标方有10多家，答标时间需要整整两天。我们可以争取安排在最后一天，在了解每家答辩情况和报价后，随时调整自己的前期策略，做到后发制人。

答标程序中最关键的文件就是答标评分表，如果能想办法得到这个答标评分表，我们现场答标就有了依据，可以做针对性演讲。当然演讲也不能太露，让人一看就发现你是针对评分表来的，反而把你的内线操作痕迹暴露了。

答标环节如果企业领导重视并亲自参加的话，投标团队统一着装，以非常正式和协调方式参与，会留下深刻的印象。这方面类似产品演示的要求，这些细节大家可以参考产品演示要注意的细节一节。

☞ 主动陪标的游戏规则是价格一定要按操控方意思出牌。

1.15 商务洽谈

1.15.1 二次谈判合理吗

有招投标经历的人一定清楚，中标往往只代表企业要和你正式谈合同了，中标价格只能算参考，你还得做好砍价的准备。特别要是在同时报价的几家里，你价格不是最低的，中标后再谈一谈费用是非常可能的。

用专业的话说是项目价格招标中分为中标价和合同价。在发出中标通知书之后，就可以让业主和中标商进行实质成交价格和服务内容的细节谈判。企业要求供应商进行二次报价也就是合同价，这个价格是业主和中标商直接协商的，不会影响中标价格。

其实要求二次报价可以是甲方，也可以是乙方。例如现供应商认为按中标价项目利润太小,确实做不下来,导致合同难产,希望业主能给一次重新报价或调整项目边界的机会,这种事情很少见。一般的情况企业希望能更多压一压价格,要是供应商不听话,坚持不让步,企业解决办法很简单:

1)搜集一些同类企业项目价格来打压。企业会要你解释一个事实,为什么这个价格在那些企业可以做,为什么在我们企业你要出这个价格。有的供应商平时不注意在一个市场内维持一个稳定的价格体系,一旦被企业发现其他类似规模企业的成交价格非常低,谈判就被动了。

2)晾一晾中标商,宣布中标,就不着急签合同。企业认为供应商肯定是有利润的,只是赚多少的问题。如果迟迟不签合同,一般情况下是想签合同的供应商着急,而且如果迟迟不签合同,没有中标的竞争对手又看到了希望,又跑来做工作,谁不怕意外翻盘?

3)按规定顺延第二家,找他们来谈价格,制造压力。要是第二家供应商做得漂亮,第一家在这个阶段又出现低级失误,说不定真就改了中标方。

4)换个部门来谈项目费用。也许前期负责沟通的人和你谈好价格了,但企业突然来了一个采购部或者什么部的领导,他搬出企业流程以及其他供应商合作的惯例,反正不管你是什么供应商,到我这里就得砍一刀。当然这里也是用流程拖时间,同时换个人来谈,也不过度影响项目负责人和供应商的关系,把后续实施阶段相互配合的面子保留着。

二次谈判既然是很多企业的惯例,我们就得尽量去适应它。我们如果了解到企业有二次谈判的习惯,在投标报价时一定要考虑留一点二次谈判砍价的空间。

实在没有利润空间可砍,客户经理又搞不定客户,又不想放弃成交的机会,那就只好找公司申请特别的价格政策。

☞ 中标一般只是意味着你有资格优先谈价格了,不代表一定和你合作。

1.15.2 利润和成本都是谈出来的

其实价格肯定是要谈的,不管要谈还要谈得漂亮。价格谈判技巧是一个优秀客户经理的基本职业能力。对于管理软件类项目合作,在合同价格谈判中有一点原则一定要把握好。

在利润和价格面前,一定要保项目金额,我们宁可增加服务内容也不要轻易让价。

一般来说把合作边界的内容砍掉一部分,项目价格肯定要压缩。除非你事先就设计了让别人砍的合作项,那是另外一回事。但在管理软件行业,价格谈判第一原则是宁可增加工作内容,也要保护合同总额。

对供应商而言,签单能力并不是无限的,承接项目数量也不是无限的,在有限项目合作的情况下,单个项目金额越大,项目首付和阶段付款就越多,供应商的现金流情况就越好,公司才能够获得好的经营基础。

做管理软件项目的游戏规则是合同边界在实施的时候可以通融。一开始谈判就把边界砍了,损失的是合同额,而且即使你现在不答应做,到时候企业觉得有必要做,还一样用回款逼你做下来。不如先承诺下来,然后在项目实施过程中和用户讲道理,摆事实,让他们明白有多少资源才能做多少事情,在实施阶段再通过调整项目目标把边界控制住，这样供应商就相当于曲线救国，为项目争取到合理的费用来实施。

有人担心如果承诺了过多的内容，将来实施搞不好怎么办？这的确是个问题，过度承诺必然带来实施隐患，这种项目生存情况也导致做项目对项目经理能力要求非常高。项目经理光懂技术懂业务懂项目管理还不够，商务关系也要会控制，否则哪有能力来控制边界？不控制边界，项目没利润，公司还是慢慢死，更不要指望还有下次合作机会，用户再追加钱把这次砍的内容找回来。既然这个项目是赔本在做，这次做好的概率就已经大大下降了，下次合作也许是考虑换供应商了。

有的人可能认为项目边界小，利润高，这样去做结果也不错，这是不懂实施的人天真幼稚的想法。实施管理信息系统对企业而言，不做流程重组，不做业务再造，不涉及一些习惯的改变，不影响一部分人的现实利益，是很难真正成功的，这样的项目一旦实施，其实要投入的隐性成本是很高的。

项目真正的游戏规则是：企业投入越大企业高层越重视，越不能承受失败的结果；企业高层越重视，供应商在项目中申请到企业配合资源越多；只要企业越配合，项目就越有可能成功。讲一句不客气的话，越是耗资巨大的项目越必然成功！

如果想通过控制边界的方法来保证所谓软件公司项目利润，结果往往是企业觉得项目太小，麻烦不少，结果内部重视程度不够，项目没有甲方全力配合，成功的概率是很低的。能够得到一个小项目合作机会不等于后面就有机会获得一个大项目，除非你有把握让项目实施质量超出企业期望值，并有能力投入成本去做。实际上大部分供应商做不到这一点。

所以说项目利润都是谈出来的，不仅仅签合同的时候要保金额，签约实施后还会砍边界，这样项目才有赚钱的空间。

不过在合同谈判时有两点我们以为一定要坚持：

1. 不要承诺企业派最好的团队，派最牛的顾问来实施的要求

很多企业其实内心是认为供应商并不了解实施规律的，无法保证项目实施质量，实施成败和项目顾问个人能力紧密相联的，所以不少企业想在合同中约定供应商必须派哪一位顾问来实施，否则就不签约。

但尽管不少供应商都承诺没问题，实际上这都是为了签约做的权宜之计。倒不是说供应商不兑现诺言，但一个好顾问同时做五个项目质量未必就比一个一般的顾问认真做一个项目要好。

一个软件公司的实施质量要靠体系去控制，而不是依赖个人能力，企业选择供应商最后选择到某个具体的顾问或项目经理，本来就是一种糊涂的选型思维，你是选人还是选体系？何况再牛的顾问也需要公司体系支持才能发挥作用。

如果一旦养成可以让客户指定顾问合作的习惯，后果就是鞭打快牛，我们一起让最优秀的顾问不断挂帅，在越来越多的项目中折腾，要么累死在工作岗位，要么被迫离职去一家规范的企业，最后企业和供应商什么都得不到，何苦？

当然，如果企业愿意为他的额外指定支付额外的费用，例如规定某个级别的顾问来项目一天给多少钱，另一个级别的顾问来项目一天给多少钱，这种合作模式倒可以考虑，不过国产公司获得这样的信任并不容易。

☞ 成本都是谈判时承诺新东西加出来的，利润都是谈判时承诺压价格砍下去的。

☞ 过度承诺是兴奋剂，不是可持续发展之路。

2. 不要轻易承诺免费终身服务，或者在后续服务费用上故意含糊其词

按照国际惯例，一旦购买系统软件，在项目验收后半年或一年后，企业就必须按年交纳服务费，不交也不要紧，到了需要服务的时候一次补清。但很多企业认为只要自己认为软件有问题就不应该交服务费，你得把项目做好再谈。问题是如果按这个逻辑，项目永远都做不好，因为用得越好，应用面越广，需求就可能越多，而很多企业是不明白需求和问题之间的区别，只要没满足需求，那就是有问题。

按这个逻辑发展下去，大部分管理软件公司的商业模式都有问题。因为客户越多服务成本越高，老客户除了带来服务成本，带不来任何收益，这显然是让企业不可持续发展的。

所以在服务收费这个条款上，建议供应商现在可以自信一点，很多企业已经完全接受服务收费的观念，无非是用怎样的形式收大家都好操作，但千万别承诺什么免费升级、免费服务、免费增加节点一类的短期行为的条款。

1.15.3 小心翻盘

商务洽谈有一个原则，就是快刀斩乱麻，千万别拖，所谓夜长梦多，就是这个道理。有些销售以为项目宣布中标，就十拿九稳，没有立即趁热把价格谈了，合同签了，这就给对手留下翻盘的工作时间。

有经验的销售都清楚，项目合作真正算是成立的标志是首付款到位！在此之前，即使签了合同都有可能不算。

遭遇翻盘常见有四种情况，下面结合四个案例说明：

 翻盘手法：越级上告

某项目客户经理和企业负责人合作控制得天衣无缝，但输掉一方回头一想自己从头到尾都是陪太子读书，哪里咽得下这口气，想起自己做项目中无意搞到公司领导的邮箱地址，于是写了一封电子邮件，洋洋洒洒介绍本次投标过程中的不公正行为，直接发送到老总。要说老总本来不干涉这个小项目选型，但收到这封邮件后，身为民营企业老总疑心本来就重，也怕下面的人乱来过头了，坏了企业的规矩。于是要求项目负责人重新选型，亲自参与，大家从头再来。当然这种告黑状的同行是很难得到合作机会的，现在还没合作你就敢到老总这里搞项目负责人，将来合作了谁知道你会干什么不符合潜规则的事情？这种情况倒有可能让第三家捡个便宜。

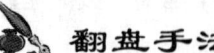 **翻盘手法：突然降价**

某项目已经中标，但企业非常在乎价格，希望中标方客户经理能有一个较大的让步，这个时候客户经理感觉已经中标，价格方面不需要轻易让步，想多争取一点利润。结果僵持期间第二中标方主动放出一个超低价格，中标方客户经理完全没有心理准备，不得不请示领导，结果一层层内部请示下来，企业早就不耐烦，觉得这家公司做事情如此没有决策力，项目也做不好，干脆就和第二中标方签约。

> 没有翻不了的盘，只有不值得翻的盘。

翻盘手法：拖字诀

某项目内部博弈非常厉害，双方实力非常接近，到最后项目给一家供应商拿下，但客户经理一时大意，当天没有落实合同，就回公司报喜去了，结果对手在企业内部支持者出了一阴招，让企业法律部和财务找理由迟迟不肯审批合同，结果一拖就是两个月。两个月后，老总想法变了，说现在经营形势不好，项目资金先放一放，结果这个项目就黄了，谁也没得到。

 翻盘手法：换人

某项目一切都没问题，已经进入合同细节条款谈判阶段，突然企业上级把项目负责人换了。新领导上任一般第一件事情终止所有前任未定项目，然后重新操作，这个时候前期商务工作又不得不重来。

举以上例子，无非就说明一个道理，行百里者半九十，商务上不能有半点大意，始终要有危机意识，抓住机会赶紧签约，争取首付到位，否则合同随时都可能出意外。

第 2 章

售后实战技能

2.1 中国式项目经理

签单难,但签单也只是完成万里长征的第一步。把项目实施成功,让客户满意,顺利回款,不断创造新的合作需求才是我们最终的目标,而项目的成功实施离不开优秀的项目经理。

国内大部分项目经理是走先业务冒尖,后被火线提拔的成长之路。这群项目经理突然要从技术能手转变为管理精英,而且很可能要同时负责多个金额不高的合同,带着一群比自己更没有经验的员工,面对刁钻的客户,坐上虚有光环的职位,项目经理才体会到复合型人才的重要性。

做项目实施,很少有一帆风顺的,即使事后再看实施顺利的项目,其过程也是复杂艰辛的。在这个过程中,项目经理在个人心态和职业理念上的综合素质比他的智商和业务能力更重要。

很多公司做项目根本矛盾不是出在没流程和规范上,而是公司能力不能适应快速发展的市场需求,是个人能力不适应项目复杂的需求。我们项目经理从来就是戴着镣铐跳舞:解决资源不足的挑战,不断提升自我能力,去创造性地解决问题。

> 很多项目经理,往往是因为技术优秀而提拔,因为管理无能而下马。

我们送给中国项目经理三句话:

1)做项目经理未必真有调度资源的权利,但一定要有承担项目失败风险的准备。

2)做项目往往需要私事公办,这样才好公事私办。

3)做项目往往要先用空间(快速的阶段性成果)换时间(更长的项目周期),再用时间(更长的项目周期)换空间(更多的项目支持和更大的阶段目标)。

这三条是我们对自己工作特点的认识,虽然很郁闷,但我们要坦然地接受它,并作为工作的边界条件。为了完成目标,作为项目经理其实脑子里每天都得盘算:要完成目标我得做哪些事情、做到什么程度、怎么交付和验证、手上的资源如何调度以及各个事情的优先级。

在很多情况下,做好项目管理的核心不是方法论,不是制度流程,不是技能素质,而是人的心态。因为做项目一定要清楚我们的工作任务就是要在市场前期过度承诺,公司缺少实际支持,团队人员能力不足,个人缺乏运作经验的情况下,尽量把项目做到验收,做到回款,做出利润,做成用户满意追加新项目!这种看似不可能的任务恰恰是我们要去做的工作。

做项目经理最要紧的就是要懂得什么叫因地制宜、因势利导,就是说只有最合适的，没有什么对错之分。一般说来，做项目是要多快好省，不过项目经理在考虑这个问题时，往往要颠倒一下顺序，成为快省好多。

要把快放在第一位，各方领导都会给你最后期限，所以保进度是第一位的；

省是第二位的，企业的根本目的是盈利，如果收入不能增加的话，至少费用要控制住；

好是第三位的，没办法，谁都想精益求精，但是，没有强大的资源保障，质量只好先牺牲了；

放在最后一位的是多，客户的要求源源不断，如何降低客户的期望值，把项目控制在一个合适的范围内，让客户从理想回到现实也是项目经理的分内工作。

项目经理的工作就是利用有限的资源把事情做到客户期望的水平。我们为什么提出要用空间换时间，因为我们项目要达成目标，往往资源是不够的，没有必要的资源神仙也做不到好结果，但资源不是一次规划就永远锁定的，是可以努力争取的。所以我们强调做项目一定要快速出点成绩，不管是硬指标还是软能力，让客户信任你的专业水准，这样我们就可以说服客户给我们更多的时间和更多的资源去取得更大的成绩，有了一个又一个阶段性成果，我们自然可以说服客户不断追加资源配合和投入，到最后项目才能成功。

项目经理要认识到实施项目的游戏规则，不去抱怨，而是建立适应这种现状的长期从业心理准备，这样才能让职业能力正常发挥，而不是在压力下压垮或者屈服无理要求（"拒绝无理要求"的专业表述方式是"沟通协调能力强"）。

我们必须认识到任何公司有四个现实是无法改变的：

1）公司是要赚钱的，仅仅有虚名但不赚钱的事情公司是不会真正支持的。

2）任何公司都是资源不足的。

3）任何公司都有或多或少的管理问题的，没有问题的公司不存在。

4）不要抱怨你的同事，他们肯定不是最优秀的，绝大部分时候你也一样不是最优秀的。

不认识到这些现实，我们很容易把项目中遇到的问题化为对行业、对公司、对同事的不满，这样的心态下，项目经理如何能有效在多个项目资源冲突的时候心平气和地去寻求问题解决之道？

好的项目经理应有三点工作态度：

有责任感：一旦承诺了目标，会想尽一切办法去完成任务，任务没有结束，项目经理内在的责任感会让他不眠不休地努力和自我成长，推动项目往目标前进。即使在项目中只有你一个在坚持努力。

抗压能力：遇到困难不是抱怨，而是把这些看作是提升自我能力的捷径。好的项目经理会在遇到困难的时候意识到遇到自己能力的瓶颈，会立即像一块海绵一样快速学习，不断让自己变得更强，直到可以游刃有余地对待所谓的麻烦。

双赢意识：好的项目经理绝对不是一个老好人，一个老好人往往不懂得拒绝，承受了过多自己不能承受的压力和责任，最终把自己压垮，把合作团队也拖垮，把项目也拖垮。好的项目经理不会一味忍让承诺，而是和用户良性互动，让用户也分担应该承担的责任，共同获得一个好的结果。

☞ 中国项目经理就是要学会因地制宜的完成项目目标。

经过无数次痛苦的磨练，项目经理慢慢就变成一个心态虽然从容，但是决不轻易放弃目标的人，项目经理会由一个被业务驱动的人变成一个主动控制业务的人，项目经理将由一个追求完美的技术人员转变为一名追求系统思考，寻求妥协的现实主义者。

2.2 实施项目管理

2.2.1 项目管理管什么

作为一个项目经理，应该知道一些关于项目管理的基础知识。这里用很通俗的话谈一谈我们的心得。

项目管理分九个维度，分别是成本管理、质量管理、时间管理、范围管理、人力资源管理、沟通管理、风险管理、采购管理和整体管理。但并非每个维度都同等重要，如果在一个项目中想把每个维度都管理好，往往是得不偿失。

项目管理的核心是对项目目标的控制，在规定时间内，在预算约束下，完成客户期望达到的结果，这就是成功的项目管理。

我们把由"时间、质量、成本"构成的项目目标常常称为"项目管理三角形"。项目三角形中的成本，主要来自于项目所需资源的成本，在管理软件项目中最大的成本往往是人力资源（包括差旅费用）成本。

1. 项目目标是可以再定义的

我们有很多项目在签约的阶段就定义了不合理的目标。如果按照这个目标去做，大部分项目的实施是很艰难的。要想让项目成功实施，就必须在合同约定目标基础上对项目目标进行再次定义。对项目经理而言，管理项目目标的关键能力其实也是在项目生命周期内不断寻求用户可接受的项目目标最优边界的能力。

项目目标管理就是找到项目中大家都可以接受成功最小边界或最优边界，而不是最大边界。道理很简单，边界越大，需要的投入越大，需要协调的资源越多，没有强力支持，这种吃力不讨好的事情注定要失败。

项目目标或称边界在合同签订时理论上已经约定好了，但一个项目经理如果只晓得按合同办事，那结果可不妙。在项目管理游戏规则中，首要的是会变通。

一个项目经理为了履行所谓合同承诺，一定要用30万成本实现100万的目标，要么拖死软件公司，要么拖死企业，这都不是明智和解决问题的做法。作为项目经理，第一责任不是去抱怨为什么市场部门又搞回来一个过度承诺无法实施的合同，而是去思考有什么办法让这个项目回到正确的轨道上，至于约束市场行为规范性的问题，不需要发泄到现在的这个项目中，毕竟项目用户都希望有一个好结果。

特别是对管理软件这类软项目，有三个因素导致项目目标是可以被再定义的。

1）在签订合同的阶段，所有的人缺乏对业务深入和一致的了解，对软件也缺乏深入的了解，甲乙方对合作能得到的结果本来就是模糊，甚至是想象中的结果，合同中往往对软件管理的边界或者本次实施的边界缺乏和供应商明确和清晰的定义，甚至在很多项目中，我们自己是在没办法定义清楚的情况下就开始合作。所以项目实施阶段调研清楚后一定要重新定义明确的项目目标。

> ☞ 我始终相信，在中国商业环境下锻炼出来的项目经理，必能适应全球化竞争。

2）大部分管理软件项目并没有卖出应有的价值，所谓一分钱一分货，售后再定义项目目标，控制实施边界只是让项目在可行的成本内实现合理的目标而已。

3）企业CIO（Chief Information Officer，首席信息官）和企业领导宁可接受一个边界被压缩的成功项目，也不愿意接受一个目标宏大却实施失败的项目。人都是很现实的，如果企业一旦意识到自己选择的合作伙伴没有能力完成全部目标，他们在强烈抱怨的同时往往退而求其次，选择可以接受的次优目标。

那么用户在一开始能接受这么多关于边界的调整吗？大多数情况下是不可能的，因为一开始用户往往对项目建立了过高的期望值，要拉下这个期望值，也得通过一点一点的工作。项目经理一上任就想动合同边界，显然容易引起用户的反感。比较好的策略就是和用户先建立信任，了解企业核心需求后，再拿出有理有据的方案一点一点地去说服客户调整项目边界。

项目经理要不断和用户沟通，和用户碰撞磨合才能取得共识，就项目目标再达成一致。有的项目要把目标压缩很多才有可能实施成功，有的项目要把目标的内涵进行部分价值置换才有可能实施成功，有的项目还要和公司博弈，增加项目目标内容才有可能实施成功，还有很多项目目标要把压缩、置换、增加三个调整手段都应用上才有可能实施成功。

要说服用户，最关键是我们先要了解我们的用户核心需求。中国管理软件项目企业核心需求是项目能成功验收，最不能接受的就是项目失败下马。对一个CIO或者相关项目负责人而言，花费几十万甚至上百万实施一个项目，最要紧的不是做了多少工作，实现了多大价值，而是在未来汇报的时候，可以给领导和同事一个结论，我们的项目已成功完成，而且确实对企业有帮助。

如果在这个前提下，项目在进度和预算方面因为种种客观原因超出了一点点，即使项目最终交付成果和当初合同原始约定内容不完全一致，都是可以原谅的。如果项目失败，固然CIO或项目负责人可以把责任推到供应商身上，但选型失误，组织不力的评价肯定是跑不掉的。在企业内部没有人会责怪供应商，而只会指责企业项目负责人没眼光，无能力。所以在这一点上企业项目负责人天然就是供应商的实施同盟军，大家最佳选择就是一起合作，把项目做好，而不是相互埋怨，相互推卸责任。

☞ 国外项目管理讲量化管理，国内项目管理讲权变管理。

2. 项目风险是可以预见并提前采取行动的

项目是在一段时间内为完成某一独特的产品或提供独特的服务所进行努力的过程。要使这过程受控我们就得清楚项目中有哪些风险，规避了风险，项目自然受控。项目第一风险就在于目标不清晰，但即使是清楚的边界，项目中依然可以遇到很多风险，如果一个项目经理不能提前预见到风险并采取行动的话，项目遇到挫败的概率就非常大。

有的项目因为实施顾问意外离职导致进度拖后，当项目经理抱怨的时候也应该问问自己，难道你就不知道IT行业中实施顾问正常流动率都很高的事实吗？即使不在这个项目中遇到流失，迟早也要在另一个项目中遇到流失，问题是你为保持团队成员稳定性做了什么工作呢？如果你从不考虑这个问题，你迟早要在某个项目中被这样的问题击倒。所谓有经验的项目经理，就是知道项目的风险在哪里，提前采取行动，甚至是悄悄地行动，把风险消灭在萌芽状态，或者使不可回避的风险造成的项目损失最小。

☞ 做项目导致养成一个职业习惯，一件事情做得太顺，心里就不踏实，一定要折腾点事情出来才踏实。

在一个项目中，能在初始阶段感觉或预判到的风险越多，项目经理就可以对风险进行分级评估，提前采取预防动作。到了项目后期你看到的风险就变成了事实，这也是对项目造成最大损失的时刻。

能够预测风险其实体现一个项目经理的经验丰富程度，越是在开始的时候项目经理越要关注对风险的识别和管理，并提出系统对策方案。

3. 项目过程是可以标准化的

一般谈到项目管理，好像就是为了一次性目标采取的一系列行为，很难加以标准化。这种认识的误区导致了很多项目经理自我设限，降低了自己对项目资源控制能力。项目管理除了九个知识领域，还应该了解5个过程组：启动、计划、执行、控制和收尾。无论在5个过程组哪个阶段，九大知识领域都始终贯彻。

对一个管理软件项目，要想做好，几乎没有例外地必须经过业务调研，解决方案定制，软件配置和验证，小范围试运行，大面积培训和推广，后期服务等阶段，这也无非是"启动、计划、执行、控制、收尾"原则的直接应用案例。我们认为这些业务行为可以直接推动项目进展，我们把这些业务行为叫工程行为，而且这些行为完全是可以结合不同行业背景加以标准化，并形成统一的技能考核要求。

☞ 项目过程可以标准化，不能标准化的是个人能力，而这个个人能力一定程度上可以决定项目走向。

但具体的项目都是有差异的，实施项目的人也是有个性的，如何才能保证每个人在每个阶段做同样的工程行为（例如需求调研）都可以达到同样的质量，或者符合期望的质量标准？这就需要管理行为加以控制，所以项目管理体系要规划"计划、沟通、检查、考核"等一系列管理行为，通过过程管理控制保证整个体系不依赖某个出色的项目经理个人能力驱动项目成功，而是靠体系的力量保证项目可以达到最低的质量体系要求，实现项目目标。把这些行为规范起来，就可以形成一个公司级别的项目管理规范。任何一个新的项目经理采用的具体工作方法可以发挥千万创造性，但有了流程约束，整个公司体系就忙而不乱，有章可循，一个新项目经理成长的速度也就非常快，如图2-1和图2-2所示。

案例：某公司的项目实施整体框架图

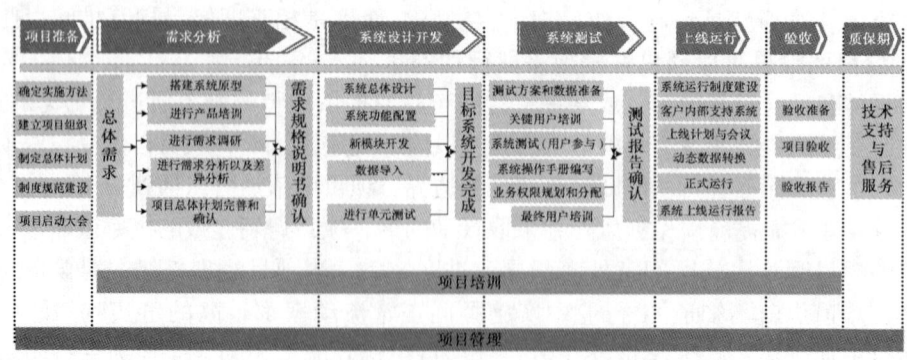

图2-1　某公司项目实施整体框架图

2.2 实施项目管理

案例：某公司解决方案定制过程活动流程图

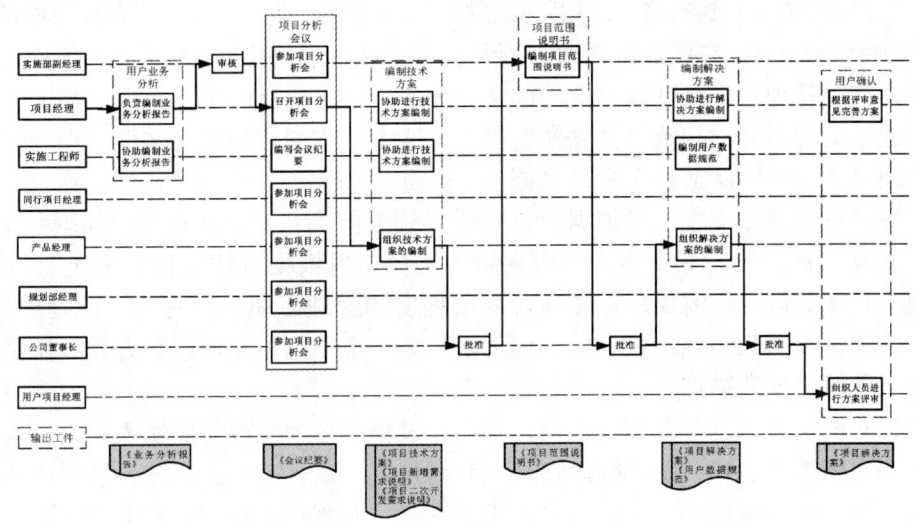

图 2-2　某公司解决方案定制过程活动流程图

点评：

定制项目解决方案是保障管理项目实施质量的重要保障，对于复杂项目，可能需要定制开发才能满足需求，这需要投入额外的资源，不能由项目经理私下承诺用户，需要公司级别决策行为，所以一定要组织召开开项目分析会，形成公司级意见。只有有了公司级意见，产品规划部门才可以在业务分析会后提出业务需求实现技术方案，依据技术方案项目经理才能写出可操作的解决方案书。

如果项目经理决定项目需要召集公司规划，开发市场，实施团队开业务分析会，而项目经理在会上对项目的情况说不清楚，对自己的要求谈不明白，将极大浪费各个部门的工作时间，所以在开业务分析会之前项目经理必须在完成《业务调研报告》基础上写出完整的《业务分析报告》，这份报告重点放在讨论项目的优先级、目标、价值点、技术重难点和开发点上。有了《业务分析报告》就可以保证业务分析会的质量，也可以控制会议时间。

写《业务分析报告》是项目经理的一项基本能力，但如何保证每个项目经理在每个项目中都写出有质量的《业务分析报告》？这仅仅指望项目经理的个人能力和责任心是不够的，因此我们规定实施部门主管要审核《业务分析报告》，主管本身也是具备丰富项目实施经验的人，可以通过审核《业务分析报告》发现项目中问题，提前和项目经理沟通，保证提交公司讨论的《业务分析报告》不会因低级错误导致会议没有结论。这个审核过程就是一种管理行为，可以约束项目经理保障工作质量，在审核过程中部门主管也可以帮助项目经理提升个人能力。

通过上面一个简单的案例我们可以看出，有了项目标准化规程的帮助，可以有效将项目过程中的管理行为和工程行为标准化，即使是项目新手，在标准化程序帮助

> 项目流程的设计是要结合行业和公司不同情况来设计。

下，也可以把项目像模像样地做下来。

4. 文档管理很重要

文档管理是对项目进行良好的跟踪和监控的一个手段，但很多项目经理把写项目文档认为是项目实施过程一种无奈的被动响应行为，并没有充分意识到文档规范性的重要。

项目文档管理首先是要建立统一的文档分类体系，所有的项目组成员都依据统一的分类建立文档的分类规范，文件命名规范，文件版本变更规范，文件归档规范。这样一个项目下来，团队成员再多，文档也不会乱。

一般项目文档分类主线是依据项目阶段来划分归档目录，例如按"立项、计划、执行、验收、服务"分五大类，然后在每大类中，再根据具体工作任务类型进行分类管理，具体如何组织需要根据你项目复杂程度和管理习惯，但有两个原则要遵守：第一个原则是在团队内使用统一的管理习惯，第二个原则是文件组织方式方便团队成员对整个项目进度的追踪。

项目文档管理第二个工作是把项目阶段性过程和每个阶段需要输入和输出提交的文档类型和模板约定好，每个阶段文档先后衔接，有输入有输出，输入输出格式也统一规范，那么一个项目再复杂，也可以用基本统一的流程去管理，每个新员工也就有了开展工作的基本参考方法，所以从这个意义上讲项目文件规范过程也是项目标准化工作的一部分。

☞ 项目中写的每个文档都要有意义，不能为了流程制造文档。

为什么大公司的一个新员工也能写出高质量的项目文档？就在于凝聚无数优秀项目经理经验的项目标准化体系和文件模板体系提供了一个高水平的平台，可以保证一个新手有方法可以参考，有文档可以借鉴，工作难度自然下降。

文档的整理和提交应该贯穿于项目管理的始终，不过在项目收尾的时候要确认所有文档都已按要求配置和归档。但怎么保证项目经理会按要求写项目文档并按时提交？在公司层面往往需要一个配置管理人员，专门监控项目经理按规定提交项目文档。

5. 项目过程分解有学问

一讲项目管理，就避免面对 WBS、甘特图、基准（BASELINE）、项目干系人和关键路径几个词。

先解释一下，WBS 是 Work Breakdown Structre 的缩写，中文叫工作分解结构，甘特图也有横道图、泳道图等很多变种，其实就是在 WBS 的基础上将 WBS 形象化，便于了解项目进度。WBS 做好了，以后工作就有了参考物，你就知道在不同的阶段你应该干什么，完成到什么进度，在不同的项目中，WBS 的划分是没有定规的，主要的考虑角度是方便你做各类的统计工作，为管理服务。同样的一个项目其管理的侧重点不同，WBS 结构的划分也可能是完全不同的。

☞ 有的项目经理的 WBS 分解方法是找一个好的项目的 WBS，然后把自己的项目套上去，这怎么行？

一个好的 WBS 分解必须把握五点：

（1）WBS 所有计划是甲乙团队成员共同讨论后确认的结果

项目经理必须通过 WBS 分解告诉大家项目总目标是可行的，是可以通过一个又一个小阶段目标的实现走向最终辉煌的胜利。因此计划的分解不是项目经理一个人拍脑袋的产物，我们就要和每个项目核心成员充分沟通，让他们也理解 WBS 按这种模式分解而不是按另一种模式分解的道理和利弊。如果项目经理没有努力说服大家认可和支持项目目标，团队是不会共享愿景，发生化学反应的。

（2）WBS 中的目标是个好目标

不论是总目标还是阶段目标，应该让每个项目成员感觉到是跳一跳才能够得着的，不会做不到，也不会太轻松完成。这样的目标才是一个好目标。

同时在 WBS 中每个阶段工作目标还应该用文字进行精确化表述，让每个人对每个阶段工作目的有明确和无歧义的共同认识，能够被清晰定义是好目标的另一个特征。

（3）WBS 里的里程碑事件应是项目进入一个阶段，不能倒退的标志

在项目中要设置一些里程碑事件，这个里程碑事件的设置条件应该是可以保证项目不会开倒车，走回头路，把方案推倒重来的事件。

一个错误的里程碑划分方法是把一些项目中发生的大事件当作是里程碑，我们要注意避免"开过会就当落实完"的工作思维。我们必须确认项目的里程碑一旦达到，项目就无法退回到里程碑之前的状态。例如"项目启动大会"作为里程碑达到的具体标志，绝对不是大会结束，而是是否在大会上约定了双方项目组资源，责任和配合方式，并得到执行。

（4）WBS 分解粒度和项目成员能力和能动性相匹配

在项目计划中，任务分解到什么程度合适恰恰是一个项目经理对团队掌握能力的体现。

一般而言，WBS 中计划分解得越细致，具体工作就越简单；可胜任项目工作的人越多，完成把握越大。

但在复杂项目中，不可预期的因素太多，分得过细往往是计划过死，而且也不利于员工个人主观能动性发挥，显然这里有一个度的问题。

这就要求项目经理能把握每个项目组成员的特点，了解项目突破的关键瓶颈和障碍，这样才能编制出大小合适的任务包给不同的项目组成员，对于有经验的配合默契的成员，可以适当把任务包给模糊一点，监控结果即可；对缺乏经验的新手，要把任务包主动给详细一点，还要提供任务完成的质量标准，加强过程监控，这样就不会出现他们在做的时候出现无所适从的局面，而且能感觉到自己在项目中有提高。

（5）知道关键时刻重点资源投入

做出 WBS 分解不是目标，WBS 是保证项目有序执行的工具。在很多时候，项目中是有瓶颈的，对于瓶颈，一个好的项目经理应该意识到靠个人或几个人一点点突破很难，不如采取狼群战术，集中甲乙方足够的资源快速突破项目的瓶颈期，保证项目阶段目标快速实现，然后逐步撤出资源，实现企业自组织运行。

在很多项目中瓶颈期间仅仅靠软件商团队推动是不够的，必须发动企业力量参与，当软件商投入资源增加了，企业投入往往也会同比增加，利用这种双方资源最大化的机会突破一些项目中的难点，是项目经理必须掌握的借势技巧。

6. 灵活处理项目变更

项目中经常遇到客户提出变更请求，项目经理对合理需求也不至于完全不响应，但是也不能让他们觉得很容易响应，养成有问题就提变更的习惯。因此项目经理要建立变更申请登记表和变更申请表，并让客户签字走流程，让他们意识到变更是要付出成本的，不能想改就改，不能以为软件真的就是随便写几句代码就可以解

项目计划分解得越细，往往就越不真实。

决问题的。

如果在一个项目进行过程中，用户提出一个新功能，你发现如果再多花一点时间就可以编写出对以后其他项目都非常有用处的程序，但这个程序不在本项目范围之内，你要不要做？这就是考验项目经理智慧的地方。

我们可以说不能做，你可以重新起一个项目来做，但不能在这个项目里做，这样会使我们的项目成本超出，风险增加。我们也可以说能做，但这样你就得承担项目延期的风险（也许即使没这个开发我们项目都要承担延期的风险，不如用这个做人情让用户认为，他们的变更需求对延期也是有责任的），我们也可以说考虑一下，然后告诉他做这个功能就必须放弃另一个功能需求。总之，项目经理的判断力在这个时候就非常重要，做还是不做，是依据如何响应可以让项目更有效推动的前提上。

7. 项目沟通的 3∶4∶3 比例

为了让所有的人都知道并认可项目目标（它可能在不断微调中），项目经理几乎要和用户在项目中从头博弈到尾，这就是为什么我们说一个合格的项目经理应该不少于 75% 的时间是用来沟通的原因。

由于沟通的时间太多，分量太重，项目管理标准理论中也将项目沟通管理单独列出来作为一项技能。我们提倡 3∶4∶3 项目沟通比例，30% 的沟通应该是情感沟通，建立和企业项目组成员的信任和感情；40% 的沟通是业务沟通，建立企业项目组成员对自己的专业认同；30% 的沟通是项目管理沟通，包括对边界、成本、进度、资源等多方面的协调。没有第一个 30%，用户不会轻易给你让步；没有第二个 40%，用户不会轻易相信你的说法；而最后一个 30%，反而可以让一个项目由事倍功半的状态调整到事半功倍的状态。

2.2.2 从技术转向管理

 是项目就有变更，要原则性和灵活性相结合。

项目经理从哪里来的？一般是从业务尖子中转过来的，简单的说都是从技术岗位转型过来的。一个具有技术思维的人转型为管理思维是非常困难和痛苦的一个过程。那么对于大多数技术人员，在向项目经理或者部门经理转型时，是需要脱胎换骨的蜕变的。

技术人员往往在遇到业务问题是习惯性思考如果我来实现怎样的功能，这个问题应该可以得到解决，但管理人员的思维模式是这个问题是如何产生的，它真的是一个技术问题吗？

很多人习惯性说不，不愿意主动为事情结果负责。具体地讲就是习惯性"不停地辩解"，例如说这个项目不能完成是软件版本没有及时发布，那个项目没有完成是用户项目经理换人了，还有一个项目我们已经验收了，就是商务自己拿不回钱，总之我们的工作都做到位了，没有什么大的失误，但是结果不理想不是我的问题。有这种思维习惯的大有人在。找一个人当替罪羊，拉一个理由当挡箭牌都很容易，但这反过来说明你拒绝承担责任。如果你是一个不肯承担责任的人，试想一下，你还会让人相信你是一个好的管理者吗？

正确的回答是：这个项目很麻烦，我来（正）想办法解决它，如果能得到哪些方面的资源我就更有把握，不过这可能额外增加多少时间和成本。

从技术人员转向项目经理,要完成自我角色认知转变才能成为优秀的项目经理。很多技术人员初做项目经理,遇到问题就想尽量不求人,自己来推动,毕竟沿用过去的经验,有很多工作只要认真做就是工作量的问题,自己去推进自然可以保质保量的完成,那么这个时候项目经理忘了一个基本道理:领导是因为看到你的工作能力才让你做项目经理,但领导并不希望你再复制你过去的努力,而是希望把你的好的经验复制到你的团队,让他们也能像你一样去独立工作,这才是一个项目经理的最大价值。认识到自己是一个管理者,而不仅仅是一个业务能手,这是新项目经理要完成的自我角色认识转变。

一旦有了这种转变,项目经理就意识到要管得住人,才能把自己的意志不仅仅通过自己,也通过团队贯彻到项目中,才能更好的保证项目执行。这个时候自己优秀的业务能力并不能保证给自己带来管理权威,所以聪明的新项目经理会抓住一切机会主动系统地学习各种知识,快速使自己的知识面变得完整。除了关于业务和项目管理的知识外,项目经理一定要了解很多软知识,例如:

① 如何沟通才能在自己公司内提高流程执行效率?
② 有哪些可以争取的额外资源投入(自己做、外包、并行开发、加班、封闭开发)?
③ 如何争取内部资源?
④ 如何提升内部团队士气?例如在项目中如何合理安排成员加班且保持士气?
⑤ 如何和商务经理协同作战?
⑥ 如何和团队成员,公司领导同时,用户有效沟通?
等等。

 案例:管理软件项目经理的八大软技能

☞ 项目经理最大的软技能就是善于沟通和学习。

很多人都总结了做管理软件项目经理需要的技能,这也说明仅仅业务出色还无法成为真正的项目经理,除非你掌握了足够的软实力。

1. 了解用户核心需求的能力

所有的项目经理都需要知道如何才能够了解用户的核心需求,因为这同自己的管理职责密切相关。核心需求的内容广泛而复杂,和技术有关但不全是技术内容,不管自己在项目当中的发挥直接作用多大,作为一名项目经理,你都有必要了解用户在本项目中的真正需求,而不是简单凭借经验完成任务,只有在此基础上才能做出"正确的事情"。太多的项目经理在制定"项目计划"之前都没有真正了解客户的目标和需求,如果项目经理在制定计划时由于缺乏了解客户需求的技能而"错过了真正的目标",项目可能会陷入反复、延期、成本增加、人员流失的黑洞。能快速了解用户的核心需求是项目经理专业知识的一个重要体现。

2. 制定业务蓝图的能力

想要成为一名优秀的项目经理,你必须要能够确定自己的目标,并且制定出业务蓝图,让你合作的用户和手下的员工了解你希望大家通过努力能取得的成绩。当你描述的业务蓝图越清楚、越细致、越可操作,整个团队才能建立对项目未来的共同预期并投入到项目中来。项目经理此时就要担负起自己的职责,领导整个小组向着目标

第2章 售后实战技能

前进，能够制定出计划并且清楚地向自己手下的员工说明每个阶段我们将得到什么结果，每次结果的兑现都会强化手下的员工对你的信任和更高执行力。

3. 制定计划的能力

一旦知道了自己想要实现的目标，成功的项目经理会知道如何去制定计划，以实现自己的目标。这意味着项目经理要不断评估眼前的形势，知道哪些事应该摆在优先的位置，制定出大胆而又切实可行的计划。对于一名想要取得"真正的成功"的项目经理来说，制定计划是一个非常基础的步骤。但可惜有太多的项目经理没有能够重视这一点，他们往往是用模板在做计划，而不是用头脑和事实做计划。在这种情况下，他们所取得的工作成绩要比实际能够取得的成绩小得多。拥有制定计划的能力，通过可行的计划来实现项目的目标会让你承担更多的工作职责，有效的计划也表明你是一个积极主动而不是一个消极被动的人。

确定计划并以此来衡量每个小团队或成员工作表现是非常重要的。成功的项目经理能够通过计划，以明确的方式来衡量小组的每个人工作表现，并且通过灵活的方式反馈信息来改进团队成员的工作表现。当计划确认被关注和执行，所有的人才会真正地重视计划并坚持执行。

4. 组建团队的能力

成功的项目经理知道组建一个有深度而又有技能的团队的重要性。既要知道如何改进现有的团队，又要知道如何白手起家，建立一个新的团队。所有优秀的项目经理都有根据手头的工作任务建立一个有力的工作小组的能力，有正确预计未来工作需求以使整个小组做好应对新挑战的准备的能力。强有力的项目经理甚至能够在无法组建自己手下的员工队伍情况下，通过和用户合作搭建项目团队，通过管理用户团队来完成任务。

☞ 让团队成员都服从调度，这是新项目经理最难突破的关口。

组建团队还包括激发团队成员的工作热情，如果团队成员工作热情得不到有效地激发，团队成员就无法在工作中发挥出自己最大的能量。成功的项目经理总是能够对员工进行强有力的领导并激发他们的工作热情。成功的管理人员知道如何发挥他人的潜质，这是一项非常重要的技能。

5. 集中使用资源的能力

如果想要取得成功，项目经理有必要在项目某个阶段集中公司所能提供的最大资源，包括人员、资金和技术资源，来处理最关键最重要的事情。公司技术资源的使用要同项目目标和回款保持同步，集中资源就一定要得到集中力量办大事的效果，否则集中资源没解决问题的口碑会让你丧失今后调度资源的能力。

6. 贯彻"客户服务"理念的能力

对于任何IT公司来说，高水平的客户服务都是非常重要的。成功的项目经理会在团队的心目中贯彻一种客户优先的文化理念——不管是内部用户还是外部客户。对外我们理应让我们的客户满意，对内我们也应让我们的同事满意，这样未来他们才乐于为我们项目团队提供更多更好的支持。优秀的项目经理知道自己公司存在和个人发展是由于客户愿意认可项目成果并支付验收款，甚至提供长期服务合作的合同。这也正是成功的项目经理要致力同客户建立长期的出色关系的原因，变一次性项目为长期合作。

7. 应对变化、进行项目管理的能力

项目经理能够以可以预见的有效方式制定出项目计划是所有IT经理开展工作的基础，但计划不如变化快，任何时候项目经理想要取得成功，都要对项目风险（各种非计划内的变化）进行有效的管理。

迅速地改变自己的固有意见，适应项目的发展变化是一般项目的常态。每一个项目经理都要适应这种不断约定不断推翻不断螺旋前进的节奏，并带领整个团队习惯甚至享受这一曲折的过程，否则不能有效地应对变化会影响项目经理职业心态，情绪乃至技能的发挥，在项目进行中产生挫败感，甚至无心继续项目的实施。

8. 有效沟通的能力

成功的项目经理能够通过多种不同的方式同不同的客户和员工进行沟通。通常，项目经理职业生涯的成功在很大的程度上依赖于有效的沟通技能。想要成为成功的项目经理，必须能够同各种人进行有效的沟通，既包括技术人员也包括非技术人员，要同企业领导交换对项目进展状况的看法。很多项目经理就是因为做不到这一点而极大地影响了自己的工作成绩。

以上八种能力都是成为一个优秀项目经理必需的，到了某个阶段，团队成员认为你是一个优秀的项目经理并非你在业务上最优秀，而是你对项目具备掌控能力，大家跟着你做项目，心里踏实。

2.2.3 谁是好项目经理

读了PMP未必就能成为好项目经理，评价一个项目经理是否优秀，恐怕还得有自己的标准，原因很简单：

第一、中国还不是一个信用社会，而是关系社会，我们对承诺的履约意识并不可靠，我们很多时候不是简单的隶属管理，或者雇佣管理，而是信任不信任的问题；

第二、很多人还缺乏职业精神，有些人对守时，按规则，按计划办事等职业化精神并不真正形成文化认同；

第三、有些项目往往有灰色利益，不能不考虑这些因素的影响。

这些因素在发达国家商业环境中可能很多都不可能存在的，或者已经有解决的制度设计。这些条件还不完全具备，所以照搬国外的方法实施项目不容易做好的原因部分在此。

大部分管理软件项目经理主要把握四个方面的工作：

1）整体资源协调

好的项目经理一定要让自己亲自去协调的事情越来越少，逼团队成员独立去解决问题，这样一个项目经理才能够同时管理尽可能多的项目。

在中国一个项目经理能够同时管理尽可能多的项目意味着公司有限的宝贵的核心资源响应市场能力得到增加，公司创收能力得到提升。

2）业务需求把关

软件项目中需求和边界的矛盾是永恒的话题，项目经理对涉及业务、技术、边界的冲突，要能够在复杂局面中快速拿出相对最合理和最优的方案，快速推动项目前进，而不是走入死胡同。

3）负责项目回款

☞ 我很遗憾自己不是PMP，如果我系统学习了PMP，我的确可以把项目做得更好，但仅仅读了PMP，是无法做好项目的。

第2章 售后实战技能

仅仅带过N个项目但不负责回款的项目经理不是完整的项目经理,在中国项目经理不去管回款,项目里有很多事情你是不能完全和真正理解的。一个合格的中国项目经理一定是亲自做过项目并回款成功的人,一个优秀的中国项目经理是要回过很多项目回款的人。

项目经理对项目质量负责,对项目进度负责,对项目成本负责都不如对项目回款这一条管用,项目经理的收入应该最终可以和回款挂钩。如果项目质量很糟糕,为什么用户还愿意给你回款?把核心目标直接集中到公司关注的现金流上,通过压项目经理回款,提升项目经理对项目的服务意识,这是很自然的道路。

4)带领团队成长

好的项目经理要把手下带出来,当手下成员可以独当一面,项目经理才能有精力控制更多的项目,否则项目经理将局限在项目中无法成长,你的团队也无法成长,这种困局是无法持续的。所以好的项目经理不怕手下超越,就怕手下不超越,到了一定层次,技能不是最重要的因素,而是领导者的眼光和胸怀。

所以作为公司衡量一个项目经理优秀不优秀标准很简单:

第一、你能同时做几个项目而不失控?

☞ 能回款的项目经理才有影响力!

第二、你是否能最小化开发的情况下解决问题?

第三、你的项目是否都有回款甚至追加合同?

第四、你的团队成员半年后一年后是否都成长为独当一面的人才?

这四个考核标准是逐层拔高,代表一个项目经理业务能力不断提升。

2.3 高层沟通

众所周知,信息化工程一般是"一把手"工程,没有高层领导的支持,信息化工程很难有可观的结果。甚至业内有一种公认的说法:项目成功与否取决于一把手重视程度。事实上,这种认知在这些年也开始从软件公司导入到客户单位。在与客户进行交流时,很多客户的各级领导都已经开始理解并表示支持将信息化工程列入"一把手"工程。但在具体实施中,中国大部分企业"一把手"都很难优先在行动上重视信息化。这也就是为什么很多项目经理都将项目得不到一把手重视、推行过程阻力太大作为项目失败的首要原因。一把手支持就是给政策给资源支持,对大项目资源就是钱,对小项目资源就是能干的人。

但一把手投入多少精力来支持信息化项目,在很大程度上取决于项目经理对高层的说服能力,有经验的项目经理会投入相当多的精力争取企业和软件供应商双方高层的支持,以帮助项目获得更多的资源保障。

☞ 一把手经常来参加这个项目的会,就意味着一把手重视这个项目。

一般实施顾问更多和技术人员、中层干部接触,缺少和高层领导沟通的经验,因此对项目经理而言,能否将有效沟通的层次提高到高层,是项目经理区别于一般技术型实施顾问的重要特征。

2.3.1 一把手工程

在企业中自上而下驱动业务,直接贯彻高层管理者意志的任务执行往往是最快最有效的。不过要说服高管脱离正常流程支持某个具体项目目标是很不容易的，因为高管都知道轻易破坏企业管理游戏规则需要付出长期管理成本。

管理良好的企业一般是通过自下而上的流程去驱动基础业务，高管更多关注战略业务层面工作，然后安排执行。管理不佳的企业一般是通过自上而下的流程去驱动基础业务，高管不得不投入精力在业务部门调停争论，而投入到解决问题中去的精力则大打折扣。

因此需要高管来推动的业务有两种：第一种是非常紧急和重要的业务，按照常规的业务流程评审过程将使事情复杂化，失去敏捷的回应能力；第二种是牵扯到多个部门利益的新问题，暂时无法通过流程达成一致的处理方式，也就是中层无法决策或达成一致的事情，请高管决策。

一旦出现这两种情况，我们每个人都应该清楚这样的事情就不能再埋怨、等待、观望，必须立即行动，让高管明了情况，综合决策，给出直接处理意见，作为今后工作中的指导，并争取在今后业务中形成新的业务规范。

而在这种请高管出面的业务中，其实只需要高管做一件事情，那就是了解现状和面临的问题，用非常容易理解的方式说明解决该问题的价值，然后提出几种可选方案，每种方案的优劣对比，大家对每种方案的意见，高管只需要根据自己掌握的情况决策支持哪一种而已。

2.3.2 为什么得不到高管支持

很多人就一件事情想出了一个很好的方案，感觉对企业未来发展或事情解决很有价值，但这个方案仅靠一个部门或个人力量驱动是不行的，需要高管支持。这时候很多人就急于想找高管谈一谈，希望高管支持个人的想法，结果汇报后并没有得到想象中的支持，进而觉得怀才不遇，高管无能，后来工作中也就失去激情。

事情真的是这样的吗？

事实上大部分人之所以没有获得高管的支持，是由于没有掌握和高管沟通的职业化方式，用错误的方式和高管沟通自然无法得到认同。

和高管沟通常见有四个错误：

1. 没有清楚的文字报告

很多人属于冲动派，一有问题就急于给领导反映，并希望领导立即拿出高明的决策去解决问题。这种工作热情是很好的，但方法是错误的。

领导一般都很忙，很难有足够时间听每一个人去汇报某个方面甚至是某个细节的工作。而且领导知道，最大的错误就是决策错误，如果要在很短时间内决策一件事情，其实是要冒巨大管理风险的。越是大企业的领导越是避免随意拍脑袋的印象。

口头汇报、立即执行是创业型企业老板的作风，这种作风在遇到一个执行力和直觉判断都不错的领导时，能给企业带来巨大的成长可能。但是一旦企业规模大了，风险也就大了，再冲动的企业领导也会学会理性决策。这个时候领导就非常不愿意仅仅听从口头建议去决策比较重要的工作，当然如果是一些小事情，给下属一个人情让他更努力工作的例外。

大凡领导都喜欢处理正式的文档。比较重要且需要多个部门协调的事情和领导最

☞ 写成文档，高管也未必认真看，但他们喜欢这种正式的形式。

第2章 售后实战技能

合适的沟通方式是先提供一份成形的文字报告，请领导事先过目后再约时间口头汇报，这样领导对相关工作就有一个基本判断。

很多人也清楚领导的习惯，也认真准备了文件，但文字报告结构不合理，这样的文档依然没有效果，如表2-1所示。

表2-1　四类问题报告

类　　型	问　　题
过长的文档	给高管写的文字一定要在三四页纸甚至更短的页数内陈述明白问题
善于发现问题，却没有解决办法	高管的问题够多了，他们需要解决方案，这种报告除了给高管带来烦心感外没有什么大的价值
条理不清 逻辑结构混乱	没有掌握金字塔文字汇报结构，高管看不出你要表达什么，又或希望我做什么
本位主义，没有全局角度思考	只从本部门看问题，没有系统分析利弊，高管会觉得信息量太小而无法决策

给高管的汇报可以参考附录G《问题汇报结构模板》的结构。

2. 内部没有达成一致意见

很多人报告交上去，也引起了高管的重视，并组织了专题会议讨论。有些人认为会议召开就万事大吉了，其实不然。会议如果无法在内部达成统一意见，高管也会重新考虑你的提议，除非高管已经下定决心，就是要通过会议统一组织意志。

常识告诉我们：意见不一致的事情很难执行。如果高管并没有就问题的解决方案下定决心的话，他也不会强行推行意见不统一的解决方案。如果高管内心不赞同你的意见，他也会有意制造意见不统一的会议来间接否定你的要求。

有过投标经验的人会知道，一个项目的中标绝不仅仅依靠在投标现场的表现，而依赖于开标前大量细致的沟通工作，进而获得大量的支持。开协调会其实与投标会类似。如果你必须要让自己的提议通过，那么在召开协调会之前，或者在提交报告之前，你就必须做大量工作，和所有可能参与或影响解决方案的人交换意见，换取支持。这也是表现项目经理的人脉维护和沟通能力的时候。经过一轮轮沟通，你知道至少可以让哪些人支持自己，哪些反对自己的人会用怎样的理由扼杀建议，可以有怎样的对策和说辞去化解，将负面影响减低到最小。

经过充分的准备和沟通，往往会使主流意见高度一致，即使有一些反对意见，也可以一一化解，或者采取相应措施使方案更为全面。这样的会议，结果会水到渠成的促成高管支持自己的行动方案。

3. 没有选择合适的时机

有时，报告确实引起了高管的注意和深思，甚至会立即约建议人进行单独工作汇报。为了有效进行汇报，建议项目经理得到高管电话后一定要找一个不容易被干扰的时间进行汇报。如果汇报经常被打断，汇报质量将大大下降。

因此，得到领导召见的要求后，一定要提出反要求，建议是否可以在一个时间充裕、领导不忙的时候，这个时间安排也会增加获得支持的概率。汇报工作时要求：

1）简单明了，问什么答什么，不要扯远。

> ☞ 高管否定一个人的最好方式是在企业内部找到你的反对者，不是我反对你，是你的方案说服不了大家。

2）和书面材料保持一致。

3）尽量用客观语气谈问题，要体现出自己逻辑分析过程。

4. 带有情绪的汇报

汇报和打小报告比较明显的区别就在于汇报人是否带有强烈的主观情绪。

一个人如果在工作汇报中带有强烈的主观情绪，一般情况下反而很难得到高管的支持。高管希望下属能提供客观、全面、理性的分析和建议，而不是抱怨、指责和推卸责任。

很多人在汇报工作时往往不能就事论事分析问题，而是不由自主精心准备了一顿情绪发泄。越是想让高管支持你的想法，越是要用理性的语言进行汇报，而不要在文字或发言中带有明显的情绪和攻击性。

切记：理性、客观的汇报工作是任何一个明智高管欢迎的作风。

 案例：公司内部汇报案例

项目经理小李接到一个客户写的汇报材料，请其帮助改一改。

原文：

申　　请

根据公司内推进 ERP 系统和 PDM 系统的要求，我部门需提供大量的产品及工艺基础数据，而且还要负责数据的准确性以及更新维护等工作，特此我部门申请增加两名数据管理人员，专职负责此工作。具体理由如下：

档案管理需要。我公司目前技术档的管理水平，难以达到 ERP 系统的管理要求，现在借助 PDM 系统的实施提高技术档的管理。如果 PDM 系统的数据依靠每个设计人员自己进行录入、修改、维护，会因为个人的操作、对数据的理解不同，难以保证数据的一致性、准确性；而且每一个技术人员都可以修改 PDM 内的数据，数据的安全性得不到保障，也不便于管理；其次技术人员在完成纸质档的编制、处理工作的同时还需进行电子文件的修改、更新，增加的工作量较大，难以保证数据的及时更新。所以我部门建议增设两名数据管理人员，对技术人员提交的电子版本文件进行核对，一人负责产品数据的修改和维护，一人负责工艺数据的修改和维护，两人互相校对，确保数据的准确。同时根据 PDM 内的资料及时更新 ERP 的相关资料。

恳请上级领导予以考虑批准。

技术部
××年××月××日

你建议小李该如何修改这份汇报呢？

 点评：

汇报材料本身内容没有什么问题，但组织上存在一些问题。汇报材料确实做到了简洁，但层次不清，排版不明，对问题描述过于悲观化，一些技术问题表达过于专业化，可能不利于高管做出判断，如果就这样给高管，肯定很难获得支持。

改动后的材料如下组织：

第2章 售后实战技能

关于推动公司PDM项目后续实施方案

公司相关领导及主管部门：

在IT部和技术部以及某公司配合下，技术部已经完成PDM软件技术配置工作，截至某月某号入库各类产品总成结构220个，零部件2730种，工艺文件243个，软件功能得到全面验证，技术人员也经过操作培训掌握各项功能使用，达到全面上线运行要求。（评注：此处增加前期工作情况说明，说明我们不是没有做工作导致各种无法推进，也主动在企业高管面前肯定各个部门工作成绩，没有打小报告的嫌疑，在今后工作中便于进一步得到业务部门的支持，而且非常清晰的量化数据让高管感觉到的确做了大量工作。）

根据目前项目实施进展情况，在进一步推动录入新设计产品结构同时，必须保证将现有设计图纸依据现场更改情况准确进入PDM系统，并作为企业今后唯一法定设计数据标准，这是我部门拟订今后实施工作重点，也是加强技术基础管理工作一项重要保障措施。

而且公司目前技术档的管理水平，难以达到ERP系统的数据要求，必须通过PDM系统的实施提高技术档管理水平。（评注：在这里说明项目的价值，高管原来是不关注本项目，但关注技术部门管理改善，让高管了解到我们整个项目是纳入技术管理改善整体目标，而且是有整体思路，不是心血来潮的动作。此外暗示高管最关注的ERP项目如果没有PDM项目提供基础数据，难以上线，和高管现在最头痛的工作关联起来，让高管意识到问题的严重性。）

根据公司内推进ERP系统和PDM系统的要求，我部门需提供大量的产品及工艺基础数据，而且还要负责数据的准确性以及更新维护的工作。鉴于企业目前技术数据管理实际情况，由技术人员自主完成技术数据归档会存在很多问题，难以达到管理要求：

1) 依靠每个设计人员自己进行录入、修改、维护，会因为个人对业务的理解不同，难以保证操作和数据的一致性及准确性。

2) 在目前公司现场更改极为频繁的情况下，如果授权每一个技术人员都可以修改PDM内的数据，数据的安全性得不到保障，也不便于管理。

3) 技术人员在完成纸质档的编制、处理工作的同时还需进行电子文件的修改和更新，额外增加的工作量很大，难以保证数据的及时更新，这就无法达到技术部门和ERP实施管理要求。（评注：在这里对问题进行单独分段排列，可读性大大增强，同时增强业务描述，帮助高管联想问题不得到解决的严重后果。）

由于以上原因，PDM项目在完成结构维护之后，技术部不能有效继续推进技术数据入库工作，实施工作实际上陷入僵局，这是目前我们迫切需要解决的问题。（评注：一定要说明问题的严重性，不要只谈表面问题，不谈问题对核心工作的影响。）

实际上，如果能够通过PDM系统建立系统的电子数据归档制度，将能从根本上有效解决目前困扰公司技术部门管理最大问题，也就是指导现场技术档和技术部发布的资料版本不一致的问题，此外对ERP实施能保证及时提供基础数据。（评注：增加了价值描述，吸引高管注意力，同时把资料准备和ERP实施挂钩。）

为实现以上业务管理目标，我部门建议增设两名专职产品数据管理人员，负责对技术人员提交的电子版本文件进行核对。

其中一人负责产品数据的修改和维护，一人负责工艺数据的修改和维护，两人互相校对，确保数据的准确。同时负责依据 PDM 内的资料及时更新 ERP 的相关数据，保障 ERP 系统上线也可以获得准确的基础数据。

为此我部门已经在内部经过充分讨论，拟订了《电子技术文件及图纸管理标准（草案）》，如能设置新岗位，可以立即按照《管理标准》要求执行相关业务。同时我们也和某某公司协调好对新岗位的后续培训工作，保证新岗位员工可以在最短时间内进入工作状态。（评注：说明我们对问题的解决方案，也顺便谈谈我们的准备工作，让高管看到我们内部已经达成一致，并进行了细致工作。）

根据以上情况，我部门申请通过内部调剂增加两名产品数据管理人员，专职负责此工作，恳请上级领导予以考虑批准。（评注：突出需要高管批准的内容。）

技术部
××年××月××日

2.3.3 汇报工作有方法

作为乙方项目经理，应该考虑在项目过程中有机会就向甲方高管汇报工作，让高管了解我们的工作内容和成绩，才有可能支持我们的工作，做不到"早请示晚汇报"，至少也要被高管关注到。

一般而言，企业内部是有项目组的，他们也希望项目工作成绩能让企业高管关注到，因此项目经理要考虑工作汇报是自己上还是谦让给企业项目组负责人。企业项目负责人经常汇报项目业绩，将来就没有退路反对项目，或者在项目遇到困难的时候推卸责任。但有些问题属于企业内部不方便去讲，这个时候供应商项目经理就要当仁不让出头，发挥"外来和尚敢念经"的优势，大胆去讲。

我们说高管喜欢看正式的文档，除了重要的事情，我们汇报工作未必处处要用文档的方式。项目中很多事情口头汇报，利用边角余料的时间给领导吹个风就足够了，不一定要拘泥正式的形式。

经常汇报工作不是为了争功，而是为将来项目验收做个铺垫。一个项目高管除了启动大会时有所了解，平时什么都不清楚，你以为最后验收时他会很爽快？难！

有时候，比如你提交的报告想给领导（包括本方领导和客户领导）做一个选择题，结果领导不清楚什么原因就是压住不批（也许就是事情多忙得没精力关注），让你无所适从，结果在等待中拖延了进度。

这时候项目经理要注意留记录，标明是谁的流程责任；另外如果在开始阶段就和领导商定：如果批示提交三天后没有得到领导答复就算对方同意，这样你就会主动很多。再比如不同的事件，遇到审批流程问题，有些事情可以理解为汇报过就可以执行，只要最终事情结果可以受控，领导也只会认可，因为已经汇报过，但这种暗中给领导施加压力的处理方法一旦出了漏子，项目经理就要做好承担责任的准备。

☞ 文档是正式且不可少的，但要想汇报起作用，估计还是要靠吹耳边风来加强。

2.4 启动大会

很多信息化项目在刚刚签约后，企业会主动要求召开一个启动大会，以期引起企业内部的重视。即使企业不主动要求开启动大会，项目经理出于让所有参与部门认识到项目的重要性，取得高管支持的目的，也要努力争取召开一次大规模的启动大会。

2.4.1 非开不可

大多数软件公司售前介绍的实施方法中一般都会将启动大会定为必要的步骤。国外软件公司参与的信息化项目中，特别是在 ERP 项目中，召开启动大会是必需的过程。

为什么一定要召开启动大会呢？召开启动大会是不是真的就降低了项目风险？国内软件公司参考国外的方法，高调召开启动大会是否合适？很多项目经理对启动大会不以为然，认为只是走过场、走形式并无实际意义的一个会议而已。其实不然。

有经验的项目经理在筹备启动大会阶段会依据商务人员的情报，重新分析企业的组织结构模型，弄清楚整个企业人员之间的微妙关系，确定自己的盟友、合伙人和需要沟通说服争取的对象，然后结合企业组织特点，小心而有效建立自己的专业人士形象。

在这个项目难得的"蜜月期"内，项目经理要想尽一切办法和企业项目关键人物建立私人友情，成为一种合作搭档关系，而不能简单停留在一般工作配合层面，这也许是一种文化特色：项目实施过程中，有时候公事需要用私人感情寻求突破，有时候私事要用工作场合来光明正大地满足。

如果没有交情，恐怕大部分项目经理项目中遇到困难时就难以突破。所谓交情，也就是当你在某些事情上遇到压力时，有人和你一起承担责任。获得交情需要感情投入，在启动阶段，利用塑造友善、热情、积极的专业人士形象是获得这种交情的最佳途径。结交朋友的方法很多，在项目中，把企业看做资源、把用户看做朋友的意识反而是最关键的。

有很多项目经过长期磨合后，苦尽甘来，最后项目经理才和用户成为朋友。但是如果项目经理一开始就寻找机会争取用户的好感甚至结成朋友，一起在项目中共同承担责任和压力，对企业的项目将增加多么大的支持力量和成功希望！

做项目的过程就是和用户交朋友的过程，朋友多了路好走。

对于召开启动大会，企业和软件供应商是有不同的内在需求的。

对于软件供应商而言，由于很多项目在售前阶段主要是通过商务工作推动的，对企业业务并没有深入的了解，那么等到了现场立即筹备召开启动大会其实存在较大风险，因为实施团队还没有了解整个项目的复杂程度，还难以表现出对项目的驾驭能力。

此时项目经理一定要非常清楚，项目启动大会只是个形式里程碑，召开启动大会的核心目标是在项目前期完成后，组建一个得到企业各个层面认可的项目团队，而且要约定好整个项目团队（包括企业内部成员）之间沟通制度，并取得和各个部门的业务界面认可。

在启动大会上，项目经理代表整个团队给企业所有参与部门介绍整个项目团队和工作方法，企业权力部门表达对项目团队和项目工作方式的正式认同。

项目启动大会必须要传达两个重要信息：第一、企业领导对项目的重视和支持，体现"一把手挂帅"；第二、向所有将接触到项目的员工介绍双方项目团队成员和工作制度，树立项目组成员的执行权威，让大家配合工作。

对企业项目组而言，启动大会应该让企业项目组明确认识到高管对项目的支持、期望及考核压力，同时如何将这些压力和期望转化为动力，促使企业项目组全心投入到项目实施工作中。

启动大会也是对前期IT部门选型工作的认同，同时要让企业各个部门意识到自己未来工作中需要抽出精力配合信息化建设，甚至暗示信息化建设部分内容将成为所有相关部门的考核内容，以确保项目能够顺利进行。

一个项目开始阶段最关键的工作不是明确项目目标（项目的目标可能在合同中已经明确约定，也可能需要后期经过调研明确），而是建立团队。好的团队是一个项目成功的一半，没有高质量项目团队作保障，信息化项目往往不会很顺利，因此必须在项目启动初期多花时间找到合适的项目组成员，这是项目启动阶段最重要的工作。

项目经理不要把组建项目团队当作是一次性可以解决的问题，要有随时动态调整项目组成员的意识。

案例：

软件公司项目经理小李开始负责一个新的企业信息化项目实施。该项目召开了隆重的启动大会。启动大会上，客户单位高层领导发言了，相关部门也都表态支持。客户单位的IT部门也提出了对各业务部门的要求。小李和实施顾问小彭作为软件供应商专案组成员也到会和大家一一认识。会后，客户各自回部门做各自的业务，就等项目组来调研了。

点评：

一般而言，项目组是指整个项目团队，应包括企业项目组成员和软件供应商专案组成员。但实施的实际过程中，用户单位甚至很多软件公司项目经理也常常将项目组默认为软件供应商专案组成员。

如果一个项目在启动阶段就没有发现合适的企业项目组成员参与，那么他想在项目后期再拉用户参与就太难了。有经验的项目经理应该一进入企业就随时注意沟通和交流，发现好的企业人才一定要主动想办法通过各种途径请进来、挖进来、调进来，充实到项目组。

> 好的项目也要有好的团队来实施，靠个人推动很难坚持。

2.4.2 启动大会讲时机

启动大会看起来是个形式，但会议的成功与否对项目实施难度还是有巨大影响的。企业（特别是IT部门）客观上也欢迎这种场面宏大的形式，那么到底是不是每个项目都需要开启动大会呢？

如果一个项目合同金额足够大，不用提醒，企业自己都会认真组织、布置，召开启动大会，大家都可以感受到企业对项目重视程度和按进度要求完成项目的压力。对于很多上国外软件系统的企业，花费的资金绝对够得上让高管关注，或者获得的知名度和影响力也足够可以让高管参与。

但是在以下几种情况下，可考虑不开启动大会，或者当项目实施到一定程度时再召开启动大会。

1. 弱势软件公司签下了过度承诺的合同

国内软件公司绝大部分都是弱势公司,即使是一些产值很高的公司都不见得比一个国外小公司产品有影响力。

弱势公司为了击败强势公司,往往会用较低项目金额承诺一些定制开发。而强势公司完全可以要求企业按照其产品进行业务流程重组,尽管很多时候依据国内外咨询公司建立的新流程也未必高明和实用,实施效果也未必好。

这种过度承诺的项目从实施角度来看风险很大,很可能在项目启动后很长一段时间,软件供应商都很难拿出合适的产品到现场实施。此时,必须低调处理项目启动大会,甚至暂时不召开启动大会,在项目找到可实施路径的时候再召开启动大会更合适。

2. 金额很小的项目可不召开启动大会

有的企业虽然签订了一个复杂的合同,但投入的费用其实很不对等,供应商出于种种原因还是签订了合同,此时指望供应商提供强大的后续支持不太现实,因此项目经理尽可能不扩大项目影响,这样可以在合理条件下调整项目边界,使之可以达到可承受的成本范围内。

如果召开一个高调的启动大会,企业主管领导又号召大家动脑筋、提建议,发动面越广,项目需求越可能控制不住,此时高调的启动大会不但不能帮助项目顺利启动,反而很可能造成项目走不下去,企业的投入全部报废的后果。

在这种情况下项目经理完全可以和企业沟通,低调起步,等项目取得一些成绩,得到企业各方面认同后,通过企业适当追加费用,把项目顺利完成。在这种情况下,低调反而是对项目的一种自我保护,会屏蔽掉很多不必要的干扰。

3. 工具化、产品化的项目可不召开启动大会

现在上三维设计软件的企业很多,花费达到几十万的也不少,很多时候远远超过管理系统的投入,这里不讨论这种投入比例是否合适,但一个奇怪的现象就是,很多企业并不为这些花费很高的项目开启动大会。

原因很简单,工具型培训掌握的软件是没有实施风险的,业务部门很清楚掌握这些工具对业务和个人的好处,会比较自觉地按领导要求去接受培训,在截止日期之前掌握软件,根本就没有召开启动大会动员的必要。

同样如果我们应用的是非常成熟的业务和系统模块,也可以快速调研、快速安装、快速培训、快速见效,那么也不需要召开启动大会,最多只需要召开一个推广大会,业务部门强化培训一段时间即可。

简单的项目将形式搞得过于复杂,只会增加双方项目组的组织沟通和时间成本。

4. 具备良好信息化实施经验和管理规范的企业不需要开启动大会

如果企业的信息化工作已经成为一项日常工作,已经具备大量信息化项目实施经验、有良好的实施团队、信息化已经成为每个部门标准工具和日常流程中一部分的时候,再上一个新项目就不需要启动大会这种形式了。

5. 经过充分磨合的用户可不召开启动大会

有的项目是老用户追加,再增加比较大的投入合作新项目,与软件供应商队伍的磨合之前已经完成,新项目只是扩大应用深度,可以看作是历史项目的不断深入,此时也可不

 启动大会基本上是形式主义,但可以充分利用这个形式达到我们想达到的目的。

召开启动大会。不过在新项目业务流程验证完成后可以召开一个新项目上线动员大会。

6. 无法摆平内部关系的项目可暂不召开启动大会

有的项目商务阶段过于复杂，选型结束后企业内部仍然存在矛盾，此时如果立即召开启动大会，很难快速化解各方矛盾，启动大会必然就流于形式了。这种情况下项目启动大会可以稍为缓一缓，创造出一些条件后再召开效果会更好。

项目启动大会既约束企业，也约束软件供应商。企业对供应商专案组有合同约束手段，反过来软件项目组也一定要让企业项目组受到内部考核机制的约束，这样双方才能在启动阶段认识一致，同心协力完成项目实施。如果从启动阶段开始，企业项目组就变成软件供应商的监工，大部分时间用于检查软件供应商的工作，指责他们进度的拖延，而不配合软件供应商调度资源、推动进度的话，那么这个项目失败的风险就被增大了。

2.4.3 启动大会的技巧

除以上列举的特定情况下，启动大会可以不开或缓开，那么绝大部分项目都是要召开启动大会的。在企业没有这个意识和要求的情况下，项目经理更要主动要求企业配合召开启动大会，而且要按照项目实际来筹备启动大会。

启动大会的召开要确定好会议形式、时机、参加人员和会议宣讲内容。一般有以下注意事项：

1. 要选好时机

举办启动大会的时机应根据项目情况灵活选择。启动大会作为是一种号召大家大面积快速参与项目的宣传和推动手段，不见得要在启动时开，也不见得只开一次。

如果在启动大会上要介绍项目应用后的效果、对各个层面有什么效益、什么时候可以见到成效，这些问题应取决于对企业业务的了解程度，完全可以在业务调研启动后几天内进行。有时候也可以把启动大会的时机安排在所有软件安装到位后再考虑召开，也可以考虑在培训试用结束后召开。

☞ 项目经理最怕一个项目启动，停滞不前；再启动，再停滞不前。郁闷！

项目启动大会召开后，项目团队一定要利用这个时机安排一些需要大家全力配合的工作，争取高管的直接支持和驱动。例如项目组成立不顺，就必须赶紧找相关要害部门领导争取资源，企业对系统没有基本认识的必须赶紧做启蒙培训，需要进行业务调研的必须赶紧和各个部门约人约时间配合，总之不能大会之后，半天看不到动作。否则，所有人都会认为项目启动大会不过是个形式，项目配合度就很难保障了。

2. 要开筹备会

开好项目启动大会的关键是前期和企业高层领导充分沟通，了解领导的设想，并让高层意识到项目的价值和难度，以及让领导清晰认识到如何支持项目，为今后项目的实施取得支持建立定期回馈管道。

因此，在召开启动大会之前项目组应该开一个筹备会，明确启动大会召开的准备事宜和各项细节，再分头安排准备，不能立即进入启动大会的准备。这个筹备会其实是项目团队成员真正成为一个团队的磨合过程，对项目经理评估团队能力和管理复杂程度非常重要，要充分利用。

☞ 我们常常为了开好一个重要的会，而开很多小会，这点麻烦是省不掉的。

3. 要确保有高管参与

启动大会就是项目经理利用高管影响力驱动项目节奏的武器，没有高管参与的启动大会会暗示会议不受重视。启动大会时间必须协调高管行程安排，确保高管能够及时参与。特别重要的项目应该确保双方高管都能够参与，以示重视。

4. 要设计发言

在启动大会上还要组织高管和项目经理的发言。很多启动大会召开时，高管发言讲什么非常重要。此时可能企业高管还不是特别了解项目系统的关键作用，只是了解并相信这个软件蕴涵的理念是企业需要的，这需要双方项目经理沟通后，根据实际情况向领导建议发言内容后加以设计。

此时软件供应商项目经理也不一定特别了解企业流程，在介绍管理思路和实施周期都有不确定的感觉，而项目经理往往会安排一个比较长的发言时间，讲什么就很值得斟酌。

建议讲三个方面内容：

1) 如果项目团队组建非常顺利，项目管理制度非常完善，应该重点宣讲各个部门如何依据项目管理制度进行工作配合。

2) 如果企业项目还没有进入状态，团队组建还不顺利，可以重点介绍软件公司实施方法，让企业知道什么阶段他们需要配合做什么工作，哪些工作软件供应商团队在现场做，哪些不在现场做，让大家对整个工作套路有所认识，并强调成立专门实施团队的重要性。

3) 如果企业对太虚的东西没有兴趣，而且对企业情况有比较深入的了解，可以重点介绍在其他企业实施过程中的一些经验，以及预期可以在我们企业取得的效益，引发大家对项目参与的兴趣。

5. 要正式隆重

正式首先体现在所有参加人员必须接到正式会议通知，按企业重要会议进行纪律考核，否则项目组就无法树立权威；其次体现在参加人员齐全，不一定要搞全厂大会，但涉及部门的分管领导，业务骨干一定要参与；最后会议如果要发布一些文件，文件下发程序也要正式。

6. 要简洁明快

启动大会有企业大量业务部门人员参加，在允许的时间范围内，整个项目启动大会节奏一定要简洁明快。

启动大会尽量避免讨论一些需要较长时间沟通的业务问题，否则很容易造成会议议题发散，大家对会议印象不好，对整个项目也会失去信心。

2.5 调研分析

 领导重视不重视一个项目，要看领导参加不参加项目的会，参加的时间够不够长。

最有经验的顾问也不可能了解所有的行业，个人经验和行业业务背景对成功调研有较大作用，但不是全部。有经验的调研人员和没有经验调研人员最大的区别在于是否有工作套路去完成调研工作。

2.5.1 实施调研的生命周期

调研工作可分为三个阶段：

第一个阶段就是调研准备阶段。这个阶段要完成调研计划的确认、调研背景资料的准备两方面的工作。

第二个阶段就是现场调研阶段。这个阶段要根据计划完成各项调研工作，取得用户认同。

第三个阶段就是调研后续工作落实阶段。调研结束后往往要准备产品配置、解决方案编制等工作，所以调研结束后一定要趁热打铁，把后续工作落实到一定程度再做其他工作。完成了这些工作后调研工作才能算结束。

2.5.2 这样调研要不得

1. 调研计划不够细致

很多人在进行调研计划安排、落实具体活动时，往往只有这么简要的几句：某年某月某日在某地某部门进行业务调研。这样写计划要么是项目经理不清楚调研从哪里下手，只好先这样凑合出份计划，到了现场后再走一步看一步；要么就是项目经理自以为有一些调研经验，知道如何处理，所以在写计划时偷工减料。

一份好的计划应该是可操作、可执行、可让用户看明白的。一份详细的计划作为项目正式实施的开始，正是恰到好处地体现了我们的专业背景和职业素养。

建议计划不妨细化到每天上下午时间段分别调研哪个部门、需要怎样资历的人员配合、需要配合多长时间、将了解哪些方面的业务问题、需要准备哪些相关数据等。这样也便于用户领导提前配合安排。

还有一点必须要明确的是，写一份详细的计划并非一定要让调研时间变得很长。任何调研工作都不可能一次把所有情况搞清楚。实际上，在项目中要有随时调研的意识，一旦发现新的事实和历史调研结论不符合，马上可以重新完善我们的调研结论，进行相关调整。每次调研都应有一个成本的概念。调研对内只是获得可以进入下一阶段工作足够的信息，只要达到使下阶段工作可以顺利启动目标时，调研就可以结束。

有时候一两天的调研只要能达到这个目的，调研同样可以结束。

2. 没有认真进行准备

调研要认真准备，说来容易做来难。很多人调研前的准备工作都是很随意的。没有经过认真准备的调研，到了现场很可能对各种突发情况措手不及。从应付各种用户刁钻古怪的问题的角度而言，调研准备永无止境。表2-2列出了所有现场调研准备工作内容。

表2-2 现场调研准备工作内容清单

序号	准备工作
1	如果有的话，一定要认真阅读商务合同和技术协议
2	认真阅读前期技术方案和各类备忘录，确保后期工作质量一致性
3	和项目前期人员（咨询顾问、客户经理和平台主管）充分沟通
4	熟悉公司已实施的相近项目的情况，启发思路
5	熟悉相关软件产品的最新功能及发展方向，了解产品的发展方向，现有和近期可实现的功能
6	了解企业所处行业的行业特点、竞争态势、产品研发等特点
7	准备同用户交流时的软件业务原型或演示文稿，有必要时主动交流收敛用户的思路，引导项目边界
8	准备企业业务调研问卷，按SPIN模式设计问题

☞ 调研时间拖得很长，往往是因为自己对企业的业务缺乏把握，不得不花费很多时间去了解企业认为是常识的细节。

第 2 章 售后实战技能

(续)

序号	准备工作
9	编制业务调研计划并得到用户确认
10	准备业务调研流程培训材料,让用户知道我们的调研方法和思路,用户才好配合
11	各种专用和常用软件安装盘和加密狗
12	笔记本电脑和笔记本(不是总可以用电脑的)
13	常用行业样例及标准配置数据,用户很难提供明确需求的时候,用我们在别的企业的成功样例启发和引导
14	公司各种流程管理文件。遇到一些用户提出麻烦或不合理的要求时用公司流程去拒绝
15	可能涉及业务难点培训数据和问题集
16	公司小礼品

3. 立即进入调研状态

很多人非常努力,一到现场,就开始按计划进行调研工作。其实到现场第一件事情不是启动调研,而是再次确认调研计划。虽然很多企业和你通过电话,口头认同了计划,但只有调研者到现场了才会真的重视。所以我们必须要重新确认计划,保证我们需要的调研配合资源已经落实。

确认调研计划后要主动要求见一见企业负责的领导,很多时候企业也会安排见面。

和企业领导见面首先要汇报计划,请其再次确认,并请其协调资源安排人员配合。很多时候被调研人员不愿意配合我们进行调研,因为这样可能会影响他们正常的工作或者有其他顾虑,但是当调研工作是领导的任务安排时,他们配合的积极性就高了。

☞ 先拜码头搏感情,再谈困难搏支持,这是百试不爽的中国式调研启动沟通方式。

很多时候领导也不能立即协调完所有的工作,这时候可以要求领导配置一个专门的联络人,由他进行联络工作,可能的话,也要求其全程参与调研,这样的人会给调研带来极大方便。

如果时间允许,在汇报计划的同时也可以给企业领导汇报我们的调研工作方法,先做什么后做什么、每天需要如何开始、要花费多少时间调研、花费多少时间整理调研内容、是否要开一次业务分析会、需要哪些人参加等等。让企业领导觉得我们做事很有套路,同时请其提出意见,做相应的客户化调整。领导明白调研思路了,也就知道我们这些天的工作量很饱满,很有组织性,会输出怎样的成果,也就对调研工作有信心并积极支持。

此外企业领导可能提出一些要求,例如进行培训或者其他要求,我们可以根据实际情况确定是否要进行或者不进行。此时就有可能需要调整计划内容和时间。

很多时候,领导看待一个项目的角度和高度和下层被调研人员的理解是不同的,通过汇报的机会,项目经理和领导交流其对项目的想法,是有助于我们在调研工作中判断一些业务需求是否真的符合企业领导的构思,并寻求更好的方案。

从调研的角度,了解不同人员对同一个项目的需求也是调研工作的一个内容。领导层往往是管理性思维,业务层往往是技术性思维,两种思维达成一致才能设计出一个好的方案。这些都需要通过调研获得。

和领导沟通最有效方式之一就是"多请示，多汇报"。一般领导看过的东西不如口头汇报的东西印象深刻，汇报也是建立认同的手段。因此调研前最好利用和高管见面的机会约定项目中后续汇报工作的机制。不能天天找领导汇报，也不能不汇报，这个时候就可以请示领导隔多长时间安排一次当面汇报或书面汇报。多和领导见面，多用肯定语气沟通，就会让领导不断强化对我们的积极印象，逐步将感情的天平倾斜到对我们有利的方面。

首次和企业领导汇报工作原则上一定要言简意赅，不要表现自己，让领导建立对自己的专业认同感就达到目的了。一个领导对体现出专业技巧的人，他是一定会继续提供见面机会的。所以不要追求一次搞定企业管理层，这都是极为有害的冒进思想。低调切入，调研过程中收集足够事实，通过汇报机会逐步让领导加深对项目经理的印象，让其认可自己思路的合理性和创新点，这才是更稳妥和合理的策略。

和企业领导见面还可能存在一个时间不确定的因素。所以在调研准备阶段进行计划确认时尽量先保证这个时间，如果到现场时间不能保证，必须留机动调整的可能，一般情况下可以先进行企业历史、企业现状、网络硬件、组织机构等方面的业务调研，了解这些方面内容也可以为和领导见面时提供沟通的素材。

负责IT项目的企业领导一般不是企业的最高领导，企业领导是依据企业规模和项目规模动态确定的，一般选择汇报对象的原则是选择对项目直接分管的领导。

4．没有预约时间、没想好调研开场白

进行具体调研业务前，首先和企业调研协调人确定今天的调研计划和资源到位情况，如果万一今天计划安排的配合资源不到位，要主动给企业调研协调人几个替代性调整方案，其负责落实到位后才能放心地开展调研。

和被调研用户提前预约调研时间，既尊重被调研用户又让被调研用户有所准备，从而保证调研质量。安排用户配合调研工作，在可能的情况下，一定还要得到其直接主管领导的确认，让访谈者顶头上司出面安排会面会保证调研者的积极性，让他不必担心调研影响正常工作而导致直接领导不满。

这些工作铺垫后还不可以开始调研，而是要针对所访谈的对象，再一次回顾自己要问的问题，理清发问的思路，不要想到什么问什么。想清楚后就可以开始调研了。

和被调研对象见面不要三句话不到就立即进入主题，必须有一点点铺陈才能展开调研。这个铺陈包括三个方面：

第一是自我介绍，表达我们是想通过调研为其业务设计好的信息化支持手段的合作者，有时候还包括极简短的公司介绍（调研者也是公司的活名片）；

第二是了解被调研者的背景，对其配合调研表示感谢，顺便奉承一下，例如说："能得到您这样有经验人员的配合是我们非常高兴的事情！"让其有一个好心情开始配合调研工作，特别是领导安排配合的调研工作就一定要点明，让其意识到配合调研工作耽误的时间领导不会责怪，也让其更加重视和配合调研工作；

第三是对调研总体内容和时间有一个说明，让其配合时做到心中有数，乐于协助。

5．不断地问问题，唱独角戏

很多人在开始进行调研时准备了一份业务调研问卷，所以在调研的时候就按照调

☞ 领导说平时你好好做，没事就不要直接找我，这话有时候千万别当真，让领导知道你的项目的一举一动很有好处。

研问卷开始提问。这个方法对刚开始做调研的人是很有用的，可以帮助他在对业务不熟悉的时候不至于无话可问。

但这样调研的后果就是调研者在唱独角戏。调研者不停地提出问题，被调研者不断的回答问题，好象成了一种审问和被审问的关系，这样的调研状态虽然可以收集大量信息，但从调研角度而言，不是最佳的选择。

真正有经验的调研者首先是向用户了解整个业务过程，在具体业务过程中顺便了解我们想重点关心的问题。被调研的用户如果没有经过精心准备是无法回答很多具体的问题的，他也不知道你为什么要问这些问题，这样的问题问多了，用户一定很厌烦，也会产生一些戒备心理。但是所有用户一定很熟悉自己每天进行的业务，并知道业务中他感觉比较痛苦的一些问题。所以调研的方式应该是站在用户的角度了解业务，有了一个对业务的总体认识，再了解细节也就更深入和细致。

所以好的调研者要充分地让用户讲话，自己只是在提话题，让用户有兴趣有心情把自己知道的事情完整有序地讲出来。这样交流的好处是用户对熟悉的业务可以很自如地进行表达和沟通，而不至于让整个交流变成一个单向的信息收集，交流的气氛会越来越好，问题也会越谈越深入，而不仅仅停留在一些准备的表面问题上。很多问题在一次业务沟通中就交流完成了，不需要反复去问，节约了调研双方的时间。

> 调研要让用户开口说话，而不是顾问一直在问，那就麻烦了。

一个单元业务问题问完后要立即主动复述用户所讲的业务和过程，让用户确认调研人员已经理解他所说的内容。当用户发现自己讲的内容可以被调研人员理解并接受的时候，他会很高兴的。第一觉得自己没有白讲，第二用户就开始认为调研人员也是比较熟悉业务或者有能力熟悉业务的人员了，第三如果发现复述有什么不对，可以立即纠正。

所以调研不是调研人员的独角戏，而是以用户介绍为主，调研人员只要起到引出话题、复述内容的作用即可。一个滔滔不绝的用户往往是一次成功调研的特征之一。

可以在快结束会谈时再提出一个相对敏感的问题，这个时候用户比较放松，有可能乐于回答一些一开始不愿意回答的问题，顺便多了解更多的信息。调研结束后一定不要忘记感谢用户的帮助！

最后有时间，还可以请用户审核我们的调研记录，修正我们理解上的一些错误。

6. 调研时有选择地问问题

有的调研者在调研阶段非常小心，特别是在其对自己软件不足之处有足够了解的时候，总想在调研阶段引导用户，接受自己的系统，绕过这些对自己产品不利的地方，这也是一种错误的做法。

> 调研过程要引导用户说出需求，但也不要让用户发散自己的想法，这个度很难把握。

案例

项目经理小李在调研过程中发现一个客户非常关注编码的问题，而企业的编码想实现编码规则，软件公司现有的产品肯定无法满足。小李花了很多时间说服企业项目负责人，指出企业现有的编码也是够用的，没有必要在启动阶段花费如此大力气折腾编码，项目负责人最后接受了他的意见。小李用这种办法婉拒了很多客户需求，也就不投入精力进行这些方面的调研了，这样操作对吗？

📢 点评：

控制用户的需求是合理的项目边界管理方法，只要和用户进行过充分沟通，达成共识，小李的做法是无可厚非的。

但如果在调研阶段发现用户认为是很有价值的问题是公司目前不能解决的问题，并不等于说服用户后调研工作中就可以回避。合理的需求总是要冒出来，与其回避，不如先主动搞清楚，汇报给公司后群策群力，看看到底有什么办法可以解决。

如果有选择性地问问题，就会遗漏一些关键性业务，这样对调研整体质量有影响，在后续制定解决方案工作中容易遗失业务环节。

如果确实不想引发用户一些天马行空的问题，或者的确不想引发他们高度兴趣的问题，也有合理的回避方法，不过不是通过不调研达到，而是以单独认真记录，但不提供在正式文档的方式规避。很多用户的很多需求都是一时灵感，没有经过认真思考，呈口舌之快，过了也就过了，不形成文字记录，用户自己也不记得自己说过什么了。

如果真是关键问题，会不断在后续阶段再提出来的，这个时候再确定写入正式文档也不迟。

此外越是有公司产品明显不能解决的问题，越要调研清楚，搞清楚来龙去脉，为公司今后产品发展提供完整的需求建议。作为一家负责任的软件公司，首先要承认自己的软件不可能解决所有的问题，但一定要在发展过程中逐步解决更多的问题，调研时都回避问题，不就使公司产品失去了发展的机会了吗？

7. 立即就问题提供解决方案

有的人在用户提出一个疑难点的时候，很希望把自己的产品特色完全展示出来，花了大量时间讲自己的卖点和特色，给用户做了大量启蒙工作。

其实调研过程不是做解决方案的过程，调研就是为解决方案奠定基础的，过早在调研过程中提供问题的答案是不适当的。

立即提供答案往往是临时思考，没有经过全面分析，可能有几个亮点，但很难形成整体打动别人的决定性力量，反而浪费了调研的时间。

做项目不是一个人在做，而是一个团队在做，如果没有在团队内充分沟通就向用户提供了自己的思路，可能会给整个团队统一实施思路带来干扰，解决方案一定要在内部达成一致才能提供给用户。

所以调研过程中不要过多花费精力介绍我们的产品，而是做一个好的发问者和聆听者，用耳朵去听、用心去想、用大脑去分析用户的信息，去发现有价值的内容。

8. 不注意收集异常的事实，挖掘背后的需求

很多人做调研，问问题很积极，沟通也很有技巧，但就是缺少一些职业敏感，很多很有价值的信息用户已经说出来了，就是不注意。一般多次调研的人很容易发现很多业务在不同的企业都是一样的，渐渐在调研中失去新鲜感，其实调研不是简单了解企业业务流程，而是要找到业务流程中的问题。用户请我们来就是准确发现问题，然后再提供解决方案的。

如果听到一件和流程不符合的事情，或者和管理预期不符合的事情，这些就是异

☞ 调研阶段一定注意让用户关注自己的业务，而不是先炫耀自己的解决方案。

常的事实，值得我们高度重视，深挖穷究。为什么会产生这样的事情？原因是什么？有没有进行过解决尝试？一层一层了解下去，就像剥笋一样，最后把事情分析得很透彻了，问题的解决思路也就出来了。

有价值的问题往往是隐藏在意外事故之中的。

如果我们不关注细节，不收集大量事实，等我们真有机会见企业领导的时候，我们又怎么让企业领导相信我们可以找到企业的病根，并有好的解决思路呢？唯有大量的事实会帮助我们说服企业领导支持我们。所以在调研过程中要随时分析现有流程存在的问题，而且一定要找到事例证明问题存在，并事后分析可能存在的改进点。打动用户的力量就在于你对其业务了解的程度！

 案例：为什么返工这么多？

在某项目调研中，项目经理注意到企业介绍说图样审核后打回重新设计返工率高达80%，因此希望通过强化审批工作流管理解决问题。不过这么高的返工率在正常企业根本是不可能的，为什么会导致这样的结果呢？项目经理没有忽略这个事实，经过深入调研后发现企业大量招聘刚毕业的大学生做设计，这些年轻人不但缺乏设计经验，而且都没有标准化意识，绘图基本规范都没统一，而企业一直没有整理标准化图样库和模板库，大家都是随便找图样复制修改，结果没有规矩不成方圆，图样不断出现低级错误。

基于这个认识，项目经理果断调整项目目标，把走项目管理流程改为整理标准化模板和标准化图样库，结果项目实施半年后错误率下降到10%左右，企业非常满意。

如果项目经理没有对异常数据的敏感，还是按合同目标约定走工作流，基础能力没跟上，工作流再强大也没有抓住问题本质原因，是对症不对因。

9. 关键业务只询问了个别人意见

一些业务在整个调研工作中占据重要分量，而且涉及多个业务部门，这个时候调研就要记住"兼听则明，偏听则暗"，一定要把业务涉及不同部门的意见都听到，也要把不同人对同一业务描述进行对比分析，从中能发现很多问题。

> 从早调研到晚，那你用什么时间来总结和思考呢？

不可因为觉得调研内容很饱满或者时间紧张而只做单点调研，关键业务一定要从其他人那里不断得到印证。不过再问第二个人的时候，就可以用主动复述业务的方式，请其重点指出不对的地方，加快调研进度。

10. 每天调研工作时间太长

有的人有把调研工作都完成后才开始写调研报告的习惯，认为这样有整体感；有的人每天从早调研到晚，只用很少时间整理调研记录。这些都是不好的调研习惯。

其实每天有效调研的时间一般尽量不要超过四个小时！对每个个体一次访问的时间也尽量不要超过两个小时！

四个小时的调研内容是需要用同等长度甚至更长时间整理才能将获得信息组成体系的，所以在每天的调研计划中，必须要和企业沟通好我们自己的工作方法，保障我们整理调研内容的时间。不要让用户以为我们每天没调研的时间就没有工作。实际上四个小时的调研内容往往要用掉八个小时整理成文。

如果要想控制每次调研时间又不至于遗漏关键信息，比较好的方法有两个：

第一是将要调研的问题结构化，建立结构化的问题可以方便自己快速把调研信息转换成调研记录，也容易防止遗漏问题。问题结构化就是针对一类业务将一组相关问题形成一个开放性和封闭性的问题引导区，这样在短时间内可以把一个业务快速搞清楚，被调研者也容易顺着业务思路解释。

第二就是尽量不要一个人调研，而是应该两个人调研，如果两个调研者中有一个是企业项目组成员就更好，因为大家可以一起在调研，可以互相补充可能会遗漏的问题。而且可以一个主问，一个主记，合理分工，提高单位时间内的调研生产率。

调研完成后要及时迅速把调研内容转化成文字，而且要转化为结构化文字，不是用户说什么我们写什么。这样做有很多好处：

第一、避免遗忘，好记性不如烂笔头，调研过程中不停把信息记录在本子上，但可能还是有一些遗漏，必须趁着大脑有印象的时间，赶紧补记下来；

第二、写记录的过程很容易发现一些自己感觉清楚但实际上并不清楚的内容，这些内容马上可以形成第二天的问题进一步确认，把调研逐步推向深入；

第三、每天写清晰完整的调研记录，可以立即回馈给用户确认修改，用户也会认可我们的职业精神和专业水平，而且每天都看到具体的工作内容记录，工作成果也容易得到确认；

第四、回馈给公司相关同事，让他们立即提供回馈意见，以便调整调研进程；

第五、整理的过程就是对企业问题深入思考的过程，是一个很有价值的脑力劳动。

有的人想在这些方面偷懒，不随时注意整理调研信息，最终调研报告质量就不会太高，缺少深入的分析，也就不能为后续工作提供有价值的信息。

11. 只重视正式沟通，不重视非正式沟通

调研工作特别是正式调研中有些问题并不方便了解，所以调研工作还包括一些非正式场合，这些场合适合调研者问一些相对敏感或者自己有看法但没有把握的问题。所以调研不仅仅在工作计划中所列的走访、座谈、会议等形式中，也在和用户一起聚餐等非正式沟通活动中。这种非正式沟通信息一样很重要，而且往往是企业的真实运行信息，和正式调研得到的信息正好可以互相印证。

在非正式沟通中，调研者还可以和企业一些人建立友好的关系，为今后工作奠定良好基础。所以好的调研者不仅仅是一个专业人员，在非正式场合也是一个可以让别人说话的人，这样的调研行为才是完整的。

12. 一次调研就企图锁定需求

很多项目启动后只轰轰烈烈进行了一次深入调研，就开始配置开发实施，忙得不亦乐乎。好像把企业问题搞清楚了，接下来就是实现和解决的阶段。

实际上，很少有人能够在短短几天内把企业的问题全部搞清楚，即使你努力进行了半个月甚至一个月的调研，在实施过程中你还是会发现项目团队对很多问题的认识依然不够深入，不够完整。这个时候，项目经理应该意识到，我们依然还需要进行调研。项目团队绝不可因为是大规模调研完成了，对此后的调研就随意进行，不留记录，不进行确认。事实上这些调研信息要随时记录、确认并最终完善到项目解决方案中。可以这样说，信息化项目中始终要有随时开始调研的意识，如果我们承认信息化

☞ 做调研就要学习海尔的"日事日毕、日清日高"，每天调研的数据每天整理完毕，不要过夜。

需求是无止境的话，那么调研也是无止境的。

正确的需求是系统成功的关键。预先锁定需求的假设前提是用户不经过系统实践的过程，就能预先精确地提出所有的系统需求。

某些简单软件或者具有极高技术水平的用户还是可以的，但是一般情况下用户只对其目标和需求有模糊笼统的认识，许多细节都不清楚。要求一个只有初步设想的用户或个别用户负责人准确无误地说出全部需求，显然是不切实际的。

用户为了证实和细化他们的设想，往往需要在某个系统上持续不断地学习和实践。特别是在大型管理系统软件上，即使是经过深入细致预先锁定需求的工作，当人们实地观察和使用了目标系统后，也常常会改变原来的某些想法，对系统提出一些新的要求，以使系统更加符合他们的要求，事先锁定需求的方式其实也会经过多次反复调整，甚至有可能完全失败。

用户变更需求是正常的，因为在用户没有实际操作过软件之前，无论你怎样描述，都会有对软件功能理解不一致的地方，可能是技术协议上书面文字表达一致但对实际软件操作理解不一致，可能根本就是不用知道哪里适合自己的需求。

我们的问题不在于要求用户不变更需求，而在于找到一种方法让用户认同软件能发挥作用，当有新的需求时通过使用软件建立的信任关系重新形成新的业务，这也是调研时要保持的一种理念。

13. 不重视收集企业表单报表

管理软件需求调研过程中要特别注意收集客户的单据和报表。不仅仅要收集这些报表，还要求根据这些报表了解每张表格起什么作用，填写什么内容，移交给那个单位或部门，每个单据表格每项填写内容的来源是什么，填写格式规范是什么，数据约束要求是什么，自动计算公式是什么，从哪里收集原始数据，提交给哪个部门做何应用等等，都要一一了解清楚。

所有表格最好是收集一份空白表格，再收集一份带典型数据的单据和报表，如果客户数据涉密，就手工填写一份类似真实的单据，并且记录下单据的更新频次、来源、去向、收集时间、收集人、被收集人及电话，将一份份零散的纸质单据之间的业务联系和数据联系画成流程图。

14. 没有开业务分析会

很多人做完调研，就按计划打道回府，准备后续工作，其实有经验的调研人员还会多做一个工作，就是开一个针对企业领导、项目负责人和主要业务层面的调研工作汇报会。

我们的调研目的就是让用户认为调研者已经非常了解或者有足够能力了解企业现有业务流程。单个用户是否建立这种认识，调研人员可以通过复述技巧来实现。但企业领导又如何知道项目团队了解企业业务呢？有人说这些将在解决方案中完整体现，不过说实话，有几个人保证管理软件供应商写的多达百页的文档在企业里会被完整看一遍？

所以在调研完成之前，调研者应在调研计划中主动安排或者创造这么一次汇报的机会，专门陈述我们对企业业务和要解决关键问题的认识，这个认识陈述好了，企业自然对供货商刮目相看，就算有一些偏差，也可以立即得到纠偏的机会。

☞ 复杂系统的需求往往是不断明确和清晰的，因此调研也不是一次性的工作，应养成随时调研的意识。

2.5 调研分析

这个汇报会时间不一定要很长，但可以让企业领导真切感受到我们调研工作的成效、我们对事实把握的可靠程度、我们对企业业务了解的深入程度、我们对问题分析的细致程度以及我们在该领域的专业程度即可。

在业务分析会上项目经理不宜用过高的姿态进入，越是企业信任项目经理个人魅力时越要注意。有的项目经理经过调研确实发现了企业一些问题，也想到一些很好的解决思路。于是其在业务分析会上企图指点天下，痛陈不足，这时就有可能犯下大错误。项目经理不要以为企业没有人知道这些毛病，更不要以为企业完全不知道这些毛病该如何解决，有时候无非是外来的和尚无牵挂，好念经而已。因此即使要说，也应用一种委婉的方式表达：指出可进步的地方，而不是指出落后的地方；指出不受控的地方，而不是失控的地方；指出实现不方便的地方，而不是指出无业务管理覆盖的地方。

2.5.3 如何写调研日志

调研日志有三个要求：工作过程清晰化、调研内容结构化、不明内容有后续计划。

首先调研日志上要看出本日你调研了哪些部门、走访了哪些人、用了多少时间、获取了哪些业务的信息，这就叫工作过程清晰化。然后调研内容不能是流水账记录，必须将被调研者的话组织成一个个合理的单元，这些单元可以独立反映某个业务层面的情况，然后整体上构成一个业务调研报告的部分。

不同的信息结构化方法可能不太一样，有的适合用表格、有的适合用文字段落、有的适合绘制图形（例如业务框图，鱼骨图等等）。

调研日志最后要说明今天调研中还有哪些问题，需要进一步明确。

> 调研日志就必须是每天去更新的日记。

2.5.4 良好的结构化调研顺序

我们建议初次调研可以先了解企业基本情况和项目组成员情况，由此建立对企业的初步认识，对项目有个初步判断；再了解企业组织结构和岗位设计，由此确定访谈对象；再逐个按照业务口了解业务流，业务流要关心业务可以划分为哪些阶段，每个阶段应该是相互独立，彼此穷尽的。

每个业务阶段要问清楚业务目的、输入数据、输出数据、过程步骤、每个步骤的负责人、什么时候开始、什么时候结束等。

输入数据起什么作用，有哪些信息传递到输出数据中，输出数据又起什么作用，是指导下游还是回馈上游，业务流程调研质量评判标准就是顾问能否清晰简明画出业务流程图和数据流程图，这些就体现在业务调研报告中。

2.5.5 如何写业务调研报告

调研结束后必须尽快整理出业务调研报告，业务调研报告主体内容可以在业务分析会上取得用户确认。

写业务调研报告应该结合软件供应商产品和业务特点，形成一个比较统一的汇报目录模板，有了模板整理起来就快，不同管理软件关心业务内容不同，模板也应该不

> 调研高手的基本技能：画业务流程图和数据流程图。

一样。

一般而言，业务调研报告内容可以分为三个大的部分：第一部分是业务基本情况介绍，第二部分是企业业务流程图和数据流程图，第三部分是项目关键价值点。

凡是不涉及业务流和数据流，但必须要描述的内容，如企业的一些基础数据情况，我们把其作为企业的基本情况介绍，做基本情况介绍时要把握两个原则：

第一是结构化，不要散乱，将相关性强的一组基本情况设计成表格填写，这样既方便填写，又不容易遗漏；

第二是按照调研先后顺序组织，与业务流顺序尽量一致。这样不但层次清晰，而且可以直接将每天调研日志内容复制修改，就可以得到最终结果，大大提高工作效率；

第三部分的项目关键价值点是非常重要的，项目价值点组织也必须符合结构化层次，不要将很大的价值和很小的价值并列排放，应该将最大的价值，独立作为一层，然后将小价值分别归类到不同大价值下，形成一个价值支撑体系，这个支撑体系也是解决方案的实现思路。

2.6 管理需求

为什么管理软件的实施过程中需要项目管理？一个重要原因就是因为用户的需求往往随着项目的深入而有所变化，不进行有效控制的话，项目边界会出现较大的变更，会导致项目实施顾问无所适从，项目验收接项时间越来越不受控。在实施管理软件项目中，如何面对和处理来自用户的需求变更是一项非常棘手但也非常重要的问题，值得所有项目经理不断提高这方面的控制力。

很多企业实施信息化项目的时候遇到这样的难题：供应商的系统安装实施一段时间后，项目也可以勉强上线运转了，但是感觉软件还存在一些不方便不合理不完备的地方，这个时候，企业希望供应商能尽快去改，这样在正式全面上线前可以把问题都解决掉，以后实施过程中就会比较顺利。但是作为软件方实施顾问该如何应对这种问题呢？

我们把问题简化一下，先假定用户提出的问题大部分都是有道理的，是合理的需求，或者是合理化建议，具体实现方法可以再规划。

当软件公司接到用户需求后，是马上按用户要求去做，还是等公司统一规划后推出版本实现？

如果马上来做，公司是否真有充分能力来立即响应？

即使公司愿意响应，是否就一定能解决问题？万一问题看上去简单，其实是软件架构不合理造成的，其实很难短期解决，怎么办？

如果解决问题周期超过用户心理承受期望值，该如何对付？这个时候说实话对项目好还是不好？

如果实在没有办法立即解决，用户又很生气，该如何化解？

如果一个公司有很多用户，都提出这样的要求，该如何处理？

这就是每个软件公司项目经理都会遇到的需求变更难题！

> 只有在个性化用户需求面前，软件程序员才会感觉到软件作坊必须转变成软件工厂。

2.6.1 如何识别用户的需求

实施过程鲜有一帆风顺的，对于现有产品、用户提出不满，提出这样那样的问题是常有的事。用户提出需求的方式往往表现为强烈需要一个功能，这个时候很多实施顾问可能开始考虑这个功能是否合理，是否容易实现，并以此为基础和用户展开谈判。

一个有经验的实施顾问这时应该思考用户为什么有这个需求，不要光看需求的功能描述。首先应该考虑的是：用户这个需求的本来面目是什么？

先要详细搞清楚用户业务需求到底是什么，核心要解决的问题是什么？很多用户表达的问题和要解决的手段往往是分离的，项目团队不要把解决的问题和手段混淆在一起，另外有时候要解决的问题是因为另一个问题不方便造成的，有时用户的需求也是用户自己加工过的，要先分析清楚。

我们必须从需求出发把用户要解决的业务还原，然后再站在全局业务的高度考虑我们到底要解决的是什么问题。还原了业务后，我们可能会发现很多时候用户提出的需求往往是管理漏洞造成的，技术手段并不能解决业务问题，属于不合理的需求。

这个时候我们并不能轻易拒绝用户的需求，而是要和用户一起推导，直到他们发现自己提出的方案并不能从根本上解决问题，然后再和用户探讨真正解决问题的办法，这样用户不但会收回自己的想法，还会建立对你分析能力的信任。

国内企业的现状是很多用户其实并不清楚了解自己的需求，需要我们去引导。这种懵懵懂懂的用户数量远大于清晰知道自己需求的用户。要引导用户的需求，不是信口开河，或者搞经验主义，而是要多花点时间去了解企业的流程，看他们到底有哪些需要，看怎么样才能结合软件来让企业运行的更流畅，看怎么样才能从根本上解决企业的问题。把这些业务了解透彻了，就能站在用户角度和管理软件高度提出合理又让人信服的需求了。

如果用户需求是很合理的，首先应该考虑系统是否有现成的解决方案？很多软件在长期发展中还是积累了很强的能力，而实施顾问未必能够了解全面，这个时候要坚定一个原则：把现有产品功能用尽！

要想把现有产品用尽，往往需要创造性发挥，调动一切可以利用的工具与自己产品进行整合，包括操作业务的变动。如果想到可以解决问题的思路，要与用户实时交流、验证。很多时候用户是非常通情达理的，只要你能给他一条路，他就会用。即使这条路现在很麻烦，用户的忍受能力也会超出我们的想象。如果我们能够在未来版本中持续改善，还有可能获得极好的口碑。

如果用户提出的需求非常到位，确实指出了我们系统中的不足，切中我们产品的软肋时，切记：关键问题不要绕，一定要及早主动去协调公司资源去解决！

一些关键性需求往往对提升用户的业务是非常有价值的，彻底解决才是正确的方法，变通实现可谓治标不治本，难免以后会面对更复杂的问题。实施顾问往往都能意识到这个问题，但因为在公司协调解决该问题需要大量个人精力投入到内部流程中，所以易产生畏惧心理，进而心存侥幸想拖过去，结果耽误了项目，也影响了自己的项

☞ 80%的需求是假需求，20%的需求花费了80%的开发工作量，这就是需求的8/2原则

目绩效。还有人觉得项目现在有时间，等实施进展到这块业务时再解决，但忽视了公司不是只在响应一个项目，而是很多项目，不提前把需求进行排队，一拖就把解决问题的时机给耽误了。

我们做信息化项目，对于用户的需求应该持负责任的态度，既不是一味听从用户，也不是一切都以软件不能修改为借口拒绝需求变更，而是要认真分析、谨慎对待。不合理的要有理有据规范化拒绝，合理的要想办法去落实解决，这样才能建立用户对个人和公司的信任。

当用户的需求清晰，而且也是很关键的问题，但是用户在项目中的投入远远不足以支撑相关需求的开发时，要切记第三个原则：要解决合理且关键的问题，需要先了解公司态度，并按公司意见和用户反复沟通。

很多时候公司考虑到市场影响、用户后续追加潜力、版本主动规划符合度等多方面的因素，会在项目中承诺解决一些新的问题，这个时候实施顾问是幸运的，但还是要花费大量时间和用户沟通，确定需求实现的时间可以在双方的可接受进度底线范围内。

如果已经决定解决用户的需求，那么在进行解决的时候，项目经理一定要彻底搞清楚用户的需求，要认真研究、弄清楚用户提出的需求，还要探究用户潜在的需求以及用户自己尚未发现的需求。虽然这样会造成一定程度的项目范围蔓延，但是同时会对将来实施带来很大的收益，因为系统思考过的需求往往能一次推广成功，不至于实施到一半突然发现某个关联功能没有实现，不得不停下来等开发。问题解决不彻底的情况一旦发生，不但不能得到用户的认同，还会让用户怀疑项目经理的业务理解能力。

 用户要求开发，公司认定是不合理需求，实施人员就成了风箱里的老鼠，两头受气。

更多时候公司根本无法承受过多的开发需求（很多管理软件公司的产品离成熟还有很长的路要走），这个时候我们不得不面临最痛苦的事情，去拒绝用户的合理需求，因为软件开发公司的资源还不能承受。如果确定公司没有能力快速响应，我们不要去逼公司随意承诺，最终又不兑现，这种结果比一开始就不承诺更糟糕，至少后者是讲真话的人。

对于用户的需求，如果不能满足的时候，一定要清楚地告诉用户基于什么样的原因，不能解决或者拖后解决。不要利用信息不对称来蒙混用户，让用户以为你的公司正在响应中。因为在很多时候，你所隐瞒的信息，用户很快就会掌握或者分析出来。如果采用蒙混的方式，可能会使得自己处于一个很尴尬的境地。

对于用户的需求，如果需要在商务上进行谈判，可以委婉地告诉用户。在小的需求问题上尽可能不要动用商务谈判，如果用户总是被告知需要进行商务谈判，他可能会感到厌烦，在他们看来你是在不停地向他们伸手要钱。要么响应这些小问题，但应该让用户知道你已经帮助他们解决了那些小问题，通过定期的汇总报告通报给用户，让用户欠个人情，为后来的回款提供方便；要么把这些小需求集中起来，汇总成一个大的开发需求，这样再谈费用就比较合适。

最糟糕的情况是，为了拿下合同，销售人员做了某些明确的功能承诺，甚至将这些内容作为条款写进技术协议中由双方公司签字确认。到了实施环节，公司告诉我们最近的版本规划无法实现，这个时候项目经理就陷入两头受气的困境，用户要求你去兑现承诺，公司要求我们去引导用户的需求。这就提出了一个如何引导用户需求的问题。

 案例：响应不响应？

项目经理小李接到一个项目，项目在商务阶段为了争取合同做了大量承诺，但实际上很多是软件开发很难满足的，这个时候企业负责人要求软件公司兑现承诺，否则不可能验收项目。

请问小李该怎么办？

 **点评：**

管理系统销售为了争取合同很少有不过度承诺的，这是一种不可回避的现状。这种现状恰恰是造成实施顾问的体现自身价值的机会，如何在最小化开发成本情况下有效解决业务问题，而不是指责销售团队，或者逼压开发团队。

很多过度承诺的内容是用户心血来潮的产物，真正在做项目时经过深入思考，用户也会接受理性的目标，不会反复追究。因此在调研阶段提供好的解决方案（提供清晰的项目目标和完整的业务方案）和与用户建立良好私人感情是多么重要！

此外由销售承诺的很多功能，其实未必是合理的需求实现方式。实施顾问在业务调研过程中，往往有可能发现真正解决问题的办法。一旦和用户对某个需求功能实现方式形成僵局，实施顾问首先要去了解业务，分析这个业务到底想解决什么问题，这个问题到底可以通过怎样办法来解决，可能能找到可替代的方案，甚至是更好更易被用户接受的方案。

有的功能可以和用户一起评估要求和主要项目业务目标的符合程度，如果需求对我们主要目标实现没有帮助，我们就可以尽力去说服用户先将精力集中在主要目标上，一个项目是不允许有太多分支目标来发散精力的。

如果个别用户还是非常固执要求实现自己的要求，一个有效的策略就是不主动激起用户讨论这些问题，淡化处理，拖一拖也就可能把问题拖掉了，这也是一种没有办法的办法。

 案例：喝茶还是喝咖啡？

作者：金蝶软件（中国）有限公司 明煌

原载于：http://club.youshang.com/234/viewspace-715

我们到朋友家里，经常会被问这样一个问题——喝茶还是喝咖啡？有时朋友还特意给您介绍，他刚从哪里带回了上等的咖啡，其实您也许不喜欢喝咖啡，但您还是选择了喝咖啡。从这样一个简单的生活例子中，我们不难得出这样一个结论：每当面临选择时，您会顾及别人对您选择的感受，通常选择一个符合众人意向的决定。

作为实施顾问，我们经常给客户方案，每当有几个方案时，我们都尽量引导或说服客户采用我们推荐的方案。从"喝茶还是喝咖啡？"的生活例子中，我悟出一个有效的引导、说服方式。下面给大家做一些分享。

假如客户很想喝咖啡，但我们现在没有咖啡，只有茶。针对这个问题，资浅顾问通常是到处找咖啡，就差点去为客户种咖啡豆了，而且还很振振有词地说客户需要喝

☞ 售前瞎承诺，公司成本失控，售前不承诺，公司现金流断，两难。

第2章 售后实战技能

咖啡。资深顾问通常是先探索清楚客户要喝咖啡的真实需求,如解渴、提神等需求,分析清楚关键需求和次要需求后,再深入分析茶的功能,分别列出茶、咖啡的优点与缺点,如:茶有6个优点,1个缺点,咖啡有2个优点,5个缺点。让客户自己选择喝茶还是喝咖啡,这时,客户当然清楚茶是他的最佳选择。当客户喝完茶后,还拉着顾问的手很感激地说:"兄弟,太感谢您了!我就喜欢喝茶,还有茶吗?带点给同事喝行吗?"

个别客户比较"执着",在您给他个人讲清楚茶、咖啡的优点与缺点后,还是选择咖啡。您总不能去给客户种咖啡豆吧,这个时候,您需要召开一个项目会议来讨论到底是喝茶还是喝咖啡。您不用担心他会在所有人员的面前选择喝咖啡,他通常会说"我们不妨试试茶的味道"。在与他个人讨论和会议上讨论,结果完全不一样,究其原因就是第一段讲到的那个结论。

实际工作中,当您想探索清楚客户喝咖啡的需求动因时,他不想讲需求动因,只是说要喝咖啡。针对这样的客户,水都不要给他,更别说茶、咖啡。如果在这个时候您给他水喝,喝完水后,他一定会骂死您。

在此,也要提醒各位顾问同仁:要让客户自己选择,不要替客户做决定。因为再好的方案也有缺点,这是让自己立于不败之地的方法。

做顾问主管的人都知道资浅顾问做项目二次开发量大,资深顾问做项目二次开发量少,甚至没有二次开发量。其原因是资浅顾问的思维模式通常是想办法去找咖啡、种咖啡豆;而资深顾问的思维模式通常是探索客户喝咖啡的需求动因。清楚了我几天写的有关实施顾问的四个阶段,您也就清楚了这个道理。

"茶与咖啡"是我在项目管理培训课中必讲的部分,也是我多年顾问实际工作中说服客户的常用方法。看似很浅显,要悟出其奥妙以及在实际工作中运用好,还是有相当的难度。表2-3中是用户需求的常见类型及处理建议。

表2-3 用户需求的常见类型及处理建议

类型	处理建议
不熟悉操作	强化软件的帮助功能设计 提供更完备的用户使用手册 加强项目过程中的培训和现场指导 加强服务热线支持功能
系统设置不当	影响不大可约定下次现场解决,如果方便请立即安排解决,可利用远程控制工具,让用户感受我们的服务态度 需要培养一个企业内部系统管理员
软件产品缺陷	立即安排验证,定位缺陷,加以分级,确定纳入公司缺陷跟踪体系 根据缺陷级别和用户沟通解决方式和解决时间
业务流程上的管理问题	像一个顾问一样去思考,让用户从技术性思维中跳出来,说服用户不要采用技术手段去挑战这类问题,让他们认识到管理问题可以从一个现象改变为另一个现象,但一定不能靠技术去解决,除非我们找到了管理对策办法
性能问题	确认需求本质是因为对系统性能不满衍生出来,满足需求往进一步引起性能的下降,所以最有效的办法想办法说服公司早点在软件性能上做优化

（续）

类　型	处 理 建 议
功能不足	如果是软件功能不足影响业务实施，而且没有替代方案，赶紧写需求规划建议书，说服公司尽快解决，别耽误时间
用户的不合理想法	由于对软件和相应管理思想不了解，用户提出一些很奇怪的想法，可用"拖字诀"处理

　　用户提出需求要进行分析，一般用户需求有三种情况：

　　第一种的确是软件规划时就没有合理解决的问题，而且无法在本项目中回避，或者绕过去对用户项目就没有什么合理的价值。

　　这类需求在业务调研阶段就要主动思考和确认，在功能内部验证配置业务流时就要发现，并尽早向公司回馈，强力推动解决，不要等到现场推广时让用户去发现，然后再去改，这样可能浪费了好几个月的宝贵时间。

　　第二种是软件易用性、稳定性或性能方面的问题，但的确有替代方案或者客户暂时可以忍受。

　　对于这些需求项目团队应该承诺给予解决，但要和用户解释这些需求必须纳入统一版本规划实现，不可能今天提出要求，明天就改好。

　　要让用户理解快速开发实现表面是快，但长远可维护性一定很差，最终花费代价更高。项目经理在功能验证阶段要主动和用户项目组提出项目推广过程中哪些功能可能会产生问题，提前打预防针。

　　在取得用户项目组理解情况下一起提前设计一旦出现应用者不满意的情况时，应做好沟通工作和相关应急备案，不至于事到临头项目团队再被动响应，甚至出现软件项目经理自己都不知道，却被用户发现很明显的软件缺陷或者种种问题。

☞ 在客户提出的各种奇怪的想法中，往往包含着软件未来发展的突破口。

　　如果处理得好，在一个长周期项目内（一般管理软件项目至少半年或者一年的实施周期），如果能够提前识别这些需求，纳入规划开发响应，那么在最终项目验收之前，这些问题也已经比较顺利地得到解决。

　　第三种是用户应用后产生一些新的业务思想，希望通过计算机加以解决，这些业务需求可能包含很有预见的产品未来发展的方向，也可能是用户灵光一现，也可能是用户将其他系统应该解决的问题盲目要求在我们的系统中加以实现。

　　对内这类需求项目经理应该收集回馈给公司相关规划人员去分析，看能否作为产品未来发展的一个业务参考；但对外项目经理坚决不能给用户任何承诺，超出合同边界的需求在一个项目中是绝对不可以轻易响应的，否则一旦开了一个口子，就无法拒绝用户各种合理不合理的、不在本项目边界内的需求，项目也就越做越长，无法收场。这种需求最简单的方法是以合同为准，按合同办事。

2.6.2　处理用户需求需要知道的三件事

　　1. 用户提出的需求很少有不合理的，往往是用户提出的实现办法并不能真正解决问题而已。

第 2 章 售后实战技能

 案例：能否把这几个操作合并为一个操作？

项目经理小李不断接到用户的需求，他们希望把软件上的几个菜单操作合并为一个整体操作，其理由是按他们的流程，每次操作都是这样做的，合并为一个操作就可以减少操作时间，提高效率。

小李分析发现，如果合并为一个操作，对企业现阶段是合理的，但万一将来企业组织结构调整，软件又会出现调整的需求，这样规划系统显然是不合适的。

再分析发现，用户之所以对这几步操作敏感，根本原因是系统性能存在问题，每一步操作都要等待很长的时间，结果用户无法忍受，也影响他们的工作效率。他们也并不清楚性能问题可以通过优化代码和数据库解决等手段，就想到合并点击菜单操作时间来提高工作效率，这显然也不是解决问题的根本办法。而且性能问题不优化，总会在不同项目上以不同需求面目表现出来，始终是软件要去解决的课题。

小李收集了性能方面的问题，反馈给公司，公司很重视，专门攻关很快找到原因解决了这个问题。系统升级后每个菜单操作都非常快，这个时候就没有用户坚持合并操作的需求。

这时产品规划人员想到，虽然这次通过性能优化解决了效率问题，但企业提出合并流程操作的需求是否也有合理性？

分析认为软件的标准流程虽然没有问题，但不同的企业流程肯定有不同，特别很多企业需要一些绿色通道，这个靠不断定制开发是不行的，规划人员就设计了各个功能直接的对外接口，利用二次开发平台实施顾问可以自行串联不同的功能操作，自构建符合企业现阶段的流程，这就从根本上解决了问题。

2. 用户提出的需求很少有不能解决的，往往是公司在现有资源情况下无法快速响应和服务而已。

 案例：要求改还是先压住？

项目经理小李每次需求提上去，公司反馈总是资源紧张，暂时不能响应，否则将破坏正在响应项目的版本边界，公司警告这样做的后果是要发布的版本将不断延期，会影响更多的项目，开发节奏会越来越乱。

公司要求小李去评估，这个需求是否非常影响项目实施、影响验收、影响回款，能否说服用户等下一版本解决。小李出于早日了结自己项目的动机，反复强调这个项目的重要性，并拉来市场人员配合施加压力，要求公司把自己的需求加入现有的版本开发，最后公司规划部门被迫变更版本边界，紧急设计软件需求，调整开发进度，安排测试加班，弄得怨声载道。

更糟糕的是，几乎所有的项目经理都和小李一样，公司的规划部门简直要陷入瘫痪。

 点评：

这种场景在管理软件能力彻底走向成熟版本的过程中可能非常常见，如果因为市场压力就轻率响应客户需求，至少有三个弊端：

2.6 管理需求

1）实施顾问将习惯依赖公司开发去响应项目，而不是主动控制需求引导项目往核心目标前进。

2）快速响应需求也意味着没有认真经过规划就开发，产品结构将发展成为一个功能的大杂烩，而不是一个平台。

3）不同的项目个性化快速响应，将导致产品基线版本失控，开发和维护成本越来越高，直到把公司压垮。

对于这种现象，第一应该要求实施顾问要多和用户沟通，告诉用户需求也需要认真分析形成系统方案才能进入开发，磨刀不误砍柴工，一次做好反而比匆忙做出来又觉得不合适更争取时间；第二在产品很多功能没有完善之前，可以推出快速短周期小版本响应市场的开发策略，例如半个月为周期发布小版本，但一次只解决很有限的问题，这样可以在最大程度上平衡开发资源和市场响应的矛盾。不过在响应小版本的同时，应该有人去思考整个大版本的规划，适当的时候还是要投入专门的资源做根本性设计。

3. 用户提出的需求往往有简单的解决方法，如果答案很复杂，往往不是正解，表 2-4 是处理需求的三种对策。

 案例：报表打印显示的问题

某项目中用户提出一个需求，就是某些报表打印的时候某些字段内容不要显示出来。原来的项目经理设计的方案是编辑时设计一个完整的报表界面，到了打印时再生成一个打印专用报表界面，然后将完整数据导入到打印报表数据库，再打印。

用户觉得这样的操作很繁琐，小李接手这个需求后，只做了一个设置就解决问题，给那些不希望打印的字段做一个打印输出字符替换的功能，这样在打印出来的报表不希望输出的栏目中，如果有数据就默认显示为替换字符，这样用户编辑、打印的界面就完全统一，不需要任何额外的操作，用户非常满意，而这个开发也非常简单，不影响任何产品底层结构，开发人员一天就实现并通过测试。

表 2-4 处理需求的三种对策

对　策	操作方法
拒绝问题	1）与项目无关或超出项目业务目标范围的问题（超出技术协议范围未必超出业务问题的解决范围）当场说明理由拒绝，不给用户任何幻想 2）先用文字记录，事后并不响应，如果不是真正的影响项目的需求，放一放用户自己也忘记，一个需求用户不连续提三次往往不是急迫的需求，是伪解决方案 3）和用户一起分析问题，将问题复杂化，让用户意识到要解决这个问题不仅需要开发，还需要企业内部做管理配合和资源投入，让其知难而退 4）利用公司即将发布版本功能交换用户放弃对本功能的关注，并用文字确认防止用户反悔
推迟解决	1）在和公司内部沟通后明确承诺问题是我方责任，但因其附属于其他问题或暂时无开发资源解决，和用户推迟实现版本时间达成一致，但务必将实现时间说得保守一点，承诺可以提前做到，但不能总是跳水 2）寻找各种可行的替代方案，放弃软件解决，例如有的数据自动导入开发需求可以通过人工消化 3）将需求汇总，说服用户作为后续或新的合作内容，投入费用解决，不和本项目目标混淆在一起

第2章 售后实战技能

(续)

对　策	操　作　方　法
立即响应	如果确定问题存在且需要解决，一起形成详尽规范需求建议和缺陷报告，要包含业务说明，功能改进建议和项目影响优先级，然后给公司规划评审确定解决方案，立即采取行动说服落实公司资源去解决

2.6.3 如何处理变更

用户变更通常分为两种：一种是部分更改了原先的项目目标或解决方案，即需求变更；另一种是没改变项目目标或解决方案，但是客户不满意目前的软件实现方式，大到流程的实现，小到界面的布局，都是属于这类。碰到这种情况是难以避免的，主要是事先沟通的不够充分和客户随着项目的进展，慢慢想清楚了问题，改变了以前的思路。这时候是容许产生这种变更的，毕竟没有人可以预想这么复杂的系统。

在处理变更时要注意：

1) 在项目一开始就要定义变更流程，一般是要求所有需求变更由客户统一归口汇总后，要求内部意见一致后再统一以正式项目文件的方式提交给项目经理做评估分析对成本、进度的影响，然后项目经理提交书面文档（主要是要说明申请变更原因和指出由此带来的不确定后果，这个不确定后果先写出来，后面如果真的发生了，至少在公司内部也可以为项目经理减轻点压力）给公司领导，等候反馈处理意见，如果同意变更则让客户在变更方案上面签字，如果不同意就按公司指示和用户反复沟通。总之一条原则让所有人都意识到任何的更改都有成本和代价，要尽量在前期规划阶段就把工作做细做好。

☞ 积极主动响应可以解决的小问题，能为解决大问题争取必要的时间和空间。

对于用户来说，用嘴巴提需求最方便，反正是逼供应商承诺做，不用花他的资源，所以要求是否合理，是否和项目的目的一致，他是不深入思考的。但如果要他写书面要求，还要签字盖章，他就要谨慎多了，而且一写东西，思想就会更加深入，很多无理要求也就这样自己胎死腹中。

2) 用户提出变更时查看以前的方案或备忘录，看前期相关问题意见是如何界定的，如果有变化，需要和客户再签字确认，避免以后说话没有凭据，也可以作为项目受变更影响要延期的证据，同时文档可以反映需求如何慢慢演变的历史，从而更深切地体会用户的本质目的。

☞ 把变更用文字确认然后走流程是解决变更的第一步，虽然麻烦了一点，但可让用户有机会思考下自己的想法是否真的成熟。

3) 和客户心平气和的沟通，探讨他想变更的根本目的是什么，是不是有同样能达到相同目的，但是对大家来说有代价更小的选择？努力去找这样的方案。

还有一种情况，项目中用户自己就是糊涂，而且还是超级强势大客户，根本不听从软件公司的规范和流程，这个时候又不要固守变更流程，要另外想办法。

案例：电子政务平台的需求

项目经理小李在做一个电子政务项目，项目负责人是一个行政的科长，他提出一些想法和要求，让供应商先参考相关省市平台做一个出来。小李做出来后，科长提出一些意见修改完，提交分管主任看，结果主任认为界面太花哨，要求重做，等做完提交分管厅长，感觉又不合胃口，又全部重做。请问小李该怎么办？

点评：

不是所有的客户都讲道理的，有的项目与其控制需求，不如控制实现各种需求的变化成本，等时间驱动，到了指定时间非得截止，那个时候大概做成什么样子就是什么样子。

对于这个项目，小李一开始就想找各级大领导收集需求是不现实的，想让大领导明白控制需求的意义更不现实，小李就只能想办法赶紧做出个界面，利用领导关注软件界面感觉不重视操作的特点请他们快速确认界面，操作层面的功能尽量先不做大投入开发，这样可以节约大量项目成本，这其实也是项目中可预见的风险。

如果想说服领导不要变更需求，最好的方法就是把自己包装成行业标准或者用国家相关标准来说服领导，因为领导往往重视官方标准。

当然还有一个方法，与其将软件需求控制技术，不如直接谈商务关系，这也是一种解决问题的选项。

2.7 实施策划

2.7.1 目的性强才是好方案

有些人可能不理解为什么项目需要编写实施解决方案。在大多数人看来，项目实施开始前，通常双方已经签订合同和详细技术协议，理论上已经和用户约定了项目边界和技术条件。那么在实施阶段写解决方案到底有什么作用呢？

管理软件系统实施具有一个非常大的难点，就是实施的效益大多针对软指标，很难独立量化和分解。这一点上与增加设备不同，有了设备企业就能核算具备哪些关键生产加工能力，或者生产能力提高多少，都可以清楚估计出来。

与购买工具软件或平台软件（数据库、操作系统）相比，管理软件系统也无法做到让用户对某个专项能力或其他软件支持能力的提升有一个很明显的感知。工具软件或平台软件由于购买者对其产生效率的领域和潜在效益有清楚的认识，因此其采购过程主要侧重于对比不同工具软件或平台软件的性价比，而无需过多考虑实施及效益考核的问题。

但对于管理软件系统，应用前后企业将会发生怎样的变化？如何调整？这种改变为什么比原来的好？继承传统的优点没有？不同岗位在新的系统支持下应该如何完成现有业务？在不同实施阶段哪些业务要针对性调整？效益在不同岗位到底有什么体现？各个部门数据如何进入系统？在系统中如何组织？和原来有什么区别？好处在哪里？这都是让人迷惑的问题。

事实上，即使在一些已经实施较长一段时间的管理信息化软件项目中，这些问题也很难有明确的答案。

信息化光环一旦褪色，很多人将毫不犹豫地回到传统方式中去工作，毕竟传统方式的输入和输出、流程和规范都是可以预期的，但新的系统在增加大量额外的工作量

☞ 离开业务谈信息化都说是好东西，但要让信息化改变固有的习惯往往支持者也会变成反对者。

后最终将得到怎样一个结果谁也无法知道。

如果简单为系统验收给出几个宏观量化指标，例如效率提高15%，成本下降30%等等，其实是无法操作的。一个宏观管理指标的提出，影响因素可能多达上百项，单独分解出信息化系统对其贡献因子很困难也没有说服力。反过来，追求微观衡量指标就必须对企业业务细节非常了解，这样才能推导出改善指标的作用和价值。

为了规避这种风险，国外大型管理软件系统现在非常强调解决方案的作用，而且由于系统投入大，为了规避风险，国外软件商也会建议企业首先选对合作伙伴，然后由那些和国外软件厂家有长期合作经验的服务商进行IT规划，形成详实的业务解决方案，在项目签订之前就约定项目边界、周期、实施内容、实施前后业务调整的变化和上线步骤，然后根据该解决方案评估实施过程中培训和二次开发的工作量，再和用户商谈软件购买费用和实施费用。

也就是说，按照国外管理软件实施理论，解决方案不存在所谓售前和实施阶段的区分，在签定合同时，让用户清楚知道自己选择的系统对自己业务的影响，是对用户负责的一种态度。所谓实施，就是一种按即定的解决方案完成系统客户化配置和培训上线的过程，当然这个过程中允许合理的变更。

在国外系统实施过程中，一般情况下不存在一次开发。即使有承诺实现的一次开发，一般也不单独收取巨额开发费用，只收取版本升级费用和新增实施工作费用。这是由国外很多管理软件开发多年所具备的很强业务适应能力决定，一般不需要一次开发，而且基本上都形成了平台化架构，一般个性化要求都可以通过二次开发来实现。如果供应商发现存在一次开发的功能需求，会纳入严格的版本规划进行控制。

☞ 管理软件之所以难卖得好，就是没有办法证明业绩指标的提升是软件直接带来的。

不承诺定制开发的前提下，对于几百万、上千万甚至上亿的项目，在售前阶段进行详细规划，形成可以直接指导售后的解决方案显然是合理且有利于控制风险的。

但这种模式对国内供应商并不具备可操作性。

首先，只要是中国人自己开发的软件产品，或是中国公司代理的软件产品，中国客户就会怀疑它的能力。中国客户只有在资金不够的情况下，才会考虑选择国产软件，否则基本上只选择国外产品。而对中国自主产品能力的不信任，使得中国客户在选型国产系统的时候侧重功能比较，他们担心的问题是：你到底有没有这个模块，你到底能不能管？如果是国外公司，大家可能觉得技术不是问题，关键是看价格和服务。

国内软件供应商的产品与国外的技术水平差距还很大，确实也存在技术开发的问题。对于要开发的产品，不太可能在售前竞争中约定边界，只能先和企业建立信任合作关系，然后再进行边界控制。这样的话，签订合同就只能通过一些技术功能条款先行约定项目功能边界，而没有约定项目的业务边界。

其次，在售前阶段做详细调研需要投入巨大时间和人力成本，进行深入业务调研并编制出好的解决方案也需要非常专业的资源。对国外和国产软件公司而言都极度缺乏这种资源，但国外公司目标用户非常明确，就是有支付能力的用户，其实这样的用户在中国并不多，因此他们可以考虑把有限的资源放在售前去做。国外公司做十个大型项目售前调研，只要成功一个就可能就是500万的合同，此时实施成本只需要针对一个用户；国内公司要做到500万合同，可能要签约5~10个同等规模用户，售前跟踪 30～50 个用户，实施成本高很多。

所以资源和投入产出比决定了国内公司在售前阶段，很难大面积提供详细调研基础上形成的定制解决方案，只能采用标准化模板去套，在商务上采取的是拼价格、拼关系、拼亮点为主的模式。

再者，国外大型软件公司都拥有一些长期合作顾问伙伴，这些咨询公司和各个管理系统供货商都有良好的合作关系，可以相对独立为企业提供咨询建议，它们生存的前提是能利用现有软件系统和自己多年管理实施经验为企业快速解决具体业务问题。咨询公司相互竞争的动力也决定他们主要精力要放在让客户满意，而不是让供应商满意。谁服务客户能力强、解决客户问题能力强，自然越能得到供应商的信任。在这方面国内软件公司由于种种因素还无法将自己的产品咨询和实施外包，要承担过多的职能，也限制了在解决方案阶段专业化水平的提高。

因此在项目签订后，我们还要再次强调解决方案。对于那些在售前没有清楚约定业务边界、没有确定应用系统后业务变化和实施策略的项目，需要补课！我们必须看到：一个项目，如果不清楚约定业务边界和新的业务工作方式，并得到用户实施团队理解的话，是很难进行下去的！不仅如此，如果一个软件供应商项目团队不能清楚知道自己要给企业提供怎样的未来，项目会陷入不停的细节讨论、需求变更、业务合理性争执中，整个项目周期会大大延长。

我们注意到大部分进度严重失控的项目，失控的主要原因就是项目经理自己也不知道系统会把企业带到一个怎样的未来、整个系统应该如何利用现有功能架构、还缺少哪些功能支持、企业在业务上到底希望得到怎样的应用效果等问题。

这种情况下，技术人员就失去开发和配置的动力，大家都很清楚这并不是终点，大家都在等待明确的业务目标。有了这个目标，就会聚集整个团队的潜力快速想办法解决问题，项目实施过程才会受控。

解决方案不仅仅承担了项目目标一部分职责功能，而且在很多项目上它应该是项目验收的法定标准，但由于大部分项目解决方案质量难以达到要求，解决方案是验收的一种可选标准，是真正约定项目目标和业务蓝图的文档！

同时，一个明确了企业业务流程和管理思路的解决方案，是项目经理向项目团队成员传递实施经验和配置思路的一种工具。它能够在整个项目生命周期内统一大家的思路和目标，所有的人都要努力完成在解决方案上约定的内容，不会有其他发散的分支。

☞ 项目经理不了解业务，不能把握业务，往往是项目做不成功的原因。

在实施过程中，有经验的项目经理还可以利用解决方案裁剪不合理的项目边界，将在售前阶段对一些过度承诺和不合理要求，经过与用户充分沟通后进行取消。毕竟承诺超出能力之外的内容既然无法做到，还是要早日给用户解释清楚为好，否则整个项目做不下去的时候损失将更大。

多个项目并发实施时，项目经理的时间非常难以调度，解决方案编制需要一定的工作时间，那么解决方案编制花费的时间差，又可以成为项目经理腾挪不同项目出差计划的合理资源。这些可能是解决方案项目目标清楚基础之上的副收益。

2.7.2 别把实施当售前

既然大部分项目上已经存在了一个售前方案和实施方案，这两种方案有什么不同呢？如表2-5所示。

表2-5　售前和实施方案的区别

售 前 方 案	实 施 方 案
宣传软件公司综合实力为主	描述企业业务流程实现方法为主
内容务虚	内容务实
功能点排列	业务线串联

由于售前阶段大部分项目不能提供详细业务调研的机会，所以售前解决方案以软件公司功能和实施经验为主，结合企业一些特色加以发挥。简单地说，售前还是以软件公司为主，而实施解决方案是建立在详细业务调研基础之上，以企业业务为核心，结合企业流程详细展开功能实现的操作主要细节。

售前阶段解决方案重在介绍一些理念和管理思路，总体上存在很多务虚的内容，比如项目目标主要从定性角度阐发，价值主要从一般认识出发。但经过业务调研后实施解决方案中，要明确提出一些定量的目标，例如某个业务管理前操作流程和接口是怎样，实施后操作流程和接口又是怎样，一切要清清楚楚，不能说不出所以然。

 从售前到实施，就是一个从务虚到务实的转变。

在售前宣传的一些概念，要么在实施阶段找到落脚点，要么在实施阶段把这些天上的东西用地面的目标取代。实施解决方案对项目价值点要能结合部门、岗位和业务，并描述出在不同业务环节的不同岗位责任人能从系统中得到哪些方面的效益，进而支持企业的何种价值点，而不能再是放之四海皆准的泛理论推导。

售前阶段对软件更多的是从功能列表角度去陈列或者解释不同应用需要用到哪些功能；在实施方案就必须能够将这些功能真正串接成业务操作，让用户能看懂一个业务在系统支持下，从原始输入到最终输出的全部流程，而不能含糊其辞。这种没有业务串联的方案也难以指导项目团队成员有效完成配置和开发。表2-6中列举了实施解决方案中的各种常见问题。

表2-6　实施解决方案常见问题

套路化	售前方案可以用模板套用，但售后方案必须有个性化内容，不能全部复制模板，包括方案图片都不应抄袭标准模板的图片，而应用用户的实际数据做说明
"价值点+功能手册"式的"假、大、空"方案	对关键价值选择缺少逻辑论证，对价值实现路径缺少推导分析，实施解决方案要让用户看到实现哪些业务流程、在过程中改善了哪些环节工作、是如何改善的、要如何实施、最终操作模式是怎样的，所有这些构思要能指导实施顾问进行项目配置、通过配置好的软件验证解决方案可操作性
对项目目标关注过少	没有清晰的项目目标，目标没有分阶段划分 项目目标没有保障措施，永远的"总体规划，分布实施"策略
和售前方案缺乏一致性	文档排版质量和售前文档显著下滑 文档一些关键提法和售前没有保持一致，引起用户误会

因为售前喜欢拍胸脯，所以很多公司规定售后一定要换人去砍边界，否则没办法和客户谈了。

2.7.3　没有质量，没有价值

1）编制解决方案的最佳时机在业务调研阶段。此时大量鲜活的情报应该快速纳入解决方案的思路中，项目经理应每天在整理调研日志和调研记录的时候，快速形成解决方案的思路。项目经理一旦离开现场，考虑解决方案的编制时，很快就会被各种杂务和其他项目工作冲击，把对项目的感觉逐步淡化或遗忘，这种状态下写解决方案质量很难保证。

2）编制解决方案的最佳地点是在用户现场。有任何问题项目经理要快速和用户沟通，除非是碰到一些新的棘手的问题才需要回总部沟通，群策群力解决问题。缺少沟通的解决方案很难得到用户认同。而且只有在用户现场编制解决方案，才能最大程度排除其他干扰因素，全心全意投入到本项目的思考中。

3）要想让用户得到认同，最佳方式就是项目经理在编制阶段就让用户参与进来，而不是单纯让用户变成解决方案的审核者。

4）编制解决方案时，项目经理一定要求自己把一个完整的业务流从原始输入到最终输出按真实流程全部覆盖到，特别是在用户不具备对解决方案审核能力的情况下，不能贪图快，用模板快速改造一个解决方案给用户。

5）解决方案编写一定要用心用脑用时间来做，一旦做清楚了，项目经理应该感觉到整个项目很多细节连成一体，掌控于胸，这才是方案质量到位的感觉。

6）如果一个项目经理感觉到解决方案写不下去的时候，就要赶紧补充业务调研或者内部讨论，找到解决之策，再去构思解决方案。

2.7.4 要和用户达成一致

一份实施解决方案，不应是软件供应商项目经理小团队的事情，而应该和用户达成一致，要策划双方都认可的方案，才能够保证顺利实施。

第一、在编制阶段，项目经理就要反复根据部分内容和思路与用户提前沟通，让其明白软件公司的业务组织思想和软件功能关系，逐步建立用户对解决方案的判断能力。一旦用户理解系统了，他们爆发出来的生产力和创造力是软件公司实施顾问无法替代的。

用户参与越多，对解决方案理解越到位，提出有价值建议越多，解决方案达成一致概率就高。

第二、不怕解决方案讨论反复进行，这个阶段反复越多后期实施效率越高。

解决方案阶段一定要组织现场会议、反复讲解、与业务骨干达成一致，越是关键问题越不要回避或模糊化，要谈清楚管理思路和实现方案，解决方案做得越细致，后续变更就越少，整个项目受控的可能性就越大。

项目经理尤其注意：不要只通过纸质方式交流，一定要采取面对面详细、反复讲解的方式。不仅要对用户讲，而且首先要在项目组内部就解决方案思路达成高度一致，确定可行后再来说服用户，自己在逻辑推导上没有依据或者考虑不充分的系统是很难说服用户的。

第三、在讲解解决方案时，应该准备符合企业实际情况的原型系统（可以就是演示图稿说明），让主要业务用户亲自感受、操作后给出对整个方案的合理评价。

解决方案在沟通中顺利达成一致的关键就在于：通过详实调研，项目经理站在业务流动态发展的高度规划系统之上，让用户认可项目经理对业务理解和描述准确到位，

☞ 用户看得懂的方案，能理解的方案，肯支持的方案才是好方案。

从而共同达成对目标清晰一致的认识。

必要的时候，可以先就解决方案中部分成熟内容达成一致，先行实施，防止出现因部分业务不能达成一致而导致整个项目停滞不前的风险。

2.8 编制计划

做工作要有计划，谁也不否定这句话的正确性，但在实施过程中，很多人尽管天天做计划，自己并不清楚计划到底是怎样帮助我们更加有效开展工作的。

实施工作如果缺乏计划，将直接导致如下恶果：
1）工作目标不明确。
2）不同类型的工作混乱交叉。
3）做事不分轻重缓急。
4）不能合理分配时间。

对项目而言没有计划必然导致项目延期或失控。

对写计划我们建议记住5个词："目标，策略，行动，能力，验证"。

你写计划先想清楚你的工作目标是什么？没有目标，团队和用户怎么知道你做这么多专业性很强的工作是为什么呢？

项目目标是要给双方领导汇报的，所以你一定要能清楚把握领导对这个项目的期望，把双方领导对项目的要求分类列条，然后一一写出来。

有了目标，项目经理要考虑的是完成目标的策略。条条大路通罗马，但哪一条最好或者最适合当下项目，要仔细斟酌，最后确定的策略也要说明白选择的理由。

例如奥运团体体操，有了夺金的目标，但不同的竞争策略会衍生出不同的行动方案，带来不同的风险和后果，老队员先出场还是压阵？求稳还是求难度？在不同竞争环境下有不同结果。这些是我们目标确定后成败的关键，一定要想清楚。

☞ 做计划不是复制标准项目过程模板的过程，而是结合企业实际情况定义针对性行动方案的过程。

有了目标和实现策略就可以规划具体的行动。也就是把大目标分解成小任务，小任务细致分解到最后，就可以变成一系列具备基本工作能力的人都可以完成的工作，这就是所谓WBS任务分解，此外到了一个阶段工作必须有阶段性里程碑，让项目进入一个新的阶段。

但这种分解强调的是无遗漏无重复，而且每个任务之间的时间是并发还是串行，是多人还是单人参与，这些要素在分解过程中是逐步想清楚。一个项目经理有没有真正的工作经验，就看这个分解的质量和合理性。

任务分解完了，要考虑怎样的人胜任此工作。找到适合的人安排去做适合的工作，让人尽其才，而且配合默契，这就是能力。

项目中有这么多人要同时做工作，免不了沟通，所以如果沟通层次多，事件多，还应该系统地做一个关于项目中不同事件，不同类型工作的沟通计划，对内对外的沟通方式都做一约定，这样如果遇到事情，汇报就会层次清晰，紧张有序。

不仅如此，为了保证每个成员能做好工作，每项工作你得考虑如何让自己或者让领导检查，这就是验证。你的成果是一个检查动作，还是一个书面成果，还是其他形式，都值得仔细考虑。

验证过程不能全部是感性的评估，一定要设计出一系列可以量化的指标，让每个成员都明白做了工作就有记录，有了记录就可以评估，有了评估就有激励。

即便如此，计划也要多推敲，完美的计划并不存在，要想想自己计划中哪些事情想理想了，是否预留风险控制项，是资金问题，还是人力瓶颈，还是周期紧张，还是目标过大等等，要实现对策，这相当于在计划阶段就进行验证。

到这一步，所谓的计划包括为什么要做，做什么，谁去做，什么时候做完，如何内外沟通，如何检查，有哪些风险和对策等。这些都规划完成后，计划才算成形。

2.8.1 没沟通的计划是假计划

很多人计划写得非常细致，也非常全面，但执行时并不理想。很重要的一个原因是整个计划纯粹是个人经验心血结晶，不是合作双方沟通的产物。沟通，既包括了和用户的沟通，也包括了项目团队内部的沟通。

计划是大家对后续工作安排和分工的一种共识，一个人把工作安排得再好，没有其他人发自内心的认同，除制订计划的人，其他人又怎会按照计划执行呢？

按照绝大多数单位、部门的管理章程，实施过程是不能没有计划的。很多时候项目经理只是按照制度的要求，每次出差写个计划，然后照惯例发一个给用户，至于实际上是否按照计划做，都不去管它，全然不沟通，存在为计划而计划的情况，甚至有的项目经理以为计划是用于让用户去感知软件公司做事的规范性。

有的项目经理一将计划写好，立即就开始和用户沟通，工作态度很好，是不折不扣的行动派。但是项目实施不是项目经理的事情，一定要先在公司内部工作征求客户经理及其他配合人员的意见，一些重点项目甚至要征询公司管理层的意见，有了尚方宝剑才好和企业沟通。计划内部沟通过程其实就是和其他部门约定后续配合工作内容的过程，和别人约定每个阶段工作输入输出文件和质量规范的过程，这样计划一启动就不担心内部配合响应跟不上，也便于其他配合部门提前安排好工作资源。

有的用户对计划非常重视，项目经理费尽心机把计划写出来，然后提交给用户审核，用户同意就按计划去做，不同意再去调整，直到用户满意为止。这也是一种形式的沟通，但这种形式的沟通也存在一个很严重的问题：长期这样沟通下去，用户会逐步变成一个计划审核者，忘记了自己还是项目参与者，这也不是特别好的方式。如果可能的话，项目经理还是应该请用户一起合作编制工作计划。

没有和用户充分沟通的计划往往是一种"独轮车"计划，整个计划不断描述软件公司在这个阶段做什么工作，那个阶段做什么工作，而对用户干什么没有描述，好像我们是很乐于把用户变成一种对立的监工身份。做计划的时候要随时考虑有没有让用户参与进来，项目经理要敢于让他们参与项目，知道安排怎样的工作给他们做。

计划是约束双方用一切办法保证最终里程碑目标按时间节点达成的工具。项目经理写一个计划是要给用户确认的，因为任何工作都是要占用用户的资源。用户领导对项目团队工作内容了解越清楚，就越方便其安排内部资源配合工作。因此计划在执行之前一定要让用户理解、同意并落实准备工作，这才叫确认计划。

计划中没有提及用户的配合，有时候用户还会觉得很奇怪：那让我们在每个阶段配合做什么工作呢？还要怎样做呢？会不会达到质量要求呢？出于这种担心，用户反

☞ 计划的沟通最有效的方式是面对面，其次是电话，最后才是邮件确认。

而主动让软件公司把计划解说清楚,这在实际的实施过程中实在是一件矛盾的事情。计划应能指导用户如何配合实施,而不是一个对软件公司进度单向的约束。

 案例:

项目经理小李和一个客户项目负责人约定要启动调研了,他写了份计划,说明调研派出团队人数和计划天数,还说明了调研要了解的大概内容,请企业确认能否按计划时间启动和开始。小李在得到企业肯定答复后来到现场,这才发现企业这边根本没有配合好,无论是要求准备的数据还是要求访谈的被调研对象,都没有准备。小李不得不调整计划,在现场重新落实计划的工作内容。

请问怎样避免出现这样的情况呢?

 点评:

企业客观上都希望项目团队在现场的工作紧凑合理,不浪费彼此的时间。但用户并不清楚如何做这种调研,他们能做的就是按照软件公司意见尽量安排合适人员配合。

如果调研计划只是含糊说明某几天要来现场调研的话,实际上用户领导可能会回答,那你们先来,来了再说。结果到了现场发现准备不足,把大量时间都无价值地浪费在协调调研资源和等待上。

有的人把调研计划做好,告诉用户行程,就准备按计划去现场了,这样的调研者不及格。

有的人会提前发邮件或传真给用户,然后电话确认收到,然后和用户确认时间无问题,然后再去,这样的调研者60分。

有的人不但会确认计划时间,还会认真了解企业是否认同计划内容和是否有相关业务人员配合,得到肯定承诺后再去,这样的调研者80分。

有的人还会准备一些前期调研文卷和数据准备清单,让客户经理配合落实后再去调研,这样的调研者100分。

调研计划至少要做到80分!计划发给用户后,大部分用户一般是不会认真查看和落实的,特别是一些地位不高的联系人,可能连为这个事找领导的协调能力都没有。所以打电话确认的时候一定要请用户确认是否可以按计划进行,得到肯定答复后再出发,这样计划执行保障性会高一些,也给别人留下一个职业化的印象。

☞ 要和用户一起做计划,如果用户不配合,创造条件也要把用户拉进来,变成我们一起来做计划。

2.8.2 计划要体现出对项目实施工作的策划

很多项目经理编制计划的过程就是参考软件公司内部管理要求、借鉴一个历史模板加以修改的过程。甚至有的项目经理存在不做计划,以为凭借自己的经验到现场就可以搞定的错误思想。尽管机械地复制历史模版,项目经理可以快速炮制出大量格式规范、内容丰富的实施计划,但是并没有技术含量,对实际工作也帮助甚微。

有的项目经理会义正言辞地辩称,这个世界其实"计划不如变化快",整个项目实施过程就是踩着西瓜皮,滑到哪里走到哪里的过程,反正努力把它往前推动,尽心尽力就好。

现在很多计划一看就没有体现策划的过程，把软件公司业务方法论顺序当作项目过程分解依据，千篇一律。事实上所有的人都承认项目和项目不一样，不存在简单复制的关系，为什么计划却又可以理所当然地套用呢？

这些敷衍做法在实际工作中是大量存在的。我们可以将这一类人总结出一个共同的工作特性：那就是不做计划、消极地应付工作，处于受用户摆布的地位；而项目经理做计划的目的正是希望通过计划去有意识地支配工作，使工作处于主动的地位、并能提高工作效率。

好的计划有一个特征：就是目标定义非常清晰，并且完成目标有清晰的业务里程碑划分。

项目实施计划不能成为实际工作流水账，必须有明确的里程碑。

整个项目实施计划要依据解决方案确定目标，确定目标要能够在计划中清晰体现多长时间、整个项目团队要完成哪些工作。

在目标定义清楚的情况下，项目经理要充分考虑达到项目目标可以经由的策略、评估哪种策略是现实实践中最合理的，并就该策略和用户充分沟通后，将项目总目标划分为各个里程碑目标。

设定里程碑容易出现两个问题：第一是把行动当作目标，第二是把完成重要关键事件和里程碑具体含义等同。

例如，很多人把业务调研完成看作是一个里程碑，其实业务调研是双方项目组为形成统一的项目需求而采取的调研方法，一旦项目需求真正被认可和确实了，这就是项目中一个非常重要的事件，一旦这个事件产生，原则上就不允许轻易变化和调整，而且也不存在倒退，剩下的工作就是努力去达到这个目标。

☞ 项目是目标驱动，工作是流程驱动，人员是绩效驱动。

业务调研是达到这个里程碑（了解并确认用户基本需求）的一种有力手段，本身是否完成不应该是里程碑。不经过完整的业务调研，对经验特别丰富的项目经理也可以帮助企业快速确立项目目标，或者有的企业自身信息化建设水平很高，业务边界在项目选型之前已经非常清晰，我们只需要合理地加以实现，这个时候业务调研的主要目的只是有效完成客户化配置。此外，业务调研很难界定结束的标志，在一个项目过程中随时要保持"业务再调研"的意识，把一种长期动态存在的行为定义为一个不可倒退的节点是不妥当的。所以，定义业务调研报告视为里程碑实质上是把项目中的某项策略下要执行的关键行动当作目标，虽然该工作完成与否对项目质量很重要，但对用户而言不会获得真正意义上的收获，把行动当作目标是编制计划时很容易发生的行为。

2.8.3 避免把行动当目标

一个项目的实施计划还需要细化和分解成各个阶段的子计划，每个阶段子计划还要逐次分解为不同活动的现场和非现场工作计划。

现在很多项目工作计划其实都是不同突发事件驱动的阶段工作计划，与全局的实施计划已失去有机联系，这样里程碑计划对项目导向和控制作用就会不明显、不清楚。

有的人把一个全局实施计划精确到天，对不明白的用户可能觉得写得非常周到，但全局计划过于精确就没有了控制的价值。因为变动因素太多，能够精确控制活动的计划往往只体现在周期不长的现场阶段工作计划中，但每次现场阶段工作计划应该可以看出隶属哪个里程碑阶段、完成后对里程碑起到怎样的促进作用，这样一层层前后衔接、紧密呼应的计划包才是一套好的实施计划。

最终的现场实施计划，应该是团队每个成员在充分理解项目经理的全局计划后，自觉依据全局计划推导和编制出来的结果，并经过项目经理和用户的认可。

这样项目经理也就不需要对项目每个细节活动都要做计划指导，更不至于担心有团队成员编制的计划和总体计划脱节的情况发生。

 案例：

项目经理小李的一份项目计划目标中是这样写的：

计划目标：

1）和用户沟通工作计划。
2）解决现场遗留的问题。
3）完成本次现场工作备忘录。

然后再具体描述各项目目标的子活动和时间配合安排。

这样编制计划有什么问题吗？

 **点评**：

👉 对缺乏经验的团队，计划精细化好，对有经验的团队，目标明确化好。

这样的计划目标看上去没有什么错误，但是所有这些目标看作是本次现场工作的一些活动更合适。沟通、解决问题、签署备忘录是实施顾问在现场工作必须完成的一些活动，这些活动完成质量的高低可以决定项目目标是否被达到，并不能认为做了这三件事情项目现场工作质量就高，就完成了项目目标。

本次现场工作目标和你整个项目的目标有什么关系？任何一个阶段工作都应该有利于项目总体目标或者某个分阶段的目标实现，要实现的效果才是来现场工作的目标。

具体计划大部分实施顾问就习惯列工作活动流水账，并把完成流水账作业内容作为受控的目标，而不关注本次现场工作要使项目达到怎样的状态。

这种流水账计划还有一个巨大的负面作用，就是很容易将项目总目标一个个阶段中引入一些反复验证的技术细节，忘记了整个项目不是用于解决技术问题，而是要解决业务问题，使项目目标被转移到技术细节上。

2.8.4 尊重计划，不轻易变更计划

很多项目计划虽然明确了目标、制订了策略、设计了行动、安排了人去完成，但是计划写出来只是一张纸，如果不按计划跟踪完成情况和完成质量，这张纸很快也变成形式主义。

由于目标中拟定假设的客观环境会经常发生变动，计划与事实常常难以趋于一致，所以我们必须定期审查我们的目标与计划，做出必要的修正，寻找完成计划的最佳途径。任何计划一旦启动，项目经理就必须跟踪到底，监督帮助计划执行人有质量的完成计划。

一旦发现这几个环节出现问题，要采取行动加以调整和控制，避免计划在执行的

过程中走形，每个阶段工作完成后要对质量有清楚认识，并作为下一阶段执行和考虑的原始输入依据。

在计划中要设置阶段性的检查点，里程碑就是对整体计划的一个检查点。对于具体的小计划，也要设置检查点，可以及时发现问题，对自己难以解决的，还可以立即申请获得同事或领导的支持。比方说，项目经理计划在七天之内完成基础数据录入，那么第一天就要设立控制点，如果等到录入到第六天再去检查，显然会发现进度不够，很难通过协调增加人手、提高效率等方式保证任务如期完成。

跟踪计划的办法其实也很简单：项目经理要天天看大计划和子计划，对项目计划要设计跟踪手段，在现场应该每天都面对面和团队成员沟通，不在现场也应该保持一定频率的电话、邮件和短消息沟通。

项目经理应该同时保持和自己团队成员每天沟通，和用户每几天一次沟通频率，不过沟通方式可以约定一种成本较低的方式。否则项目经理在承担多个项目时，很容易出现项目情况跟踪不及时，对项目整体情况失去感觉的局面。而且项目经理沟通一定要同时听取用户和团队成员意见后再综合决策，必要时还要咨询商务团队和公司主管意见，再做行动决策。

此外沟通要有连续性，一件事情一旦启动沟通，就要一直坚持到该事情被处理完毕，得到用户认可为止。由于很多职员职业化素质不够，项目经理必须清楚开展工作中整个团队每个人的个性特点，计划一定要跟踪到行动被有质量落实为止。

好的计划管理不是针对计划是否写在纸上，而是写在纸上的计划是否被执行。即使计划没有写在纸上，只要大家都清楚，而且也确实按计划执行，我们认为这就是好的计划管理。

☞ "计划不如变化快"反映的是项目经理太缺乏风险预判能力，也缺乏对自己资源把握能力。

2.8.5 计划要保持一致性

项目经理有时候也很无奈，计划总是被意外冲击，甚至是被不应该出现的意外打断。

这种情况体现了项目经理对风险管理的意识不够，或对风险预测的能力不足，写计划时过于乐观，存在"做了再说"或"船到桥头自然直"的侥幸心理。

固然有些事情是易行而难料的，但作为项目经理一定在要每个项目启动阶段投入全身心思考、发动所有人讨论、从最悲观局面设想计划风险，然后逐步考虑风险控制策略，最终完成整个项目。

有的项目经理对明明存在、但暂时不会显露的风险，利用信息不对称（用户不知情），采取自我回避的"鸵鸟政策"，这是很不好的做法。尽管项目经理可以选择不告诉用户，但一定要提前着手解决，等到项目到了一定阶段再处理可能错过最佳时机，而且可能很难调整，严重地会导致所有成果推倒重来。

一个项目如果有8个月周期，调研占用1个月的话，解决问题的时间至少应该是有6个月。项目经理提前申请规划解决技术问题，往往能抢在验收前解决问题。

很多软件公司的商务团队和实施团队是分开管理的，售后实施计划完全不借鉴和采用售前计划也是不合理的，建议实施计划中把好的售前内容也统一纳入，最终做到售前方案和实施阶段真实计划保持基本一致。

☞ 不要按照合同规定进度编制计划，要按实际工作边界和资源编制计划，该快就快，该慢就慢，要尊重规律和自己的能力。

遵循5W2H原则编制计划：
Why：为什么要做这项任务，对工作目标是否有支持；
What：任务的内容和达成的目标；
When：在什么时间段进行；
Where：任务发生的地点；
Who：哪些人员参加此任务，由谁负责；
How to：用什么方法进行；
How much：需要多少成本。

2.8.6 计划不要过于理想化

在项目中最容易出现的矛盾就是计划不断延期，而且延期都有充分理由。一个项目经理必须是一个遵守承诺、高度目标导向、意志坚定、内心充满韧劲的人，不会因为轻易遇到一点点困难就轻易调整计划。计划要以文字方式约定，就是要体现自己对自己承诺的尊重。

一个项目经理无能的表现就在于对自己的承诺无法兑现。一旦项目经理养成随时可以找借口调整计划进度的习惯，这个习惯很快就会在各个层面蔓延，整个项目计划延期成为合理的存在。但是好象这种合理的存在与软件公司商业目标、用户利益严重冲突，一个有责任心的项目经理的工作就是想尽一切办法避免项目延期，而不是为项目进度制造种种合法的延期理由。不管错误是谁造成的，项目经理都要保证进度如期完成。

有的人可能会说整个项目签订就存在不合理性，那项目经理就应该在业务调研阶段和解决方案编制阶段全力争取企业理解和认同，在项目开始阶段争取获得一个比合同宽松、大家感觉努一努力或者经过艰苦努力可以达到的目标。

事实上，很多项目经理明明知道如果按合同走，在后续实施过程中会遇到无法克服的艰险和风险，难道不也是沉浸在合作蜜月的甜蜜中，幻想随着时间推移很多问题会自行解决吗？

一个项目经理应该非常熟悉自己所在公司的产品平均质量和平均版本的交付周期。在项目调研结束后，项目经理就可以评估出项目完成实施技术上需要改进的方面、公司有什么手段或资源可以解决，进而紧急进行内部沟通，判断各项技术可获取周期，并预留足够实施周期余量，在此基础上再策划项目里程碑和控制手段。如果公司开发延期成为一种习惯，项目经理就必须考虑这个边界条件下如何去完成项目。

如因项目经理考虑不周和不可抗拒的因素导致项目出现计划延期，项目经理应该想办法在下个阶段得以弥补，使局部延期不至于形成整体延期，这样最终还是符合用户交付期望的。

2.9 团队培养

2.9.1 个人能力还是团队协同

不可否认，在管理软件当前的实施过程中，很多项目之所以能够完成，和项目经

项目做长了，一般就不看计划了，大家本来就当计划是一张纸对待。

2.9 团队培养

理个人能力有莫大关系。常见的情况就是同样的项目，同样的产品，甲实施不能成功，换乙去实施，最后做下来了。

那么这种现状容易让人得出一个结论，在目前大部门管理软件公司里，做好项目是一种偶然，因为它依赖项目经理的个人能力，因而有的项目经理尽管口头上讲团队，但在内心深处有意无意地认为，项目其实是离开我就玩不转。

这种认识到底有没有问题呢？

第一、客观地说，项目经理有这种认识是有现实基础的。由于国内管理软件行业还不是足够成熟，用户也不是足够成熟，在一个不成熟的行业很难用成熟的标准去要求企业或软件商，但项目还要完成，去弥补这个不成熟造成的差距人，自然就是项目经理。

 案例：观念的转变

我当年刚入行的时候，接到的第一个项目是一个没有人愿意做的项目，因为：
1) 项目总金额非常低，远远低于当时正常合同报价，实施提成微不足道；
2) 虽然项目金额低，但不是标准合同，存在大量需要开发的功能点；
3) 前期已经换过人，用户满意度不高，现在连商务都不愿意配合。

但是当时没有想那么多，就把这个项目当一个练习的机会，结果通过努力，在没有商务配合，公司也不同意开发的情况下，通过请教同事，说服客户，最后居然把7个开发点通过各种手段配置出来，最后顺利完成了项目。

做完这个项目，我就有一种心态（现在看来未必好），项目下不下得来，还是看个人，个人主观能动性发挥了，项目是可以搞定的。

等后来我做了部门主管，回头再看这个问题，认识就不一样了。

第一、我现在要负责完成的项目不是一个而是一批，我必须找到可制度化可复制的模式去完成项目，而不能把项目完成与否完成质量依赖个人能力，否则公司项目实施水平总是上不去的。

这样我就过去思考能不能设计出一个项目交付的质量标准，它一定是客户可以接受，团队可以做到，在公司能力范围内的质量标准，我们实际做法是一开始只做60分的标准，等团队能力稳定在60分后再逐步提高。

第二、不依赖个人能力，就要建设团队协同的机制，而且不能是一个团队独大，要每个团队都有能力完成项目。只有当团队成员都能发挥作用的时候，项目经理的价值反而最大化，可以把他的时间用在最有价值最有难度的项目沟通协调控制上。

原来我一个人做项目，同时最多做两个项目，因为所有的事情都要自己协调，后来带4个人做项目（包括2个新人），最高的时候同时响应了9个项目，相当于通过合理分工。每个人在项目承担不同难度的任务，轮流调度，9个项目都可以完成好，这就极大提高了生产率。

企业要规模化发展，必须建设好的项目团队，这是毋庸置疑的，但如何建设团队却要根据企业管理水平、项目规模、软件能力等综合考虑。

建设团队，调动项目成员积极性，项目成员要从以下三个方面来调动：

加强和项目成员沟通：项目经理要经常用自己成长经历现身说法，通过正式和非

☞ 很多项目经理认为：项目验收关键在自己个人努力，但这种思维放大到要求项目经理都很能干就错了。

第2章 售后实战技能

正式的交流，使项目成员认识到项目给他们带来的好处和成就感，使个人在项目中学到知识（业务知识），能力得到提升（组织能力，做事方法等），直接感受到项目经理对他们个人的帮助。

帮助形成工作的能力：项目经理要组织团队成员参加项目管理方法论培训，必要时自己亲自结合项目给予解释，每做一件事情，都要让他们明白为什么做，怎么做以及这样做的价值，不做可能带来的后果。方法论要细到操作层面，提供丰富又典型的工具和模板，让项目成员可以独立进行各个环节的工作。

让他们感受到工作的价值：让项目成员有表现的机会，例如让项目成员代表自己在项目例会上介绍团队所做的工作，在项目取得阶段性进展时通过各种方式感谢成员的工作，利用各种机会在双方领导面前表扬其所做的工作以及工作的价值，进行激励。

等一个项目经理有了可依赖，可信任，可指挥的团队，他才是一个真正的项目经理。

2.9.2 不同项目需要不同的团队

项目团队有职能式项目管理、协调型项目管理、弱矩阵项目管理、平衡/强矩阵项目管理等几种模式。

1. 职能式项目管理

所谓职能式就是，工作是从一个部门流转到另一个部门来完成，没有明确的项目经理。或者实施顾问就是所谓的现场项目经理，他其实只负责把客户需求采集到公司，后期的工作由公司依据流程来安排。

项目经理没有资源调度能力的时候最恨内部流程阻碍其完成工作目标。

很多企业在规模发展到一定阶段时，会感觉项目驱动完全依赖现场人员的能力和积极性，项目越多对现场人员能力要求越高，人力资源配套也跟不上，因此企业往往想走软件工厂之路，搞流水化协同。具体做法是让现场人员按标准格式返回需求和配置要求，然后总部确定产品开发计划和软件配置任务。配置好后由实施顾问验证和现场辅导上线。

在这种情况下，员工的部门归属感很强，也很有边界感，"这事情我说了不算，你找我们经理商量，他安排了我就做"。这种模式的问题是，会逐渐形成部门壁垒，跨部门流转比较慢，项目进度和质量更由于大量配置人员脱离现场，感受不到客户压力而不可控。

在这种模式下，内部人员的收入和现场项目回款比较脱节，无法将工作贡献与市场收益很好地联系起来。也正是这种模式，使得总部配置人员更多地听从部门经理的安排，而不听从现场实施顾问调度，很容易因为内部协调不公平使得大家的积极性不能很好地发挥。

这种模式适合软件平台高度成熟，软件公司对客户业务理解清晰，而且项目边界可控的情况，采取这样的流水化分工是可以极大提高生产效率的。但对绝大部分管理软件厂家而言，他们并不具备这样的软件平台、业务理解能力和职业化的员工。

2. 协调型项目管理

有的企业各级领导并没有真正认识到项目经理的关键作用。这个项目经理的地

2.9 团队培养

位，主要是项目协调员，其作用和地位也可想而知。

此时，项目经理更多是将自己手头的项目整合为一份实施和回款计划，并设置一些阶段点进行宏观控制。在跨部门工作产生冲突、不一致时，项目经理可以在一定程度上代替部门经理出面提醒、通知和协调，用一个人的力量来保障跨部门接口问题。

客观地说，这种模式比之前的职能式更适应国内公司的实际情况，至少有人对具体项目负全责了。但同时，它的缺陷也很明显，项目经理更多起到提醒督促作用，甚至是配置管理、质量保证的部分业务岗位结合体。

但因为项目人力资源项目经理缺乏整体协调能力，因此项目组成员更多还是听从部门经理的安排，在应对突发事件或临时变更时，项目经理的作用少得可怜。

我们不难想象，在这样的定位下，这种模式就是要求项目经理具备高度个人魅力，能充分影响项目组和部门经理，这样才能发挥较大的作用。可惜，这对人的要求太高了。

3. 矩阵式项目管理

事情的发展通常是螺旋式上升的。很多公司在经历职能式、协调型项目管理的运作过程中，逐步认识到一个有效、可行的项目管理需要一方面规范化产品实施方法论，另一方面提升项目经理的权利（使得项目经理有直接管理和考核相对稳定的项目组成员权利）。

在这种条件下，很多公司引入矩阵项目管理模式，它包括弱矩阵和平衡矩阵项目管理两个阶段。

我们这里的弱矩阵，是指项目经理在项目管理过程中有对项目成员的考核能力，但最终的考核还是放在各自的部门经理处。这样，项目经理在保证项目进度方面有了一定能力，项目经理的威信也逐步提升。

弱矩阵下，每个项目成员有两个领导，一个是项目经理一个是部门经理，他覆盖了项目和部门对人力的需求。但在实际操作中，在项目开发过程中，如果职能部门有一些能力提升的临时工作（如突发客户问题服务、遗留项目问题解决等），项目成员不敢直接得罪部门经理，会影响项目的有效工作时间。还有一个问题是，项目回款有进度等方面的压力，通常会为了完成回款目标牺牲团队能力提升方面的总结、分析工作，也影响新项目的有效开展。

认识到了弱矩阵的问题，使企业逐步转移到平衡矩阵模式，甚至是有一定的强矩阵模式。也就是说，项目经理负责所有项目成员的考核，人员是否能进入项目团队，项目经理有自主权，部门经理只能推荐，而且部门经理要负责新员工的培训和基础能力成长。部门经理提供或多或少的辅助考核，项目经理对部门管理工作耗费的时间占用更少。

这样项目组成员有了明确的归属感，同时部门经理针对项目经理管辖的项目设置了良好的项目激励指标，充分释放了团队的生产力，项目也自然容易成功。

☞ 多头指挥，高管直接插手项目具体工作安排是很多项目做不好的根本原因。

总结起来，矩阵式优点是通过项目协调员或项目经理可以使各项目目标平衡，避免资源重置。对于关联性强的各类复杂项目可以实施成组管理，系统考虑问题。缺点是中层管理人员为多个以上主管工作，当有冲突时，会处于两难困境；处理不好会出现责任不明、争抢功劳现象。特别是项目存在开发主管和销售主管参与的时候，平衡

第 2 章　售后实战技能

矩阵的沟通成本会急剧上升。

矩阵式项目管理适用于需要利用多个职能部门的资源而且技术相对复杂，但对不需要技术人员全职为项目工作的项目，特别是某个项目需要同时共享某些技术人员时，矩阵式有其优势。

这里要说明，对一个软件公司，不要企图一下子就追求最理想的团队模式，一个合格的项目经理要经过至少两年的成长期，当他经历了不同的项目管理模式，最终才能真正理解每种项目团队的优劣并发挥自如。如果一个项目经理没有经历过职能式或协调型项目管理，进入矩阵式模式一样会存在不适应，甚至要求退回到过去的模式。而如果一个公司的多个团队的能力还没有进入到矩阵式，强行切换也会对公司资源响应能力产生破坏而不是提高。

2.9.3　选好人，带好人

对很多企业而言，项目最大的挑战不是技术，而是项目团队的稳定性。因为人员流失频繁，就很难从实施顾问中选拔出足够和合格的项目经理，也很难保障项目实施质量。

要解决这个问题，我们先得分析一下作为一个软件实施顾问他们的心态和工作特点，然后对症下药。

所谓顾问，不是因为名片上叫顾问，而是因为你有水平别人当你是顾问。

案例：某公司实施顾问从业心态调查

某公司调研了 40 多名实施顾问的从业心态，得到这样的一些调查结论：

1）实施顾问由于其实施行为要求受公司理念和产品能力影响非常大，因此很难从外部直接引入适合岗位需要的人才。而且大部分企业薪酬水平也不容易吸引在企业业务背景或项目管理技能方面非常突出的人才，因此对实施顾问的培养只能立足自主培养为主。

2）实施顾问随着工作年限增加，骨干比例越大。也说明实施顾问对公司产品越熟悉，现场经验越丰富，其业务能力越强。

3）实施顾问技术能力在很大程度上和公司产品强相关，因此其投入学习时间越长，就业转型成本越高，反而工作稳定程度越高。因此在培训上投入成本和精力符合公司长远发展规划需要。

4）一个实施顾问成长周期有其客观规律，很难一步到位。一个实施顾问成长为一个合格的项目经理，更是一个循序渐进的过程，需要长期积累，因此培训工作也必须是相应的长期跟进工作。

5）实施顾问都有强烈的学习动力，公司有值得学习的内容也是很多实施经理在待遇相对不满仍然留在公司工作原因，做好有针对性培训工作也是有效提高员工满意度方式之一。

6）实施顾问能否有效控制项目的瓶颈最大部分是软能力，既需求分析能力，业务分析能力，解决方案制定能力，项目管理能力，而不是配置能力。软能力最有效的培训方式应该是言传身教的教育和业务讨论会。但在大部分公司内部基本不存在"师傅带徒弟"的安排，实施顾问能力成长基本上是个人摸索，个人摸索的结果是能力成长缓慢，直接后果是目前能够很好实施项目的人员一是原来受过良好培训的人

2.9 团队培养

员,二是能力非常突出的人员。

7) 技术能力提高最有效的方式是通过给予项目压力自学完成,但问题是对于自学材料准备工作必须系统化、制度化,才能有效提高自学效率,避免无用功。

8) 在收入暂时无法获得大的改变情况下,实施顾问主要追求个人能力成长和项目成功成就感,也意味着只有能达到这两方面目的的培训会对他们比较有吸引力,否则培训效果将不好。

实施顾问现场工作情况复杂,管理行为和工程行为在整个项目阶段紧密交织,要求员工具备良好的企业业务背景知识,公司理念和产品相关知识,项目管理和有效沟通能力,还必须有一定的商务技巧,是典型的复合型人才。实际上,这样的人才在任何一家公司都是稀缺人才,大量招聘到此类人才不现实,也很难开出合适的待遇,即使招聘进入后往往也会产生文化融合的问题。

从另一个角度讲,任何公司的解决方案都需要一定时间熟悉和理解才能融会贯通,即使是有经验的实施顾问都必须经过至少三个月到半年时间熟悉和了解产品的过程,然后才能独立完成现场工作。

所以,大部分企业最现实的策略不是找到大量有经验的人,而是研究能否大量招收新人,并在3~6个月内培养他们成为可以在现场独立做某些具体工作的人才。

实施顾问一旦进入现场同样需要沟通能力、策划能力、控制能力、判断力、影响力,对于一个新人而言,他的个人魅力相对薄弱。即使在有培训的情况下,这些能力也需要大量实际工作经历才能积累,也就是说需要很长的培养周期。

简单地说,一个实施顾问能够被较快培养成技术人员为用户提供服务,但很难在用户面前建立职业形象,进而可以影响和控制项目。那么这个时候,项目经理就要发挥传帮带的作用,让项目组成员认可你的个人能力和魅力,愿意继续向项目经理学习软能力,持续提高,项目经理也通过个人能力获得了管理团队的权威。

所以软件公司不仅仅要关注人员的选拔,更要关注人员的培养,把培养体系建设好了,员工成长速度就会超越同行。这样一来,我们不但可以相对解决人力资源匮乏的问题,同时还可以降低成本,获得稳定忠诚的员工。

那么谈到培训,就要结合实施顾问工作时间特点来考虑培训周期的安排。

项目工作本身工作强度具有明显的波峰波谷期,项目紧急时压力很大,经常需要现场周旋于多个项目,得不到很好的休息。在项目不多的时候员工工作量其实很难饱满,员工利用上班时间上网、聊天的情况大量存在。而且很多时候现场实施计划受开发进度影响,实施顾问不得不等待开发版本发布,这个时间段一般都没有很好的利用。

培养实施顾问可以分三种类型培训:入公司时强化培训、晋职后现场短训和定期公司封闭培训,如表2-7所示。

☞ 有的公司把重视培训写在文档里,落实在计划里,实际上一点都不重视。

表2-7 实施顾问培训方案

培训类型	培训对象	培训目标	考核方式	培训老师
入公司时强化培训	新员工	让新员工在最短时间内掌握软件配置技术,认可公司文化,熟悉项目实施方法论	软件技术考核分单点能力考核和成套仿真考核	采用多个部门教员协同模式,但教员一定要具备业务理解能力

(续)

培训类型	培训对象	培训目标	考核方式	培训老师
晋职后现场短训	项目现场实施顾问	在现场随时发现新员工工作不足，让其了解正确方法	在后续工作业绩中观察成长速度	项目经理
定期公司封闭培训	全体员工	让全体员工在最短时间内了解公司产品动态和制度变化	灵活安排	部门经理＋产品规划经理

很多公司重视第一种类型的培训。但第一种类型的培训很多公司容易犯的错误是：不是用能力合格的员工培训，用余世维的话说"要用最好的员工去做培训"。很多公司是用开发人员，测试人员这些在总部好随时安排的员工进行培训，他们往往对业务缺乏理解力，只能简单讲功能，结果培训来培训去，能力复制是一代不如一代。

很多公司不重视现场培训，也就是做考核项目经理业绩时没有关注团队员工软能力和技术能力成长的评估指标。

☞ 不要让实施人员闲着，闲着的时候就安排培训或者放假。

每个项目经理都希望要有能力的员工做他助手，却忘了作为一个好的项目经理要能帮助每个团队成员成长，而不是让很多有能力的人替你解决问题，真要是这样，这个项目经理的位置就很危险了。如果一个有能力或有潜质的人在项目经理手下感觉没有学习空间，他要么选择单干，要么选择离开，这都不利于团队稳定和成长。

实施顾问流动率在公司各部门应该仅次于营销系统。我们注意到实施顾问流动率有两个高峰期：第一个高峰期是其进入实施部三个月到半年内因为无法适应公司岗位的管理要求或认可岗位待遇（出差和技能）而离职；第二个高峰期是其进入实施部一年半到两年阶段，由于在实施工作中感觉到比较累（心累，两头受气），没有成就感，成长晋级空间缺乏，又形成一个离职高峰期。

☞ 实施人员流动率高是很多软件公司解决不好的问题。

我们注意到骨干员工在项目中的作用和地位是新员工远远不能相比的，但骨干员工成长周期比较长（一般就是两年），很多员工在刚刚开始具备骨干员工能力的时候却离开公司，对公司项目实施造成很大影响，实际上也大大增加了公司人力资源成本。而我们也注意到，随着工作时限的增加，骨干员工流动率反而大大下降，这说明在软件行业技能投入存在一定的套牢性。对本公司软件越熟悉，跳槽沉淀成本就越高，相对地对公司忠诚度越高，但不意味着对公司满意度也高。

那么，公司定期内部培训一定要考虑员工离职高峰期时间段分布，在员工计划离职之前就好好开会总结，让大家振奋士气，这样就不至于出现员工提出离职，部门经理临时做工作的情况。

案例：如何快速培训新员工？

有位项目经理问，我自己也经常要出差，如何带团队的新成员？

对这样的项目经理我们提供一些参考做法：

1）对入职员工展开一次紧凑的魔鬼培训，要求他们必须在很短时间内，例如一周全面掌握软件理念操作和配置，在培训期间安排几次考核，没有通过考核当场淘汰，让留下的人珍惜工作机会。

2) 培训结束给每个新人安排实际工作，设计一个比现在水平高的，但是大家感觉跳一跳还够得着的业绩目标；这个叫目标标杆的设立，不断逼每个人挖掘自己的潜力。

3) 进行动员，提出完成目标的奖励方法(不一定是钱)，让大家对完成目标建立信心和认同感，这个叫精神激励。

4) 对完成目标的员工立即兑现奖励，请其总结经验内部交流，第一让他有成就感，第二让所有人意识到只要努力，目标是可以完成的，其他员工就没有理由说自己做不到。

5) 针对一些业务难点，组织内部业务交流，帮助团队成员强化突破，建立团队作战的感觉，让新人感觉到自己不是一个人在战斗。

6) 每天要求新人写固定格式的工作汇报，了解员工工作难点和创新点，通过邮件给于一对一辅导，发现问题立即电话沟通。

7) 实施末位淘汰，建立危机感，没有淘汰的机制肯定是没有真正的压力的，不管是谁，只要无法达到绩效，必须走人。

带新兵打仗，狠一点好，否则打不过竞争对手的。不要指望新人自发地去奋斗，给一段时间让他们自己去成长进而达到要求，这样的人总是少数；也不要中许三多的毒，不抛弃不放弃团队任何一个人，不适合我们团队的苗子(未必不适合别人团队和企业)，放在团队中不处理是害团队也是害新人自己。

没有惩罚的教育不是好教育，同样仅仅通过激励的手段激发员工的斗志也是不够的，一个新员工，主体都是不职业的大学生，仅仅是通过激励是无法达到要求的。

很多新员工现在看来装装样子还行，做咨询明显脑袋里缺少一种分析问题的能力，说不好听点，是完全不开窍。我们能给新人太多时间让他慢慢地成长吗？不能。

我们是在做事，不是给新人做职场保姆。项目经理不严格，太松，不敢管人批评人，表面上看起来在给大家宽松的成长环境，其实会害了大家，会让这些新人以职场为家。职场不需要感情，需要业绩，这是游戏规则。

2.9.4 实施项目经理的知识结构

实施项目经理是一个特殊的群体，他们是领导者，同时又必须是业务专家，因此，实施项目经理的知识结构必须涵盖管理和业务这两个方面。

一般来说，实施项目经理的知识结构如下表 2-8 所示：

表 2-8 实施项目经理应具备的知识结构

类别	小类	知识事项描述
管理	基本概念	什么是管理、管理的基本职能是什么？
	基本方法	领导、控制、激励、决策的基本方法
	特殊事项管理	冲突管理、时间管理

☞ 女人要对自己好一点，男人要对自己狠一点，职场新人要对自己魔鬼一点。

(续)

类别	小 类	知识事项描述
业务	财务管理基础知识	会计学基础、成本管理、报表合并、资金管理、预算管理、税务筹划
	SCM（Supply Chain Management，供应链管理）管理基础知识	SCM的基本分类和主要特点、采购管理、销售管理、库存管理、分销管理、门店管理、第三方物流、第四方物流
	生产制造管理基础知识	生产组织的基本形式和特点、MRP（Material Requirements Planning，物料需求计划）的基本逻辑
	IT规划基础知识	企业管理咨询的一般过程与方法、主要应用工具
	项目管理基础知识	项目及项目管理的定义、项目管理知识体系的九个基本方面
	实施方法论	实施方法论主要步骤、每个步骤的主要工作事项和要点
	其他	IT背景知识，行业背景知识

实施经理在具备了相应的管理知识和业务知识以后，要具备能够将这些基本知识进行有效运用的能力，即业务技能。概括起来，也可以分为管理和业务两个方面，具体要求如下：

2.9.5 实施项目经理应具备的业务技能

实施项目经理应具备的业务技能如表2-9所示：

表2-9 实施项目经理应具备的业务技能

类别	小 类	具 体 描 述
管理	领导力	能够以身作则，其行为风格能够影响别人，形成积极向上、团结互助、和谐快乐的工作氛围
	计划能力	能够做好部门人员、业务开展的各项计划；具备丰富的实施项目计划编制能力
	执行能力（策略能力）	对已经计划的各项工作任务，具备坚忍不拔的耐力，面对困难，能够采取各种有效策略和措施达成目标
	控制能力	能够有效预测部门工作和各实施项目可能存在的风险，并制定对策，在风险发生时能够快速反应，掌控局面，把影响控制在最小的范围内
	决策能力	敢于决策，能够统筹综效，着眼大局，做出重要决策
	激励能力	制定公正、公平、公开的团队激励措施，有效激励团队成员为达成部门目标而团结奋斗
	团队建设能力	创造积极、高效、务实、团结的工作氛围，不断提升团队成员工作能力，使团队成员不断进步

> 还是一句老话"书到用时方恨少，事非经过不知难"。

2.9 团队培养

(续)

类别	小类	具体描述
业务	项目实施能力	具备大型物流制造企业或集团综合企业项目实施管理能力，主导过2个以上大型或集团项目的实施工作
	项目监控能力	能够对机构范围内所有实施项目进行有效监控，对重要项目的各种信息了如指掌，使项目实施在可控的范围内持续往前推进
	管理咨询能力	初步具备企业IT规划、业务流程重组、实施效果评估等方面的管理咨询能力
	沟通能力	能够和上级部门、客户、实施顾问等相关人员进行有效沟通，并实现沟通效果
	谈判能力	具备在各种条件下的谈判能力，为达成既定目标，开展技术、合同、冲突等方面的谈判工作，实现双赢
	危机处理能力	在危机发生时，能够快速反应，制定对策，将危机后果和损失控制在最小的范围内

2.9.6 实施项目经理应具备的核心素质

核心素质是指个人具备的除了知识和业务技能以外的更加个性化的能力，和个人的价值观和人生观、性格特点等有较大关系。实施经理应具备的核心素质要求如下表2-10所示：

☞ 有时候我们是不是太把顾问当"完人"来要求呢？

表2-10 实施项目经理应具备的核心素质

类别	小类	具体描述
核心能力	诚信	诚实守信，不做任何有损公司形象、声誉和利益的事情
	勇敢（意志力）	敢于接受挑战、敢于创新、敢于胜利，面对能力，敢于"亮剑"
	创新能力	不断改进工作方法、工作思路，不断创新各种管理制度和工具，使之更加科学、高效
	学习能力	善于学习，勇于尝试新事务，并能够有效吸收，不断提升各项管理和业务能力

2.9.7 没经过培训的新人往往主动把事情搞砸

很多公司喜欢用新人，新员工年轻，因此在学习新技术新功能方面积极性和接受能力比较强，因为没有成见，接受现成的项目管理模式也比较快，按要求工作执行力强。但新员工在工作中同样需要的沟通能力、策划能力、控制能力、判断力、影响力、个人魅力相对薄弱。这些能力往往需要大量经验和经历才能积累。

这些也决定一个新人适合以一个技术人员身份出现在用户面前，但很难在用户面前建立专业顾问形象，进而获得控制项目的影响力。而很多新人一开始是没有意识到这一点,反而有表现自己的冲动。因此也经常有项目经理抱怨新人没经验,把很简单的事情搞复杂了,让项目平白出不少变数。

项目经理应该清楚新人的能力是没有经过验证的,项目经理为了偷懒或者临时敷衍用户,就把过于复杂的工作交给新人去做,第一会耽误项目影响客户满意,第二会打击新人对行业的信心,让他失去在这个行业坚持的信心。所以新人要培养,一种方法是安排一个老员工做师傅做项目中带,让他边干边学;另一种是进行集中的项目方法论短训后,最好安排在一个新项目中从头到尾去做一次,当然还得有项目经理带,立即独立去做一般不行。

我们建议采取"试一试、带一带、放一放、收一收、圈一圈"的方法带新人。

试一试:面试感觉能适应实施工作的员工,未必最终真能承受这个压力,所以新人进来都要试一试,培训的时候要给压力考核,放松的时候要观察他的主动性,反馈意识和观察能力。这个阶段要采取高淘汰的做法,只要感觉不合适的,立即淘汰,不要留观后效,有经验的项目经理感觉往往是正确的,这个时候真要有点宁可错杀一百,不要漏放一个的精神,为了解决项目人手问题匆忙把不合适的人放进来。不过也要破除一个观点,就是能做实施的员工就是学历高,有经验的人。这些都不重要,个人潜质和培养体系最重要。

> 不敢用新人的公司没前途,大量用新人的公司也没前途。

带一带:经过培训后不能立即放到项目中,要安排有经验的员工带着他们做项目,找感觉,有了初步感觉,新员工才能克服对实施项目的恐惧感,慢慢变得自如起来。

放一放:一旦新员工有点底气,有了跃跃欲试的念头,赶紧给他机会,最好的选择是一个新项目让他去亲自独立实践。这个时候新员工士气正高,学习积极主动性也是最高的时候,往往可以一个月达到平时三个月都压不出的进步。

但这个放要放得彻底,让他彻底体会一个人在项目中可能遇到的各种可能,包括孤立无援,一个人面临用户苛责,公司部门冷冰冰的回复,夹在中间两头受气,天天被自己能否胜任,公司是否合适,项目能否成功等问题煎熬,可以讲是进不能,退不能,只有这种环境才能最大看出一个人真正面临逆境的承受能力。

当然也有新员工起步很顺利,进入项目后很快完成了项目,但依据我的观察,最后能做到项目经理的员工都不是起步太顺利的员工,他们往往低估了项目实施工作的复杂程度,后劲不足,还是要找机会锤炼他们。

收一收:等新员工在项目中折磨得差不多了,项目经理一定要去拯救你的大兵,让他们意识到他还在团队中,而且每个团队成员都必须要经过这种煎熬的考验才具有面对一切项目的勇气和信心。勇气和信心不是喊出来的,是打出来的。这个时候项目经理和新员工同甘共苦把问题解决,项目验收,往往就能很顺利渡过团队成型期,建立很好的合作基础。

圈一圈:等新员工自己做了两三个项目,觉得自己能力够了,想承担更大的责任的时候,还得把人圈一圈,让他明白强中更有强中手,任何时候自满就是失败的开始。这个时候要给他一些超出现有极限的工作让他做,让他明白自己还远远不够,还需要继续成长。这个时候,员工一旦发现自己有差距,就愿意留下来学习和工作,又可以让员工稳定工作一阵,但有个前提,你是部门经理也好,项目经理也好,得有两把刷子，要是一把刷子都没有，这招失效。

 案例：新人遭遇换人怎么办？

新人独自去进行项目实施时往往会遇到如下问题：

1) 新人信心不足。
2) 用户反应不好，要求换人。
3) 负责项目销售的市场人员也希望换人。
4) 从公司角度来说还是希望继续练新人。
5) 经与新人交流，他认为自己没什么问题，但用户和销售坚持说不行。

这个时候项目经理要如何说服用户，如何让销售去说服用户？

 **点评**：

第一、不能轻易换人，因为会让用户养成坏习惯，总是挑剔实施顾问，忘了自己也要配合。

一般而言新人是想做好项目，之所以不让用户认可是能力问题，而不是态度问题。新人自己能感受到压力的，他就会在压力下努力改进，提升个人能力，为自己争这口气。但如果一撤换，整个人心态就变了，对自己会失去信心，今后无论到怎样的项目，都会出问题。

而用户会养成不断挑剔实施顾问的习惯，认为项目做不好就是员工能力不行，这个先例一开，公司就麻烦了。

第二、安排一个有经验的老员工去协助新人，否则绝大部分新人一个人在现场是无法抗衡压力的。但不是让老员工去代替新人，而是辅导新人渡过难关，加速培养。当新人能力有真正的提高后，经过博弈，用户在项目压力下就不得不选择和新人合作，如果是发现新人根本不适合这个岗位，那不是换人而是劝退。

第三、立即和销售沟通，必须在用户面前抬自己同事的轿子，对外公司是一盘棋，谁在用户面前说自己人或公司不好，那是非常低级的错误！

第四、和新人谈话，强调信任，鼓气鼓劲。新人主要问题往往是关注技术，不关注沟通。他们需要的是沟通技巧和时机，让新人自己挽救自己。

另外派出去的老员工一定要清楚自己的职责是帮新人，是负责传帮带，过一阵还是要撤出给新人做的，新人也必须明白这一点，否则新人会认为你是来取代他的。

所以派人的时候不要用项目经理身份，而是用管理层巡查身份，来帮新人分析项目，做方案，做计划，做沟通，然后检查评估新人是否有能力执行，然后辅导，然后走人。老员工此时一定不能过于表现自己，可能这个计划实际上是老员工做的，但要随时强调工作方案和内容都是新人做的，我只是稍微把下关，可以强调从经验判断觉得方案计划没问题，是否可以先按这个计划去做。老员工不需要证明自己，是新人才需要得到用户的信任。

此外新人要明白，不取得用户信任，项目一定失败，在项目开始的阶段用户不信任是正常的，非常信任是不正常的，没拿出几把刷子没有人会真心信任你。项目经理要提前给新人打打预防针，不怕说实在一点，这可以减少新人对项目的不确定心理。

☞ 新人和老员工的最大区别在于信心，而信心这东西不做过事情，心底有了把握是建立不起来的。

2.9.8 实施顾问成长路线图

什么样的实施顾问才是一名合格的实施顾问？什么样的顾问才是一个优秀的实施顾问？很多实施经理和实施顾问都经常会为这样的问题所困扰。从实施顾问为客户、为公司、为社会所做的价值贡献来看，实施顾问可以分为这么四个成长阶段：技术服务型顾问、产品应用型顾问、管理咨询型顾问、项目经理。

1. 技术服务型顾问

技术服务型顾问能力特征：就客户的问题在产品中找到对应的功能解决方法。

技术服务型顾问表现特征：当客户咨询某个的问题如何处理时，实施顾问的表现通常是：若系统具备此功能，立即打开系统，告之客户如何操作，以解决客户的问题；系统不具备此功能，常寻求二次开发的方式来响应客户需求。

2. 产品应用型顾问

产品应用型顾问能力特征：通过灵活运用产品功能来解决客户问题，并逐渐积累产品的行业应用解决方法。

产品应用型顾问表现特征：当客户咨询某个的问题如何处理时，实施顾问的表现通常是：即使系统不直接具备此功能，习惯思维是灵活运用系统现有的功能找到变通解决方法响应客户需求。

3. 管理咨询型顾问

管理咨询型顾问能力特征：引导客户需求，并针对客户需求，从业务管理的角度给客户一些建议或方案，以帮助客户加强基础管理。

管理咨询型顾问表现特征：当客户咨询某个的问题如何处理时，实施顾问的表现通常是：不直接响应客户需求，而是向探索客户为何存在此问题或需要解决此问题，再提供建议或方案。

4. 项目经理

项目经理能力特征：管理项目、管理团队、引导客户、制定实施策略与方案、横向和纵向沟通……

项目经理表现特征：说（沟通）的比做的多……

做顾问的未必要发展成为项目经理，项目经理一定要有顾问的能力。

2.9.9 激励，让团队前进

一个好的项目团队成员出现流动，无非也是一个待遇、公平和提高的问题。很多企业都不希望自己的员工流动率高，因此出了个事业留人，待遇留人，感情留人的说法。

但员工都不是傻瓜。指望员工总是把企业当家，把老板的规划当自己的事业，把企业的职业当自己的创业，不现实！即使企业有这个潜质，我们的员工也没这个觉悟。

待遇留人更是不好操作，公司一大，待遇就不因人设置，而是因岗设置。待遇不可能普涨，那样公司成本消化不掉；更不可能单独涨，容易制造不公平，而且不同部门之间有异议。最好的办法是员工的收入和业绩挂钩。

至于感情留人，公司经常是碰到一堆为了个人感情而离职的员工，没碰到几个因为感情愿意留下的。

我们能给企业的建议无非是：大企业也好，小企业也好，对员工最好树立这样的一个观念：我们只假设你能够在公司安心做两年到三年，能继续留下欢迎，不继续留下发展也不紧要，在这两三年内做好职业人本分即可。

一年半后，新员工变成老员工，企业领导层观察得也差不多了，就可以挑选一些好苗子继续重用。如果企业确实重视人才，想留住人，其实办法很简单，让他尽快买房，成为房奴，让他尽快成家，成为家奴。这样的人虽然在家庭方面多一些牵挂，但稳定性和责任感大大增强，可以弥补很多不足。买了房成了家，想跳槽顾虑就很多了，这对企业比做什么思想工作都有效。

一个稳定的团队还必须和好的激励机制配合才能发挥最大效能。到底该如何判断一个项目团队激励体系是否合理呢？

我们提出三个有利于的判断标准：

1. 有利于维护员工稳定性

薪酬激励体系要让员工觉得有做的动力，愿意去努力做。如果薪酬体系太低，员工留都留不住，其他设计就都不行了，这个关键就是看即使员工没有任何业绩，拿到的基本工资是否在同行平均收入水平范围内。

除了考虑行业平均收入水平，应该还考虑地区平衡，在发达地区和不发达地区，同样的岗位薪酬有差距是可以理解，但也应该合理，不能差距太大。

此外，每年的薪酬体系如果不是证明设计特别失败，应和去年薪酬体系保持相对平稳过渡，不要调整过大。过大调整往往会导致既有分配不平衡没有消化，新的分配不平衡又形成冲突。

2. 有利于激励完成公司管理目标

激励就是要激励员工努力完成公司想让他们达到的目标。往往公司主管设计激励政策总是想让员工这个目标也做到，那个方面也考核，要达到的目标多了，奖金就那么多，每个点上的激励就弱了。

最大的考核绩效一定是考核最主要的管理目标，千万不要出现两个有同等效力的激励指向不同管理目标的情况，这样员工就乱了。

有的公司为了控制项目成本，鼓励减少电话费用，如果超支就不报销。结果实施顾问都不愿意主动给客户打电话，怕无法报销，最后长期不和客户联系，服务质量上不去，又临时出台奖励政策，鼓励和客户多沟通，如此反复，就是一种激励设计不合理。

另外值得注意的是管理员工最有效的激励指标是每个月或每个项目上可以奖罚的钱，相反到年底统一结算的奖金对他们激励力度不如当月或单个项目提成激励大，普通员工往往更关注可以看得见摸得着立即兑现的目标。

3. 有利于员工自己清楚核算

项目复杂，最怕配套的激励体系也复杂。有的公司的奖励制度就是多元方程式，简单地说就是当你满足什么条件，或满足什么条件，并且满足什么条件，乘以哪几个因子，你终于可以得到多少工资，不对，还要在总额度中扣除某部分成本，本公式才能成立。

☞ 小公司员工薪酬设计要简单，大公司员工薪酬设计要复杂，但都要透明一点好。

☞ 这世界不是因为有钱花矛盾多，往往是因为没钱花闹意见。

考虑太多因素的激励体系，往往让员工自己到最后都搞不清楚自己做多少工作可以获得多少收入，这样的考核体系，自然容易失效。

碰到这样的体系，员工的对策就是观望，等政策明确了再跟进，影响的是企业的发展时间。

不管如何，在公司内部任何薪酬制度都只有相对的公平，在某些特殊情况下可能相对不公平，一定要公平到每件事情，可能就无法做事了！不断把流程标准化，岗位责任明确化，配合合适激励制度，长远来看对每个人一定是公平的。

案例：实施团队的工资设计

除了一般的薪酬体系设计原则，实施顾问收入体系要结合自己的管理特点设计。

一般谈到薪酬是以业绩论英雄，谁业绩好谁收入高，所以实施薪酬设计的一个基本出发点是：应该把项目回款和实施顾问的待遇挂钩，这是企业都同意的一个基本方向。

企业规模大了，资历老了，对员工不能搞一刀切，老员工技术能力强，业务经验熟，要留住，主要是如何调动积极性的问题，企业再也不能回到靠新鲜血液打天下的时代，这是成长要付出的成本。那么员工队伍有新有老，基本工资和绩效工资该如何调整（不包括提成收入）？

有三种选择：

一种是全部一样，工种一样，就同工同酬，有本事拿项目奖金；

一种是基本工资拉开级差，固定绩效考核，体现老员工对公司累积贡献；

一种是基本工资拉开级差，绩效考核按系数乘以基本工资核算，因为虽然是同工，但遇到问题的时候肯定是优先请老员工担待，所以绩效方面适当倾斜，鼓励老员工发挥传帮带作用。

在不同企业都可以结合实际情况考虑，基本工资设计没有最好的，只有当时当地最适合的。这还是基本工资，那么谈谈项目奖金。

项目奖金有没有？是高奖金还是高工资策略？哪种更好？

项目奖金从哪里提成？是从项目回款还是合同额？比例是多少？

项目奖金按什么条件发？按回款阶段发还是按里程碑发？

很多公司为了鼓励各个部门都支持销售，鼓励其他岗位也做利用各种途径发展销售客户。这样就存在一个业绩核算的问题，如果是我帮销售找到新的合作机会，帮助老客户追加合同，如何给实施顾问奖励？如果参与这个项目服务人员比较多，如何分配他们之间的提成？这里面的可斟酌之处就很多了。

> 没有一种薪酬方案是完美的，总是要随企业发展不断动态变化调整。

不管是哪种奖励方式，我们必须让实施顾问认识到，有回款收入就高（或者更高），如果没有回款，收入就低。

首先实施顾问应该有一个基本待遇，基本待遇可以给得很高，也可以保障基本生活即可，另外拿提成。如果公司实施顾问出差是按天收费，可以给高基本待遇，谁要是服务后用户投诉多，就请他反省甚至淘汰。如果是靠阶段性回款，高基本待遇可能养成惰性强的实施顾问。

一个项目一般在软件公司是分几个阶段实施的，整个项目实施周期可能长达半年

2.9 团队培养

到一年。有的公司可能考虑到一个一年的项目，第二次回款就是半年后了，如果项目不顺利，可能要大半年甚至没机会回款了。

出现这样的问题往往不全是实施顾问的错，一个不错的实施顾问做了6~8个月，甚至项目都验收了，由于各方面的原因(例如商务人员离职，导致没有办法拿回款等)，实施顾问长期一分钱提成都拿不到，肯定会流失，从长远看企业损失更大。怎么办？

于是，有的企业设计了按阶段工作量完成情况发放提成。例如完成业务调研发多少，完成解决方案发一部分，完成项目验收发一部分，项目彻底结项发一部分。

这样的制度有没有问题？肯定有问题。这是解决矛盾的权宜办法，必然导致实施顾问甩单和挑单，一旦养成这种坏风气，把全部实施顾问都开掉都不可惜。实施顾问完全可以挑选自己认为好做的项目去做，做完前面的阶段(例如业务调研，解决方案这些好拿提成的阶段)找借口把项目转给新人，自己又找部门领导要求新项目做。

领导明明看得到这种问题，为什么还是会同意这种把新项目好做的部分做了，变成不好做的老项目换人做呢？道理很简单，有能力的人总是少数，如果在一个新项目一开始的时候让能力不足的人去了，可能连前两个阶段的回款都很难或很慢，在业绩压力下部门经理宁可用经验丰富的人去冲回款，以保障基本收入，以后再慢慢抢后期回款。还有，领导也是人，是人就有弱点，如何防止领导对自己喜欢的人私心相授好项目，本来就是难题。

对绝大部分管理软件公司而言，应该考虑设计没有回款就没有提成的游戏规则。这样才能激发实施顾问的全部潜力去快速做好项目要回款，也有利于他们和商务建立合作关系，而不是埋怨关系(这是实际中最容易出现的相互看不起的关系)。

为了解决实施顾问长期没有收入的问题，有的企业设计了项目日工作量制度，项目出差一天，相当于给一个额外工作补助，虽然不是很高，但出差多的员工收入就比出差少的员工多一些。

这是管理员工的一个好的激励工具，不过在项目多的时候，员工还是会不满意，天天加班的时候算工作量能不能超过30天？如果可以超过30天，结果每个员工都可以证明自己天天在加班，成本容易失控。还有员工会提出工作天数虽然一样，但做方案和做配置的难度不一样，是否要考虑难度系数？这样也很麻烦。

如果项目少，实施顾问为了增加收入，知道自己早日结项后没有新项目接，就在老项目上不慌验收，可能让公司错过最快和最佳验收回款的时机，但实施顾问可以多拿一些工作量工资，反正项目只要能结项，钱总是要回的，提成跑不掉，但没事做就没有工作量。

不过具体操作还是问题多多。

第一个问题，不同项目难度不同，可能一个很难的项目由于商务操作不利，金额不高，而一个很简单的项目商务操作出一个好价格。同样两批人实施，如果提成只和金额相关，岂不是造成大家都去抢所谓的好项目？

如果是个小公司，项目都是这几个人做还好；如果是有一定规模的公司，有很多项目很多团队做，问题就复杂了。

有的公司为了解决这个问题，设计项目难度系数，提成要在金额基础上乘以系

☞ 实施提成发放最大的困惑就是不同的项目实际难度很不同，而项目金额的确差不多。

数，不同项目难度如何转换成公平合理的系数，对部门经理是非常难的挑战。

在管理上还是那句老话：民不患寡而患不均。

要不要给项目定难度系数？怎样的产品适合定难度系数？如何定难度系数？

第二个问题，提成怎么给？项目一启动，有一笔首付款的。实施顾问提成能否拿首付提成？假定不能拿。那后续提成怎么算？回一笔款，就按这次款拿提成，还是从总回款额中拿提成？

我们设计了一种制度是按后续回款比例给提成，例如项目回款比例是3:3:3:1。首付是第一个3，如果实施回第二个3，实施顾问则拿合同总提成的3/7。

这样设计有利实施顾问调动动力。

第三个问题，如果项目付款比例是8:2，9:1，或者是4:5:1，4:4:2，那么这种项目第二笔款很难要到，那么按提成拿收入的方式，基本上会把实施顾问都吓跑，怎么办？

第四个问题，如果实施顾问能力和经验长了，家庭负担重了，再给一个低工资和高提成能否挽留住他们的心？如果逐年增加实施顾问技能工资收入，他们却有惰性了，公司总体运营成本上去了，效率却下降了，怎么办？能不能高薪养廉？

第五个问题，部门经理收入如何定？该不该和部门业绩挂钩，好像这个是没有问题的，但问题是现在部门项目出现问题时，甚至人员流动时，部门经理往往为了救火，亲自上一线去搞定项目。

这个时候部门经理该不该拿具体项目提成，如果不拿，这笔提成该给谁？都不分配给公司吗？没有人会对公司这么好，除非公司是他自己开的。给自己？一个部门经理可以自己做项目拿提成，又可以拿部门业绩奖励，如何防止部门经理在感觉完成部门业绩希望不大的情况下，用种种借口介入项目拿提成，先保证个人的收入？

一个实施团队的领导，某种程度上比销售团队管理还难。

第六个问题，如果实施收入和回款挂钩，实施顾问就会主动去催款。一旦实施顾问催款积极性和主动性起来了，那么商务人员往往催款积极性就下去了，如何协同？有些项目实施顾问还在，商务人员离职了，实施顾问把钱要回来了，商务提成给谁？不给实施顾问，他会有怨气，给又不太合适。

第七个问题，有时候要回款，实施顾问也会请客吃饭，这种花费怎么处理，也是个问题。开这个口肯定不行，不开这个口有些事情走不下去。如何快速解决这个矛盾？

销售只要把提成制度清楚简明地设计出来，大家自然找最有利的项目去做，政策导向非常明显。对于复杂的管理软件项目，恐怕越是清楚简明的制度，越要在后面某些项目上爆发大量矛盾。

以上七大问题，如果一个做实施部门经理的人心中没有答案，那表明还不够合格。

不要过于相信所谓的精神，远景，还有一大堆项目管理的专业书。我的管理心得是：管理就是平衡利益，利益平衡和回报机制设计好了，大家心思往业务上用，管理自然简单，制度设计不好，大家心思都往内部资源争夺上用，部门经理的权威也不好维持。

 没有绝对的公平，可以通过动态的调整去弥补，实现总量的平衡。

再有一点，薪酬的设计不仅仅是待遇，要充分考虑人的能力和工龄，如果能够降低对人能力的要求，降低对人工龄的要求，薪酬设计还有新路，人力资源的快速培养机制也是实施部门经理要充分关注的另外一个关键业务领域。

2.10 会议组织

2.10.1 会议是沟通的一种正式方式而已

在项目中你要面对三种人：你的领导、你的手下和你的客户。和这些人沟通，让他们知道你打算怎么做，什么时候要他们做什么准备，这些事情将是项目经理的主要工作。

既然沟通如此重要，那些沟通的方式也是一件很要紧的事情。很多沟通技巧其实都是潜规则，例如计划的确认，未必就一直按文字进行，但文字的计划还是要的。

如果你现在面对的是多个部门甚至多个项目，不确定一个一致的沟通规则，项目经理以后自己都会一个项目一个样，最终自己吃亏。

所谓沟通第一个是规定不同类型项目信息的传递方式和格式，谁负责这类信息的提供。一种方法是项目经理将主动发布信息，不管通过电话、邮件还是书面方式，保证将信息传达到每个人。这种方法适合参与人数有限的小项目；还有一种方法是项目经理定期不定期发布信息到约定项目信息公布区，例如企业 OA 的公告区。这样发布的潜规则就是我发了但你没去看就不要说我没告诉你，责任在你没有去看。这里面是一种主动的信息不完全传达。

当然，很多时候我们需要主动的让参与项目的人，甚至没有具体参与但关心项目的人，例如领导了解我们在项目中做了什么，这个时候项目经理就要考虑主动沟通的方法。

主动沟通一般有三种方法：口头汇报、书面汇报和正式会议。

搞项目没有不开会的，但我们必须清楚，会议只是提高项目沟通效率的一种方式而已，并非所有的项目所有的活动都需要会议沟通才能达到目的，但用会议来组织沟通可以显得更正式，更有约束力一些而已。

在项目管理过程中非常强调沟通的重要性，那么如何才能提高沟通的效率？答案很简单，多进行面对面沟通。而会议是面对面沟通中最正式的方式之一。

关于如何开正式会议的书很多，但在项目中会议一样也是服务项目管理目标的一种工具，而很多书中教条的解释大大限制了会议的作用全面发挥。

很多书上讲到开会一定要控制好时间，提前拟订好议题，一组议题之间最好有相关性，这样开会的人就能在两个小时内解决战斗。如果时间够用，可以事先准备几个后备议题备讨论。简单地说，开会一定要有结果，会议过程要紧凑简明，否则耽误所有人的效率。

这些观点都没有错，但盲目用这些教条指导自己策划会议是有问题的。

第一、解决问题是不是一定要开会？这是主持会议时第一个要考虑的。有些问题涉及利益，开会是没有结果的，开会开多久都无法达成一致的。如果领导有足够权

☞ 一开始是为了解决问题而开会，后来就是为了规定而开会了。

威,也可以牺牲民主讨论的会议形式,直接下命令推动业务会更有效率。

第二、开会是不是一定要有结果?也不一定。有时候我们就是为了开会而开会,不需要达成一致,我们通过会议这个形式可以公开促使大家表态或者默不作声,即使有反对声音,只要控制在一定范围内,这个会议都可以去开。因为最终在推行领导意志之前,我们可以自豪地说,这个事情还是经过开会反复讨论过的,无非我们回避了开会前并没有达成一致的事实而已。

第三、开会是不是一定要控制在两个小时内?这更不一定。有些问题很难达成一致的,但作为一个组织,必须高度一致,怎么办?开封闭会,连续讨论十二三个小时,中间没有结果不许吃饭,不许睡觉,一天没有谈清楚就谈两天,直到所有的人都统一认识谈清楚为止。在这种强化封闭会议情况下每个人都经受巨大的压力,往往遵从意志最坚定的人意见达成妥协。从这个角度来谈,开会也未必一定就要简短,对于复杂的事情,马拉松式会议也是一种选择。

第四、开会也不一定要通知相关人到场,有的会议请领导到场只是为了证明领导地位和重视程度,根本不需要领导发言,甚至是到场。会议是达到目的的一种手段,既然有时候很难让所有的人达成一致,与其把所有的人都组织在一起浪费时间反复沟通,还不如让会议成为公司政治服务的工具。既然意见不统一,那就让意见统一的人一起开一次会,同样可以是集体决策。所以一场会邀请不邀请你都大有讲究,不请自来的人要么是赌博,要么是疯子。

☞ 会议是一种解决问题的手段,不是目的,更不是落实。

第五、开会意见不一定都形成备忘录,有些事情可以讨论但不可以记录,有些事情可以达不成一致但也不一定要记录,特别是商务上的很多事情,交待了去做就好了,形成记录恐怕是自己给自己找麻烦。

凡此种种,只是为了打破一些常规想法,开会就该如何如何,在一个优秀项目经理的眼里,会议是建立经常性正式沟通的方式,应该把握,但在项目过程中也不要受会议的约束。达到目标的办法很多,会议不过是其中一种,要是它的效果最佳,自然可以用这种手段,否则其他的手段尝试一下也不错。

2.10.2 项目过程中有哪些必须的会议

既然会议是正式的见面,那么不同的目的就在项目中促进不同类型会议的产生。

项目启动的时候有启动大会,这个单独有专门章节阐述。项目验收时有结项大会,这个也类似启动大会,是锦上添花的工作。

在项目过程控制中,有两类会议是很好的管理工具。

第一类是项目例会:以时间为控制点召开的会议;第二类是项目管理会:以某个事件为控制点召开的会议。

项目例会应该在项目启动阶段就和用户进行约定,约定时一定要明白项目例会的目的是让企业项目组和软件公司项目组经常有机会可以就项目进展进行沟通,落实双方配合事宜。

这种例会根据项目实施进展,不一定是半月一次或一周一次的教条式约定,在项目紧张的时候一天一次都可以,在项目进度不是很快的时候,变成不定期例会也可以。但有一条,无论和客户关系多么好,也要坚持开几次例会,而且一定要坚持把例

2.10 会议组织

会结论形成文档汇报给高层分管领导。要让领导知道项目组经常在一起沟通，推动项目进展，而且项目进展具体情况如何，这样领导就会感觉到对项目进展有所了解，掌握在胸，未来项目一旦完成要求验收也是水到渠成。

项目例会一般由企业项目经理和软件项目经理沟通后共同发起，主要是项目组成员参加即可。

开项目例会的核心是了解项目进度与计划的差距，是落后还是超前，造成进度不一致的原因是什么，有什么风险需要排除，会议结束应该有清晰的会议备忘录，对前一阶段工作和后一阶段计划有明确文字意见，会议尽量就事论事，简洁明快。

而项目管理会议是在项目有比较重要的里程碑完成时（例如软件验证通过，软件试运行通过，软件正式上线动员等），或者项目过程中有重要的文档需要评审时（业务调研报告，项目解决方案，上线运行计划等），或者项目中出现紧急的状况都可以召集项目管理会议时。

项目管理会议则由一方发起，经另一方沟通后召开，参加对象根据会议主题可大可小。开项目管理会议就是项目要对一些需要得到集体认可事件进行沟通，那么会议就需要充分沟通，有的会议一次达不成一致，就反复沟通几次，会议以质量为导向，不要贪图快放议题过关。如果最后发现考虑不周导致返工，那么花费的时间和成本更大。

2.10.3 会议组织流程

1. 确定会议目标

召开一次会议前项目经理必须先自己问一些问题，最重要的是："会议准备实现什么目标？"或者换个角度问："要是不开行不行？""什么时候结束？怎样开才算成功或失败？"开会的目的非常明确，才能突出核心主题，避免重复、价值不大的会议，否则会议很可能是浪费大家的时间。

2. 会议议题提前沟通

特别是重要的项目管理会目标确定后，要提前和双方核心与会人员沟通，让他们提前了解我们设想的会议目标，看有无调整的需要，会议应该邀请哪些人，会议具体工作细分到个人或部门，会议前后逐项检查。

3. 会议议程设计

会议议程是服务会议目标的，当会议目标得到企业和软件方认可后，可以落实具体议程，项目例会可以相对程序化，但管理会议如果安排得体，可以大大提高会议效率。会议议程的大忌是太简单、太模糊，如果要邀请领导或业务部门主管，一定要借征求议程的机会了解他们的想法，确保正式会议时可以使他们能够支持项目推动。

在重大会议召开前，要安排一次小组碰头会议，检查工作是否有疏漏及进展情况。会议召开前一天召集所有核心人员集中开会，强调会议事项，确保每个人都清楚各自职责。

开会第一个难题就是会议的时间如何确定。有的人说，这还不简单，下个通知，给相关人等，告诉时间地点会议主题，到会议室见不就好了吗？

这样自然有问题，万一你约定的会议时间和别人工作安排有冲突怎么办？

☞ 一次开会解决不了的事情，做一些工作后再开一次，多开几次问题往往就被推动到解决的方向。

所以有人说：确定会议时间前，最好和会议要通知的人对一对时间，找一个大家都能来的时间。其实也没那么简单，如果要让十个中层干部都对上一个时间开会很难，要这样约定下去往往没结果。

所以约时间的办法往往是先确定会议中最有威望的人（例如老板）可以来的时间，然后和其他人对时间，并尽量说服他们迁就最高层的时间，这样保证大家与会时间才不冲突。

4. 会议材料准备

有的会议是有材料要准备的，包括文字材料和演示文稿，甚至包括配置好的软件要演示。这些会议材料不论电子还是纸质都需从头至尾翻阅或演示一遍，重点核查内容有无重大差错、内容分类或逻辑结构是否合理、是否是最新版本等等。

5. 发布会议通知

对于已经程序化的项目例会，可以口头电话通知落实即可，但对项目管理会，要让大家重视，准时到会，可以考虑请企业主管部门发一个正式通知，彰显重要度，也可以促进大家提前准备与会内容。

完整的会议通知应该包括：

1）会议时间、地点、与会人员。
2）会议主持。
3）会议议程。
4）相关与会前提交的附件清单。
5）纪律要求（这个可以根据企业重视程度添加）。

☞ 通常确认会议时间的原则是员工可以等老总，而不可以让老总等员工。

6. 正式会议

比较重要的会议，正式开会前后还是要做一些准备和记录工作：

1）会议预定会议室有无其他人员占用，导致没有会场地，或者没有替代场地。
2）关键与会人员提前再通知一次，避免会议有人迟到，等的人意见很大。
3）需要打印出来的材料没有打印出来或者份数不够。
4）会议领导和许多与会人员开会时还不晓得为什么要开这个会，茫然参加，自然会议主题容易失去控制，跑题严重。
5）会议的时间太长，在会议过程中废话太多。
6）会议开完了，大家各奔东西，没有人整理会议纪要，达成的意见没有记录。

上述的问题会造成会议时间严重浪费，那么在开一个会议之前，得有人把以上问题都系统检查一遍才能放心，即使是一个内部会议，也不能大意。

2.11 工作备忘

☞ 很多人喜欢说，不喜欢写，更不擅长执行。

很多人怕写文档，但是项目经理一定要牢记"好记性不如烂笔头"的道理。有理有时候为什么会说不清呢？就是因为没有证据。

所以项目经理开始就要和客户说清楚有些文档是必须签字的，比如项目经理的项目工作备忘录；另外所有达成共识的东西，比如会议纪要，甚至领导的讲话记录，都要写成文档，双方签字，这样以后扯皮的时候，就能做到有据可查。

记住：口头说过的话没人认账，只有写下来大家签字后才算真正认可。备忘录就是这样一种让项目过程有记录的工具。不过，设计备忘录的时候最好先想一想什么等级的事情记录在备忘录、什么等级的事情要双方项目经理专门签署备忘录、什么等级的事情要双方领导出面确认等等。事先想得越周到，以后的工作就越主动。

2.11.1 备忘就是为了选择性不忘

备忘录是个目的性很强的工具。很多人写备忘录，纯粹是为了备忘而备忘，甚至是为了应付公司制度而写备忘。

备忘录首先要用书面的形式使自己完成的工作成果得到认可，让用户肯定公司在项目上的进展和努力。在工作成果得到确认的基础上，给项目的阶段工作做正面评价，为项目整体目标推进提前进行铺垫。一些重要的项目目标约定或者验收意见还可以单独写备忘录，在最终验收时可以作为参考依据。

备忘录要说明，本次现场工作进行了哪些工作内容、达到了怎样的目的、和企业约定的下一步工作安排是什么、进度出现问题的原因是什么、哪些是企业的原因、哪些是软件供应商的原因等。

备忘录最后要约定下一阶段的双方工作安排，以推动事情继续前进，尤其要注意约定的工作一定要在下次工作计划中得到体现。在后续工作中，软件公司要尽量严格按照备忘录设计自己的工作计划，同时了解企业项目组约定的工作进展情况。如果企业项目组配合方面出现了问题，在下次备忘录中要明确指出责任承担方，给用户形成一定的压力，从而更好地推动项目前进。

项目经理要让用户通过备忘录看到一个软件公司做事的规范性和一个项目过程中计划的承接性。

 案例：

项目经理小李在一个项目的实施过程中进展很不顺利，阶段工作结束后根本无法达到任何预期工作目标，这个时候用户对是否写备忘录没有什么要求。

在没有工作进展的时候，是不是可以不写备忘录呢？

点评：

只要有现场活动就必须写备忘录，备忘录不能报喜不报忧。对项目过程而言，管理风险的价值比管理进度的价值更大。

备忘录是要付出额外的时间精力和管理成本的，但备忘录是一种过程活动的确认，是对下一阶段工作策略达成共识的承诺。无论每次现场工作是否顺利，都要有一个清晰的备忘录，要清晰说明项目推动过程中出现的问题，在下次工作启动之前，需要做哪些准备工作去解决。备忘录中一定要和用户沟通清楚下一步双方工作的策略，不能因为工作进展不顺利就回避问题，更不能指望下一次现场工作，或者发行新版本后问题就会有进展。

> 其实备忘的目的有时候就是怕自己也忘了。

如果可以预见，在很长一段时间内现场工作都无法解决问题，那么写备忘录确实是一种折磨，是不断加深用户对和软件公司之间痛苦合作心态的记录。在这种情况下,可以技巧性地将几个阶段积累取得的一些进展写一个总的备忘录,减少对彼此的刺激。

2.11.2 魔鬼在细节

如果在一次现场工作中花费了比较长的时间,或者就一些关键问题获得了约定,无论是否用户要求,项目经理都应该要求团队必须去编制工作备忘录。编制完成的备忘录要让用户感觉到本次现场工作时间紧凑、内容丰富、层次清晰,让用户对实施团队工作素质形成良好的印象。

备忘录要详细描述自己所做工作的细节,细节越详细越好,让项目组彼此认可工作内容和质量,而且对服务工作量形成一个客观的评估。

备忘录必须注明现场工作天数,并按时间段写清楚工作内容性质和时间跨度。

例如培训工作要写清楚培训人员名称、内容、小时数、掌握效果;

例如装机工作要写清楚装机软件、台数、是否可正常使用等细节;

例如解决问题要写清楚解决了哪些问题、在哪个部门解决的、解决后该问题是否会再出现、解决办法是否培训系统管理员掌握、遗留问题如何处理等。

备忘录在记录工作细节上倒可以是一笔结构化的流水账,时间、地点、人物、工作完成过程和结果描述等。

这样项目经理在阅读团队成员现场工作备忘录时,就可发现团队工作时间是否在有效沟通或者在推动项目实施上,如果发现项目正在失去控制,应该引起警觉并立即采取措施解决。

在一些情况下,备忘录在细节上可以不用写得面面俱到,这要看写备忘录的目的是什么。如果只是为了让领导认可项目进展签字付款,这些细节的内容可以作为备忘录附件,把使用单位结论写清楚即可。再例如针对遗留问题的备忘录,把问题情况和对策说清楚就可,没有必要在用户非常繁忙的情况下,渲染软件公司的工作量。

☞ 真正做了工作才能写出细致的备忘录。

案例:

项目经理小李最近一个项目上工作了三天,解决了软件的问题,并培训了部分人员。在备忘录中是这样写的:

"本次现场工作三天,解决了软件遗留问题,进行了部分人员培训。"

 点评:

搞技术的人往往觉得做的工作没有什么了不起,而且费尽力气把技术问题解决了,到了备忘录的时候就希望尽快结束,很容易轻描淡写自己所做的工作。

小李这种备忘录的写法就很糟糕,用户根本无法根据这句话判断在三天内到底解决了哪些问题、培训了哪些人、达到了怎样的效果、软件到底是能用还是不能用、整个现场工作到底有效工作时间是多少?全部都无法判断。

这种备忘录倒是可以看出写备忘录的人怕麻烦的思想严重,能省就省,大概这样的人做项目也是怕麻烦,能省就省,系统遗留的问题一定很多。

2.11.3 要有积极的姿态

大凡管理软件项目都会多少存在一些技术问题，尽管实施顾问做了很多工作，一写备忘录，用户往往首先列举一大堆问题，然后再写一些本次现场解决的内容。

用户在写备忘录时，特别关注对自己影响比较大且没有得到立即解决的问题，并坚持把这些内容突出。这个时候项目经理不能被用户引导，要坚持自己的底线，做了工作就必须先得到承认，而不是批评。不足和问题也要如实反映，但总得有个先后，只有抱着积极的心态，才能让事情走向好的方面。

开篇都是问题的备忘录可以说对项目进展没有什么积极的暗示，如果企业项目经理看到每次备忘录都反映实施后还有遗留或新制造的问题，这样的项目一路下去，谁也没有信心。这样写备忘录的方式，会让用户养成不断挑刺的习惯，难以推动项目前进。

好的备忘录写法是：先简要汇报阶段工作内容，要用积极肯定性的文字给自己前一段工作给出正面结论，应该通过合作写备忘录让用户养成不断肯定、不断投入的工作状态，项目才会进入良性循环。

很多实施顾问属于技术型性格、友好型态度，做产品培训和服务非常好，但在复杂项目中需要和人进行沟通时，还是缺少主动控制的意识，加上很多实施顾问对项目技术信心不足，在备忘录上往往不敢对用户提出要求，这是一种软弱的表现。一个人对自己的工作成果都不敢争取认可，又如何敢坚持项目边界，和用户做有理、有利、有节的说服工作呢？

无论在何种情况下，备忘录都不能写入不真实信息，企图蒙混用户领导凑进展。我们只能是在写备忘录时，技巧性地突出积极内容，鼓励用户保持推动项目的信心。

要在备忘录中首先写入正面的结论的一个技巧就是：把工作进展变成用户团队的工作成果，然后备忘录要坚持汇报给上级领导。这个时候谁会否定自己的工作呢？用户工作得到认可不就是软件供应商专案组工作得到认可吗？

每次备忘录要先和用户口头交流认可后，再打印签字，不要先自作主张，写好了再给用户签字，让用户对备忘录的形成过程有参与感和贡献感，那么他们更容易在备忘录上签字。

☞ 先肯定成绩，再谈谈问题，这是我们从小到大学会的基本工作方法。

2.11.4 前后备忘录注意呼应

每次工作计划要根据上一次备忘录的双方约定继续进行，保障项目在每次工作基础上不断前进，并用备忘录不断约束双方的行为。

本次现场工作内容往往是在上一阶段备忘中约定，且在本次现场工作备忘录中的内容，要考虑呼应上一次备忘录约定工作内容的完成情况。

所以写备忘录，最好要说明上一次约定什么工作、这次是否完成、完成质量如何、没有完成是什么原因造成的、是否纳入下一次解决的内容，这样的备忘文档才有体系，也能体现出整个项目过程中的脉络。

这样备忘录就记录了推动项目向目标前进的一个个脚印，每个备忘录都显示在前一阶段工作的基础上有一点点进步，最终项目验收就是"水到渠成"的事情。

2.11.5 平时就做好日志

实施顾问最好每天都做详细的工作记录，在阶段工作结束时才写实施备忘录可能会有记忆误差。

每天工作都做详细记录，有利于项目经理准确把握项目脉搏、及时发现问题，在阶段工作结束时，个人也能方便做项目回顾。

坚持写工作周记和工作日记，对计划的执行情况进行总结和记录，是写好最后项目备忘录的基础。没有平时对工作细节的积累，详实的备忘录也无从而来？

做好日记的好处还有当项目结束后，便于总结项目得失，这对于个人能力迅速提升有利。

2.12 用户培训

2.12.1 培训是实施的关键

在IT管理软件实施过程中，培训是贯穿始终的。

不是呆在现场时间越长，项目就越有利。

在业务调研阶段，项目团队可能要答复用户一些概念性问题；在现场验证推广阶段，项目团队可能要花费大量时间传授软件功能；在辅导上线阶段，项目团队更是要随时解答用户疑难问题。

好的培训可以让用户熟练掌握实施套路和软件操作、自主推动项目、增强对项目的认同感，可以大大减少软件公司现场服务难度和时间，效益十分显著。

项目经理必须明白一个事实：一个人在一段时间内只能负责有限的项目。

由于国内项目金额普遍不高，还难以做到所有项目都采用"长时间现场蹲点"的实施模式，因此软件公司总是希望一个人能当几个人用，多负责几个项目。越是商务能力强、单子越多的公司，这个问题越突出。很多项目经理或实施顾问不得不周旋于多个用户，忙得焦头烂额、疲于奔命，用户并不领情，觉得软件公司对企业不够重视，服务质量并不高。

一个很有意思的情况就是：很多用户强烈要求项目团队要保证项目的人力投入，要求派实施顾问长驻现场，很多实施顾问也的确长期在用户现场蹲点，但事实上这样效果好象也不明显，很多项目推进依然并不顺利。

要是一个人同时负责两个正在进行项目，蹲点的方式更是"治一经损一经"。往往因为不能经常性服务一个项目，导致一些小问题会积累成大问题，最后即使去现场推动，成本和代价也很高。

一个项目经理或实施顾问应该强迫自己思考这么一个问题：一个人到底可不可以同时负责3~6个项目？到底有没有办法做到这一点？如果一个人负责多个项目思路可行，而且服务质量还能被认可。大概在目前，国产软件公司项目实施顾问才有可能获得过得去的收入，否则实施生涯就是一场痛苦混乱的经历。

有的人说：当然可以，如果给我多配置3~6个人，我就可以同时负责3~6个项目。

2.12 用户培训

没错！这个思路实质上是说：如果项目经理在一个项目中有"替代者"，通过替代者帮你行使一些相对容易的工作，项目经理就可以集中精力多做一些复杂的工作。配置几个替代者的确能大大扩张项目经理管理多个项目能力。

项目经理可以通过调度，让每个项目得到团队成员的及时响应，但这种调度能力会随着项目绝对数量增加而变得脆弱不堪，而且这种调度能力严重依赖项目团队人员配置的长期稳定性。而且恐怕没有软件公司愿意无限制增加服务人员，人员太多也会造成成本黑洞。

所以项目经理管理多个项目的根本的出路是：在企业培养替代者，而不是指望软件公司配置大量实施替代资源。

如果项目团队充分重视用户培训工作，让用户也成为可以独立实施软件的人，不也一样能达到配置人员进行实施的目的？项目团队仅仅只需要给替代者一定时间指导，前期可能现场辅导多一些，后期可能电话辅导多一些，有了替代者，同样可以达到管理项目的目的。

在项目中培训工作的根本目的是：让用户在很短时间内可以自己独立实施项目，而不是仅仅会使用某些操作。如果仅仅是会使用某些操作，当项目遇到大量困难的时候，用户还是会依赖软件公司，希望借助软件公司的手推动很多事情。

当企业自己本身没有或者找不到推动一件事情的内部动力的话，很难想象软件公司在现场有多大的作用。

不过有意思的是，很多企业高管非常赞同培养自己的实施团队，他们非常认可培训的目的就是：让企业可以自己推动信息化工作，不能总依赖软件公司。

实施顾问对培训目的要有一个清楚的认识：帮别人就是帮自己。

要想少出差，就得让用户在现场能独立工作。实施顾问最好的选择就是让用户可以自己实施常规功能，而且要灌输一个重要理念：软件公司的工作只是保障项目所运行业务需要的产品功能完整可用，利用软件录数据具体跑业务流是企业自己的事情。只有企业自己也可以独立实施维护软件了，软件的实施才算真正成功，并获得了长期保障。

一个实施顾问和用户系统管理员的差别到底是什么？

软件公司实施顾问强在软件技术全面，而用户系统管理员只需要知道和他们相关内容的部分维护即可；

软件公司实施顾问强在靠体系化方法推进项目，而用户系统管理员更善于利用企业实际潜规则推进项目；

软件公司实施顾问强在一些理念、思路比较清晰，但用户系统管理员更了解企业实际情况和业务特点。

所以如果项目团队能把软件公司的技术、方法、理念传递给用户核心成员或者是系统管理员的话，项目团队就可以在企业培养一个有效的替代者，这个替代者如果有足够动力被激发，并能发挥作用和能量，可能作用比整个软件项目团队都要大。

让用户控制项目，项目团队提供软件工具和智力帮助，这将是现阶段中国IT服务的有效生存之路。

☞ 管理理论告诉我们，一个人直接管理的人最好不要超过7个人。

2.12.2 把用户培养成实施内部替代者

项目经理是一个很奇怪的角色，属于典型的责任大、权力小的角色，他能做的只有借力打力，不管在自己公司还是在客户那里，一定要依靠别人才能完成自己的目的。一般来说，用户是想偷懒的，这就是他花钱找你做事情的原因。只有了解哪些用户会因为什么而帮助你，哪些用户会因为什么而抵触你，你才能让用户配合你做工作。总之在项目中团结积极分子，打压敌对分子，带动大多数人是基本工作策略。

具体到项目培训环节考验项目经理功力的问题就是如何调动用户积极性，把用户变成内部实施推动者。

一般项目中的用户都可以分为三类：支持的、消极观望的、抵触的。一般是支持和抵触的人少，观望的人多(如果你接了一个人人都抵触你的项目，那你还是不要做了)。

首先要分析一下用户为什么支持你和抵触你。很简单，于公于私两个方面分析，上了新系统，谁的工作量有所变化？谁的潜在利益是否受到威胁？谁的岗位是不是因为新系统而消失？传统的利益格局因为新系统的使用而发生怎么样的变化？这些东西都是项目经理必须去了解的，这样你才能团结那些支持你的人。

项目经理千万不要觉得对方的领导(中层干部)是应该配合工作的，特别是一些国营单位，多一事不如少一事，他为什么要帮你？企业领导如果没有拿项目的事情作为内部斗争的武器而从中作梗(当然，他针对的不一定是你)，那已经是算合作的了。记住，他不捣乱就是帮你忙了。

☞ 用户培养好了，就是最好的实施经理。

假如找到愿意配合的用户，那怎么可能在很短时间内，让用户就具有独立实施项目的能力呢？

第一、用户不像项目团队有专门时间进行学习和培训；第二、用户不像项目团队有足够的动力和压力。

任何人在项目实施过程中，都不要低估用户的智力和毅力。的确不是所有项目的用户都具有被培养的潜力，但在大部分项目中，从来就不缺乏能够培养成为一个好的实施者的用户，而且这样的人只要一个就足够了，只是项目团队自己并没有花时间去找到和培养这样的一个人而已。

用户也有业务上的压力、项目上的压力，也有自我突破、学习新技术的动力，未必不愿意配合项目团队工作，何况项目团队只是找一些核心的、有心的用户进行高强度培训，不是要求所有的人都有同等能力。

用户虽然没有太多时间学习培训，但衡量项目团队培训工作的质量标准，就是看通过培训项目团队有没有办法做到在很短时间内，将一个人快速培养成材，可独当一面。

很多培训并没有达到这个目的，那说明项目团队还需要在培训工作上想办法、动脑筋，而不是简单将理由归结为事情复杂。更何况在单个项目上，用户对很多操作可以不必知道，学习工作量并不像完整培训一个实施顾问那么大。

一个软件公司新进人员，在多长时间内就可以独立去现场工作？在现在大部分国产软件公司就是三个月。短短三个月为什么就可以让一个人有能力去现场工作呢？正是因为有培训。再思考一个问题，这三个月新手一直在接受培训吗？显然不是，好像只是简单培训了一段时间，可以入门了，然后新手就通过查阅资料和在项目中请教的方式去自我成长。

其实学习管理软件很少有靠人手把手教出来的，基本上都是自己领悟出来的。而且在领悟前一个过程中往往是在一段时间内高密度地学习软件的一些基本操作和配置。在领悟的基础上再扩展学习新功能，后续新增学习成本将非常低。

在最短的时间内做最大量的事情，这就是成功将用户培养成替代者的秘诀。

成功的培训周期一定不长，一定是在最短时间内不断反复强化某些业务环节操作，形成习惯。项目经理不要指望用户自己会自动自发地、在一段时间应用后掌握操作，而要用户经过在一段时间内大量练习，强化掌握后再逐步琢磨如何应用，最终达到运用自如的过程。

很多用户并不缺乏IT知识，只是不太清楚具体软件操作及对各框架的理解。由于用户熟悉业务，对软件和业务工作结合价值点的认识和理解可能比项目团队还要强。对这样的用户，要将项目团队已经弄懂的东西传授给他，可能都不需要三个月。

一个项目实施周期短的要半年，长的要两三年。如果在这么长的一个周期内，一个实施顾问都安排不出来时间给用户培训，使用户达到独立实施的能力的话，那么这个实施顾问的培训意识一定是有问题的。

就我们的实际体会，无论是国营企业还是民营企业，无论是大企业还是小企业，绝大部分项目都可以培养用户实施者。的确有的企业做这件事情难度大些、成本高些。但无论怎么样，项目团队有极强烈的"培养替代者"意识，在企业建立一个实施团队，让项目团队得到额外资源保障，让企业项目团队关键人员推动项目实施，是项目成本控制的关键手段。

项目经理一旦发现项目中不存在合适的替代者，就要想千方百计去做到这一点。

2.12.3 确保培训工作的质量

坦率地说，软件公司现在整个行业培训工作质量是不高的，至少是参差不齐的。我们认为主要原因有四点：

第一、缺少高质量的、按业务组织的培训教材。

很多管理软件公司并没有一套完整的结合业务的培训教程，更多的是功能手册和配置手册，这样的内容很难理解，更不具备快速传授能力。

很多对软件有兴趣的人并不需要太多时间指导，只需要给用户容易上手的教程即可。国内很多人都可以自学复杂的三维CAD设计软件，其实这些软件操作比任何一个管理系统还要复杂，但很多人可以自学成材，这都和实战性强、程度丰富的教材有关。

此外建议培训教材中，管理系统数据录入规范和问题处理响应流程，也是值得重点培训的内容。这个讲解倒不难，实施顾问结合企业实际进行精心准备是关键。

第二、培训者的能力缺少验证。

基本上很多公司对实施顾问培训能力验证工作是忽视的，也没有专人负责，这是一个很大的问题。

很多软件实施顾问强在技术配置能力，弱在业务理解力和表达能力，倒对得上一句俗语,"茶壶煮饺子,有货倒不出"。

此外,技术型人员主动培训用户对其心理上也是一种挑战。可能有的实施顾问是心里明白,就是说不清楚,让人看着着急。比这更糟糕的是有的实施顾问就是半瓶醋,在那里装明白,再培训用户就是误人子弟。

在标准业务教程没有系统总结的情况下,项目经理要对一线培训者的培训效果进行主动考核和管理,才能保证培训质量。

其实检查办法很简单:试讲!没有准备好手册,并不等于实施顾问不可以传授知识,那么就请实施顾问讲内部公开课,看一看到底其是否具备清晰、明白讲清楚软件功能和业务流程的能力。

培训能力验证成本并不高,可以采用一次通过即获得培训资格的考核方式进行。一个好的培训人员,对其培训能力的验证,在一段时间内只需要验证一次就行,而这个能力至少可以在一年内发挥巨大的作用。

第三、不重视培训工作。

很多实施顾问总觉得培训过多软件配置细节,会给用户造成麻烦。他们更愿意花费时间把软件配置都调整到位,使系统到了一个可用的状态,然后只告诉用户需要掌握的几步操作,做得好一点的就是再额外提供一个业务手册,用户参考看看。他们认为这样不就行了,干嘛要花费大量时间和精力在现场培训,而且现场又不是没有事情做。甚至有的人可能还在想,软件还有问题,实施顾问精力应该放在解决问题上,而不是忙着去培训。

结果我们经常可以看到这样一个场面:无论实施顾问在不在现场,大部分时间都是一个人在忙碌地调试配置,然后请用户检查验证,然后好早点走人,去下一个现场解决问题。

欲速则不达,这样的项目越是到了大规模推广时,实施顾问越头痛,根本不能走开,一走开就大量地出问题。一旦别的项目要是同时推广,实施顾问的行程几乎是难以兼顾的,自己就不要做任何休息了。

其实很多问题不是缺陷,就是操作习惯和熟练性的问题。如果实施顾问重视软件培训,千方百计想办法让用户自己会用、爱用软件,就可以从根本上解决这种苦恼。我们很多培训不到位与我们自己不重视培训工作是紧紧相关的。顺便提一句:要重视给用户的培训,首先要重视给自己员工的培训,否则怎么会培养出重视培训的员工呢?如果有条件,可以对员工组织"TTT"(Training the Trainer,指培训培训师)。

第四、忽视软能力培训。

很多软件培训工作,特别是管理软件培训工作不仅要培训功能,还要传授实施方法。

要告诉用户遇到问题如何分析、是需求还是缺陷、分别如何处理?

要告诉用户如何判断实施阻力,软件实施到哪一步可能会有什么困难,如何化解?

要告诉用户应该如何培训其他的同事,如何将能力传递扩大?

如何界定一个项目边界和近期目标,并逐步实现?

所有实施顾问都应具备的"软能力",都要传授给用户,这样用户才可以真正起

☞ 用户不会因为你教会他技术感谢你,那是应该的,用户会因为你交给他软能力感激你,把你当朋友。

到一个管理控制者的作用。这样的用户才能独当一面，也会通过项目实施让用户本身能力得到在企业内部的肯定和认可，用户也就有实施的动力。

2.12.4 做好培训的方方面面

要准备一次成功的培训，要考虑几个方面工作：首先是培训内容策划，其次是培训计划编制和确认，然后是具体培训组织工作，最后是培训考核和回馈。

1. 培训策划

培训前要根据不同培训对象、不同培训内容、不同培训阶段、不同培训师资进行内容策划。要针对用户层次，实施阶段设计培训主要内容。想好每个阶段目标用户应掌握的内容，作为自己实施目标中的一部分，并通过相关培训活动实现，如表2-11所示。

表2-11 用户培训内容

业务调研培训	重点在告诉用户工作方法和相互沟通配合方式
解决方案培训	重点在告诉用户软件业务模型和整体解决思路
功能验证培训	重点让项目组或系统管理员掌握软件基本操作，进行功能验证
辅导上线培训	重点在让一般用户掌握相关部分业务操作，让系统管理员可以掌握常用配置和维护工作
项目管理培训	重点让核心用户掌握项目管理基础技术

培训策划还包括选择培训对象，不是企业每个用户都要培训的，而是选择一个或几个重点用户培训，确定其掌握基本能力，然后辅导重点用户培训别的用户，逐步扩大影响。

如果企业比较大，还需要策划分几批培训、每次分别培训什么内容。

培训策划还包括如何将培训工作成果汇报给企业，并形成共识。一旦有重点用户可以在实施顾问辅导下独立培训别的用户进行操作，或者在大面积普及操作目的达到后，项目经理要立即给企业领导汇报，除了通过汇报成绩确定项目进入一个新的里程碑外，还要要求企业主管领导表扬这样的用户，保持其积极性，同时也要让企业领导知道，项目团队是真的来做好项目的，所以项目团队不但提供软件，还在真正为企业培养自己的信息化实施人才（别忘了这是很多项目招标时的要求）。

通过汇报也对企业领导进行了培训，灌输软件是工具、项目团队是智力支持者，不是实施主体的理念。如果软件有问题，项目团队来解决；如果软件没有问题，企业要自己利用软件功能在项目团队指导下主动解决问题。而且项目经理要主动让领导知道，如果遇到问题可以请谁负责解决，实际上也帮重点培养对象提高了在领导面前的曝光率。

培训策划还要考虑培训的地点和成本，包括人力成本和时间成本，一定要合理安排，做到高效紧凑。

2. 培训计划

培训策划的阶段成果是培训计划。培训前将培训计划制定好并通知到最终参加培训的用户，这是很重要的工作。培训计划应该先在内部经过大家确认，落实资源后才

☞ 培训不一定要追求规模效应，小范围培训有时候可以更有效地保证项目目标的实现。

能提交用户。

一份完整的培训计划要确定培训目标、详细分解培训时间、培训内容、培训师资、说明培训地点、签到方式和考核方式，让用户提前做到心中有数，方便准备。

3. 培训考核和反馈

培训效果如何？要从两个方面去验证，一方面是对用户掌握程度的了解，这就要通过培训考核去完成；一方面要了解项目团队成员现场培训的质量，这就要通过企业学员培训反馈表来了解。

任何完整的培训工作都要提前结合企业实际业务，准备适当难度培训考题，这也是培训审查工作内容之一。

培训成绩原则上要回馈给个人和企业相关组织部门，这样才能形成一个回馈激励机制，项目团队可以采用"鼓励优秀、淡化落后，以先进示范带动整体提高"的策略促进培训深入开展。

培训完成后要请企业学员填写培训效果回馈表，这样对培训老师形成一个反约束。为了让培训学员有一个好的效果回馈，培训老师就不得不精心准备培训工作，而不是敷衍了事。

考虑到实现成本、实际能力及企业情况，考核和效果反馈表可能不太容易操作，但从长远来看，有没有培训考核和回馈的培训工作质量，一般是两个档次以上的差距，这也是一个客观规律。软件公司自身应该完善培训体系，使培训标准化，考核和效果反馈表等都可以做成模板，这样在应用起来就方便得多。

 没有考核的培训往往质量不高，不过考核的形式可以多动点脑筋。

企业学员的培训效果反馈表要提交给项目经理和公司相关培训管理部门，由项目经理安排实施顾问再进行技能培训，改善学习。

2.12.5 养成培训好习惯

1. 随时随地、随人随事的培训

培训的工作并非一定要专门的时间、地点进行，实施顾问要利用一切机会、各种易于接受的方式将思路、操作或配置传递给用户，并随时从用户处获得回馈，改进实施过程。

2. 在培训中互相学习

培训过程一方面注意传授内容给用户，也要抓住一切机会向用户学习业务知识。业务知识掌握越多，今后实施团队培训准备也就越容易到位，培训内容也就越生动。实战经验对于实施顾问来说非常重要，要注意在项目中积累。

3. 随时记录培训中发现的问题

培训过程中会经常出现一些用户提出的问题，很多都是很好的软件改进建议，要立即记录，并回馈给公司，对软件进行持续改进或者调整系统配置。

4. 先讲解思路，后操作培训

管理软件培训过程中比较好的介绍思路是：先讲业务后讲思路、先讲思路后讲操作、先讲操作后讲配置、先讲配置后讲维护。

5. 善用培训工具

培训过程中除了白板、投影等设备外，还可以充分利用各种工具软件实现同步教学，例如"Netmeeting"工具实现多台计算机同步放映。传授用户用各种远程协助工具进行软件辅导的方法，让用户适应在线辅导，减少培训成本。如果实施顾问缺少时间去现场，也可以考虑使用网络在线会议的方式进行。这样的好处是节约了大量的交通时间，不过也要看网络速度而定，毕竟培训效果是第一位的。现场培训的效果终究是要更好。

6. 强化培训辅导

软件操作培训中，培训人员要先手把手操作示范一次，示范后立即要求用户练习几次，确定用户掌握后才能结束一次培训辅导。用户上机学习一定要有熟练操作者辅导和答疑。实施顾问在培训中，要及时、大胆、诚恳鼓励用户的每一个进步，在培训过程中完成软件思路、管理理念和培训方法的灌输。

7. 培训软件问题处理流程

实施过程中还要传授给用户如何记录软件缺陷和分析缺陷的方法，让用户可以按照要求提供此类资料，减少项目团队为了一个小问题去现场的概率。

2.12.6 总部培训须知

有时候现场培训用户经常受工作干扰，无法连贯进行，用户也会主动希望到软件公司进行培训，因此总部培训也是培训策划中的一个内容。具体是安排到总部培训还是在用户现场培训，要根据用户重要程度和潜在实施效益来评估。

对于一些大型项目，特别是用户执行力不够、现场培训效果不佳的项目，安排一次紧凑合理的总部培训能起到很好的效果。

1）和在现场反复培训、每次培训效果都不到位相比，一次紧张有序的总部培训往往成本更低。

2）用户换了培训环境，可以协调软件公司更多人和用户交流，用户此时更容易接受项目团队的管理思路，并达成一致，有利于后续工作推进。

3）在总部培训还可以和商务进行协同，搞好接待工作，有利于和用户建立个人交情，这样用户也愿意在后续工作中更配合项目团队开展工作。

所以总部培训是很好的一个培训组织方式。用户到总部培训，至少要做好一些准备工作：

与公司培训负责人事先排好计划、沟通培训资源，并确保到位；此外和客户经理一起安排好接待工作，尽管总部培训软件公司无义务负责用户住宿餐饮游玩，但如果在成本接受范围内，适当安排一些招待游玩；根据用户报销水平落实好用户宾馆和订票，这些细节会极大提高用户对项目团队认可程度。

总部培训的一个重要目的，不是简单让用户掌握操作，而是让用户变成项目主体实施者。这种工作重心转移还需要感情投入，因此无论是现场培训还是总部培训，项目组一定要有人和用户泡在一起，增进相互合作感情和默契程度。只要用户还想学，就必须时刻有实施顾问亲自辅导。项目中团队成员如何对待用户，将来用户也是如何对团队成员。在项目中不能只考虑自己方便，因小失大的事情不要做。

总部培训结束后，一定要做好培训备忘录，让用户回去后，对其公司负责人有个明确交代，至少要表明项目团队的培训工作质量没有问题。

☞ 换个环境培训，用户会更专心，没有其他理由不来培训了。

2.13 现场推广

2.13.1 推广也要讲天时地利人和

在一个项目实施过程中，如果要想让现场推广工作快速有效进行，需要做大量高质量的前期工作。现场辅导系统成功上线，不过是前期高质量工作的一个很自然的结果。

现场推广工作在具备以下四个条件情况下将非常顺利：

1）经过充分现场功能验证，确定产品功能基本能串连起一个或几个基本业务流，并得到用户项目组书面认可。

2）产品的稳定性和其他性能在可预见并发生环境下能达到可使用要求。

3）针对基本业务流的业务操作手册全部编制完成，并对相关用户完成培训。

4）用户和软件公司都可以投入一定资源，主要是用户方的可独立推广资源。

软件功能能不能支撑一个业务是进行现场推广的最必要条件，很多人为了项目交差或者应付用户进度要求，匆忙装机、配置和辅导，最终用户用起来就不是很顺利，经常出现BUG，或者对业务支持并不能达到要求，最终用户就容易对软件失去信心，要求调整配置或解决问题后再来推广。如果一次推广不顺利，下次再推广遇到的阻力就更大，取得工作进展就更困难。

☞ 推广也有霸王硬上弓的，但这得有绝对的领导支持才行。

在产品功能可以支持的情况下，产品稳定性和性能也很重要，如果产品稳定性差或性能慢，项目也往往容易陷入停滞。

现场推广顺利不顺利，其实不在现场时间长短，而是取决于现场推广准备工作的细致程度。实际项目实施过程中，项目经理往往是在这些条件都不能满足的情况压力下强行进行现场推广，想将项目推进到一个阶段，得到用户认可，以便验收回款，但实际上效果并不见得容易达到。

2.13.2 项目怎么变成胡子工程了

很多项目在快速完成业务调研和基本配置之后，就好像进入了一个平淡期，业务似乎已经清楚了，配置也按要求完成了，但用户好像就是没有怎么用，大部分人也没有积极性，项目进入了一个僵持期。为了推动项目，企业项目组或信息化负责人不断催促软件公司实施顾问进入现场，推动项目，而实施顾问也非常努力地在现场推动、推动再推动，直到推不动为止，项目也就成为了一个"胡子工程"。

☞ 不能为了项目进度好看而推广，要确认推广各种风险都受控才能推广。

项目现场推广时间无限延长对用户、软件公司及实施顾问都是一种极大的伤害和折磨，项目推广时间无法确定或者确定后无法结束，实施顾问长期泡现场而项目却没有多大进展，这其实是典型的项目失控特征之一。

越是推广不顺利，用户会越要求实施顾问来现场蹲点。从实施的角度来看，无非是以下几种原因或原因的综合导致这种局面：

1. 软件总是出问题

很多项目从一开始到现场推广是一段痛苦的经历，在推广过程中简直就是软件

2.13 现场推广

"捉虫记"。不断往前进一步，不断发现新的严重影响使用的缺陷，导致项目停滞，去解决缺陷，往往要耗费大量时间，然后再费尽力气再进一步，再发现缺陷，再暂停，再去解决缺陷，如此形成一个恶性循环，项目走走停停，周期不断延长，用户失去信心，而且觉得项目团队工作质量太低，慢慢不相信项目团队，对项目团队充满抱怨。

但是项目团队往往犯的一个错误就是，人总是有意识无意识假定软件就应该是没有问题的。无论是用户还是实施顾问都有这样的心态。

软件存在问题是客观的，没有不存在缺陷的软件，无非是存在多少缺陷和缺陷严重程度的问题。这应该是一个理智实施顾问开始工作的限定条件：用可能存在缺陷的系统解决问题。

如果软件总是存在缺陷，规划在干什么？开发在干什么？测试在干什么？那么多管理流程和制度为什么不能保障？在软件公司的宣传往往突出自己产品稳定可靠性的情况下，很多用户对这些事情就有了一种反感和抵触的情绪，进而认为自己现场工作不顺利，都是软件公司的错，都是软件的问题，项目团队是无能为力的。其实项目组出现这样的心态才是最大的问题。

项目团队应该明确意识到软件发现问题是肯定的或迟早的，这是项目团队可以预见的项目风险之一。项目经理作为一个实际项目控制者，必须采取主动的项目控制对策，才能有效管理项目。这个时候最有效的方法就是提前加强对软件的验证，根据自己项目业务流程，不断模拟测试，发现是否存在严重问题，并采取相应的对策解决。

如果不是严重问题，可以先寻求替代方案（寻求替代方案应该是群策群力的过程），不影响项目实施进度，然后让公司规划部门将最佳解决问题方案纳入可接受的版本规划时间。如果公司响应能力不足，项目团队将要把其作为项目风险提前和用户沟通，寻求支持和理解。如果存在严重问题，肯定影响项目进展，就应该全力在公司开发层面推动解决软件问题，然后再去现场更合适。

如果在现场问题响应不及时、项目团队被用户指责之下显得被动，就容易失去对项目的控制权。这个时候实施顾问要么无原则地承诺公司软件开发会立即解决来转移自己的压力，然后让公司承担大量开发响应申请；要么只好表示未来一定来解决问题，而花费大量时间在现场推动一些无关重要的细节工作上。

真正明智的实施顾问一定会之前自觉花费大量时间做业务流验证，确保项目功能可用够用、能够支撑一个或几个完整业务流、没有重大软件隐患后才会去现场推广。在软件某些业务存在极大问题的时候，项目团队不应该去现场，而是推动这些问题解决完成后才能去现场，去现场时间多少不会成为用户是否认同项目团队的根本标准，去了能否解决问题才是用户是否认同项目团队的标准。

用户现场可以少去或不去，但是每次去之前一定很清楚自己能解决什么问题，哪怕是很小的一个问题。解决问题、完成培训、和用户落实后续计划就可以回来。如果软件发现还有问题且一定要去现场，前提就是你还有其他可选择的业务方案或管理行为要去解决，这些问题可以和发现的问题独立存在，没有冲突。

优秀实施顾问的价值在于：用最小的现场工作时间让用户把系统用起来、用最小的开发工作量把流程跑起来。

☞ ISO 体系要求是做好事先防范，事中控制，事后总结，不是临时当救火车。

如果能有效控制在单个项目上的实施时间，多出来的时间就可以多响应其他项目，这样一个实施顾问同时响应2～3个项目是很容易做到的。

2. 要推广的业务流不完整

很多项目也做了一些验证工作，到了现场随着业务的展开，还是不断发现缺陷。这就说明项目团队并没有建立一套可独立推广的、完整的业务流，最多只就部分业务流进行了验证，到了现场才发现实际业务情况并非如此，因而又陷入困局。

而能否拿出完整的可操作业务流推广方案是与项目调研质量紧密结合在一起的，项目调研完成后，项目经理一定要拿出完整的业务流实施思路和方案，这也是自我评判实施调研工作是否完成的一个尺度。如果调研完成了，只有一堆细节信息，却没有完整的业务流框架，这个调研对实施而言就不能算成功。

但项目团队在调研过程中，未必一定要搞清楚所有业务流和实现方案才能往下走。项目团队可以先解决完一个业务环节再往下走，把企业复杂的业务流程化整为零，形成相对完整的部分，用一个清晰效益目标牵引或作为愿景，促成企业各个业务流程不断上线。

对于单个业务流程而言，配置一定要完整，一定要可以看到用这个系统把企业实际中哪些事情真正实现了，而且实现还比较方便，甚至是暂时不太方便，但可以完整实现标准业务流。

如果实施团队不能得到几个这样的业务流方案，并反复站在用户的角度推想可能存在哪些问题，那么软件验证的质量就不会高，也不可能在现场顺利推广。

如果每个项目都能做成一个完整业务流，只要有10个成功的项目，软件在很多方面就会达到非常优化的状态。这样的话，企业再进行实施经验推广，实施模型移植效益将极大发挥。

3. 推广实施方案没有与用户达成一致

有的时候，实施顾问也拿出来一些业务实施方案，但一进入推广，用户并不认可，要求按自己的思路来。这样经常是边推广、边争论，然后不断调整推广目标，其他人就等待观望，项目团队不得不调整部署，重新开始实施过程，甚至是软件配置和功能验证过程。

这样看来有清晰的业务实施方案也未必就能顺利推广，业务推广还必须和用户项目组达成一致意见。要和用户达成一致，并非是某个业务方案在技术上可用不可用，而是项目团队是否找准用户认可的价值点。

举一个例子，很多项目要求用户先入库基础数据，以方便今后业务整体上线。一开始实施很多用户就不认同，反而要项目团队立即出效益。这样项目推广目标没有达成一致，沟通过程就容易反复。最后用户可能发现没有基础数据，业务管理也跑不好，最后还是搞基础数据录入，但一上一下的折腾过程中，大部分用户可能已经不看好项目实施了。

为了让用户认可推广目标对应的业务流，项目团队往往要想好关于业务价值的说辞。这个说辞推导要有力，而且有资料事实证明，有可清晰看到的价值，这样的业务才可能有人跟着走。

换句话说，你想让别人做什么事情，一定要有一个可以看得到或者想象得到的效

2.13 现场推广

益预期，否则业务推广目标很难达成一致，即使用户同意按你的思路去做，最终也一定反悔。

目标明确了，只能说是大方向的事情落实了，和用户项目组要达成一致的事情还包括：具体的目标推行策略、如何做才能保障这个目标实现？这个思路也要达成一致。管理的思路明确了，如何去做也要考虑清楚，而不是走一步看一步。

项目团队是安排专人录入数据、大家去利用，还是安排每个人都录入一些数据、逐步积累；是从新产品开始积累，还是把老产品数据也立即录入系统；每个人每天可分配工作时间大概是多少；这个时间段经过培训可以录入的数据量是多少；这样按一周数据录入量计算全部图纸录入完成大概需要多长时间、能否在系统实施可接受周期内；如何保障每个人的数据录入时间；如何组织培训、确保每个人都可以掌握操作。

这些工作细节都需要沟通确认，而且计划分解得越详细，执行力就越强。因为所有最复杂的事情都变成了很简单很小的独立工作，每个工作完成需要的技能都很单纯、时间很小，在落实时阻力就变小了。

如果目标、思路和策略得到确认，项目经理就可以和用户项目组一起建立一个计划，落实大家的设想，再发动大家按计划运行。

一旦计划确定，要立即行动，项目经理应督促团队按计划高质量完成工作，然后就是催促用户项目组按照计划完成约定的任务，提供技术支持。这个阶段我们要提前明确除非有系统不能解决的问题，否则在技术支持阶段就不需要大面积现场投入资源。

如果用户按计划执行，项目经理还需要不断主动了解进度，形成一种进度回馈，根据进度快慢采取适当措施，保障项目目标在实施周期内实现。

☞ 让每个终端用户都参与进来，反而更容易推广成功，但一定要小范围验证好。

4. 没有激发用户的主动性

一般情况下现场推广，很多用户认为主要是靠软件公司来落实，的确在很多企业由于体制观念的原因，在这些方面需要软件公司多做很多工作。

但实际上，一个项目大量依赖软件公司人员推动，这个项目失败几率会比较高。越是成功的项目，用户主动性越强，用户应该是项目实施的主体。用户自己的项目不主动去实施，只依赖软件公司的实施力量，这样的项目如何能保障成功？

 案例：

项目经理小李在一个项目上带领团队调研完成后，觉得基本上可以搞清楚企业业务流程，就带了三个人在现场封闭进行一个月的软件配置，为此专门找用户要了一间办公室，每天都工作到晚上很晚。但用户对小李的工作不但不认可，还经常催促他们加快进度，小李感到用户太苛刻了。

点评：

项目团队推广失败的一种行为模式往往是自己把自己的思路给用户一描述，甚至没有什么描述，就闷头大干。用户项目组不知道如何参与项目团队工作，只好去监督项目团队，成为项目的监工。或者用户项目组又不清楚系统的思路和实施套路，只能按照领导意图来给项目团队施加压力，而不是和软件公司一起分担压力，这样状态下的项目自然难以受控。所以项目团队这样做的都是事倍功半的工作。

把用户（至少是用户项目组）变成可实施的力量，并帮助用户推广实施项目，而不是依赖个人力量推动实施，把他们由项目监工变成项目执行者，项目团队成为监工和顾问，这样的实施才轻松有趣。

让用户真正参与项目实施工作，虽然用户累一些，但大家有了团队的感觉，心情反而更愉快，说个套话：往往在这个阶段和用户建立了"战斗的情谊"，为今后验收回款考察参观都奠定了牢固的基础。

所以项目团队在项目推广过程中要反复强调并贯彻和用户一起参与的方式，得到用户认可，在实际工作中落实。

例如软件安装，项目团队可以和用户约定，只示范装3台，然后安排用户方面的人装3台，项目团队在旁边指导。如果连续3次安装都成功，项目团队认为基本上问题不大，其他的都可以交给用户处理，项目团队只需要处理意外问题。

例如进行业务操作培训，项目团队先要经过讲解示范，确定用户项目组明白，立即请用户项目组操作，确定用户掌握了操作，那么后面的培训可以主动邀请用户项目组成员讲解，项目团队提供技术咨询，今后培训工作策划组织都可以逐步传授给用户项目成员负责，最后一般问题基本不需要项目团队出马，大面积基层用户都习惯和自己人交流解决问题，项目团队只负责解决软件的疑难杂症，而且某个业务被大部分人熟练掌握后，项目团队的工作主要就是新的业务流推广方案验证设计规划，还有保障项目进度的相关管理活动。

☞ 用户做得越多，推广越容易进行下去。

这样一轮轮循环下来，就可以让用户项目组慢慢成为实施的主体，而且在这个过程中用户项目组成员可以得到极大能力成长和进步，他们也会感谢项目团队的帮助。

一旦实施重点转移了，项目团队并不需要经常来现场工作，因为项目团队来现场工作成本极高；一般情况下项目团队只需要在现场解决问题、培训技能、沟通后续工作计划，完成本次业务目标就必须返回。

用户项目组不能解决问题的时候，项目团队会全力促成问题解决。一旦解决，项目团队第一时间安排现场响应，但如果项目团队解决不及时、不顺利，要第一时间通报，也请用户理解支持。

不过坦率地说，很多没有经验的实施顾问本身也不知道如何推动项目，这样的话去激发用户就缺少足够的个人魅力和行动能力，就只好亲力亲为、被动响应，在自己能力不足的阶段花费更多时间在现场积累经验也是没有办法的事情。

5. 光打雷不下雨，缺少高管支持

很多时候仅仅和用户项目组达成一致意见还不够，还要和用户高管达成一致。否则在项目遇到阻力的时候，项目团队得不到更多资源响应。

☞ 推广要成熟一块，推行一块，不要等所有问题都解决了再用，那是不可能的。

达成一致的实施方案要给用户高管汇报，汇报要点不在软件功能和配置细节上，而在于目标是否认同、资源投入计划是否可行、可能会有哪些风险、采取了哪些措施保障、如果出现一些项目阻力，需要提前得到领导哪些授权或政策支持等。

特别是要向领导汇报并取得认同的工作就是：将与信息化相关的基础工作（例如数据录入、业务执行）变成有制度保障的岗位要求和流程要求，这样信息化工作推进才有保障。

2.13 现场推广

取得高管支持最有效手段是：建立和高管的汇报机制。这样才能够让高管适时清楚项目进展和需要给予的支持，项目组成员也会因为可以经常得到高管授权和肯定而努力推动项目。

给高管汇报要注意的是：每次汇报应该准备一些积极的、值得肯定的、的确有进步的内容为好，否则仅仅是诉苦汇报，是不用指望高管对一个无能的团队给予更多的支持的。

6. 边界总在变更

有的项目实施过程中，用户不断提出一些新的要求，希望项目团队能够给予解决。

这个时候项目团队中有的实施顾问顶不住用户的压力，被迫承诺答应解决，结果就导致项目的边界总在变更，项目目标在一次次变更中不断变形偏离游离，最终模糊不清，项目也就陷入不断开发、不断提出新问题的恶性循环之中。

7. 不重视基础数据维护

管理软件系统有句经典名言：进去的是垃圾，输出的还是垃圾。很多管理系统实施不是出在功能上，也不是对业务流程不了解，而是系统正常运行的基础数据没有得到足够重视。

在系统功能验证后很长时间内系统运行基础数据要么不全，要么不准，要么更新不实时，系统中到处充满数据垃圾，这会很影响管理系统的使用效果。

大部分实施新手在项目一开始更注重功能确认、界面优化之类问题，而有意无意忽略基础数据整理和规范录入的问题，或者简单认为这是用户应该负责的工作。但等系统经过测试正式上线，就发现基础数据的质量可以直接决定系统运营的质量，这个时候再回头补课，就会和客户发生很多矛盾，形成相互推卸责任的局面。

在管理软件实施过程中，我们强调：数据无小事，要从源头抓，在业务调研阶段就要重视基础数据的调查，到系统上线就更要花费精力抓基础数据录入工作。一般客户的基础数据归属多个部门整理，而且没有注意维护，整理这些零散信息花费时间长，见效慢，谁都不愿意牵头。经常是项目验收了用户还不得不花费大量时间持续整理，导致项目迟迟得不到用户真正应用和好评。

☞ 任何管理信息化系统运行的一个基础条件就是数据的质量，所以重视数据也是一种细节决定成败。

8. 没有与客户建立诚信

有的项目存在严重信任问题，用户对项目团队不放心，宁可把项目团队关在现场不回来，担心项目团队走了不再来了，这种原因就是实施顾问没有与客户建立足够的诚信。

有的时候团队调度周转不灵、版本发布推迟、用户不能看到项目团队按计划兑现承诺，也会不相信项目团队的工作，往往提出派人现场长期蹲点解决的要求。

如果用户听信实施顾问下次解决问题的承诺后，结果实施顾问并没有投入精力解决软件问题，或者促进公司解决问题，而是陷入在多个项目现场奔波救火，下次约定的现场工作日期来临又不得不被迫过来，又不能真正解决问题，用户自然不满意，自然更加要求项目经理蹲点解决问题。

其实如果问题不能解决，蹲点是没有用的，如果问题能够解决，往往是双方沟通协调后，在软件公司先内部解决后再到现场解决的。软件公司资源一般都很紧张，将人压在现场，几乎让自己的问题陷入在软件公司内部无人推动的境地。

所以项目经理一定要做好最坏的打算，对用户承诺要慎重，说到做到，有问题全力保障问题及时解决，给用户两个印象：第一、项目团队很认真守信；第二、项目团队时间珍贵，项目团队每次只能解决关键问题，实施还是靠用户自己解决。

2.13.3 现场推广讲策略

做好现场推广工作的关键在于保证前期各项工作质量。

1. 要组织高质量的业务调研

在产品比较熟悉的情况下业务调研阶段，可以边调研边建立原型测试，这样在现场调研时对可推广业务设计和验证、构思业务流程操作手册、数据规范手册和各种样例，到了真正推广的时候思路早就经过反复推敲，非常可靠。

2. 要对关键用户组织成功的培训

培训就是让用户自我进行推广，软件公司协助配合，要相信用户的积极性、主动性和能力，要不断激发他们在这些方面的潜力。

1）从一开始到现场工作就要反复安排大量精心组织的培训活动，让用户理解我们的思路。

2）项目解决方案或思路一定要组织各种类型会议在现场反复讲解，达成一致。非常关键的问题不要有意回避或模糊化，例如产品管理的思路。大方向明确后，一些技术小细节可以淡化，不要在开始的时候纠缠细节，最后把细节发展成一个大目标，分散项目精力。

3）培训的时候在操作上应该准备实例化的内容，应该让主导用户操作后自我评价掌握程度，直到熟悉为止。

4）培训思路要站在业务流的高度进行规划，让用户相信项目团队对他们业务理解和描述非常准确到位，打消用户顾虑。

3. 要提前做充分的内部业务验证

内部业务验证一定要自己亲手模拟测试，而不是依赖软件测试部门结论。项目团队通过业务验证是推导企业业务流程实施思路是否可行的过程，这个工作别人是无法取代的。

一般情况下，测试部门只能按照功能验证，不太可能完全按照业务验证，可能有一些业务上操作无法覆盖，但项目团队到现场用户时一定会发现这些操作可能还存在一些问题，如果推广会造成用户满意度下降，进而需要返工，这种反复改进将导致公司软件开发管理成本急剧上升。

在验证过程中项目团队要发现软件是否有易用性，性能和功能上问题要尽快提供给公司相关部门，寻求到替代解决方案或者列入可接受的版本发布计划中，这样才能保证在现场出现任何技术变量时项目团队都有对策，承诺可改进周期也比较有底气，不会随意延期跳水。

作为项目经理和实施顾问必须对自己拿到现场实施产品功能了如指掌，才能说是在业务上合格。不要幻想一个对新功能、新版本不熟悉的人去现场指导用户实施能取得好的效果。这个熟悉过程只能通过内部验证来反复强化，而且内部验证阶段还需要

用户认可你，往往就愿意配合你；用户不认可你，在软件里挑毛病那是很容易的。

准备新功能培训教材和升级数据等相关指导材料。

内部验证不是要让产品完全没有缺陷后才能起动后续工作，而是通过自己验证充分评估产品对主要业务线的支持程度，有多少是可以通过沟通克服的，有多少是无法克服且必须解决后才能去推广的，有多少是必须解决但可以暂时忍受的。期间要及时和规划开发部门沟通，达成一致的解决意见，这样才有面对用户的对策。

最终在现场用户发现缺陷之前，项目团队要做到心中有底、有对策、有替代方案，可以承诺用户大致解决时间，并按时间兑现，进而建立用户对项目团队来现场工作的期待感和信任感，而不是抱怨项目团队总拿着有问题的版本来，只会引发新的麻烦，进而导致项目失控。

4. 要做现场验证

现场验证就是让用户项目组充分评估新版本的价值和不足之处，确定是否升级，一旦升级出现用户不满就可以事先采取对策克服，而不是临时救火。

如果验证结论不能满足业务要求，就千万别到处装机推广，那是自寻死路，宁可回去申请项目延期，把软件改好再来推广。而且软件也不能强行推广，否则会使问题影响范围急剧扩大，整个项目过程就无法控制。

现场验证过程也完成对用户培训的过程，让用户项目组承担起实施责任，软件功能是否满足要求是软件商的责任，通过验证实施就是用户的责任，这个工作要做得好还需要建立和用户项目组充分信任的关系。

现场验证要做好推广风险评估，提前采取对策，此外要找到用户实施推动人，协助他们推广项目，最后验证通过给领导汇报取得支持，召开项目推广启动会，这个时候再进行推广工作就会很容易。

☞ 验证的时候偷懒很容易，不过后面实施就看天吃饭了。

5. 选择适当的推广边界

一般情况下，推广应用要考虑解决完一个业务环节再往下走，把繁复的企业业务化整为零，设计为相对完整的几个部分，逐个部分实现。

而且每个部分一定要有一个清晰的效益愿景做牵引，这样大家才有跟随实施的信心和热情，并在一个台阶跨越以后，再上一个台阶，逐步扩大应用范围，每个阶段实施难度实际上就降低了。

只要某个业务流用起来了，项目往往就可以验收了。

6. 建立和用户的个人友情

为了推广顺利，实施顾问也可以和用户一起进行广泛的日常交流，一起吃饭娱乐，增进感情，也是有效的团队建立策略。

建立和用户的友情未必都是靠请客吃饭造就的，请客吃饭一般不会建立深厚的友情，友情是在项目同甘共苦中建立的。比如经常一起加班，共同攻克难题，共同分享成功的喜悦，这种情况下建立起来的情感更加稳固。

2.13.4 快速推广有技巧

项目经理在项目关键阶段重点投入实施资源，确保让某一业务快速进入真实可用状态，然后再逐步减少实施投入，没有达到这个业务目标宁可暂时牺牲其他项目响应。尽量避免出现同时在多个项目中调度响应，引发资源冲突的局面。为此必要时牺牲一些项目短期用户满意度都是值得的。聚焦产生速度，把问题解决得比较彻底反而有资源去解决其他项目问题，总的花费时间最优。

多人同时协同负责多个项目，项目经理必须保证每个项目至少要有两个人员可互相替代，这样才能保证每个项目都可以立即找到可响应人员，才会快速响应问题，也有利建立一个稳定的团队。

在一块业务上线后，后续现场服务工作要么不来，要来就能解决一些问题，不要因为用户有要求就盲目去现场，去现场不能解决问题会给用户带来对项目团队更大的抱怨和失望。

日常现场工作多请示、多汇报、多写量化汇报材料给高管，并把功劳说成是企业项目组的，通过帮助企业项目组谋取政治利益的方式培养企业内部的支持人和内部教练，加快项目实施。

2.14 项目验收

2.14.1 没组织，没验收

☞ 万一软件问题太多，就想想许三多，每天喊不抛弃、不放弃，总有解决的那一天。

我们始终强调任何工作都要达到成效，并不在于一时一地把某个事情做到位，而是在平时的工作积累中将事情细节做到位并持续完善。这样一来，很多想要的结果就自然达到了。

项目验收就是软件公司最想要达到的结果，一般项目验收对公司和个人还意味着一件现实的好处：软件公司可以回款，个人就可以获得项目提成收入。同样，项目验收也是一系列细致工作完成到位的结果，而不是某个点的成功或者个人能力就可以促成的事情。一个项目的验收，未必是一次性活动，而是由一系列验收准备工作组成的。在最终验收之前，项目团队已经将很多阶段工作细化并得到认可，最终项目验收就是一个水到渠成的事情。

具体项目验收前除了做好可交付成果证明文档工作外，多花时间搞清楚客户的验收流程。

客户验收流程是怎么样的，谁牵头组织、哪些人参加、要什么文件、走什么程序、哪些人签字、最后出什么文档等等，都要搞清楚，特别要事先分析和打听哪个环节容易卡壳，做好事先的准备。

验收最大的难处就是签字问题，想让项目验收并不是要证明你的系统是没任何问题的。千万不要让客户用要求工业产品的质量体系要求软件，微软那么多天才，做了Windows系统还天天打补丁，要软件程序永远没问题，既不可能，你也没办法拿出证据。

☞ 验收很愉快，做到验收的过程很不愉快。

要让客户接受所谓验收，就是按照约定的方法，比方说用测试文档的测试用例跑一遍，结果和预期结果一致，这样就应该算通过了，而且还容许有一些小错误留在验收后改正，他可以对测试用例提意见。

所以验收前双方还要确认验收方法，如果是用测试验收，那必须有测试计划和测试用例。如果企业认为系统不符合要求，那么就应该出正式文档说明系统和最初设计相背离的部分。不过到了谈验收的时候，用户还在举证这些内容，估计验收也得延后了吧？

2.14.2　界定项目验收的条件

很多人会奇怪，项目验收条件还需要谈吗，肯定是按照合同和技术协议验收。

其实在业内目前大部分管理软件项目合同和技术协议现状是：不管项目金额大小，软件功能模块几乎是一个不少，用户要求软件公司承诺的服务内容和个性化开发也是一个不少。

软件供应商在竞争压力下很难完全杜绝营销环节过度承诺。在这种情况下如果要以完成合同和技术协议为标准进行验收，我们以为达到合同原始要求的项目可能非常之少。

管理软件项目，最开始的技术协议一般只谈服务内容和实现目标，相对笼统，结果在实施过程中很容易出现业务需求爆炸的情况，软件商难以应付。

这种情况下软件商就开始逐步细化产品功能点，按功能点确定软件细节，只要功能点满足，理论上就应该满足用户业务需要，用户就应该验收，至于业务能否运行，更多的是用户的责任。

实际运作时，无论技术协议是细致还是粗略，对大部分国内用户而言根本没有太大的参考价值，用户只会考虑其业务是否真的在系统上运行，并以此作为检验我们项目是否可以验收的标准，当然有的项目可以通过商务运作，在业务上线不太好的情况下也能验收。

所以，现在管理软件项目的一般模式是按照业务内容分几个阶段目标，完成一个业务目标就完成一个阶段的验收，收取一部分实施费用。

这种情况下，项目验收的最小条件是一个或某几个基本业务面能够开始大面积的应用。

这些基本业务面是不是很简单，或者功能是不是很稳定，或者人员是不是一定全部都上线，或者业务面上功能是否存在可改进功能，这些问题都不一定有统一规定，但只要用户看到这些基本业务面可以运行并承认这个可预期的结果，项目就可以提出验收。

在合同边界中没有涉及有些好功能或者有价值的地方，实施过程中项目团队可以留一手，可以不全部告诉用户，在验收前可以作为交换条件和用户去置换很难实现的其他技术要求。

2.14.3　验收要抓里程碑

用户最终关注"业务是否可用"，并不关注是否一定得实现所有的软件功能，也不是将一些所谓的技术难点解决，用户就同意验收，用户不是研究单位，他们要的是实实在在的效果。

因此，我们在进行业务调研的时候就要主动控制项目的业务边界，将一个一个业务流根据企业实际情况合理组织实施顺序，形成我们项目实施计划中的里程碑点，明确达到里程碑点的业务上线条件，并得到双方一致正式认可。

☞ 满足基本业务需求只是验收的必要条件，非充分条件。

管理软件售前阶段一般和用户还无法建立真正的长期合作关系，软件供应商面对不太成熟的用户和不太成熟的竞争对手，在强大生存压力下要优先和用户建立合作关系。一旦能合作，软件供应商就可以通过项目实施团队和用户建立信任关系，有了信任就可以慢慢说服和教育用户，用户一旦理解很多事情的复杂性不是软件供应商单方面可以控制的，反而会理性地和我们合作一起解决问题。

因此我们要相信用户是理性的，他一定会坐下来和我们一起谈：那到底怎样解决问题呢？最终一定有简单的办法可以达成合理的结果，然后我们一起全力去冲刺每个里程碑。

里程碑的好处：

第一、将复杂的业务目标分解为一系列简单的目标，即降低了难度，又使每个阶段实施重点突出，精力集中在一点上，自然可以更有效解决问题。

第二、里程碑界定目标包含了一个一个相对独立应用台阶，可以促进用户项目一个台阶一个台阶往上走。用户只要达到了一个里程碑，项目在这个业务实现台阶上就可以进入不可逆转的状态，不会走走停停，经常从头开始。

所以要想成功验收，必须设置清楚一系列和项目应用业务层次挂钩的里程碑。

在具体项目中，这些业务内容都可以设计，在每个项目中成功设计里程碑的关键就是最优化项目边界，然后和用户的高管和中层干部，甚至在某些项目上还要和基层达成边界目标一致。

项目团队控制边界的前提是项目团队自己要有可置换的因素，这就是用价值换边界。项目团队必须在深入了解用户业务基础上提出企业的业务目标，阐明项目价值所在，让用户接受业务目标，并按照这个业务目标去实施，而不是纠缠在有什么功能没有什么功能。

在产品比较成熟的情况下，能否就项目边界达成一致是最关键的项目管理工作，一旦这个目标达成，就很容易制定计划执行和落实。

成功项目验收的核心就是项目边界的确定。

没有双方达成一致的里程碑认可，也就是没有项目目标约定，没有目标约定的项目实施计划一定会经常变更内容、变更初始设定目标，导致计划不可控制，更谈不上验收。

👉 项目边界失控是很多项目无法接近验收的原因。

很多人希望通过写详细解决方案来定义项目要实现的内容和业务目标，这是很有必要的。但解决方案得到认可很难通过用户审核就可以真正做到，即使用户签字认可也不代表他真的有时间看了解决方案。项目经理应该想办法让用户一起参与解决方案思考过程，变成用户自己推导出来的业务实施目标，未来项目目标和实现方法在实施过程中才不容易走形，从而失去控制。

2.14.4 临时烧香来不及

一般项目业务目标清晰后，项目经理就可以按照业务目标分解相应工作，逐步安排责任人落实。在落实过程中有一个很重要的工作，也是很多实施顾问会忽视的，就是主动沟通。

项目中一定要有沟通策略，和高管如何汇报工作进展，取得支持？和中层如何就业务目标不断确认，逐步清晰？和基层如何就项目应用操作模式达成一致，持续改进？都需要通过沟通回馈完成。

1. 和高管的沟通

沟通的作用是让高管清楚了解项目团队是否一直按照项目目标前进，每个阶段工作进展是否顺利，影响项目正常运作的原因是什么，需要哪些资源帮助？

和高管沟通第一个好处是：高管通过听汇报就了解项目进展程度，就可以安排回馈检查，看是否像项目团队所说取得了进展，这样最终要求高管签字结项也就顺理成章。

第二个好处是：会哭的孩子有奶吃，一把手工程核心就是高管支持项目运行，而做到这一点关键就是通过合理汇报让高管对一个逐步前进的工作进行业绩的承认，高管一旦认为某个事情比较容易成功了，反而容易追加资源保障完成，这就是信息化的"马太效应"。

否则一项工作高管经常都不知道进展，怎么会取得他们的支持呢？

当然可以在项目中界定是企业高层或是软件项目经理去汇报，但一定要有人给高管主动汇报。

2. 和中层的沟通

中层往往是项目主要的推动力量和实际执行者，也往往是对具体业务需求最主要提出者，他们对企业实际运做过程最清楚，提出要求最具体，而且项目验收没有中层的支持往往也是不太容易做到的。

要达到项目的目标没有中层的配合也是非常困难的，和中层的沟通往往是不断动态调整项目目标、逐步清晰项目目标和细节的过程。

项目经理通过前期业务调研只能对企业项目目标有一个宏观的认识，但如何细化并最终落实并非是一步到位的过程。因此在整个项目过程中，双方项目组要不断沟通，特别是和企业中层沟通，认识才能逐步越来越深刻，最终双方达成高度一致。

3. 和基层的沟通

项目团队和基层的沟通主要体现对最终用户的关怀，定期主动和最终用户沟通，消除一些怨气，让用户能坚持用下去。这个时候项目团队往往发现很多用户真的是非常友好，尽管软件还有很多值得改进的地方，但他们一旦认可项目团队，反而会尽心尽力帮助项目团队推动项目。

我们建议，在项目中要坚持每个月到一个半月写一份详尽的《情况简报》，分别通报企业项目负责人、部门负责人和项目组成员。《情况简报》应先发电子邮件或书面送达，然后一定电话落实收到并口头简要汇报，特别是高管层，千万不要以为发了就等于别人会去看，一定要口头跟进汇报一次，保证企业各方面负责人对项目进展都有所了解。

另外实施顾问无论是否在现场，都要保证每周至少和操作用户、系统管理员沟通一次，主动和用户接触，不要等到用户有问题再来找我们解决。这样反而可以逐步释放用户的一些火气，真要救火的时候我们反而有一些从容周转的时间。此外一回生二回熟，到了验收的时候也好说话。

在一个漫长的项目周期中，很多工作做了也就做了，认可了也就认可了，时间一

☞ 平时多烧香，关键时刻有人帮。

长也就忘记了很多技术或实施上的要求，到了验收的时候用户可能翻出来重新要求解决。这种事情很多人可能都经历过，明明同意可以先不做的内容最终验收的时候又成了必要条件。

所以一个项目要顺利验收，一定要写好备忘录，把平时项目过程中重要阶段点双方达成的共识详细记录下来以备查询，特别是一些明确不处理的内容在备忘录标出，遇到推诿扯皮时就容易处理得多。

2.14.5 验收不是做汇报

如果项目准备验收了，一般要安排一次验收鉴定。这个鉴定可能是请专家来参加，也可能是企业内部组织，还有可能就是几个关键人物认可签字即可。

如果要开验收会，最后汇报工作的质量要争取达到让企业领导满意的高度。

成功的汇报会前期要准备好一套模拟现场环境的演示环境，要有足够真实的数据，要设计一套体现应用特色介绍流程，要准备一套详实汇报材料和相应演示文稿。

要保证验收大会顺利通过，最好在验收大会前将相关汇报工作和现场应用情况和企业领导做相关汇报，并得到充分认可，正式的会议只是走个形式，变成表彰大会而已。

验收汇报会往往是一个锦上添花的形式，不是靠这个会说服大家签字验收的。

2.14.6 做项目就是做人

对于项目一个实施顾问既要为公司考虑节约成本，同时又要兼顾客户利益，是比较难的。特别是在一个项目经理可能同时负责多个项目的时候，想每个项目都应该全力以赴是很困难的。这样难免让用户觉得软件公司响应不及时，有问题解决不及时，特别有些问题不是项目经理个体能够立即解决的，长期下来用户可能会积累很多的怨气。

因此实施顾问平时做人要讲诚信，讲原则，无非是三条：

1）做不到的事情千万别随意承诺。
2）承诺的事情一定要努力做到。
3）每次工作都使事情往前推进一点。

首先不做做不到的，当然做到做不到不是个人判断，而是和公司内部协调达成一致后的意见；其次做得到的一定按承诺并切实做好；最后每次来现场都要有推进的内容，项目就会慢慢简单化。有这三条，用户会慢慢接受稍微长一点的响应周期，也会用更多积极性的眼光看现在的问题，相信问题一定有人响应，也一定可以得到解决。

很多人做项目遇到困难指责公司内部同事没有想尽办法去解决，认为自己这么努力，承受这么大的压力，而别的同事好像没有什么压力，心理不平衡，就容易回避放弃自己在项目上的责任。这样一拖再拖地拖下去，拖到无法再拖的时候项目经理在用户那里就没有挽回的余地，只能被动挨打。

2.14.7 快速验收的心得

项目经理从一开始接手就必须建立三个内控里程碑目标。

第一个里程碑是项目回款，第二个里程碑是树立样板，第三个里程碑是追加新合同。要用做第三个里程碑的心态做第一个里程碑目标，看起来前期投入大一些，但自己投入也会促使用户投入，最终反而能更快实现第一里程碑目标。

越早谈回款，越早明确验收边界；越是边界清楚的项目，越容易验收。

实施进度越快越容易验收。实施周期越长的项目，新增需求越多，越不容易验收。

某块业务应用得到部分用户认可就是催款的最佳时机，一旦项目某个业务进入可使用状态，项目经理就要主动谈验收条件，明确验收和回款的关系。

2.15 有效回款

主动提出回款要求，这是很多实施顾问最难做到的一点。不知道如何开口，开口后不知道如何回复用户的质问？

最难是开口要钱，开口后最难是觉得心安理得。很多实施顾问总觉得项目做得还不够好，不好意思去要钱，用户一说你们哪里哪里还有问题还好意思来要钱，实施顾问即使原来感觉做得不错也会灰心回去做技术工作了，因此回款这个事情最难的就是要理直气壮地去要钱。

为公司催款是每个员工天经地义的工作，我们是在为公司生存催款，有了钱公司才有资源为用户提供更好的服务，再说那有软件毫无问题的呢？越是大的系统越是问题会多一些。

☞ 敢向人开口要钱真的需要勇气，尤其是搞技术出身的人。

就像很多人催别人还自己借的钱一样，催款难就难在自己的心理顾虑上。特别是搞技术的人，去负责催款确实不是最佳选择，这本应该是商务的工作。但为了公司的生存和业绩，项目经理还是要承担一部分催款的职责。

不管项目实施得好不好，只要开口要钱，用户马上就会提出现在付款不合适的理由。这个时候项目经理要趁机明确：现在条件不合适，具备什么条件才合适？

项目经理要和用户不断强化回款条件，有了回款条件，等于给自己清晰约定了工作目标，把这个工作目标(回款条件)应马上写进后续工作备忘录，达成一致意见后落实。

在项目实施过程中，项目经理只要觉得具备一定条件，就要主动提出验收，验收是否顺利往往取决于双方对验收目标是否达成一致。

项目经理不断提出验收要求，就可以不断就项目目标进行清晰定位，反复几轮后，验收目标就清楚了。这个时候双方项目组该解决的问题就尽快解决，不能解决的问题就想办法变通。不好解决的问题可以进行价值置换，或者追加资源投入，或者紧急开发，或者变更合同等等。

回款条件也不是一谈就要立即写成备忘录，先不断提出各种可行回款条件，逐步优化选择最合理的条件给双方认同，并不断利用各种给上级领导汇报工作的机会明确，最终写到备忘录中成为未来验收工作开展的依据。

一旦项目目标一致清晰后，项目经理就要全力保障回款条件实现。如果根据验收条件，项目存在开发需求，那么项目团队应在第一时间向公司提出需求和改进意见，并强力推动纳入公司内部版本开发规划，为按计划回款争取时间。

整个实施过程中,要不断通过详细备忘录来约定和强化验收条件,并强调我们正逐步不可逆转地接近验收条件,关键项目进展一定要形成备忘录并取得客户确认。

一旦彻底达到回款条件,别忘了请商务人员去做商务工作,技术人员可以去催钱,但建议不要直接接触钱。

要钱被拒绝不可怕,可怕的是搞不清楚为何被拒绝。

用户很难连续拒绝三次请求,特别是每次拒绝后项目团队都把工作按约定要求推进一步的时候。

在用户出现松动时千万不要轻易撤离现场,不见回款不走人,回款也是意志的较量。

2.15.1 回款条件,你清楚吗

要能清晰控制回款工作,项目经理在承担多个项目的情况下,要合理确定每个项目的催款顺序和催款关键点,合理安排时间和行程,如表2-12所示。

表2-12 回款提交信息沟通表

谁是验收人?	单部门还是多部门?还是项目组?还是领导说了算?
验收标志是什么?	约定业务上线? 约定业务依测试用例证明可用? 约定功能实现? 约定配置和服务工作量做到? 约定内容得到某人或某方(专家,省厅政府,总包方,监理方)认可?
验收证明文档是什么?	签备忘录? 软件公司标准格式验收报告还是企业指定格式的结项报告(验收报告)? 专家意见书或第三方监理意见书?
文档签字方式是什么?	双方项目负责人签字认可? 业务使用部门签字认可? 如果有多个业务使用部门或上下级部门要全部签字或是逐层签字? 外部专家签字? 需要第三方监理签字? 项目总包方签字?
验收方式是什么?	签字即可? 开内部验收会? 请专家或监理来开验收会(是否要准备项目各项资料,是否要准备汇报PPT或动画,是否要准备现场演示,是否需要企业的人亲自演示)? 政府专家组验收会?

 做事情提前规划,做到心里有数,就知道如何驱动和完成了。

2.15.2 付款程序,打通了吗

由于催款和付款多半被认为是商务工作,项目经理往往退避三舍,催款不容易,打通付款程序也不容易,对于优秀的项目经理来说,这也是必备的知识。表2-13是

2.16 资源调度

付款信息表。

表 2-13 付款信息表

催款启动条件是什么？
催款金额是多少？
付款企业是否要做预算？预算周期是多长？回款资金是否可以进入或已进入预算？
谁是财务付款程序发起人？
谁是付款认可签字人？
在每个阶段正常情况下每个人签字要走几天，这些人出差是否频繁？
是否需要给流程中的关键人物兑现承诺？是否存在潜在可能打发的人？商务团队中谁负责和这些人的关系维护？
开发票的要求(先开票再付款？先付款再寄票？是技术发票还是抵税增值税发票？开票单位名称、账号？前期已开发票是否收到？已开金额？本次开的金额？)？
企业扎账日期？企业对口银行？银行扎账日期？银行转账周期？
企业资金情况和信用情况？他们期望采取或可接受的支付方式(现金支付？支票支付？银行兑票？商业兑票？)？

案例：

项目经理小李一个项目功能已经调试通过，可以进入实际运行。小李觉得项目实施应该是取得了突破性进展，因而在备忘录中提出系统技术上已经达到可运行状态，可以考虑按合同要求支付款项。

但用户表示系统还要实际运行几个月，看看有什么问题没有，更不可能付款。

点评：

提出回款要求后，用户一般会找理由推一下，而且很多时候用户也希望系统能更稳定运行一段时间后再付款，他们潜意识中害怕一旦款项支付就失去约束软件公司的能力，进而无法得到良好的服务了。

因此在备忘录中提出回款要求是合适的，不要等所有工作都做完美了再提，软件永远没有完美的。

如果可能争取用户对实施团队和软件公司的信任，项目经理可以要求用户提前办理回款，然后实施团队按约定把后续工作做好，相当于先上车，后补票。

如果用户不放心，就约定如果多长时间内系统正常，就过来正式验收和回款。

无论如何，工作一定会向有结果的方向走一大步。

☞ 项目回款，需要企业方方面面的人配合，事无巨细都得亲自操心。

2.16 资源调度

对一个项目经理而言，最痛苦的回忆恐怕不是用户的刁难，而是项目接近突破的时候得不到公司的资源支持，被迫看着项目验收的机会窗口溜走，把好机会变成一把烂牌。要先送项目经理一句话：做好被拒绝的准备，但绝不放弃努力。

2.16.1　想调度资源先了解项目

对项目经理而言，项目启动阶段是一个最重要的阶段。在接手一个新项目的时候，首先要尽可能多地从各个方面了解项目的情况，对项目把握越到位，可以提前预见的问题就越多，可以想办法提前申请或预约资源加以解决。

项目具体要求做什么？是企业哪个部门负责和承担？目的是解决什么问题？每个业务口想法都一致吗？项目预算和周期如何？付款方式如何？商务关系如何？

项目里牵涉哪些方面的人，如管理方、具体业务方、项目组织方、技术监督方等等？很多项目里除了业主单位的结构很复杂以外，还有一些其他单位也会牵涉进来，如项目监理公司、专家组等。项目经理需要了解每个方面的人对这个项目的看法和期望是什么。事先了解各个方面的看法和期望，可以让你在做项目碰到问题的时候，就每件事情分析哪些人会在什么方面支持你，哪些人会出于什么目的反对你，从而提前准备联合朋友去对抗敌人，让事情向你所希望的方向发展。

所以，在项目的最初阶段，根据各个方面的情况，经过平衡后得出一个项目大致目标并获得其他人的认可，这是一个成功项目的第一步。

☞ 项目缺乏资源是常态，所以做项目一开始就要想到可能会缺少哪些关键资源，然后去想办法解决。

基本了解了客户的情况后，下面的事情就是了解软件公司内部各方面对这个项目的看法。首先是高层领导是否重视，这个决定了你在需要资源的时候，公司是否会根据你的要求提供最有力的支持。一般说来，领导口头肯定是说支持的，你需要做的是了解公司对这个项目的实际期望，是想把项目越做越大还是想赚钱？是想做样板工程还是干脆想敷衍了事？公司领导对项目的态度决定了你做这个项目的战略，而这个战略方针将对你做项目计划产生直接的影响。如果高层意见让你比较失望的时候，请记住原则是按领导意志执行，争取在不好的空间里跳出最好的舞。其次是了解市场部门的意见，他们对项目回款和后续追加可能有自己的看法，这些也需要有一个平衡，毕竟具体回款工作还是要商务协同的。

在做整体项目计划前，还要大致计算一下你手上的资源。

首先是时间，现在市场竞争激烈，往往很多项目要求在几乎不可能的时间范围里完成。对于这一点，你在做项目的风险控制计划的时候要充分考虑。

☞ 争取领导支持，就是获得资源的保障。

其次是人员，根据项目预算和以往经验，大致计算一下未来的项目小组有多少种角色，每个角色目前公司是否有人，是否能完全归这个项目使用，是否需要另外招聘或借用一些人员，招聘的准备工作要尽早启动。

最后就是一些开发任务的准备，项目所需关键功能如果还不具备请尽早和开发部门预定，争取提前纳入版本开发计划，并定期跟踪确保没有被挤出版本开发任务单。以后不管发生什么情况，只要该做的功能没有被做出来，浪费的都是你的项目周期。

所以，项目经理不仅要和客户有很好的沟通，还要熟悉自己公司内部的各种办事流程，知道如何和市场、开发部门打交道。

如果能把自己的项目都搞得很清楚，就应该能做出一份清晰的项目解决方案。好的项目解决方案不仅将要做的事情描述得很清楚，而且把如何验收也说明得很透彻。也就是说它不仅说明白了要做哪些事情，也让客户的业务人员（即使不懂技术）知道项目做成什么样就算完成了。简单地说，项目解决方案要描述项目做哪些事情、每件事情做到什么程度以及如何检查每一个结果。更重要的是，项目中存在多少需要开发和准备的工作也就通过解决方案的描述而清晰了。

好的解决方案出来后，就可以做出总体工作计划了，因为你现在已经知道了客户的目标和你手上的资源，当然做计划时还是需要和你的公司和客户充分沟通。还是前面一句话，写计划一是安排资源，二是提前预见和管理风险。对于这个项目的风险以及资源缺口，在一开始就要和公司及用户坦诚沟通，才能提前考虑解决问题。如果不能得到解决的话，将发生什么样的后果，这些都要大家心里清楚并有所准备，必要的时候可能就需要改变策略，增加对这个项目的投入，甚至在条件许可的情况下，有些公司会放弃这个项目。总之，没有人能完成一个不可能完成的任务，如果项目经理不能尽早发现风险，做出对策，那么就只能去当烈士了。不过有些看起来很难的事情和公司用户反复沟通后，往往有简单的操作方法，项目经理能集中大家的智慧把这种方法找出来，就是他高明的地方。

2.16.2 组建稳定的项目团队

一个能干的项目经理也是需要好的助手的，好的团队不是团队每个人能力都很强，这样的团队往往不能长久，而是每个人的能力刚好互补，配合默契，彼此信任。只要说出你的想法团队成员就清楚你的想法是什么，要求做到怎样的质量，如何去做出这样的结果，这样的团队非要经过几个项目磨合才能成型。

所以项目经理一旦计划做好几个项目，在一开始就要选择好自己的团队。在大部分单位，项目经理没有选择成员的权利，而且即使能够挑选往往也是大家认为能力不足的人或新人。这个时候项目经理一方面要尽量发挥你的影响力去影响值得加入团队的人，更重要的一方面是培养新人。

培养新人看起来很累，但其实一本万利。第一、新人不晓得项目如何入手，有一个老大哥言传身教，新人会非常感激，这就打下了坚定的信任基础，这样将来才有默契，才有战斗力；第二、新人没有什么成见，你更容易把自己的项目实施得好的做法博得他的认可，将来做事情套路容易协调一致；第三、新人所缺乏的不过是技术能力和软能力，有人带的情况下技术能力的提升是非常快的，而软能力的不足恰恰为项目经理建立团队内的领导地位和权威感奠定了天然基础。

有趣的是，特别有能力的项目经理不喜欢新人，直接要能力比较强的实施顾问，这样他的任务可以很好分担，而这些能力比较强的实施顾问也愿意被更强的人管。但刚提拔做项目经理的人，都只愿意要新人，他们不敢管那些资格老的人，但长远来看，和新人一起磨合的团队因为彼此信任而有感情基础，结果他们的业绩更出色，遇到困难和委屈的时候团队向心力更强。

如果要做一些长期的大项目，一定别忘了到客户那里要资源。客户的资源从来都是项目团队中的一员，要把他们当自己人一样去对待，他们自然也愿意和我们合作做好项目。因为以下两点：

1）如果一定要付出，能做成点事情总比不能成事要好，但你得给予客户你是能做成事情的人的印象。

☞ 别让一个人只负责一个项目，这样项目资源调度很容易被具体的人左右。

2) 如果项目失败了，我们可以选择走人，他们却要留下来长期继承一个项目做得不好的名声。

把自己内部资源和客户资源都整合好了，项目团队才能算初步成型了。

2.16.3 一个项目必须有多人参与

有很多项目用户总是要求现场不能没人，因为用户认为项目没人推动，项目怎么做得好？

这个说法本来就是错误的。

第一、项目必须有人持续推动，但第一推动力必须是企业内部有意愿的人，而不是软件公司来推动，这是企业项目组成员想推卸责任的一种心态，是不能鼓励的。

第二、软件公司实施顾问呆不呆在现场，取决于在现场有没有足够的工作量要去做。如果我们该完成的工作已经完成，企业也知道自己后续相应要完成的工作，我们呆在现场只会增加企业配合成本和接待成本，企业并不喜欢这样。

企业希望我们派人长期呆在现场，其实是对我们解决问题的承诺无信任感，对我们的工作计划行程无信赖感的被迫体现。所以我们首先要明确甲方要求乙方长期派人进驻现场，在大多数管理软件项目中是不合理的要求。如果有的项目金额巨大或超级复杂，现场每天都有工作要处理，不能没人自然也是合理的。

项目成员如果长期呆在一个项目会遇到什么问题呢？

第一、心态退化。

一个实施顾问长期呆在一个项目里，缺少对外交换，缺少和同事交流，他始终感觉是一个人在战斗，即使每过一阵都有项目经理过来了解一下项目进展，这也不是他们期望的团队。时间长了，总在一个项目里面对同样的用户压力，往往使他产生不想继续的想法。

第二、能力退化。

长期在一个不变的环境里成长的人其实适应能力是很弱的，我当初同时做几个项目的时候就发现，每个企业都会产生好的想法，我经常是把 A 企业好的做法介绍给 B 企业，B 企业受用的时候我也很有成就感，自己的思维活跃程度也就大大提升。而且同时介入几个项目，每个项目都遇到不同的问题，甚至是类似的问题，采取不同的对策，对自己的能力成长很有好处。

第三、响应能力退化。

☞ 人长期呆在一个环境里基本都会退化。

一个项目只有一个实施顾问长期负责，一旦出现人员离职，项目经理将非常麻烦，第一、很难找到人接手，所有的人都被盯死在项目上；第二、新接手的人对项目缺乏了解，企业很难认同。

所以我建议国内的企业不可盲目照搬国外的项目管理模式，专门的团队响应专门的项目。国外的项目服务是收费的，价格有保证；而且国外往往是高度专业化分工和职业化的，我们不是。

我们是能力和资源都不足的团队要去解决问题，必须采用创新的办法，我们采取的方法就是不让一个人长期做一个项目，因为这是废掉新人的最好方法；其次一个项目不允许只有一个实施顾问长期维系，必须想办法协调至少两个人参与，这样一旦有一个人流失，至少还有一个熟悉的情况的人顶上，而且每个人都能够了解几个项目的情况的时候，项目经理资源调度的能力反而大大提升。

此外还要告诉大家这样设计的一个潜在好处，由于很多公司实施顾问的提成是和项目回款挂钩，而某个项目能否回款影响因素太多，让一个实施顾问绑在一个所谓的大项目上面，他不能按期回款的概率是很大的，这样的话他的收入非常不可控。如果团队每个人都参与多个项目，只要项目有回款，大家都可以分到一点提成，整个团队士气要高很多，而且项目经理拥有回款提成分配比例权，这也增加了自己说话的分量。当然项目经理自己要做到分配规则清晰，操作公平，否则麻烦大了！

2.16.4 资源要先集中再分散

做项目经理，一定要清楚一点，项目不是每个阶段现场都需要投入资源，但在某些阶段如果现场投入的资源不够，往往也会带来被动的结果。

整个实施过程中都需要大量人力资源投入，但投入并非等于长期泡现场。实施是分阶段完成目标的，某些阶段是实施瓶颈环节，这些环节可能带来管理成本的暂时上升。

因此实施的关键突破技巧在于投入资源缩短这个瓶颈环节，一旦突破这个瓶颈，大家都在一个平台上工作，可以方便改变业务的管理模式。这个时候后续实施成本就比较低，也不需要大量现场服务人力。

 集中优势资源打歼灭战，打仗如此，做项目也是如此。

因此实施双方要在重点实施阶段要重点投入资源，让客户在实施关键突破阶段投入的时间减少到最低，进一步降低客户投入成本和风险。

所以优秀的项目经理知道在哪个阶段需要投入足够的资源，而且在这个阶段投入的资源做到哪个程度项目才算进入了不可逆转的状态，资源才能逐步撤出，否则轰轰烈烈都补上去，一散而空地倒下来，用户就对我们丧失信心了。

同样，如果项目是投入人力资源也无法解决任何问题的时候，项目经理千万不要因为用户抱怨就轻易派人去现场，要知道：比派人去现场，更让用户生气的是你派来的人什么也做不了。要么不去，要去就要能解决哪怕是一个问题，让用户看到一点进展，项目经理把压力扛下来，争取资源解决用户关注的问题后再派人过去，对于富裕的资源正好投入到其他项目去解决问题。

我的原则是：除非就是去现场让用户发泄一下后做疏通工作，否则宁可得罪用户也不到现场做无意义的工作。

2.17 永远保持和开发的良好互动

和开发沟通的原则：如果是自己错了，立即给开发承认错误；如果是开发的错误，装着没关系，毕竟下次你还需要他的帮助。

开发人员多是搞技术的，真做起项目来比客户难对付得多。他们不了解市场但往往自认为了解客户，他们是你的同事，但可以免受客户的直接压力还可以用流程来教训你，很多实施顾问和项目经理在项目进展到火烧火燎的时刻还遇到开发人员的质问：

1)为什么现在才把需求提上来?
2)为什么要变更需求?
3)这个问题根本不是程序缺陷?
4)这个程序缺陷在公司无法复现,因此无法解决。
5)你的需求合理,但不符合流程规范,请再按格式调整后再提上来。

这些让你吐血的回复让很多项目经理抓狂,和开发人员的关系随项目回款压力变得阶段性紧张。

那么我们要记住一开始就介绍过的观念,公司永远是资源和能力不足的,企业就是要在这种过度承诺情况下快速成长自己的能力,要么能够适应,要么倒下。我们项目经理要多和用户沟通,争取时间和空间,尽量减轻开发的负担,他们不过是整个体系下能力不足的窗口。

想明白这点,我们就应该持续和开发人员保持良好合作关系,即使道理不在他们这里,但完成一个程序的优先级别,完成的质量毕竟还是依赖程序员的事情,对不?要是程序员都喜欢我,那么在通过我的流程的时候,就会快很多,即使发现一些粗糙的地方,和你电话沟通一下后帮你改正,不就可以直接让流程通过了吗?不至于从头再来一次。流程快和慢,不外乎人情。

此外,在开发的时候,和程序员能提前沟通几句,就可以了解他们的思路是否和客户的要求是否一致。这样的话可以避免很多不必要的失误,实际上是节约大家的时间。

☞ 与开发人员沟通的原则:开发人员永远都是对的,即使他是错的,也当他是权威去沟通,这样做事情反而容易一点。

第 3 章 产品和项目

3.1 卖产品还是卖项目

我们卖的是产品？还是项目？

这个问题其实很多人一开始就没真正想清楚，而这对管理软件销售和实施方法会产生根本影响。

我们认为，产品是让客户能直接判断价值的物品或服务。对个人而言，电视是产品，手机是产品，洗脚美发也是产品。项目是通过系统解决方案为客户创造价值的工程和服务。对单位而言，建楼是项目，上管理系统是项目，上生产线也是项目。

产品营销与项目营销有着明显的区别，见表3-1。

表3-1 产品营销与项目营销的区别

	产品营销	项目营销
特点	功能边界清楚，便于判断价值	服务边界需要反复沟通
	品牌十分重要，提供附加价值	项目价值定性多，定量少
	消费者决策权集中，周期较短	内部利益博弈方多
	可以重复购买，市场相对稳定	重复购买行为少
	广告覆盖很重要	行业口碑很重要

所以产品销售主导方式就是营销战。只要产品的广告能影响到决策人，剩下的事情就是建设好渠道和终端，成交过程追求短、平、快的快速放量模式。所以很多人认为产品必须打造品牌，没有品牌的产品很容易陷入红海价格竞争。

☞ 做项目最高境界是和用户形成长期共生、双赢关系。

1. 项目服务边界容易模糊和不清晰

项目实施过程中有很多事先无法预料或屏蔽的风险，进而导致项目边界很容易失控。如果要在前期把边界都想清楚，那往往不现实的。套用一句讲夫妻感情的话：项目合作很多时候是"因为误会而结合，因为了解而分手"。

很多项目在运作阶段时，不能把边界说得太清楚，这就会留下很多在未来引发争议的空间，最终为合作后期爆发矛盾埋下隐患。

 案例：中国式项目签约

某供应商通过努力，争取到甲方负责人认同，很可能拿下一个大项目，但甲方负责人表示：项目竞争非常激烈，企业预算也有限，期望供应商先用一个最低的亏本价格承诺接下来做，项目要做的内容可以写含糊一点，后期我们再想办法找一些名目再申请一些经费给乙方，不让供应商吃亏，反正进来了以后，就可以长期合作。而且我们是行业老大级别的企业，你在我们企业做了，在其他单位就容易推广。该供应商为了争取长期合作机会和市场辐射影响，就答应承接。

这种场景，在项目签约过程中是不是感觉很熟悉？如果我们的项目一开始就不是规范运作，自然容易在后期出现种种问题，那么我们解决问题的前提就要考虑这些因素。

2. 项目价值模糊

现在卖项目不谈解决方案是不行的，但我们总是强调系统解决方案能为企业带来巨大价值，具体如何实现价值，到底能实现多少价值，很多时候企业是半明半白，甚至是不明不白。

案例：ERP 到底值多少钱？

网上经常有人爆料说某企业要上 ERP（企业资源管理）系统，结果来了很多供应商，报价从 5000 到 50 万的都有，对比功能模块好像大家都差不多，那为什么不同的厂家产品价格差距那么大？到底是价格贵的企业说的"价格不同，系统平台不同，服务质量也不同"有道理，还是价格便宜的厂家所言："成熟的理念＋成熟的技术＝成熟的产品，自然可以低成本运作！"到底谁更接近真相？

很多项目因为没有稳定和可靠的价格参考标准，表面上看价格很有弹性，实质上导致了市场决策行为的复杂化，买家怕上当，非要货比三家搞清楚价值差异，结果反而增加了选型成本，对厂商而言也增加了销售成本，这是一场没有赢家的游戏。

3. 项目内部利益方多

项目选型和实施往往涉及企业多个业务口，自然会让企业相关涉及部门进行利益博弈。在选型阶段就开始这种博弈，项目还会简单吗？

案例：项目下马！

有一个企业要上 ERP，结果信息中心看好 A 供应商，认为他们规模大，服务规范，质量可靠，长期合作成本低；业务部门认可 B 供应商，认为他们虽然规模小，但产品更有行业针对性，可以更好解决业务问题，磨合成本低。开了几次会议无法统一意见，正好赶上经济危机了，老总决定暂停项目，压缩预算准备过冬。

项目选型不仅仅是供应商和企业之间的博弈，也是企业内部力量的博弈。这种博弈一方面增加了项目的成本，一方面也给供应商提供了机会。对大部分项目而言，不容易出现绝对的一面倒局面，大家不到最后都有机会，这也就决定了为什么项目的销售过程更精彩，更复杂，更不能犯错误。

4. 重复购买行为少

衣食住行或者工业原材料，个体消费者或企业总是要不断重复购买的。项目在企业往往是作为一次性投入，没有考虑后期维护预算，这为供应商可持续发展也出了道难题。

案例：项目没做好，还想要年服务费？

有家美国软件公司到国内一家公司考察时，知道一家企业已经有4000多家客户的时候，很奇怪的问为什么你们还没有上市？他解释说，在美国一个公司有200家客户早就有风险投资找你谈上市，因为仅仅是200家公司年服务费都是可观的现金流。而国内这家公司老总很郁闷地介绍说：这4000家用户绝大部分我们都不能收服务费，因为客户的逻辑是，你的软件还有BUG，项目还没做好，还想要年服务费？这些客户不是现金流，而是企业的服务成本。这个结果让老外大为惊讶。

5. 口碑很重要

项目实施效果往往通过行业圈子口碑扩散很快，因此能否在行业内树立灯塔用户很重要。行业内的圈子是很小的，坏口碑传播速度非常快，仅仅依靠关系营销还不足以获得市场领先地位。

 案例：我们就是要找你合作

一般为了竞争项目，供应商没有不打得头破血流的。但有家企业在选型的时候悄悄调研了同行的应用情况，他发现十个同行六家是和某公司合作的，而且应用效果还不错，所以企业直接找到这家供应商，只要求按照行业平均价格成交，只是要求企业仍然派做这个项目的项目经理来实施，双方很快就签约了。

项目典型大客户的样板作用胜过签下十个小客户的合同。任何理性的客户，在面临自己无法准确判断的问题时，最理性的选择就是参观考察同类型的用户，通过了解他们的实施效果，来判断自己是否应该选择同类服务。

这点我们可以向房地产商学习。对家庭用户而言，买房就是一个大项目，为了降低客户对未来的不确定感，房地产商往往花费大量力气装修样板毛坯房，邀请用户现场考察，让样板间冲击购房者的眼球，然后辅助描述未来的周边配套设施，刺激消费者的购买冲动，这就是样板间的作用。

项目实施过程本质上是一种高智力服务，也要和任何服务行业一样，要长期生存，就非得有好的口碑，否则起来得快、垮得也快。

我们综合对比了产品和项目的一些区别，对不同行业，这些区别项侧重点可能有所不同，大家可以参考表3-2。

表3-2 产品和项目的区别

对 比 项	产 品	项 目
研发模式	标准化程度高，按规划节奏升级	个性化程度高，按客户需求定制
销售模式	品牌建设+市场营销+渠道建设	灯塔用户+关系营销+团队协同
服务模式	标准化培训模式为主	更多咨询服务+个性化辅导
价格模式	生产规模越大，价格往往更具优势	项目规模和企业利润之间有最佳结合点
核心卖点	卖标准，把自己塑造成行业领导者	卖价值，把自己塑造成价值提供者
竞争策略	领先的市场营销能力+研发能力	优秀的资源整合能力+顾问能力
客户需求	客户自己能清楚说明	客户自己未必清楚

☞ 卖功能，卖利益，卖服务，卖价值，卖口碑，这是做项目的五个境界。

（续）

对比项	产　品	项　目
客户投入	少（单一部门）	多（多部门+管理顾问）
决策人	少，关系简单	多，博弈微妙
决策周期	一般简单，成交周期相对短	一般复杂，成交周期相对长
推销重点	产品功能和特色	可获得的显性和隐性利益
客户体验	越傻瓜越好卖	越专业越好卖
价格敏感度	高	相对低
销售过程	快节奏的分类推动	有耐心的分期推进
销售人员	个人能力为主	团队能力为主
销售技巧	基础销售技巧+自我激励能力	顾问式销售+自我学习成长能力
实施周期	相对短	相对长
实施成本	低，将服务工作标准化	高，需要项目管理技术

☞ 大项目往往是从小项目建立信任开始的。

3.2 做产品还是做项目

很多公司老板自己清楚，没项目活不下去，项目多了也一样活不下去。项目多了且不说管理成本倍增，关键是项目回款周期往往集中在年中、年关几个节点，公司现金流很不平衡，这样一来公司日常运营难免被不稳定的现金流拖累。

所有项目型公司的老板在发展过程，往往都不得不思考如下问题：

我们公司未来的方向是什么？

到底是针对大客户提供个性化服务，还是针对广泛的中小企业提供优良的产品平台？

很多公司是因为创始人发现一个项目机会点，又觉得自己有技术实力搞定这样的问题，在一个项目上也的确取得了成功，就这样入了行，或者是因为在某个行业具备深厚人脉关系，利用人脉抓住了一个或几个客户，也取得了局部的突破。但等几个项目一做完，如何拓展市场就成了大问题。

有的公司入行并没有长远规划，靠一个项目赚到一点小钱后，就想扩展到其他企业做类似的项目，然后又发现其实挖掘新客户竞争太激烈，根本就挣不到钱，还不如充分利用老用户资源，就围绕老客户需求开发出其他的产品，所以现在国内有一大堆规模不大，什么都能做的公司。

有的公司倒是在市场上打开了局面，但为了打开市场往往承诺定制化开发，最后发现自己公司产品线过长，而且虽然产品很多，架构似乎不同，但解决问题在本质上是类似的。高度同质化的产品在内部不停地竞争，都需要从公司获取资源和养料，没有一个产品能得到足够的营养发展壮大，大多产品都是死不了，活不好。

国内大部分项目型公司一旦项目上线结束，主要依赖后续扩容或新的项目机会产生新合作，很难靠收年服务费获得稳定收入，所以搞项目运作的公司很难生存。为什么？因为年年要发展新客户，靠新客户的回款养公司、养员工、养对老客户的服务。对很多公司而言，每发展一个新客户，现在看来是创造现金流，将来是企业不堪重负的服务成本，这种发展模式是不可持续的。

而产品销售更容易形成可持续合作的商业模式，聚沙成塔，小金额累积起来轻松超过大项目，所以卖服装成为大富豪的人一把，靠做项目成为小康的人不多。

案例：单子越多经营越困难？

很多公司如果一段时间没新项目，马上现金流出问题，就只好给优惠政策让销售去抢单，但单子一多，又不得不出台政策，限制销售能力，否则实施能力响应不过来，每年都是这样的一个怪圈，为什么会这样呢？

大部分项目是典型的长周期产品。实施周期相对长且不可控因素多，相应回款周期也拉长和难以控制，这样直接导致公司财务现金流很不稳定，对公司正常运营没有好处。

假如公司能尽量多签项目，只要有足够多的项目，通过控制项目回款进度，就可以实现现金流相对平稳了吧？但实际上，项目的规律是：企业年初列入工作计划，年中完成选型，年底前完成第一笔回款，然后就是靠实施回款。在目前国内实施项目管理水平和企业信用机制更是典型不可控事件，因此很多公司都想办法提高首期款的比例，以降低自身现金流风险。

而且项目不论大小，其实实施难度都差不了多少，所以很多公司一直在强化打大项目和实施大项目的能力，反正同样的实施工作量，自然是做大项目划算。

但越是大项目，突发事件和不可预见事情就越多，管理风险难以控制，这样公司就很难形成固定的工作节奏，员工不断响应临时的事情，对一些核心的事情思考连续性和深度都不够，最终缺少长远发展动力。

大项目运作模式下，客户经理拼业绩容易出赌徒心理，容易出短期行为，容易对收入不满意而跳槽，最终企业没有稳定的市场员工队伍。

公司没有一个能带来稳定和持续现金流的产品的话，是非常危险的。但是现在越是没有现金流的公司就越容易患大项目饥渴症，想靠一个大项目回款挽救企业财务危机，公司就只好一切管理行为围绕大项目回款转。几个大项目回款，就可以让公司生存，就可以挽救一个营销区域，就可以挽留住一个好销售人员，这都是目前公司管理活动中很常见的事情，但也的确是很可怕的事情，因为这将是徒劳的。项目销售做得再大也是表面风光，有不为外人知的三苦：

第一苦：三年不开张，开张却吃不了三年；

第二苦：签单只是万里长征第一步，回款才是真本事；

第三苦：合作一次容易，持续合作很难。

无非是在某个时间段内，公司因为大项目获得喘气的时间，但如果不能利用这段时间发展出成熟的商业模型，也就是多苟活几年而已。

所以，做管理软件项目的公司每年都得不停地思考"我们是做产品，还是做项目"，"产品是做加法，还是做减法"，非常痛苦。其实答案很清楚，做项目只是为了让公司赚取到第一桶金，最终公司一定要发展出好的商业模式，这种商业模式一定有

> 做大项目最大的愿望就是"不差钱"，最大的风险就是"没钱花"。

可标准化的产品或服务,这种产品或服务应该是有足够市场空间走量、成熟、价格不贵、资金周转快的品种,这样才能保障公司的生存是可持续的。

我个人觉得,只有整个管理软件项目市场走向技术和管理咨询服务市场(服务也是一种标准化的产品),这个行业就算成熟了,这种商业模式也就定型了,这个行业也就变成了一个传统行业,直到有新的模式取代它的那一天。

 大项目往往培养出很多赌性十足的销售人员。

附 录

附录 A 管理软件从业人员的知识结构体系（样例）

项目型行业，对从业人员知识体系结构要求很高，如果建立一个员工个人知识体系，可以有效帮助个人能力全面提升。

以下是一个管理软件从业人员的知识结构体系样例，公司人力资源部门可以不断细化知识结构体系中的能力点和知识点，作为员工专业能力定级的评价标准，可以避免定级过程中缺乏专业依据的弊端。

这个看似庞大的体系，可能会把新进管理软件从业人员给吓倒：这么多知识，什么时候才能掌握啊？其实，依据知识管理理念，掌握了知识获取的方法之后，快速地掌握这个体系并不是"不可完成的任务"。在这里，我们建议对于这些知识点，可以从几点着手。

知道是什么：关于事实的知识。掌握一个知识点的概念，知道这个知识是什么。比如，什么是项目管理？

知道怎么做：关于技能的知识。知道怎么进行。比如：怎么做项目管理？

知道为什么做：关于原理的知识。知道事物背后的原理、规律、原因。比如：为什么要做项目管理？

知道找谁：在遇到问题的时候，知道找谁解决。比如：谁是项目管理方面的专家？

通过把知识结构化，也就可以快速地掌握。表 A-1 是管理信息化行业员工个人知识结构体系表。

表 A-1 管理信息化行业员工个人知识结构体系表

知识或能力项	详细知识点或能力点
国家宏观政策	信息产业部对软件行业的扶持文件 行业软件评测标准 863 或者某些部委口申报项目资金的流程和扶持方向 当地政府对口信息化扶持条件和项目方向
基础信息技术	计算机软硬件基础知识 计算机网络基础知识 关系数据库基础知识

附　录

（续）

知识或能力项	详细知识点或能力点
管理理论知识	1. 经营管理理论 　战略管理、目标管理、组织设计与绩效考核、KPI 业绩考核指标体系、ISO 质量认证体系、16949 体系、戴明 PDCA 循环、帕雷托 ABC 分类法（80/20 原则）、财务基础知识、人力资源管理 2. 生产经营理论 　6 西格码理论、Jit（准时生产）、LP（精益生产）、TOC（约束理论）、SPC（统计过程控制）、TQM 全面质量管理 3. 市场营销理论 　4P 理论，品牌管理、公关管理、网络营销 4. 生产与运作管理先进制造理论 　AM 敏捷制造、绿色制造、柔性制造、虚拟制造、网络制造 5. 产品研发理论 　CE 并行工程、GT 成组技术、编码、标准化、ID 工业设计、IPD 产品研发流程、制造生产模式的演变、ITO（IT 外包）和 BTO（服务外包） 6. 个人管理理论 　个人知识管理、时间管理、个人情商和职商 7. 最新热门话题 　世界是平的、蓝海战略、长尾理论、通用、HP、IBM、海尔、联想、华为、阿里巴巴等国内知名企业领导管理名言
信息化背景知识	1. 管理信息化 　BI 商业智能、BPM-BPR 业务流程管理/重组、CIMS 计算机集成制造系统、CRM 客户关系管理、DRP 分销资源管理、DSS 决策支持系统、EAI 企业应用集成、EAM 企业资产管理、EC-CC 电子商务-协同商务、EDM-PDM-PLM-CPC 产品数据管理、EIP 企业信息门户、HRM 人力资源管理、MIS 管理信息系统、MRP-MRPⅡ-ERP 企业资源计划、OA 办公自动化、SCM 供应链管理、PM 项目管理、KM 知识管理 2. 生产信息化 　NC 数控技术、FMS 柔性制造系统、MES 制造执行系统 3. 技术信息化 　CAD/CAPP/CAM/CAE/CAQ/专家系统
行业背景知识	下游行业常见术语定义 下游行业常见业务流程
公司产品知识	公司简介，系统效用，目标客户群，开发历史，技术架构，典型客户，获奖情况，价格体系，常见接口，主要对手
商务软能力	潜在客户挖掘能力 有效沟通能力 项目管理能力 公开演讲能力 商务谈判能力 招、投标基本知识 渠道管理知识 展会策划能力 政府公关能力
咨询软能力	客户调研方法论 业务流程图绘制能力 解决方案类文档策划能力 高质量 Office 文档编制能力 产品演示能力 专业问题技术交流能力

附录 B　编制解决方案常用素材或模板清单

1）标准公司介绍。
2）公司介绍 PPT 版本。
3）公司营业执照图片（复印件）。
4）公司资质文件照片。
5）公司获奖材料照片。
6）历年产品获奖证书图片。
7）法人代表授权书模板。
8）公司在有影响力电台，媒体上发表的资料图片。
9）公司近三年财务数据报表（对外公开版本）。
10）公司主要政府领导人考察照片。
11）公司参加的主要社会公益活动照片。
12）主要产品近三年的销售业绩（对外公开版本）。
13）标准产品介绍。
14）能让企业快速启蒙的产品简明介绍资料。
15）产品技术白皮书。
16）产品实施白皮书。
17）产品常用报价模板（N 个版本）。
18）主导产品功能明细表和简要说明。
19）主导产品与竞争对手的功能比较清单。
20）公司公开发表的技术论文清单。
21）典型用户明细表（包括分地区，分年份，分行业典型用户清单）。
22）公司典型用户综合介绍材料。
23）负面用户明细表。
24）竞争对手近年典型解决方案。
25）项目立项建议书模板。
26）业务调研报告模板。
27）豪华版本项目解决方案书模板。
28）简明版本项目解决方案书模板。
29）产品解决方案演示 PPT。
30）产品解决方案配套演示动画。
31）主导产品用户手册电子版。
32）主导产品系统管理员手册。
33）主导产品二次开发手册。
34）项目实施方案书模板。
35）客户常见问题 FAQ 应对。
36）项目过程控制文档体系清单和模板。

37）公司高管人员简介。
38）公司咨询顾问简介。
39）公司开发骨干简介。
40）企业招标书模板(多个版本)。
41）系统选型打分标准(多个版本)。
42）系统招标技术要求(多个版本)。
43）项目投标书模板(多个版本)。
44）长期合作建议书。
45）标准产品演示提纲和操作手册、安装盘。
46）产品标准合同。
47）产品标准技术协议。
48）实施标准服务合同。
49）标准传真模板。
50）标准邮件模板。
51）标准备忘录模板。

附录C 竞争对手对比表参考比较项

很多客户要求乙方提供和竞争对手对比自评表，这个任务不好做，说好了客户不信，说差了自己不愿意。表 C-1 提供一个对比项模板给大家参考，可以根据实际需要选择使用。

表 C-1 对比项模板

序 号	对 比 项	对比思路建议
1	经营策略	市场派还是学院派？自主研发派还是渠道派？
2	发展思路	重视大客户还是关注产品化？专注行业还是通用化发展？
3	技术力量	人多用数量对比，人少用质量对比，人少质量差就把公司精英集中到本项目团队内再对比
4	产品战略	项目化定制还是平台化系统？
5	服务资源	本地化和全球化对比？
6	综合实力	列举公司的历史、规模、荣誉、奖项、合作资源和广告投入
7	软件架构	技术先进还是理念先进？
8	开放性	这五种特性倒是经常在不同项目中被使用，具体技巧就是定义每种特性的含义
9	兼容性	
10	稳定性	
11	易用性	
12	适用性	
13	功能完备性	可以列举功能列表，逐项对比

(续)

序 号	对比项	对比思路建议
14	实施方法论	比就比谁的图好看
15	典型用户	用户数量不够就比典型用户数量 典型用户不够就比行业用户数量 行业用户数量不够比地区用户数量 地区用户数还不够就比近三年新增用户数量
16	销售模式	直销和渠道的对比
17	销售策略	产品和服务分离还是整体打包？
18	渠道特点	渠道政策灵活还是规范？

附录D 项目方案评审检查清单

表D-1是一项目方案评审检查清单。

表D-1 项目方案评审检查清单

序 号	检查大项	检 查 项
1	封面封底	是否需要用企业的图标和产品设计有冲击力的封面和封底？
2		封面方案提交日期是否正确？
3		封面公司地址、联系方式、联系邮件是否正确？
4		封面如有二零零几年的"零"字，是使用"零"，还是"0"、"O"等字符？
5	目录排版	目录是否控制在5层内？
6		目录是否是自动生成？
7		目录层次排版是否清晰？
8		目录是否刷新？是否有"未定义标签页"的错误？
9	页面排版	页眉是否和正文内容及单位一致？
10		是否存在正文和首页页眉不一致的现象？
11		页脚的页码是否存在封面、目录、正文排序不一致？
12		是否存在不连续页码？文档分多份时是否页码要衔接一致？
13		是否没预留足够装订边？
14	标题排版	标题是否采用自动编号方式产生？
15		标题显示的编号是否和章节一致(Office兼容性问题可能导致标题显示错误)？
16		同级标题是否格式一致且合乎规范(字体、字号、段前、段后行距，行间距)？
17	正文排版	正文中是否有无意义空行、孤行？
18		正文段落是否格式一致且合乎规范(字体、字号、段前、段后行距，行间距)？
19		正文字体前后是否全部统一？
20		正文中英文、数字字体是否和汉字字体协调？
21		正文标点，特别是逗号，是否全部是全角？
22		正文中是否有错别字？

附 录

(续)

序号	检查大项	检查项
23	图片排版	图片排列位置是否合理？显示是否正常？
24		图片风格是否统一？例如 Word、Visio、图片界面混杂
25		图片是否配说明标题？
26		图片编号是否采用自动编号方式产生？
27		图片标题是否在图片下方？
28		图片中是否带桌面任务栏，或者拼音输入法等和表达主题无关内容？
29		图片中是否存在需要精减的无意义内容？
30		图片内文字描述是否和文字方案内容不一致？
31	表格排版	表格排列位置是否合理？显示是否正常？
32		跨页表格分页断开格式是否合理？
33		表格格式是否统一或协调？
34		表格是否配说明标题？
35		表格编号是否采用自动编号方式产生？
36		表格标题是否在图片上方？
37	称呼统一	企业称呼在文档是否前后一致？
38		企业称呼是否和其他正式资料一致？
39		如方案套用模板，则模板中企业名称是否全部正确替换？
40		正文对项目名称称呼是否前后一致？
41		正文中是否过度强调软件公司、公司产品等名称类词语？
42		专业术语过多，在正文中没有解释？
43		正文中是否存在过度口语化内容？
44		正文中是否出现不够尊重客户面子的表达方式？
45		公司介绍、软件设计思想、架构等标准化内容和公司现有标准文档不一致？
46		介绍公司员工数量是否和公司正式宣传材料一致？
47		介绍公司组织结构图是否和公司正式宣传材料一致？
48		公司荣誉部分，获奖介绍是否未体现最近一年荣誉？
49		正文中是否部分内容在不同章节反复出现？
50	高级分析	技术方案是否只是简单复制历史方案模板，没有个性化描述？
51		技术方案是否感觉过于抽象，没有清晰图表配合说明？
52		业务解决方案是否只是软件功能和思路的列表，没有体现业务支撑？
53		客户关注的核心问题在正文中是否专门列醒目章节给予回答？
54		是否列入一些企业根本不关注的功能，或者过多描述一些企业不关注的功能？
55		实施方案中实施流程图是否引用过期结构？
56		实施方案中对未来实施的承诺是否得到商务和实施团队认可？
57		实施方案中实施周期和里程碑是否得到商务和实施团队认可？
58		实施方案有无针对性强的实施部署内容介绍？

附录 E 演示听众需求分析表

（续）

序 号	检查大项	检 查 项
59	高级分析	实施方案是否没有约定甲方在实施过程中做什么，如何配合？
60		实施方案中实施周期和里程碑是否和其他已提供或计划提供资料一致？（特别是招标环节）
61		成功案例中内容是否有采用全局替换后出现的新错误？
62		用户案例中，是否提供了同行业用户案例？
63		如提供接口案例，是否把和用户相关系统接口案例排首位？
64		售后服务方案中，服务大区是否和项目所属地区一致？
65		售后服务方案中，响应周期和免费服务年限是否得到商务认可？
66		售后服务方案中，响应周期和免费服务年限等内容是否和其他配套技术协议或合同等文档一致？
67		是否提供了过度承诺或显然不合适的长期合作建议？
68	电子属性	Office 电子文件属性是否修改并显示正确？
69		最终提供给客户的电子版本是否需要转换为不可编辑的 PDF 格式？
70		电子文件标题命名是否符合规范要求？

附录 E 演示听众需求分析表

表 E-1 是一演示听众需求分析表。

表 E-1 演示听众需求分析表

演示目标	你希望演示后听众做些什么？
听众预期目标	听众希望从演示中获得什么？或对他们而言，什么是重要的？
演示环境	什么日期？多长时间段？什么地点？有哪些辅助设备？
听众背景分析	听众和我们是什么关系（合作用户、客户高管、客户技术人员、单位同事、外部专家、合作伙伴、政府官员、专业公众、其他）？ 参加的听众人数？ 听众知识结构和年龄分布？ 听众对于演示内容有多大程度的理解？
听众关系分析	听众对于演示内容的态度如何？ 听众为什么要参加这个演示？是谁组织他们来参加的？他们有什么要求吗？ 听众中有无对我们有好感的人？ 听众中谁是决策者？ 听众中谁是项目影响方？ 听众中谁是无关紧要的人？ 关键听众都如何称呼？ 决策者能全程参加吗？ 听众中谁是内部钉子？ 我们在演示中首先要影响的是谁？然后是谁？

(续)

演示目标分析	听众为什么要使用你的产品？会如何使用你的产品？有无预算约束？ 听众可能认为项目对其(尤其是项目负责人)工作有什么好处？ 听众有无了解或理解的替代或竞争性产品？ 听众对一些演示内容可能的看法(有无被人引导过的先入之见)？ 听众对合作服务内容和方式可能的要求(有无被人引导过的先入之见)？
演示方式分析	最可能吸引听众注意力的信息是什么(高科技技术、运营数据比较、相关效益成本分析、实施趣闻逸事、企业案例分析、其他)？ 什么方式可能会引发听众的反感(过多或过少的操作、过多的PPT理念介绍、过多的公司介绍、过多的动画而非产品实际演示、没有针对性的数据和流程、其他)？

附录F 演讲套路卡片模板

表F-1是一演讲套路卡片模板，总体演示目标：对零部件通用化、标准化设计的支持。

表F-1 演讲套路卡片模板

演示主题	分类管理＞分类树	内容编码：02.01
演示目标	****PDM 分类管理在国产软件中是能力最强，最专业的	
叙述要点	1) PDM 最本质的价值之一是把与产品相关的数据很好地组织起来，以便于查找和利用。因此产品数据的组织方式，是评价一个PDM系统好坏的基本指标，必须能完整地表达产品数据并且易于检索 2) 强大的分类管理是体现 PDM 应用价值的最重要的方面之一(迅速找到你想要的) 3) 仅给零部件或文档加一两个分类属性并没有解决分类管理的问题，用分类树方法才是最有效的 4) 用分类树的优点之一是导航式模糊查询(与仅有分类属性比较) 5) 用分类树的另一个优点是可以精确地定义各类零部件的特征参数项。精确管理分类特征参数是"大规模定制"生产模式的基础(与仅有分类属性比较)	
关键操作	零部件使用频率查询	
操作流程	情形之一 如果设计师需要一种管接头类的零件，想借鉴一下原有的，他该怎么做呢？如果有分类树一般都会先顺着分类树找，在管接头下找到两通，三通，……，里面有几乎所有可借鉴的零件，通过 PDM 很好地实现了预期的目的 如果没有分类树怎么办？ 一种可能，他记得某个产品中用到过一种管接头，可以顺着产品结构树找，条件是他熟悉原有产品，而且这也只找到一个，不一定能起到很好的借鉴作用 另一种可能，用查询工具按属性模糊查询(用查询条件：分类 = ？或零件名称 = ？)，而他想要的那种管接头应在哪一分类中还真不好想，零件名称也不知道是不是含管接头，即使这样也很难找全 再设想一下如果 Windows 资源管理器没有目录树只能用查询方式找文件，工作该是多么辛苦。从这个例子中我们可以体会到分类树的重要性了	

(续)

操作流程	**情形之二** 还是这个设计师，他需要一个30个齿的模数为1.5的齿轮，怎么在PDM中找到可以借鉴的呢？这一次他选择了用模糊查询，以零件名称含"齿轮"为条件，运气不错，很快找到了几百个齿轮，下面的工作就比较辛苦了，他需要打开这几百个零部件的图样，看看哪一个是30个齿并且模数是1.5的。他会多么希望在零部件上有特征参数，直接过滤一下就好了。然而零部件不分类怎么设置特征参数项呢？总不能不管哪一类零部件都加上齿数、模数这两个参数吧 **情形之三** 还是这个设计师，这一次他需要找30个齿的模数为1.5的塑料齿轮，与前面的命题相比，多了材料的限制。显然大多数PDM中零件对象有材料属性，好像难度没有增加，其实不然。零件的材料栏中一般填的是PVC，尼龙或是1Cr18Ni9Ti等具体的材料，并未直接说是不是塑料，塑料是材料分类树上的某一个分支，所以零部件没有按材料的树状分类依然无法找到所有符合要求的齿轮。由此例可见，零部件的分类方法并不是只有一种，PDM系统应该支持同时多种树状的分类表示，并能够进行多分类树的复合导航式查询
典型案例	某公司成功应用分类管理了8万多种零部件
常见FAQ	问题一：分类和编码的关系

附录G 问题汇报结构模板

汇报标题

汇报人 + 日期

1. 现状描述

这段不用长，但一定要让高管知道我们前一阶段的成绩和努力，高管的弱点是不轻易否定员工的积极性，特别是员工都努力为一件事情做了大量投入，而且这件事情本质上是好的，高管很难主动去否定。

描述成绩最好的方式是量化工作量，一般企业领导喜欢强调量化管理。所谓量化就是看得见摸得着的数字，不敢陈列数据的事情，估计也没有什么真成绩，有数据的事情也未必就是很大成绩，但一定要敢于写，要会写数据。例如有的人写安装了全部软件，不如写已经完成服务器配置、120台客户端系统的安装，两者比较，后者工作量和成绩就更容易想见。

2. 存在的问题

描述成绩其实是为下一段引出问题做一个铺垫，一堆问题的事情别指望别人会插手，锦上添花的事情反而得到更多人支持。这就是所谓"马太效应"。

在描述存在问题的时候一定要用客观、中立的语气，可以用一些带感情色彩的词汇表达自己某种倾向，但在整体上要让高管觉得，我们是对事情经过冷静思考后，发现要推动事情前进确实有这几个问题。同时，问题描述要简单，描述清楚即可，不需要详细展开，也不需要低估高管的智慧。需要详细展开的是为什么出现了这个问题，为什么这个问题自己无力解决从而需要高管支持。

3. 解决问题的必要性

提出了问题，为了获得支持，还需要给领导说明解决问题的价值。

谈解决问题的必要性就不要过多谈问题本身，而要分析问题带来的严重后果，并要说明我们现在加以解决，对其他工作带来的正面价值。

很多时候高管也未必能对具体事情立即决策，但如果你的必要性属于以下两种情况，就容易获得通过。

第一是实施成本小，即使失败风险很大，但成功后确实有明显可见的价值，高管会考虑让你试一试。

第二是问题的解决有助于高管最关注的核心业务改善。高管在对付其最头痛的问题时也会病急乱投医。但这种联系必须看上去逻辑严密，因此一定要说清楚解决这个问题对事业整体的价值，其次要说清楚事业整体价值的获得对高管关注的核心管理目标有什么帮助。

如果不是和核心业务关联的事情，就得说清楚这是一件虽投入不大，但改善明显，值得尝试的工作。

4. 解决问题的对策

最后，我们一般要设计好答案，高管只需要做判断题和选择题。

如果事情思路很清楚，给出答案让高管写同意还是不同意。

如果事情思路有多种，请高管表态先试试哪一种。

如果事情思路不清楚，就根本不应该去耽误高管的时间，自己想清楚了再去找高管。

5. 我们已经准备的工作

为了让高管下决心支持我们，我们可以在文档中说明一些已经进行的基础工作，说明为了达成目标我们已经投入的资源、人力、物力以及各项准备工作的开展情况。这也是给高管施加压力的一种方法：既然已经投入了这么多资源，您看应该需要继续投入吧？同时暗示高管自己更倾向于哪种方案。

附录 H ERP 管理软件选型实力对比分析表

表 H-1 是国家 863 推荐的 ERP 管理软件选型实力对比分析表。

表 H-1 国家 863 推荐的 ERP 管理软件选型实力对比分析表

软件厂商名称		评 分			评分标准
总 项	分 项	甲公司	乙公司	丙公司	
功能满足程度	生产类型满足度				满分 10
	物流方式满足度				满分 10
	财务成本规范化				满分 10
	公司发展满足度				满分 10
软件技术水平	主流开发平台				满分 10
	网络计算技术				满分 10

附录 H ERP 管理软件选型实力对比分析表

(续)

总项	分项	甲公司	乙公司	丙公司	评分标准
软件厂商名称		评 分			评分标准
软件技术水平	软件内部集成度				满分10
	Internet 业务处理				满分10
	系统开放程度				满分10
	二次开发(工具、难度、集成度、工作量)				满分10
实施服务质量	周期、过程规范				满分10
	实施顾问水平				满分10
	持续服务的能力				满分10
	成功案例				满分10
供应商合作程度	签约企业的反映				满分10
	供方公司发展战略				满分10
	供方本地运营状况				满分10
	持续服务的体系				满分10
效益投入产出	综合投资费用				满分10
	内部收益率				满分10
	动态投资回收期				满分10
总 分					

备注：评分标准可根据权重情况进行调整，如果权重较高，满分可以设得更高。

表 H-2 是个性化的 ERP 管理软件选型实力对比分析表。

表 H-2 个性化的 ERP 管理软件选型实力对比分析表

评比要素	要素标准	甲公司	乙公司	丙公司
软件应用模式(5分)	基于互联网应用			
中间件产品(10分)	是否自主知识产权，是否通过 JAVA 世界标准 JCP 组织认证			
业务基础软件平台(10分) (对组织机构和业务流程变化的支持)	能否根据公司管理模式的创新而重新在非人工编程情况下，可以由技术人员或业务人员灵活改变现有软件应用架构，即：自定义组织架构、自定义基础资料、自定义业务流程、自定义单据、自定义报表 请举出 10 个以上的个性化行业应用案例			
财务应用系统(10分)	本次推荐的财务系统是否是基于自己的业务基础软件平台开发出来的			
成本系统(10分)	是否有使用业务基础软件平台完全定制新的应用经验或者有成本系统开发经验。请举出 3 个以上的完全定制案例			
数据库平台(5分)	跨平台，ORACLE、SQL SERVER、DB 2			
数据整合工具(10分)	是否是通过 JAVA 世界标准 JCP 组织认证的整合工具			

(续)

评比要素	要素标准	甲公司	乙公司	丙公司
商业智能系统(5分)	有没有为大型集团企业提供动态成本穿透分析主题、销售分析主题、全面预算分析主题、集团资金管理分析主题、物流分析主题等经验 请举出大型集团相关主题分析10个以上成功案例			
技术规范(2分)	是否完全符合EJB规范、JDK1.4			
安全体系(3分)	支持防火墙应用、数据加密(RSA、DES)、支持服务器集群应用、严密的权限管理			
多组织架构(2分)	真正意义的财务组织架构、库存组织架构、销售组织机构等,而不是建立在财务组织之上的组织机构			
支持"集团-子集团-公司"分级的业务控制(2分)	多级次组织关系,集团政策、业务环境实现分级控制、集中管理,为集团经营协同和提升经营效率提供了有力的保障			
适应多种管理模式(2分)	完善的基础资料控制策略,对每一组织的基础资料统一灵活控制使用,适应集团集权、分权、混合管理模式			
软件运行速度(2分)	支持轻量级的框架SPRING 使用JDK5.0的内存优化技术 使用JDK5.0的并发技术 使用虚模式分页			
硬件匹配的投资(2分)	对硬件的投资标准要求			
业务单据开发平台(2分)	强大的业务单据开发平台,可以完全自定义各种单据			
工作流建模平台(2分)	可以完全自定义业务流程,后台自动生成代码			
单据转换平台(2分)	用户可以完全自定义各式各样单据之间的转换规则			
应用系统是否流程驱动(2分)	基于工作流和消息驱动的个性化办公,建立了自动推式管理机制			
典型用户案例(2分)	起码有2家以上千亿资产规模用户			
服务规范程度(2分)	服务体系的健全程度、是否经过ISO 9002认证			
服务网点分布(2分)	在客户地理分布区域内服务机构的数量			
服务手段(2分)	免费服务电话、上门收费服务、专门的服务网站、总部支持服务响应时间			
研发能力(2分)	公司总部从事开发的人数、通过CMM4			
产品知名度(2分)	是否为上市公司			
评分合计				

附录 I 项目管理博客推荐

表 I-1 是项目管理博客分析列表。

我们为什么要推荐这些博客？

其实，其中绝大部分人我们都不认识，但通过他们的博客，我们可以真切地感受到，他们是生活在项目、思考在项目、成长在项目中的一群有血有肉的职业人！

在繁忙的工作中，他们还在坚持总结，坚持原创，坚持写博传播！我们愿意推荐他们的文字，和大家一起分享他们的经历。

表 I-1 项目管理博客推荐表

序号	博客名	推荐理由	博客地址
1	人月神话	一位值得尊敬的不断在 IT 项目中学习总结成长的强人	http://blog.sina.com.cn/cmmi
2	老明	用通俗的语言，深入浅出地解释高深的项目管理思想，字里行间透着专业	http://club.youshang.com/?hollyming
3	童继龙（Drate）—信息化随笔	一个从顾问到创业者的项目管理者的思考	http://blog.csdn.net/Drate
4	杨争的专栏	一个关注 WEB 项目经理的顾问	http://blog.csdn.net/yzhz
5	RiskManagement	关注项目风险管理	http://blog.vsharing.com/RiskManagement
6	项目经理沙龙	分享 PMP 备考经验	http://blog.vsharing.com/pmsalon
7	轻轻松松项目管理	学院派里出来的实战派	http://blog.vsharing.com/pmpguoyuangang/
8	契丹—曾经的大辽梦	支持他的《项目的那点事》连载	http://cnblogs.com/Pegasus_cc/
9	耐得住寂寞	写自己的项目感悟，真要耐得住寂寞	http://storm.mypm.net/
10	Robin's Space	很喜欢他的"项目经理是这样当的"这篇文章，对本书某些章节很有贡献	http://cnblogs.com/jillzhang/
11	甄博士：外企·央企·民企	探讨外企、央企和民企中的推进项目管理应用之道	http://mypm.net/blog/user1/zhenjm/
12	一子	坚持对项目管理进行原创思考	http://mypm.net/blog/user1/feiw/
13	项目管理飞絮	关注 P3 项目管理软件	http://mypm.net/blog/user1/xgq8008/
14	卢国辉—项目管理	对项目管理有系统的思考	http://mypm.net/blog/user2/luguohui/
15	与 MS-Project 一起飞翔	对 Project 有系统介绍	http://chinardm.com/blog/user1/highfar/

附录 J　项目管理书籍推荐

为了帮助读者快速了解和熟悉 IT 项目管理过程和方法，我们推荐以下项目管理书单。

项目管理并非只针对 IT 行业，各个行业都需要用到项目管理的知识，要了解项目管理，最好先看一看国际权威的项目管理理论体系。

《项目管理知识体系指南》(第 3 版)(PMBOK 指南)

作者：美国项目管理协会

出版社：电子工业出版社

这本书是美国项目管理协会(PMI)的权威经典著作，已经成为美国项目管理的国家标准之一，也是当今项目管理知识与实践领域的事实上的世界标准。本书分为 4 大部分共 12 章内容，以精辟的语言定义了 5 个项目管理过程组，介绍了项目管理的 9 大知识领域。可以帮助一个人快速了解项目管理知识体系的全貌。

不过，这本书很多理论在实际操作中很难把握，而且中文版翻译还是有点硬。

《成功的项目管理》(原书第 2 版)

作者：(美)吉多，(美)克莱门斯　著，张金成　译

出版社：机械工业出版社

这本书适合入门项目经理。书中内容穿插了大量案例和提问让人去思考，而且是从一个项目启动到最后结束的时间顺序提供不同的指导，是一本不错的项目管理入门教科书。

《项目管理：计划、进度和控制的系统方法》(第 9 版)

作者：(美)科兹纳(Kerzner, H.)　著，杨爱华，杨敏，王丽珍　等译

出版社：电子工业出版社

这本书是由项目管理领域最知名、最受人尊重的权威之一——哈罗德·科兹纳博士所著，项目管理学会(PMI)还以他的名字设立了"项目管理科纳奖"，以表彰他在项目管理领域的杰出贡献。本书融入了《项目管理知识体系指南》2004 版最新内容，全面阐述了项目管理的基本原理和概念。本书覆盖了项目管理的所有关键领域：从决定项目成功的复杂精细的组织行为和结构，到对有效的项目管理至关重要的计划、进度和控制过程。

《有效的项目管理》(第 3 版)

作者：(美)威索基，(美)麦加里　著，费琳　等译

出版社：电子工业出版社

《项目管理：模板、解决方案与最佳实践》(第 2 版)

作者：(美)维尔朱(Verzuh, E.)　著，刘霞　等译

出版社：电子工业出版社

《最后期限》(中国第一本项目管理通俗读物)

作者：[美]迪马可　著，UML China 翻译组　译

出版社：中国少年儿童出版社

了解软件开发过程的好书,把 IT 项目开发过程中的问题写得非常清楚,很棒!

对于想做管理软件实施的,最好再看一些具体讲管理系统实施经验的书,我看过的有以下几本。

《构建高效的 ERP 系统(制造企业 ERP 实施指南)》/ERP 经典译丛

作者:(美)汉密尔顿(Hamilton, S.) 著,简学 等译

出版社:机械工业出版社

这本书对实施 ERP 建立业务模型很有好处。

《成功的 ERP 项目实施——SAP R/3》

作者:(荷)诺伯特·韦尔蒂 著

出版社:机械工业出版社

这本书是结合自己的实施项目,把一个项目过程写得很清楚,更重要的是,不厚,没有太多多余的文字。

《SAP 软件实施》(第 2 版)

作者:维威克·乔 著,朱明 译

出版社:东方出版社

我觉得这本书也不错,特别是选型建议,虽然有倾向性,但的确完备。

《ERP 项目实施全攻略》

作者:田俊国 著

出版社:北京大学出版社

这本书是用友公司的员工写的,有中国特色和用友特色,可以看看。

《信息系统建模信息项目实施方法手册》(第 2 版)

作者:(德)史派克 著,黄官伟,霍佳震,魏巍 译

出版社:清华大学出版社

这本书可以看看,不晓得如何画流程图的人可以读一读。

《走出软件作坊》

副标题:《三五个人 十来条枪 如何成为正规军》

出版社:电子工业出版社

这是朋友阿朱在 2009 年 1 月出版的新书,举贤不避亲,阿朱在国内做软件研发管理时间很长,难得的是他为了做好项目深入参与和思考了销售和实施整个环节的问题,并不断总结自己的心得感悟,十年磨一书。这本书和我的书倒可以互补,他侧重从技术规划角度看项目,我们侧重从市场互动角度看项目,但我们都提倡根据实际情况积极灵活去解决问题,逐步做大、做强,做成正规军。

另外,我建议项目经理还要看一看下面这些书。

《金字塔原理:思考,写作和解决问题的逻辑》(附盘)

作者:(美)芭芭拉·明托 著,王德忠,张珣 译

出版社:民主与建设出版社

《麦肯锡方法》

作者:(美)拉塞尔 著,赵睿 等译

出版社:华夏出版社

附　录

《麦肯锡意识》
作者：（美）拉塞尔　等著，张涛，赵陵　译
出版社：华夏出版社